家事审判研究

JIASHI SHENPAN YANJIU

刘冠华／主编

人民法院出版社

图书在版编目（CIP）数据

家事审判研究/刘冠华主编.—北京：人民法院出版社，2019.1

ISBN 978-7-5109-2407-1

Ⅰ.①家… Ⅱ.①刘… Ⅲ.①婚姻家庭纠纷—审判—研究—中国 Ⅳ.①D923.904

中国版本图书馆CIP数据核字（2018）第298180号

家事审判研究

刘冠华　主编

责任编辑	张　奎
出版发行	人民法院出版社
地　　址	北京市东城区东交民巷27号（100745）
电　　话	（010）67550673（责任编辑）　67550558（发行部查询）
	65223677（读者服务部）
客 服 QQ	2092078039
网　　址	http://www.courtbook.com.cn
E- mail	courtpress@sohu.com
印　　刷	三河市国英印务有限公司
经　　销	新华书店
开　　本	787×1092毫米　1/16
字　　数	428千字
印　　张	28.5
版　　次	2019年1月第1版　2019年1月第1次印刷
书　　号	ISBN 978-7-5109-2407-1
定　　价	96.00元

版权所有　侵权必究

《家事审判研究》编辑委员会

编委会主任： 刘冠华

编委会委员： 张建鸿　马建斌　刘鹏华　刘士浩　郑东风　井慧宝
　　　　　　　张学玲　赵学军　田东红　刘志国　罗国恩

执 行 编 辑： 刘士浩　李　波　桓　旭　张松鹤

撰 稿 分 工：

第一章　张建鸿（第一节、第二节）

第二章　刘冠华

第三章　刘冠华

第四章　张学玲（第一节、第二节）　韦艳歌（第三节）　张永波（第四节）

第五章　万　方（第一节）　程显博（第二节）　杨　磊（第三节）

第六章　刘士浩（第一节、第二节）

第七章　郑东风（第一节、第二节）　赵学军（第三节、第四节）
　　　　徐萌萌（第五节）

第八章　刘鹏华（第一节、第二节）　张永祎（第三节）　朱斐斐（第四节）
　　　　张　乐（第五节）　王子璜（第六节）

第九章　张松鹤

第十章　刘冠华

第十一章　桓　旭
第十二章　井慧宝（第一节、第二节）　魏少鹏（第三节）
　　　　　郭洋洋（第四节）　鲁晓辉（第五节）
　　　　　尹红国（第六节）
第十三章　李　波（第一节）　杜伟杰（第二节）

前　言

家庭是最具中国特性的本源型传统，是当代中国社会转型与制度变迁的历史起点，更是国家发展、民族进步、社会和谐的重要基点。无论时代如何变化，无论经济社会如何发展，对一个社会来说，家庭的生活依托不可替代，家庭的社会功能不可替代，家庭的文明作用不可替代。

近年来，随着市场经济快速发展，经济全球化步伐不断加快，我国正经历着人口与家庭的双重变迁，稳定的超低生育水平、快速的人口老龄化、剧烈的人口迁移和新型城镇化进程，使我国的婚姻家庭关系发生了深刻变化。随着中国特色社会主义进入新时代，人民向往美好生活的需要发生了结构性变化，不再停留在物质层面的满足，更多地转向更高的精神层面，对家庭的关注更多地放在亲情、爱情上，对家庭的需求也更加注重获得感、幸福感、安全感的提升。近年来我国离婚率持续攀升，每年离婚的夫妻超过400万对。伴随着离婚和离婚纠纷数量的不断增长，家庭破裂和家庭危机所引发的未成年人教育抚养、妇女权益维护、老年人赡养等一系列社会问题频发，涉及离婚、抚养、继承等的家事案件数量持续大幅增长，这不但对新时期和谐稳定的家庭建设提出了新的要求，也对人民法院工作提出了新的严峻挑战。加强和改进家事审判工作，妥善处理家事纠纷，维护婚姻家庭和社会稳定，保护未成年人、妇女、老年人的合法权益，体现和传递司法的人文关怀，弘扬和践行社会主义核心价值观，积极服务和保障家庭文明建设，是新时期人民法院肩负的重要使命。

当前，我国正处在从政策实施型司法向回应型司法的转型过程中。回应型

司法以实现法治秩序为理念，以解决实践问题、社会问题为责任，要求司法必须与社会现实相适应，发挥主动作用以回应社会需要与诉求，并在司法回应社会的过程中，以司法结构和模式的转型推动程序自治性、程序主体性的制度构建和经由程序的正当化机制回归。价值取向和技术特征迥异的各类程序可以满足当事人不同层次的实体权利和程序利益保护之需要，不区分案件性质类型，试图以同一程序满足当事人的不同需求，无异于削足适履。回应型司法的程序选择法理要求民事诉讼程序建构应当根据案件的不同类型和程序使用者的不同需求，在普通诉讼程序之外建立部分特别程序，通过多层次、多类型、体现不同价值的程序体系，满足各类纠纷的不同个性和价值诉求。当前我国还没有建立完善的民事诉讼程序体系，尤其是以身份关系诉讼为主要内容的家事诉讼的处理方式越来越雷同于财产型诉讼，与家事审判程序自治性、独立性的要求以及司法实践的需求存在较大差距。

纵观域外其他国家和地区，普遍对家事审判的重要性和特殊性有充分认识，推行家事审判专业化改革，制定独立的家事审判程序法，设置专门的家事审判机构，配备专业的家事审判人员，建立系统、专业的家事审判制度。尤其是近年来，许多国家和地区纷纷加速推进家事审判立法的独立化进程，如日本、德国、我国台湾地区等都出台了专门的家事审判程序法，家事审判程序的专业化、独立化已成为世界家事审判改革的共同趋势。从总体上看，我国家事审判的专业化程度较低，无论是审判理念，还是基本原则和程序规则，都与普通民事审判无异。家事案件属身份型案件，并非简单地解决财产的分割，还需要解决有关身份和情感的纷争，需要衡量许多非理性和不确定的因素，全面保护好当事人的身份利益、财产利益、人格利益、安全利益和情感利益。运用与普通民事案件同质化的审判规则处理家事案件，既不能妥善处理家事案件，不利于发现事实、实现个案正义、保障弱势群体利益，也不符合司法类型化、精细化的客观要求。因此，推进家事审判体制机制改革，对家事审判程序进行全面改造和完善，势在必行。

前 言

自 2016 年 6 月 1 日起，由最高人民法院主导，全国 118 家试点法院进行了为期两年的家事审判方式和工作机制改革。2018 年 7 月，最高人民法院发布《关于进一步深化家事审判方式和工作机制改革的意见（试行）》，在总结试点工作的基础上，就进一步深化该项改革提出了意见和要求。在改革过程中，各地法院结合本地实际，借鉴域外经验，在家事审判理念、基本原则、程序规则、特别制度等方面积极开展探索，为我国家事审判制度的完善，尤其是家事审判程序立法，提供了丰富的实践经验和坚实的基础。

本书是平顶山中院对家事审判制度深刻思考和潜心研究的产物，是建设学习型法院、大兴学习调研之风的结果，凝结着平顶山中院法官的思想和智慧。撰写前，广泛收集了国内外有关家事审判研究与改革的最新资料和成果，为本书观点提供了可靠的理论与实践基础。本书共十三章内容，始于家事审判的法社会学考察，通过对家庭、家庭关系及家庭伦理的探究，确立家事审判的精神内核，然后在家事审判的内涵、适用案件范围、功能等基本理论的研究以及域外家事审判、我国古代家事审判、我国家事审判改革实践探索的考察基础上，提出完善家事审判机构设置、家事调解制度、家事诉讼程序、家事非讼程序、家事审判特别制度、家事案件执行制度的建议。本书是对家事审判制度的全面研究，融合理论与实践，不但对家事审判研究的广度和深度有所扩展，而且对我国未来的家事审判程序立法有参考价值，对进一步深化家事审判方式和工作机制改革以及家事审判实践也具有一定的指导意义。

本书从起草到完成，历时一年有余，期间数易其稿，反复推敲，终不负所望，得以审定出版。希望本书能够为推动我国家事审判制度研究抛砖引玉，启迪理论界和实务界提出更多的真知灼见。然受理论研究水平所限，瑕疵在所难免，如有不当之处，恭请指正。

刘冠华

二〇一八年十月

目录

第一章 家事审判的法社会学考察

第一节 家庭和家庭关系 / 2
一、家庭组织结构和功能 / 2
二、家庭关系的模式和特征 / 7
三、家庭问题及影响因素 / 11
四、基层社会结构和秩序 / 18
五、家事审判制度改革的启示 / 20

第二节 家庭伦理 / 22
一、对家事审判进行伦理学考察的必要性 / 22
二、传统家庭伦理及现代转向 / 25
三、研究家庭伦理对家事审判的价值 / 34

第二章 家事审判制度的基本理论

第一节 家事审判制度概述 / 39
一、家事审判制度的内涵 / 40
二、家事审判制度的外延 / 44

第二节 家事审判制度的功能 / 49
一、解决个案纠纷 / 50

　　二、保护弱势群体 / 51
　　三、修复家庭关系 / 53
　　四、倡导公序良俗 / 55
　　五、加强基层治理 / 56
第三节　家事审判制度的特性 / 58
　　一、家事审判制度的基本特征 / 58
　　二、家事审判与普通民事审判的区别 / 64

第三章　家事审判的司法理念与运行原则

第一节　家事审判的司法理念 / 69
　　一、家事正义理念 / 70
　　二、全面保护理念 / 75
　　三、柔性修复理念 / 77
第二节　家事审判的运行原则 / 81
　　一、酌采职权探知原则 / 81
　　二、调解优先原则 / 86
　　三、隐私权保护原则 / 90
　　四、统合处理原则 / 94
　　五、亲历性原则 / 97

第四章　域外家事审判制度

第一节　主要大陆法系国家（地区）家事审判制度概述 / 101
　　一、德国 / 102
　　二、日本 / 105

目 录

  三、法国 / 109
  四、韩国 / 111
  五、我国台湾地区 / 112
 第二节 主要英美法系国家（地区）家事审判制度概述 / 119
  一、美国 / 119
  二、英国 / 122
  三、澳大利亚 / 124
  四、新加坡 / 127
  五、我国香港特别行政区 / 128
 第三节 域外家事审判改革发展的共同趋势 / 129
  一、立法形式趋向独立化和专门化 / 129
  二、审判组织趋向高度专业化 / 130
  三、普遍采用统合处理模式 / 131
  四、遵循未成年人利益最大化原则 / 132
  五、家事非讼程序逐步扩张 / 133
  六、非对抗化方式适用更广 / 134
 第四节 域外家事审判改革对我国的经验启示 / 135
  一、统合推进家事审判改革 / 135
  二、建构家事审判特殊理念原则 / 137
  三、推进家事审判组织专业化改造 / 138
  四、探索非讼化等家事程序改革 / 139

第五章 古代家事审判概述

 第一节 古代家事审判 / 141
  一、古代家事审判的历史沿革 / 142

二、古代家事审判的特点 / 147

第二节　古代家事调解 / 150
一、古代家事调解的思想渊源 / 151
二、古代家事调解的种类 / 153
三、古代家事调解的特点 / 157

第三节　古代家事审判的当代价值 / 160
一、注重伦理教化的家事审判体系 / 160
二、多元化调解体系的古典范式 / 163
三、家事纠纷解决选择模式的生动样本 / 167

第六章　我国家事审判改革的实践探索

第一节　我国家事审判改革概述 / 170
一、我国家事审判改革的现实背景 / 171
二、我国家事审判改革的发展历程 / 174
三、我国家事审判改革的主要举措 / 175

第二节　我国家事审判改革试点经验的示范意义 / 190
一、从个案本位走向家庭与社会并重 / 190
二、由分散解决走向统合处理 / 192
三、从诉讼主导走向多元参与 / 193
四、从混同模式走向专业模式 / 195

第七章　家事审判机构设置

第一节　家事审判机构专业化的必要性和可行性 / 197

目 录

一、家事审判机构专业化的必要性 / 198
二、家事审判机构专业化的可行性 / 200

第二节 家事法院的性质和原则 / 206
一、家事法院的性质 / 206
二、家事法院的基本原则 / 207

第三节 家事法院的审级定位和管辖范围 / 210
一、家事法院的审级定位 / 210
二、家事法院的管辖范围 / 211

第四节 家事法院的具体设置模式 / 212
一、近期规划 / 213
二、中期目标 / 219
三、长远目标 / 220

第五节 我国家事审判人员的配置 / 220
一、家事法官 / 220
二、家事调查员 / 225
三、家事调解员 / 225
四、心理疏导员 / 226
五、家事法官、家事调查员、家事调解员的关系
定位及协作 / 226

第八章 家事调解制度

第一节 家事调解概论 / 231
一、家事调解的概念 / 232
二、家事调解的目的 / 233

　　三、家事调解的功能 / 236

　　四、家事调解的类型 / 239

第二节　我国现行家事调解制度的考察 / 242

　　一、家事调解制度的基本现状 / 242

　　二、家事调解制度的主要问题 / 245

　　三、家事调解制度现状的成因 / 249

第三节　家事调解制度的域外考察 / 252

　　一、主要英美法系国家（地区）的家事调解制度 / 253

　　二、主要大陆法系国家（地区）的家事调解制度 / 254

　　三、可资借鉴的经验及启示 / 256

第四节　家事调解制度的构建 / 258

　　一、家事调解原则 / 258

　　二、家事调解适用范围和限度 / 262

　　三、家事调解委员会的设立 / 268

第五节　家事调解的具体程序 / 271

　　一、家事调解程序的启动 / 271

　　二、家事调解程序的转换与衔接 / 272

　　三、家事调解的流程 / 276

　　四、家事调解的结果与救济 / 277

第六节　家事纠纷的多元化解机制 / 278

　　一、构建家事纠纷多元化解机制的意义 / 278

　　二、家事纠纷多元化解机制的特殊要求 / 280

　　三、家事纠纷多元化解机制的建构路径 / 282

目 录

第九章 家事审判程序

第一节 我国家事审判程序的现状及反思 / 288
一、我国家事审判程序的现状 / 288
二、对我国家事审判程序的反思 / 293

第二节 家事审判程序的域外考察 / 297
一、域外各国（地区）家事审判程序比较 / 297
二、对我国家事审判程序完善的有益借鉴 / 303

第三节 我国家事诉讼程序的完善 / 307
一、家事诉讼管辖制度的完善 / 308
二、家事诉讼当事人制度的完善 / 310
三、家事诉讼程序权利保障制度的完善 / 314
四、家事诉讼证据制度的完善 / 317

第十章 家事非讼程序

第一节 家事非讼程序的界定 / 322
一、非讼程序与特别程序的关系 / 323
二、家事非讼程序的内涵和特点 / 324
三、家事非讼程序的价值 / 328

第二节 我国家事非讼程序的现状考察 / 330
一、我国家事非讼程序的不足 / 330
二、我国家事非讼程序现状的成因分析 / 332

第三节 重构我国家事非讼程序的设想 / 334
一、立法体例选择 / 334

二、增设基本原则 / 335

三、确定适用范围 / 337

四、裁判效力及变更 / 342

第十一章 家事审判特别制度

第一节 家事调查员制度 / 345

一、在家事审判中引入家事调查员的必要性 / 346

二、家事调查员的主要职能 / 347

三、家事调查员的法律地位 / 349

四、家事调查员的选任资格 / 350

五、家事调查的内容 / 351

六、家事调查报告的形式和效力 / 353

七、当事人的权利救济途径 / 354

第二节 家事陪审制度 / 355

一、陪审制度在家事审判中的特殊价值 / 356

二、家事陪审员选任机制和陪审模式 / 357

三、家事陪审员事实审机制 / 358

四、事实认定重大分歧救济程序 / 360

第三节 反家暴人身安全保护令制度 / 361

一、人身安全保护令的适用条件 / 362

二、建立人身安全保护令听证制度 / 363

三、建立人身安全保护令回访制度 / 364

第四节 离婚财产适时强制申报制度 / 365

一、离婚财产适时强制申报制度的法律依据 / 365

二、离婚财产适时强制申报的原则 / 366

目 录

　　三、离婚财产适时强制申报的范围 / 367
　　四、违反的法律后果 / 368
第五节　离婚冷静期制度 / 369
　　一、设立离婚冷静期制度的必要性 / 370
　　二、设立离婚冷静期制度的原则 / 370
　　三、合理设置离婚冷静期的时间 / 372
　　四、完善离婚冷静期的辅助制度 / 373
第六节　家事公益诉讼制度 / 374
　　一、设立家事公益诉讼制度的必要性 / 374
　　二、设立家事公益诉讼制度的可行性 / 376
　　三、家事公益诉讼制度的适用范围 / 378
　　四、提起家事公益诉讼的主体 / 379
第七节　家事心理疏导制度 / 382
　　一、家事心理疏导制度的价值 / 382
　　二、家事心理疏导制度的原则 / 383
　　三、家事心理疏导制度的主体和对象 / 384
　　四、家事心理疏导制度的程序 / 386
　　五、家事心理测评表的运用 / 387

第十二章　家事案件执行制度

第一节　家事案件执行的特殊性 / 389
　　一、家事案件执行功能的特殊性 / 390
　　二、家事案件执行标的的特殊性 / 390
　　三、家事案件执行方式的特殊性 / 391
　　四、家事案件执行期限的特殊性 / 392

第二节　家事案件执行难的表现 / 393
　　一、家事案件执行难的总体表现 / 393
　　二、家事案件执行难的具体表现 / 395
第三节　家事执行困境的原因分析 / 398
　　一、立法上没有体现家事执行的特殊性 / 399
　　二、家事执行缺乏有效的手段和方式 / 399
　　三、家事执行机构人员混同于普通民事执行 / 400
　　四、家事执行救济机制不够规范 / 401
第四节　家事案件执行制度的域外考察 / 401
　　一、德国 / 402
　　二、日本 / 402
　　三、法国 / 404
　　四、韩国 / 404
　　五、美国 / 406
　　六、英国 / 407
　　七、澳大利亚 / 408
　　八、我国台湾地区 / 409
第五节　我国家事执行制度的基本目标和基本原则 / 410
　　一、家事案件执行的基本目标 / 410
　　二、家事案件执行遵循的基本原则 / 412
第六节　重构家事案件执行制度的多维设计 / 414
　　一、完善家事案件执行立法 / 414
　　二、建立家事执行的特殊性制度 / 416
　　三、优化家事案件执行机构和人员 / 421
　　四、完善家事案件执行救助制度 / 422

目 录

第十三章 我国家事审判程序立法完善构想

第一节 我国家事审判程序立法完善的总体思路 / 425
一、制定一部独立的家事诉讼法 / 426
二、明确立法目的、基本理念和原则 / 427
三、界定家事诉讼模式和案件范围 / 428
四、完善家事诉讼、非讼、调解程序和特别制度 / 429

第二节 我国家事审判部分制度的未来发展展望 / 429
一、程序监理人制度 / 430
二、抚养协调制度 / 431
三、社工人员陪同制度 / 432
四、家庭保险基金制度 / 433
五、离婚后的共同抚养制度 / 434
六、家事咨询和诉讼家庭服务制度 / 435

第一章
家事审判的法社会学考察

法国著名思想家让·博丹（Jean Bodin）说："家庭是一切国家的真正由来和起源。"家庭是最早的社会单位，经过适当规制的家庭是国家的真正原型，国家就是从家庭开始形成的。① 波兰的人类学家布·马林诺斯基（Bronislaw Malinowski）断言，"家庭不是生物团体的单位，婚姻不是单纯的两性结合，亲子关系亦绝不是单纯的生物关系"。② 家庭内部之间，不同家庭之间，家庭与社会之间存在着千丝万缕的联系。家庭具有显著的身份性、社会性和伦理性，身份性是一切家事事件的前提，特殊的身份关系披着家庭的物质外壳，而家庭关系的社会伦理性决定了家庭内部必然发生纠纷。家庭关系和家庭伦理是产生家事纠纷的本源。

马克思认为，从应然的意义上而言，法律应该以社会为基础。③ 西方法社会学派的创始人欧根·埃利希（Eugen Ehrlich）鲜明地指出："在当代以及任何其他的时代，法的发展的重心既不在于立法，也不在法学或司法判决，而在于

---

① 严存生主编：《西方法律思想史》（第二版），法律出版社2010年版，第112页。
② 布·马林诺斯基：《文化论》，转引自费孝通：《生育制度》，上海世纪出版集团2007年版，第423页。
③ 参见《马克思恩格斯全集》第6卷，人民出版社1961年版，第292页。

社会本身。"① 从根本上看,法是以社会为基础的,同时法作为一种特殊的、重要的社会规范和社会现象,也是社会关系、社会组织、社会规范和社会结构的组成部分。② 法的生命来自于社会,法只有与社会实际相联系才真正具有生命力和活力。③ 任何对实有法的研究都不能脱离社会的范畴,当代中国法学正由面向立法的法学向面向司法的法学转型。因此,将家庭置于法社会学背景下进行审视,是家事审判研究的起点。

第一节 家庭和家庭关系

家庭的和谐稳定是国家发展、社会进步、民族繁荣的基石。无论时代如何变化,无论经济社会如何发展,家庭的社会功能都不可替代,家庭的文明作用都不可替代。近年来,随着市场经济快速发展,经济全球化步伐不断加快,社会进入转型时期,家庭关系、家庭结构和家庭伦理观念发生显著变化,引发了一系列家庭问题和社会问题。研究家事审判,必须理解中国国情,了解中国社会存在的问题,必须对中国特有的家国传统、家国情怀、家的文化有深度的认知。

一、家庭组织结构和功能

家庭作为人的身份(基于婚姻、血缘)为纽带联络而成的社会最基本的构成单位、组织形式,也是人类最基本的生活方式,最普遍地存在于人类社会的

---

① [奥]欧根·埃利希:《法社会学原理》,舒国滢译,中国大百科全书出版社2009年版,第10页。
② 高其才:《法社会学》,北京师范大学出版社2013年版,第82页。
③ 高其才:《法社会学》,北京师范大学出版社2013年版,第87页。

第一章 家事审判的法社会学考察

各个时期。① 家庭中人们之间的相互关系构成了家庭结构。家庭有结构，必然有其功能。家庭的结构与功能是家庭的两个不同方面，结构体现家庭内部关系的联系和作用，功能体现家庭与外界社会环境之间的联系和作用。② 研究家事审判必须先研究家庭，研究家庭必须从结构与功能入手，从而把握其演变与发展趋势。

（一）中国家庭与家族、宗族

我国古代的《说文解字》中有："家，居也。从宀，豭省声。"《易·家人》释文："人所居称家。是家仅有居住之意。"这是从居住的角度解释什么是家。有关"家"字的甲骨文考证说，"家"字，象征房子底下有一头猪。原来，"家"字的本义最初就是养猪的地方，引申之则为一畜牧点，因为这个时候畜牧业已经成为人们生活的主要保障。家主要指以婚姻和血缘关系为标志的群体，户主要指以居住地为标志的群体，两者应相互区别。但因为绝大多数家的家庭成员都在一起居住和生活，所以绝大多数一家就是一户，其间联系很密切。因此，家和户是既互相联系又互相区别的范畴。③ 本书研究的家庭是指基于婚姻关系、血缘关系或拟制血缘关系（收养关系）确立的基本经济单位。

一般的情形，家为家，族为族。前者为一经济单位，为一共同生活团体。后者则为家的综合体，为一血缘单位。④ 但在中国，家庭和家族、宗族是密不可分的。血缘关系和祖先崇拜是中国特有的家庭文化传统的逻辑起点。父系血统承嗣、家庭权利义务以男性为中心以及父权等级结构是中国传统家庭关系的核心。⑤ 在一个家庭之内，父祖为一家之长，享有父权即家长权，主要体现在

---

① 于静：《比较家庭法》，人民出版社2006年版，第1页。
② 朱强：《家庭社会学》，华中科技大学出版社2015年版，第99页。
③ 潘允康：《社会变迁中的家庭》，天津社会科学研究出版社2002年版，第43、46页。
④ 瞿同祖：《中国法律与中国社会》，商务印书馆2010年版，第5页。
⑤ 郑丹丹、狄金华：《女性家庭权力、夫妻关系与家庭代际资源分配》，载《社会学研究》2017年第1期。

对子孙的人身、婚姻以及家庭财产的绝对决定权和控制权。周初实行宗法制，在同族内固以家为组织单位，并有家长为家之代表，但同族间并不能赖家制而即亲密，仍需本于尊祖之意念而敬宗，本于敬宗之理由而收族。宗子掌理宗之事务，主祭祀，主婚姻，教族人，其权力在家长之上。天子统诸侯，诸侯统大宗，大宗统小宗，小宗率群弟，如纲在纲，有条不紊。① 春秋以后，王纲不振，礼崩乐坏，宗法渐衰，家族代之而兴。族是家的综合体，家族是以父系为基础划分的，族长是家族的权威，其主要职责是管理家族事务，如祭祖、族产管理等，调整家际之间的社会关系，特别是存在冲突时，族长权是父权的延伸。在当代，家族的概念逐渐淡化，虽然对家族成员个人家事纠纷的处理逐渐淡出，但依然发挥一定的作用，仍具有一定的影响力。

（二）中国家庭的结构形式

家庭结构是指家庭成员之间的组合情况以及由此形成的家庭模式和类型。② 家庭结构影响着家庭成员的角色、家庭功能、代际关系、居住模式等方面。家庭结构有不同的分类方法，按照家庭的亲属关系和代际数量的特征进行分类，主要有以下几种家庭类型：

1. 传统家庭结构

按照家庭的代际层次和亲属关系划分的家庭结构有三种。核心家庭，由父母和未婚子女组成，家庭规模小，家庭关系简单，它是最基本的家庭结构，比较稳定；主干家庭，由一对夫妇与父母和未婚子女组成，虽然具有加强代际联系的优点，但因有两对夫妻、两个中心，在家庭权力和资源分配上容易引发家庭矛盾，如婆媳矛盾；扩大家庭，由一对父母和两对以上的已婚子女及其孩子组成的家庭或已婚兄弟姐妹的多个核心家庭组成的家庭。

传统家庭有利于加强代际联系，增进代际感情，对赡养老人、抚育幼儿、

---

① 陈顾远：《中国法制史概要》，商务印书馆2011年版，第220页。
② 朱强：《家庭社会学》，华中科技大学出版社2015年版，第99页。

第一章
家事审判的法社会学考察

家庭成员相互扶助提供便利，也有利于增加家庭抵御风险的能力，维护社会的和谐稳定。

2. 非传统家庭结构

非传统家庭结构主要有以下几种类型：夫妻家庭，包括有生育能力但选择丁克的家庭、只有夫妻老两口生活的空巢家庭以及婚后尚未生育的未育家庭；隔代家庭，祖父母或外祖父母与孙子女或外孙子女组成的家庭；单亲家庭，由单身父亲或母亲养育未成年子女的家庭；重组家庭，夫妻一方再婚或者双方再婚组成的家庭；单身家庭，到结婚年龄不结婚或离婚、丧偶以后不再婚而是一个人生活的家庭；未婚同居家庭，没有履行法定结婚手续而存在两性关系的男女组成的家庭；同性恋家庭，两个同性组成的家庭。世界上大多数国家法律禁止同性结婚。由于同性恋的长期斗争，在西方欧洲社会出现了一个非常重要的趋势是引入登记的民事伴侣关系。民事伴侣关系是两个同性之间被法律认可的结合。成为合法伴侣关系的情侣在遗产继承、养老金以及子女抚养，与结婚情侣有同样的待遇。① 非传统家庭的出现既有思想观念变革的原因，也有社会原因，各种非传统家庭的增多，引起了大众的广泛关注，也引发了很多社会问题。

从"六普"资料来看，我国家庭户结构正进一步简化，代数趋减，在多代家庭户比重保持稳定的基础上，二代户比重大幅降低，而一代户比重大幅提升并呈现"核心户为主，单身户和扩展户为辅"的格局。② 有学者认为，当代家庭受到现代趋向和传统习俗的双重作用。中国家庭结构的最新状态和变动既有很强的转型社会特征，又有"二元"社会表现，③ 在"家本位"等传统文化渐渐

---

① ［英］安东尼·吉登斯、菲利普·萨顿：《社会学》（第七版），赵旭东等译，北京大学出版社2015年版，第385页。
② 胡湛、彭希哲：《中国当代家庭户变动的趋势分析——基于人口普查数据的考察》，载《社会学研究》2014年第3期。
③ 王跃生：《中国城乡家庭结构变动分析——基于2010年人口普查数据》，载《中国社会科学》2013年第12期。

衰落的今天，尽管依然发挥一定的作用，却很难应对人口、家庭、社会多重变迁所带来的结构性冲击。

（三）中国家庭的基本功能

家庭是社会的组成细胞，对社会和个人均发挥重要作用。与西方国家不同，中国家庭不只是生产和再生产的经济单元，而且还是秩序单元、教化单元和福利单元，并负有社会化和保护其成员的责任。① 具体言之，家庭具有以下功能：

1. 生产消费功能

在古代社会，家庭既是生产单位，又是消费单位，家庭组织其成员进行生产活动，并对消费产品在家庭成员之间进行分配，以满足生产和生存需求，如中国封建社会就是一个自给自足的社会。进入工业化社会以后，随着社会分工的发展，生产单位和场所由家庭转向企业，家庭虽不再是主要的生产单位，但仍然是消费的单位。

2. 生育繁衍功能

《昏义》说："婚姻者合二姓之好，上以事宗庙，下以继后世。"孟子云："不孝有三，无后为大。"在古代中国，婚姻最主要的目的就是传宗接代。古代社会婚姻的基础并不是爱情，而是繁衍后代的必然选择。人类种族和社会也是依靠繁衍得以延续的，而家庭正是完成生育繁衍最基本的单位。

3. 福利保障功能

抚育子女是父母对子女予以生活上的供养，是父母对子女的责任和义务，绝大多数父母对待子女是利他主义的。夫妻之间和一定范围内的亲属之间在生活上也负有相互供养、扶助和照顾的义务。子女对父母或晚辈对长辈负有赡养和照顾义务。当前，在我国的社会保障制度不健全，福利水平比较低的情况下，家庭为家庭成员特别是老人、妇女和幼儿等弱势成员提供生活保障，以抵

---

① 胡湛、彭希哲：《家庭变迁背景下的中国家庭政策》，载《人口研究》2012年第2期。

御风险和适应变迁。

4. 情感慰藉功能

家庭是家庭成员思想和感情交流最重要的场所。家庭可以对家庭成员的负面心理情绪进行缓解，维护或保持家庭成员之间的亲密关系，对于家庭成员个性的养成、人格的健全发展、亲情和爱情的培育、心理和生理要求的满足等具有重要的意义。

5. 维护稳定功能

家庭作为最基本的社会细胞，是社会稳定的基石，社会秩序的稳定有赖于整个社会的家庭和睦。婚姻关系一旦成立，法律就应该给予干预，法律为婚姻关系当事人规定各种各样的义务和责任。家庭对社会的稳定功能，具有不可替代性，在某种意义上，是政府可以无为的空间。促进社会的和谐，家庭是内力，政府是外力。因此，家庭和谐稳定对于社会秩序的稳定和国家的基层治理十分重要。

二、家庭关系的模式和特征

家庭关系既是一种精神上、道义上的人际关系，也是一种具有法律效力的社会关系，它受法律和伦理道德的影响很深。① 家庭关系的性质、状态及互动方式决定家庭组织的结构、功能和变迁。而家庭关系的失调会导致一系列社会问题的出现。② 当前我国正处于社会转型期，家庭伦理弱化等婚姻家庭问题引发很多社会问题，严重影响社会健康有序发展。因此，重新解读和认知社会转型期家庭关系，对于研究家事审判制度具有重要意义。

---

① 朱强：《家庭社会学》，华中科技大学出版社2015年版，第121页。
② 高其才：《法社会学》，北京师范大学出版社2013年版，第105~107页。

（一）中国家庭关系的种类

家庭关系是指基于婚姻、血缘或法律拟制的家庭成员之间的权利和义务关系。以家庭成员主体为标准，家庭关系可以划分为夫妻关系、亲子关系和其他家庭成员之间的关系。夫妻关系是指夫妻之间依照《婚姻法》和《继承法》等法律规定，相互享有的权利义务关系。亲子关系，又称父母子女关系，是指父母和子女之间依照《婚姻法》和《继承法》等法律规定，相互享有的权利义务关系。依照《婚姻法》的规定，亲子关系又可具体划分为婚生父母子女、非婚生父母子女、养父母养子女和继父母继子女四类。其他家庭成员之间的关系主要包括：祖孙关系、婆媳关系、兄弟姐妹关系、翁婿关系等。依据家庭成员之间的辈分划分，家庭关系分为家庭中的横向关系和纵向关系。家庭中的横向关系是指同辈的家庭成员之间的关系，主要包括夫妻关系、兄弟姐妹关系、姑嫂妯娌关系。纵向关系是指不同辈分家庭成员之间的关系，主要包括亲子关系、祖孙关系、婆媳关系、翁婿关系。

（二）中国家庭关系的主要特征

目前，中国农业社会以血亲主位、父子轴心、男性专权为特征的传统家庭，正在逐步让位于工业社会以婚姻主位、夫妻轴心、两性平等为特征的现代家庭。① 当代中国家庭关系的主要特征体现在以下五个方面：

---

① 王润平:《当代中国家庭变迁中的文化传承问题》，吉林大学2004年博士学位论文。古德在其《世界革命与家庭模式》中简要地将现代家庭特征归纳如下：世界范围内，家庭制度正在经历从传统向现代、从不同类型的扩大家庭向夫妇式家庭制度的转变。其标志有：(1)择偶制度的转变——从家族安排和家庭利益为目标转向自由恋爱和以爱情为基础。(2)个体的幸福受到重视，家族的利益被淡化，亲属关系削弱，两性间的平等增强。(3)以代际关系为主轴的家庭关系转变为以夫妻关系为中心，与夫妇式家庭的独立相关的是，双系制度的发展导致单系制度式微。新居制和双系制有助于夫妇家庭从大家庭中独立。

第一章
家事审判的法社会学考察

1. 纵向关系主导化

在中国家庭三种基本的关系（夫妻关系、亲子关系和兄弟姐妹关系）中，纵向关系居于家庭关系的主导地位，家庭关系主要依靠纵向关系支配和维持。有学者把这种关系的基本特征和表现形式概括为四个方面：一是结构上纵向重于横向，横向靠纵向支配和维持；二是观念上父系传统，崇尚孝道；三是功能上以传宗接代为本，纵向双向交流；四是区位上从父居。这些基本特征和表现形式的核心是家长制。①

在中国，父母在则家在，父母去世了，则成年的兄弟姐妹就会"别籍异财"、分家析产。父母在世时，兄弟姐妹之间的交往比较密切，许多成年子女往往在春节时，团聚在父母身边，共享天伦之乐。父母不在了，兄弟姐妹之间互动就少了，各自以各自的家庭为重，走向以新的亲子关系为中心构建的家庭关系"轮回"之中。在当代中国，父母和子女是血缘关系最近的直系血亲，亲子关系支配夫妻关系和兄弟姐妹关系。不过，这种亲子关系主导的纵向家庭关系近年来逐渐向夫妻关系作为整个家庭关系网络中心的方向演变，夫妻关系的质量和稳定状况将是未来考察家庭关系问题的重点，是协调处理其他家庭关系的基础。②

2. 横向关系平权化

新中国成立后，积极宣传和推动妇女解放，主张男女平等，在家庭关系方面，最主要的就是1950年颁布的《婚姻法》，其中明确废除包办买卖婚姻、男尊女卑等封建婚姻制度，确立了婚姻自由、男女平等的新型婚姻制度，为建立平等和谐的家庭关系提供法律基础。特别是改革开放后，城镇化的进程加快，家庭成员就业普遍化，为家庭成员平等关系的建立和维系创造了经济条件。③值得一提的是，近年来女性就业率不断提高，家庭地位不断提升，女性在家庭

---

① 潘允康、林南：《中国的纵向家庭关系及对社会的影响》，载《社会学研究》1992年第6期。
② 朱强：《家庭社会学》，华中科技大学出版社2015年版，第146页。
③ 王跃生：《中国当代家庭关系的变迁：形式、内容及功能》，载《人民论坛》2013年第8期。

决策中的影响力越来越大，包括在家庭日常支出、子女教育等重要事务的决策上，女性都享有重要的发言权甚至决策权，在家务安排上，男性较之以往也承担了更多的义务。所以，我国目前家庭关系中横向权力趋向更加平等。

3. 婚姻关系自致化

依照中国传统文化原则组织起来的家，既是社会的基本单位，又是在文化上有着头等重要意义的伦理实体。① 家庭是组织生产和消费的基本单位，个人的婚姻必须符合家庭的整体利益，夫妻双方家庭的政治地位和经济条件等先赋性特征在婚姻匹配关系中起决定作用，讲究"门当户对"。随着经济生产活动逐步从家庭中分离出来，教育程度、生活品位、职业技能等自致性特征在婚姻匹配中的重要性不断上升，情侣在考虑个人自致性因素的基础上，希望在相互吸引和包容的前提下产生爱情，并以此为基础订立婚姻契约。尤其是近年来，随着社会经历快速的工业化和现代化，以个人教育程度、职业等为标志的自致性因素在婚姻匹配中的重要性持续上升。② 虽然中国人仍然高度重视家庭利益和家庭责任，但是已不再是传统的家庭成员个人利益符合家庭整体利益，现代家庭观念更加注重个人的幸福，强调夫妻的感情基础，家庭成员主体性地位。

4. 继承关系双系化

家庭制度变迁是从父系血缘关系转变为双系血缘关系。在父系家长制度下，亲属的等级是按照父系和血缘关系来划分等级的，在双系制度下，亲属的等级是按照血缘关系来划分的，夫妻双方与父系的亲属或母系的亲属有同样的亲密关系。③ 家庭财产继承制度是父权制家庭向双系制家庭过渡最主要的表现之一。在中国古代的父权语境中，女性并无继承权利，其既不能从丈夫家中分得遗产，也不能从娘家分得遗产。自1920年左右，代际继承的双系化启动，

---

① 梁治平：《寻求自然秩序中的和谐》，中国政法大学出版社2002年版，第140页。
② 齐亚强、牛建林：《新中国成立以来我国婚姻匹配模式的变迁》，载《社会学研究》2012年第1期。
③ 李东山：《工业化与家庭制度变迁》，载《社会学研究》2000年第6期。

我国更是在1950年婚姻法中对继承权的性别平等和代际平等予以确认。但在司法实践中，城市居民已经普遍认可财产继承的双系化，而广大农村大部分还是沿袭传统习惯，女性没有财产继承权。但在社会转型和城市化的大趋势下，农村社会也处在转型之中，代际继承的双系化是必然的发展方向。①

5.亲属关系网络化

传统社会以家庭为单位组织的生产活动被近现代工业化生产取代以后，父权制随之衰落，突出表现在扩大联合家庭的数量急剧下降，家族、宗族和姻亲等亲属群体之间的互助合作逐步被市场化的服务购买和社会福利保障体系取代，亲属团体在农村的影响力较之传统社会日趋衰落。从总体上看，中国家庭结构逐步简化，已呈现出核心家庭为主，扩展家庭和单人家庭为补充的格局。②不过，中国核心家庭并没有成为互相独立的孤岛，他们之间通过血缘、地缘、姻缘等关系组成了亲属网络。家庭关系依然密切，代际资源传递依然频繁，家庭互动形式日趋多样化。这种亲属网络不再像传统社会那样自上而下地控制着核心家庭，而是自下而上地承托着核心家庭。③这就呈现出与传统亲属关系完全不同的一面。

三、家庭问题及影响因素

家庭问题是社会问题的一种形式，指在家庭生活中出现的，可能引起家庭关系失调、危及家庭正常发展的普遍性矛盾。④家庭在存在发展过程中会受到内部和外部多种因素影响，从而产生各种问题。

---

① 徐安琪：《转型时期的中国家庭价值观研究》，上海社会科学院出版社2013年版，第179~193页。
② 胡湛、彭希哲：《家庭变迁背景下的中国家庭政策》，载《人口研究》2012年第2期。
③ 马春华等：《中国城市家庭变迁的趋势和最新发现》，载《社会学研究》2011年第2期。
④ 何立婴主编：《中国女性百科全书婚姻家庭卷》，东北大学出版社1995年版，第245页。

（一）中国家庭存在的主要问题

1. 传统家庭功能趋于弱化

社会的变革、经济的发展逐渐改变了人们的家庭观念，并让其对家庭关系和家庭功能进行重新审视。亲子和夫妻之间的权利格局此消彼长，文化和传统价值观的代际传递趋于减弱，传统的家庭功能面临着现代科技的冲击，特别是网络信息技术广泛地渗透到人际交往、习惯养成和文化传承等传统的家庭功能领域，①一方面让家庭成员之间的交往和互助更加方便，但是也让各个成员更加个性化和随性化，在增强家庭凝聚力的同时，传统家庭功能逐步趋于弱化。

2. 非传统家庭结构类型日益增多

随着经济社会的发展，人民的经济收入大幅增长，迁徙的范围更大，交流方式不断革新，人们的价值观日趋多元化，婚姻家庭观念、性观念、生育观念也发生重大转变，人们注重追求个人幸福和自我实现的生活方式，在此过程中，出现了诸如丁克家庭、单亲家庭、重组家庭、单身家庭、虚拟家庭以及众多的未婚同居家庭，有的地方还出现了同性恋家庭等非传统家庭，赡养、抚养、生育和情感慰藉等家庭功能发生了转移。

3. 离婚率持续不断攀升

改革开放以后，人们的婚姻家庭观念受西方发达国家的影响，人们普遍追求自由的观念和生活方式，加上离婚成本的下降，近年来离婚率不断攀升。②民政部《2017年社会服务发展统计公报》显示，2017年依法办理离婚手续的共有437.4万对，比上年增长5.2%，其中：民政部门登记离婚370.4万对，法

---

① 彭希哲、胡湛：《当代中国家庭变迁与家庭政策重构》，载《中国社会科学》2015年第12期。
② 中国的婚姻偏重"姻缘"，而西方偏重"爱情"。今日中国人视缘分婚姻为传统，爱情婚姻为现代。爱情婚姻有高度的内在性和紧张性，由此带来了婚姻质量的提升，但也很容易导致离婚率的提升；而缘分婚姻则有明显的外在性和松懈感，由此引出了夫妻双方的平淡、安定与闲适。爱情婚姻内含浪漫体验，具有高风险性；缘分婚姻讲究相依为命，具有高稳定性。翟学伟：《爱情与姻缘：两种亲密关系的模式比较——关系向度上的理想型解释》，载《社会学研究》2017年第2期。

院办理离婚66.9万对。离婚率为3.2‰,比上年增加0.2个千分点,说明人们婚姻自主性在提高,但是因离婚引发的社会问题对家庭伦理和既有社会秩序产生了很多负面影响,特别是在国家治理和家庭和谐方面产生了很多问题,比如因出轨导致离婚造成家庭伦理的沦丧,单亲家庭孩子教育成长面临很多问题,青少年犯罪率也远远高于普通家庭。我们必须采取有效措施应对,促进家庭和社会的和谐稳定。

4. 家庭暴力趋于扩大化

家庭暴力是指家庭成员之间的暴力侵害行为,包括身体、精神、性、经济方面的暴力和威胁施加此类暴力的行为。《中华人民共和国反家庭暴力法》已于2016年3月1日正式实施,其中明确对家庭暴力的认定、预防、处置、人身安全保护令和法律责任作出规定,但由于家庭成员之间存在血缘关系或婚姻关系,"家丑不可外扬"的思想观念,加上家庭暴力一般发生在家庭之内,具有隐蔽性和持久性,造成家庭暴力面临发现难、取证难、执法难的困境。家庭暴力受害者除了老人和儿童之外,主要是女性。《第三期中国妇女社会地位调查主要数据报告》显示,在整个婚姻生活中曾遭受过配偶侮辱谩骂、殴打、限制人身自由、经济控制、强迫性生活等不同形式家庭暴力的女性占24.7%,其中,明确表示遭受过配偶殴打的已婚女性为5.5%,农村和城镇分别为7.8%和3.1%。① 他们往往在经济上处于依附地位,在身体体能上处于弱势地位②。家庭暴力不仅严重侵害了受害者的身心健康,破坏了家庭的稳定性,影响未成年人的人格发展,而且会催生心理问题和暴力犯罪。

---

① 第三期中国妇女社会地位调查课题组:《第三期中国妇女社会地位调查主要数据报告》,载《妇女研究论丛》2011年第6期。
② 吉登斯认为,在权力的生成过程中有两种资源类型,一是权威性资源,二是配置性资源。权威性资源是权力生成过程中所需要的非物质资源;配置性资源是权力生成过程中所需要的物质资源,包括自然环境与人工物质产品。受害女性不仅缺乏权威性资源,也缺乏配置性资源。转引自佟新:《不平等性别关系的生产与再生产——对中国家庭暴力的分析》,载《社会学研究》2000年第1期。

5. 流动和留守家庭常态化

国家卫生计生委家庭司司长王海东在通报中国家庭发展工作的有关情况时指出，根据国家卫生计生委发布的《中国家庭发展报告（2016年）》，流动家庭和留守家庭已经成为家庭的常规模式，当前的流动家庭接近于20%，也产生大量的留守儿童、留守妇女、留守老人。由于地区差异巨大和社会快速转型，我国流动迁移人口规模巨大，特别是中西部省份的青壮年劳动力大规模流向东部沿海发达地区，由于受户籍制度、生活成本、子女教育等因素限制，许多儿童、妇女和老人被迫留在户籍所在地。民政部基层政权和社区建设司副司长朱耀垠2015年6月2日在相关新闻发布会上说，随着工业化、城镇化、农业现代化的发展，农村人口的流动性明显增强，越来越多的农村人口流向城镇，一些自然村落人口大幅度减少，甚至消亡，造成了中国农村"空心化"的趋势。据推算，目前中国农村留守儿童超过6000万，留守妇女有4700多万，留守老人约有5000万。许多留守妇女、儿童、老人在身心健康、情感需求和安全感等方面均出现了问题，一些针对留守妇女、儿童、老人的盗窃、抢劫、性侵等犯罪也日益增多。另外，留守老人还面临"空巢家庭"问题。2010年老年家庭的空巢比例已接近40%，相比2000年，其中老年人独居的比例提升了12%以上，老年夫妇独立居住比例已超过29%。①

（二）中国家庭问题的主要影响因素

哈雷雯指出，家庭变迁的过程是如何发生的在家庭史研究中是关注重心之一。②家庭结构的多样性，家庭关系的复杂性为整个社会的正常运转带来了更多的挑战，也愈来愈成为关乎社会稳定的重要政治课题。改革开放以来，社会转型、工业化、人口流动、计划生育政策的推行、老龄化、住房条件的改善、

---

① 胡湛、彭希哲：《中国当代家庭户变动的趋势分析——基于人口普查数据的考察》，载《社会学研究》2014年第3期。
② 唐灿：《家庭现代化理论及其发展的回顾与评述》，载《社会学研究》2010年第3期。

户籍和其他政策等多方面因素一起，缩小了家庭规模，改变了家庭结构，重塑了家庭关系。

1. 社会转型加速

一是社会经济结构变化。改革开放以来，中国社会急速变化，短短四十年就从一个农业社会转变为一个工业化、现代化、城市化的社会。当然，在经济急速发展时，就不可避免地带有城乡二元化的特征，并且这种差距在逐步拉大。目前的中国城乡具有若干鲜明的特色。其一，工业化超前，城市化滞后；其二，市场改革激发了大量的城乡人口流动，不可逆转地改变了经济社会的版图分布，也形成新的社会结构；其三，城市化加速与经济高速增长相伴，造就了城乡关系极为夸张的紧张。①

二是工业化进程加快。工业化的快速发展使得商业分工越来越细，进而产生了大量的就业岗位，一方面可以给家庭成员提供更多选择的机会，让其从家庭走向社会，另一方面也让个体思想开始觉醒，逐步脱离父系家庭的控制，在生活上和思想上趋于独立。随着工业化的加快，家庭作为生产单位的功能转移到外部，家庭关系的塑造不再仅限于家庭成员之间的互动，而且深受外部环境的影响。②

2. 国家政策和制度变化

一是计划生育制度。20世纪70年代，国家为控制人口过快增长，推行了严格的计划生育政策，生育率大幅下降。中国经历的是人口与家庭的双重变迁，快速而激烈的人口转变加快了家庭户变动的进程。③ 计划生育不但影响了人们的生育行为和生育观念，加剧了人口老龄化和性别比失调，而且带来家庭子女数量的减少、家庭规模的缩小、家庭结构的变迁、家庭功能的弱化等问

---

① 周其仁：《城乡中国》，中信出版社2013年版，第8页。
② 唐灿：《家庭现代化理论及其发展的回顾与评述》，载《社会学研究》2010年第3期。
③ 胡湛、彭希哲：《中国当代家庭户变动的趋势分析——基于人口普查数据的考察》，载《社会学研究》2014年第3期。

题，对中国居民的家庭发展能力①也产生了重要影响，包括家庭的禀赋积累、结构功能和策略选择。

二是户籍制度。20世纪50年代末，国家建立户籍制度，严格控制农民流入城市，形成了城乡分割的二元结构。改革开放以后，国家和一些城市虽然推行了一系列户籍改革，其目的主要在于促进国内劳动力流动，一些大城市把教育程度高，有专业技术和投资买房作为获得城市户口的前提条件，这只是把极少数最成功和最有竞争力的农民吸引到城市来，而绝大多数农民只是进城务工，以增加家庭收入，而他们仍然不属于城市。②这就产生了留守妇女、留守老人和留守儿童所谓的"三留守"人员，引发了很多社会问题。

3. 家庭结构变迁

一是人口流动加快。改革开放以后，中国从计划经济转向市场经济，工业化和城市化齐头并进，农村剩余劳动力大量存在，城乡之间和地区之间收入差异巨大，出现了大规模的人口流动。人口流动呈现从农村流向城市，从中西部地区流向东部沿海地区的趋势。《2017年国民经济和社会发展统计公报》显示，全国人户分离的人口2.91亿人，其中流动人口2.44亿人。流动人口主要流向了沿海经济发达地区，特别是珠三角和长三角地区。人口的流动产生了很多

---

① 家庭发展能力是家庭根据所处的不同生命周期阶段和发展任务，利用自身拥有的禀赋、权利和可能的策略，去追求更高生活水平和家庭发展可持续性的综合能力。家庭发展能力建立在家庭发展权利、家庭禀赋和家庭策略基础之上，以实现家庭生活状况的改善和家庭发展的可持续性为根本目标。家庭禀赋、家庭功能和家庭策略是构成家庭发展能力的核心要素。作为家庭发展能力的三个重要组成部分，家庭禀赋、家庭功能和家庭策略相互联系、相互影响又不能彼此替代。家庭禀赋表征家庭拥有的人力资本、社会资本、经济资本和自然资本，是家庭拥有选择机会、选取发展策略和应对风险环境的基础；家庭功能反映家庭的关系结构、反应灵活性、家庭成员交往质量以及家庭亲密度和适应性等；家庭策略也是家庭发展能力的重要组成部分，它是对发展机会的把握及开展的一系列活动的组合。石智雷：《计划生育政策对家庭发展能力的影响及其政策含义》，载《公共管理学报》2014年第4期。
② [美]范芝芬：《流动中国：迁移、国家和家庭》，邱幼云、黄河译，社会科学文献出版社，第47~64页。

第一章
家事审判的法社会学考察

留守妇女、留守老人和留守儿童。有的家庭祖父母身体好，可以帮助带小孩，则夫妻二人一同外出务工经商，"隔代家庭"也呈不断增长的趋势。其比重在2010年为2.26%，相比2000年增加0.37个百分点，更是1990年和1982年的3.37倍和3.23倍。①

二是老龄化趋势显著。《2016年国民经济和社会发展统计公报》显示，我国共有60周岁以上老人23086万人，占总人口的16.7%，其中65周岁及以上老人15003万人，占总人口的10.8%。按照国际标准，60岁以上老年人口比例超过总人口的10%即进入老龄化社会，中国已步入老龄化社会。中国的老龄化超前于现代化，"未富先老"是中国当前的阶段性特征。②人口老龄化不但影响家庭结构、住房和迁徙、代际关系，而且改变人们的传统观念和生活方式。

三是家庭居住模式的变化。中国传统的家庭居住模式是从父居和从夫居，子女婚后一般跟随父母居住，女性婚后一般到男方家中居住。进入工业化社会以后，由于人口和社会的双重变迁，传统家庭居住模式不断萎缩。婚姻是家庭的基础，夫妻关系是家庭关系的中心，随着住房条件的改善，原有的家庭结构出现解体，子女和父母分开居住，主干家庭分解成两个核心家庭。新中国成立至20世纪70年代末，城镇居民人均建筑面积只有4平方米左右，农村居民8平方米左右。很多家庭根本不具备分开居住的条件。2016年，城镇居民住宅人均建筑面积40.8平方米，农村人均45.8平方米。近年来，父母与已婚子女分开居住日趋普遍。③

---

① 胡湛、彭希哲:《中国当代家庭户变动的趋势分析——基于人口普查数据的考察》，载《社会学研究》2014年第3期。
② 蔡昉、王美艳:《"未富先老"与劳动力短缺》，载《开放导报》2006年第1期。彭希哲、胡湛:《公共政策视角下的中国人口老龄化》，载《中国社会科学》2011年第3期。
③ 潘允康:《住房与中国城市的家庭结构——区位学理论思考》，载《社会学研究》1997年第6期。

四、基层社会结构和秩序

社会结构是社会体系各组成部分或诸要素之间比较持久、稳定的相互联系模式。社会结构的最基本分析单位是行动者所处的地位和承担的角色。[1] 中国的社会结构与西方的社会结构存在着很大的区别。对中国传统基层社会，费孝通先生有明确的判断："从基层上看去，中国社会是乡土性的。"[2] 在我国乡土社会背景下的家事事件和西方社会的家事事件存在很大的差异，研究家事审判制度时必须将视角置于我国特殊的社会结构和社会秩序之中，这是重要的逻辑起点。

（一）中国基层社会结构和秩序的特点及存在的冲突

在《乡土中国》中，费孝通讨论了中国传统基层社会结构的特点，中国乡土社会的独有形态特点决定了，在我国传统文化与现代制度、法律规定与生活实践之间会出现一些差别和冲突，这对于构建符合我国国情的家事审判制度会产生重要的影响。

1. 身份与契约的冲突

自我主义与个人主义的差别。在中国社会中，组成社会的细胞不是西方式的个人，而是家庭。[3] 我们的社会结构不是一捆一捆扎清楚的柴，而是好像把一块石头丢在水面上所发生的一圈圈推出去的波纹。[4] 推的过程里有两条最基

---

[1] 高其才：《法社会学》，北京师范大学出版社2013年版，第98～99页。
[2] 费孝通：《乡土中国》，生活·读书·新知三联书店1985年版，第1页。
[3] 吕承文、田东东：《熟人社会的基本特征及其升级改造》，载《重庆社会科学》2011年第11期。
[4] 费孝通指出，"每个人都是他社会影响所推出去的圈子的中心。被圈子的波纹所推及的就发生联系。每个人都有这么一个以亲属关系布出去的网，但是没有一个网所罩住的人是相同的。以亲属关系所联系成的社会关系的网络来说，是个别的。每一个网络有个'己'作为中心，各个网络的中心都不同"，而且，"这富于伸缩的社会圈子会因中心势力的变化而大小。以'己'为中心，像石子投入水中，和别人所联系成的社会关系，不像团体中的分子一般大家立在一个平面上的，而是像水的波纹一般，一圈圈推出去，愈推愈远，也愈推愈薄"。参见费孝通：《乡土中国》，北京出版社2005年版，第29页。

第一章
家事审判的法社会学考察

本的路线。一个是亲属：亲子和同胞，相配的是孝和悌；另一个是朋友：相配的是忠。在这种格局下，道德和法律都因所施的对象和自己的关系而加以程度上的伸缩。一切普遍的标准并不肯定地发生作用，关键问题在于对象是谁，和自己是什么关系，以身份确立适用标准，即我们所说的自我主义。而在个人主义下，一方面是平等观念，指在同一团体中各分子的地位相等，个人不能侵犯大家的权利；一方面是宪法观念，指团体不能抹杀个人，只能在个人所愿意交出的一份权利上控制个人。[①] 这就是现代法治的主旨和要义。人生而自由平等，并在法律规定的范围内行为，是为契约。在自我主义下，因人而异，区别对待；在个人主义下，众人平等，一视同仁。传统中国是典型的身份社会，当前我国仍处于"从身份到契约"的运动之中。

2. 自生法与国家法的冲突

传统文化与现代制度的距离。中国传统文化是构筑熟人社会的文化根基。社会成员依照先祖留下的社会共同经验，在国家强制法之下，自我总结出一种用于约束社会共同体的"自生法"，约束和调整社会成员之间的关系。自生法是通过长期的实践和代代相传，自发形成，并由社会权威管理和约束的，已经内化为社会共同体的自我约束的行为规范，各成员对其的服膺是主动的、敬畏的。在用自生法解决生活中存在的问题时，衡量人和事的标准是道德而不是法律，重的是教育而不是惩罚。自生法在父辈的教化中养成，人们对其是敬畏的，积极主动地践行和服从的。国家法是靠国家的权力来制定、推行的，自上而下予以实施的法律，依据社会制度的不同而不同，社会共同体对其的遵循是消极被动的，所受的惩罚与约束来自特定的权力。自生法与国家法的冲突根源在于：一个用于规范熟人社会，一个用于规范生人社会；一个是自下而上的总结与相传，一个是自上而下制定并实施。在中国的特殊社会形态背景下，对于解决家事纠纷而言，自生法仍然有相当的适用范围，在某种意义上甚至可以说其重要性超越了国家法。

---

① 费孝通：《乡土中国》，北京出版社2005年版，第36页。

五、家事审判制度改革的启示

"我们不但要在个人的今昔之间筑通桥梁,而且在社会的世代之间也得筑通桥梁。"① 在家事纠纷的解决中,人民法院就是筑通传统文化与现代制度、身份与契约之间桥梁的建设者。找准人民法院的职能定位,寻求最佳的审判方法,在法律规定的范围内,利用老百姓易于接受的方式化解家事矛盾纠纷,应当是我们研究家事审判制度之初衷。

1. 选择符合中国国情的家事审判模式

中国传统文化崇尚和谐,反对讼争,特别是儒家有"无讼"的观念。诉讼在中国人的心目中是与"礼"所不容,为贤者所不肖的行为。中国人把法律作为实现安定和谐目标的手段,它服从于安定和谐这一终极追求。虽然经过几千年的发展,这种观念在当代中国特别是农村,仍然根深蒂固。尤其是现今中国还没有实现从传统社会向现代社会的转变,13.9亿人口中有5.76亿是农村人口,农村国土占中国国土的90%左右,熟人社会的本质依然未变。这样的文化传统和道德土壤,决定了对于绝大多数家事纠纷而言,不会像商事活动中通过合同契约、注重经济往来留下凭证等,严格遵循当事人主义,仅靠当事人来负责证据的调查、准备和提出,很难查清案件背后隐藏的内情,不能最大限度地发现案件的客观真实,影响纠纷的彻底解决。同时,由于中国乡土社会的特质,家事纠纷的类型、特点多种多样,具体情况各不相同,纠纷的处理应当按照个人人性,作具体的、个别的处理,才能符合亲属的身份关系之实质。② 因此,在我国家事审判中,应当构建以法官为主导的职权探知诉讼模式,法官理性利用释明、调查取证、程序指挥等项权能,缓解法律真实和案件真实之间的张力,使裁判更趋于公正。

---

① 梁治平:《法辨:法律文化论集》,广西师范大学出版社2015年版,第19页。
② 陈棋炎:《亲属、继承法基本问题》,三民书局1980年版,第557页。

第一章
家事审判的法社会学考察

2. 对家事审判制度进行专业化的研究和改造

对于家事事件而言，中国熟人社会与西方社会的表现形式和特点的差异性必然要求从家事纠纷的解决过程以及方式选择等方面进行特别的研究，[①] 构建一种符合中国社会特点的专业化的家事审判制度，即：专司审判的机构，家事法院或家事法庭；专职处理家事纠纷的人员，家事法官、家事调查员、家事陪审员以及心理咨询员等；专门审理家事案件的程序，家事审判、家事调解、家事非讼程序等。对于家事审判的专业化改造，本书将在后续章节详细阐述。

3. 审理方式由传统的、被动的向发散的、主动的转变

由于传统文化的影响，对于大多数人而言，诉讼是不得已而为之的无奈之举，一旦进入法院的大门，矛盾就难于调和，从这个角度讲，再好的判决书也比不上一份调解书。在家事审判中应当摒弃被动的、恪守中立裁判的审理方式，采取主动的方式，融入更多的调解元素，采取多元化的纠纷解决方式，通过诉调对接中心等载体进行调解，使其有法庭之名，而无公堂色彩。解决家事纠纷的主体、依据、方式均与传统的道德文化相契合，可以最大限度地实现天理、国法、人情的统一。同时，人际关系在乡土社会中扮演着重要的角色，在家事纠纷中，可以采取由"熟人"通过说服教育来达到消除纠纷、息事宁人的目的的独特调解方式。人们出于对维持人际关系的考虑对调解的服从，成为熟人调解拘束力的存在基础，而乡土社会中的人际关系也决定了这种调解方式必然具有很强的效力。可以将传统的审理模式变为熟人参与的审理模式，依据当事人信任熟人的心理，充分利用当事人身边的熟人去做他们的工作，了解他们的真实想法和要求，有的放矢地开展家事审判活动。这既符合我国熟人社会的国情，也有利于实现法律效果和社会效果的统一。

[①] 陈飚:《家事事件：从家、婚姻家庭到家庭纠纷的本源追溯》，载《西南民族大学学报（人文社会科学版）》2014年第6期。

第二节 家庭伦理

无论是婚姻家庭法的制度构建，还是家事审判的科学运行，都离不开特有的价值导向、基本原则和规则体系，其核心为伦理精神。这种伦理精神蕴藏在婚姻家庭伦理实体和伦理关系中，随着传统家庭伦理缓慢的嬗变，得以传承和创新，成为当代家事审判应当高度重视的价值遵循。

一、对家事审判进行伦理学考察的必要性

职业化的法官处理大众间的纠纷，不仅涉及专业化与大众化的关系问题，也涉及司法的伦理性问题。[①] 家事审判是家事法官按照专业性规则处理婚姻家庭纠纷的解决过程，其伦理性问题表现得更加突出，是处理家事纠纷的关键，而对家事审判伦理性的认知，绕不过对家庭伦理的探讨。

（一）遵循家庭伦理符合人性要求的逻辑推演

所谓人性，也就是一切人与生俱来、生而固有的普遍属性，[②] 其包含着自然属性和社会属性两个方面的内容。[③] 恩格斯说，人来源于动物界这一事实已经决定人永远不能完全摆脱兽性，所以问题永远只能在于摆脱得多些或少些，在于人性或兽性的程度上的差异。[④] 因此，人性是天生的，不能被消灭，但可以被适度控制。没有伦理的规范，任何人的生存和发展都是不可能的。费尔巴哈

[①] 沈明磊：《关于民事司法伦理性若干问题的研究》，载《法律适用》2010年第12期。

[②] 王海明：《人性论》，商务印书馆2005年版，第9页。转引自曹贤信：《亲属法的伦理性及其限度研究》，群众出版社2012年版，第33页。

[③] 吴时红：《"人性"研究二题论析——兼向王海明先生请教》，载《宁波大学学报（人文科学版）》2012年第2期。

[④] 侯子峰、周学智：《论人的本质与人性》，载《福建论坛（社科教育版）》2010年第12期。

第一章 家事审判的法社会学考察

认为，人的自爱利己的本性和追求感官的享受是道德的来源和基础。① 伦理作为人与人，以及人与国家、社会之间的关系和行为的秩序规范，承担着上述控制功能。而这种控制和规范既是人性需要的体现，又是一定社会关系的反映；既是人们维持社会生活正常化、有序化应遵守的规则，又是社会发展和进步的指南。从整个人性角度来看，无论是人的动物性衍生出的生理需要，还是从人的特性衍生出的精神需要，道德在某种意义上就是以人的特性不断提升人的动物性并使之得到合理满足。② 在婚姻家庭领域，家庭伦理是由家庭成员个人人性集合而抽象出来的，以实现家庭生物目的和社会目的的行为规范。因此，家事审判只有重视家庭伦理，才是符合人性要求的。

（二）遵循家庭伦理是家事审判正义价值的来源

儒家之伦理原则由家庭伦理上升为一种社会伦理，并与法律结合，成为维系中国家庭、社会甚至国家的最重要纽带。③ 家庭是伦理生活的范型，是人类伦理关系的最初实体。伦理性是婚姻家庭关系最本质的特点，不仅是立法机关在制定亲属法时必须考虑的基础和关键因素，也是审判机关在适用法律、作出裁判时必须予以尊重的因素。家事事件的来源是家庭成员有关身份和财产的争端，身份关系是根本，财产关系是附属，对财产争议的处理需要围绕身份关系进行。法院在裁判涉及身份关系的矛盾纠纷时，无处不充斥和体现着伦理的影响。因此，家事审判不能仅是简单地明辨是非、适用法律，其应当追求更高层次的伦理正义和实质正义。也就是说，只有遵循家庭伦理，能够对家庭伦理正义进行确认的家事审判才是正义的。

---

① 张传开等：《西方哲学通论（上卷）：西方哲学史》，安徽大学出版社2003年版。
② 曹贤信：《亲属法的伦理性及其限度研究》，群众出版社2012年版，第38~39页。
③ 刘云生：《中西民法精神文化本源刍论》，载《现代法学》2002年第6期。

（三）遵循家庭伦理契合家事审判自身的特点

强调家庭伦理在法院处理家事纠纷中的重要性，与家事审判的自身特点密切相关。第一，从案件当事人来看。家事案件的当事人是作为自然人的个体，家事纠纷背后是情感和心理的纠葛，导致当事人对法院处理纠纷的评价往往偏向于从伦理道德、自身利益等非纯粹理性的角度进行。因此，只有家事审判既合乎法律又合乎伦理时，才能真正获得正当且被认同的裁判结果。第二，从法律依据来看。家事审判的主要法律依据是婚姻法、继承法等亲属法，而亲属法是典型的身份法，规范的是"自然的、必然的、本质的社会结合关系"①，不以利益为本质，其基础为血缘和情感，具有极强的伦理性。这种伦理性主要有两层含义：其一，亲属法是法律化的伦理，主要内容来自伦理道德；其二，伦理是亲属法的必要补充，习俗、道德等也对亲属关系起着规范作用。正是亲属法本身的鲜明伦理性，决定着家事审判应当以伦理性为指导，作出合理的价值判断。第三，从审判方法来看。家事审判中法官常常面临当事人诸多的伦理诉求，想要真正实现司法效果与社会效果的统一，需高度重视家庭伦理的作用，运用伦理道德、生活经验等进行调解劝说。

（四）遵循家庭伦理源自中国家事审判的司法传统

中国传统司法以维护血缘为基点的等级身份制度为目的，法的功能被淡化。②法官依据情、礼、法多元规则体系进行审判，追求调处息讼，注重道德法律化，强调法律的情感因素。这些传统法律文化已烙印在民族的主体意识中，对我国的司法工作产生着深远影响。在中国传统社会中，儒家伦理是人们行为规范的集合，也支配和规范着法的发展，成为立法和司法实践的最主要的

---

① 日本的中川善之助教授将人类社会的结合关系分为本质的社会结合关系和目的的社会结合关系，前者的支配领域为身份关系，后者则为财产关系。
② 周帼：《中国传统司法的伦理特质及其现代价值》，载《河北学刊》2011年第1期。

第一章
家事审判的法社会学考察

指导思想。我国传统诉讼法律文化具备两大基本特征,其一为"无讼",其二为礼法结合,极为重视纲常。这在家事纠纷解决中表现得更为突出。人们通常首选依据伦理道德、风俗习惯以调解方式解决矛盾,而不是诉至官府,即使官府进行裁判,其主要依据也是伦理纲常。经过时代变迁,虽然传统伦理中的许多糟粕被我们剔除舍弃,但是伦理文化中家庭和睦、尊老爱幼等优良的思想仍然值得倡导和遵循,家事审判制度的法律文化根基并未真正动摇。这种伦理文化和司法传统的延续性,要求现代家事审判遵循家庭伦理,重视伦理观念、社会习惯的作用,而不是僵硬地框定权利义务关系。

二、传统家庭伦理及现代转向

家庭伦理是一个历史的范畴,[①]取决于婚姻家庭赖以生存和发展的一定经济制度的性质,与社会进步的需要相联系,不断演变和发展。以儒家思想为主体的中国传统家庭伦理,经过经济和社会发展的冲击以及被批判性地继承,逐渐向更加强调家庭成员之间关系平等、独立、自主的现代家庭伦理转化。

(一)礼教中心与家庭伦理

在几千年的中华历史长河中,"礼"始终是封建各王朝建立各种制度的核心和基础。何为礼?张晋藩认为:"礼,最初起源于祭祀活动中形成的礼仪规范,后上升为人们必须遵守的社会规制或法律规范。"[②]陈顾远则认为:"礼由儒家言之,实为一切规范之总称,有劝人为善之道德律,有出礼入刑之社会律,有安邦治国之政事律,其规范之内容及作用,更较法家所认为的法而广泛,而显著。"[③]可见,"礼"所包含的内容极为广泛,但从根本上说,"礼"是人们必

[①] 参见王恒生主编:《家庭伦理道德》,中国财政经济出版社2001年版,第4页。
[②] 张晋藩:《中国法制史》,中国政法大学出版社2016年版,第10页。
[③] 陈顾远:《中国法制史纲要》,商务印书馆2011年版,第324页。

须遵守的道德或法律规范，是人们行事、处世的基本准则。

《说文解字》对"礼"的解释为："礼者，履也，所以事神致福也。"① 在最初，礼的产生源于氏族部落时期祭祀鬼神的需要，是由氏族祭司将人们日常的一些行为升华或通过自行创造，形成的祭祀鬼神时所采用的特有仪式和庄重礼节，又被称为仪礼或礼仪。至西周，随着周公制礼的开展，礼开始脱离专于祭祀的仪礼，对夏礼、商礼，甚至是原始祭祀之礼仪，进行系统化、规范化的整理和扩充，成为当时规制国家各方面的制度。春秋战国时期，诸侯纷争、天地动荡、礼崩乐坏，孔子及其门徒为恢复西周之时礼乐行政的社会秩序，四方奔走游说，著书立说传世，开创影响着后世数千年的儒家思想，赋予"礼"新的精神和生命。至西汉中期，董仲舒根据先秦儒家理论提出"德主刑辅"的新儒家德治思想，开创以儒家思想指导法律的先河，通过引礼入法，使儒家思想成为正统法律思想。到唐时，作为中华法系重要代表的《唐律》被称为"一准乎礼"，其律条和律疏深受儒家纲常名教支配，完全成为实施礼教的手段。礼教中心的法律体系至此建立完善，为后世封建各王朝所继承。可以说，礼教中心法律体系的形成，实际是通过法律儒家化的过程实现的。

在礼教中心下，中国古代形成了注重人伦和强调关系和谐的家庭伦理观以及中华法系特有的各项家事制度，其中，既有饱受世人诟病和批判的男尊女卑思想等，也有"和离""诸子均分家产"等颇具现代法律思想特点的诸般规定。虽然以现代的眼光来看，这些制度存在不少缺陷，但也正是这些制度维系着当时家庭乃至社会秩序的稳定，为封建各王朝的建立和发展以及中华文明的灿烂辉煌作出重要贡献。儒家礼教思想是与中华民族骨血交融的传统文化，时至今日仍然对我们产生着潜移默化的影响，在保持传统儒家礼教优秀成分的同时，经过适应现代生活的革新与创造，仍然具有保持现代家庭和社会生活合理性、秩序性、稳定性的重要价值。

---

① 许慎:《说文解字》，中华书局1963年版，第7页。

第一章
家事审判的法社会学考察

（二）中国传统家庭伦理

中国历代政治家和思想家都很重视家庭伦理的作用，正所谓"治国必先齐其家者，其家不可教而教人者无之"。① 中国传统家庭伦理作为中国传统文化的一个重要组成部分，是以自然经济与宗法制度为主要特征的农业文明的产物，总体上说，它是一个以血缘关系为依据、以家或家族为本位、以等级差序为基本结构、以父子关系为轴心、以孝为主要运作手段的超稳定的伦理系统。② 中国传统家庭伦理主要是儒家家庭伦理，孔子本着修身、齐家、治国、平天下的逻辑构建了以孝为核心的家庭伦理原则，孟子紧随其后，最早把人们之间的关系概括为"五伦"，即"父子有亲，君臣有义，夫妇有别，长幼有序，朋友有信"，其中，"父子有亲，夫妇有别，长幼有序"，即是处理家庭关系的基本伦理原则。③ 此后历朝历代家庭伦理虽然不断发展变化，但均未背离孔孟所确立的家庭伦理核心原则。

1. 传统家庭伦理的主要特征

中国传统社会有着自己的独特发展路径，由家族到国家，逐步形成家国一体的宗法制，这使得中国的传统家庭伦理与西方社会的伦理存在着显著的区别。

（1）差序格局规制下的宗法人伦

中国传统社会通过确立和发展宗法等级制度以及"礼""仁"文化，使自然性的血缘人伦关系转变为制度性的宗法人伦关系，并以"五伦"④来别父子、远近、亲疏，建构起差别有序的人伦关系格局。后来，"五伦"发展为"三纲"（"君为臣纲""父为子纲""夫为妻纲"），赋予"三纲"以绝对性和至上性，用

---

① 《礼记·大学》。
② 高乐田：《传统、现代、后现代：当代中国家庭伦理的三重视野》，载《哲学研究》2005年第9期。
③ 吕红平：《先秦儒家家庭伦理及其当代价值》，人民出版社2015年版，第8页。
④ 《孟子·滕文公上》。

27

传统礼教的权威手段维护家庭伦理和社会伦理中的人伦关系。宗法人伦在家族为谋求自身发展而强调维持血缘人伦的亲密性与私有制因素的共同作用下产生，其突出表现为父权家长制。在父权家长制下，所有家庭成员被划分为家长与家属，家长一般由男性长者担任，"祖在则祖为家长，父在则父为宗长"。① 家长拥有至高无上的权力，负责管理家族事务和控制使役家属，而家属则应尊敬和服从家长。正是在这种家长制的基础上，中国的家庭呈现一个金字塔式的等级格局，男尊女卑、夫为妻纲、父为子纲、嫡庶长幼有序。②

（2）父子人伦轴心下的以孝为先

心理人类学的主要创始人许烺光先生认为，家庭成员关系的特性是影响文化的关键所在，并将家庭成员关系的主轴③分为以父子伦为主轴、以夫妻伦为主轴、以母子伦为主轴、以兄弟伦为主轴四种类型，而中国家庭就是以父子伦为主轴的典型代表。以父子人伦为主导的家庭社会的出发点是血缘关系、父子关系，注重血缘亲子关系的和谐，继而形成以"孝"为核心内容的宗法体系。"夫孝，天之经也，地之义也，民之行也。"④ 在中国传统社会中，宗法制不但是调整家庭关系的重要制度，也是社会政治生活的基本制度，所以"孝"这一最重要的家庭伦理规则也被外推至政治生活层面，成为"忠"的伦理基础，也就是所谓的"移孝作忠"。至汉代形成了系统的孝道，对社会生活的各个方面产生影响，其政治功用更加显著。"孝"在家庭伦理和社会伦理中核心地位的确定，不仅是因为其维系着父权制的家庭和宗法制度，更是因为其在实质上也维系着社会的政治制度。

---

① 《清律辑注》。
② 李桂梅：《中国传统家庭伦理文化的特点》，载《湖湘论坛》2002年第2期。
③ 许烺光先生将家庭成员间的角色关系称为人伦角色关系，由于家庭形态的不同，每一民族会在各种人伦关系中选择一种为代表，这种代表性人伦关系就是"主轴"关系。主轴关系是家庭生活的轴心，其他人伦关系都以主轴关系为模型或典范。
④ 《孝经·三才章》。

第一章　家事审判的法社会学考察

（3）家国同构背景下的家庭本位

家国一体是中国传统社会的突出特点之一，国家建立在家庭经济和家族血亲关系之上，强调家与国的利益不可分割性，导致国家的伦理化倾向和家庭的政治化倾向。家国同构决定了家庭伦理规范主要是为了维护国家、宗族和家族的伦常秩序而不是个体的利益，追求以家庭为本位。人在其一生中，由其家庭、活着的亲人、死去的祖先以及未出生的子孙等形成一个永久性的、持续的"集团圈"。① 自给自足的自然经济决定了家庭生产是基本的生产方式，而家庭又是人们主要的活动场所以及情感和精神的支柱，因此，中国传统社会在政治上特别强调家庭的完整，视家庭为社会的核心，其立法具有家法与国法交融的特点，始终坚持和贯穿着家庭本位的思想。家庭本位的伦理价值观的实质是家庭利益至上，虽然能够有效维护家庭的稳定，却严重忽视个人的利益和价值，使得个人成为家庭的附属品。

2. 传统家庭伦理的基本内容

中国传统家庭伦理的基本范畴到底有哪些，目前学界尚存争议。伦理应是关系的范畴，没有相互间的关系便没有伦理可言。② 出于本书对家庭伦理的研究主要是为了更好地通过家事审判解决家事纠纷的考虑，我们认为，可根据一般家事纠纷当事人的关系形态对家庭伦理基本内容进行粗略划分，即主要包括父母与子女之间、夫妻之间、兄弟之间三种伦理关系。

（1）父母与子女伦理关系：父慈子孝

中国传统家庭关系以家长制为核心，家长多由家族中男性长辈所担任，上对国家下掌家族，教令子女、分配资源，故父母与子女之间的伦理关系是中国传统家庭伦理的核心。父子之伦可以父慈子孝予以概括和表示。"为人子，止于孝；为人父，止于慈。"③ 所谓慈，一为父母应对儿女在精神上、物质上关心

---

① 许烺光：《宗族、种姓、俱乐部》，华夏出版社1990年版，第163页。
② 路丙辉：《社会转型期我国家庭伦理变化及道德建设研究》，人民出版社2016年版，第51页。
③ 《论语·大学》。

关爱，抚养儿女长大成人；二为父母要承担教育儿女的责任，传统的家长教令权即是基于此而产生，至唐时发展出子女送惩权，即家长可以将不服自己教令的子女送交官府进行惩治。而孝的含义则更加丰富，儒家思想大致把孝归纳为：赡养且敬养父母。"今之孝者，是谓能养。至于犬马，皆能有养。不敬，何以别乎？"①也就是说，要对赡养的老人敬爱有加，此为孝的基本内容，还包括顺从父母、继承父母遗志、按时祭祀等内容。子女有违孝道会触犯刑律，遭受严厉惩罚。

（2）夫妻伦理关系：夫义妇顺

夫妻关系乃人伦之始，是新的家庭关系的开端。先秦时期，早期的儒家思想提倡夫妇关系之和，认为夫妻之间互为一体，丈夫应礼敬妻子，而妻子应对丈夫负有规劝之责。实际上，中国传统的夫妻伦理关系被定义为夫义妇顺更为贴切。《劝忍百箴》有云："正家之道，始于夫妇。上承祭祀，下养父母。唯夫义而妇顺，乃起家而裕厚。"在中国传统夫妻关系中，男尊女卑、三从四德等思想处于主导地位，随着封建社会等级制度不断完善，夫妻关系严重失衡，妻子在家庭关系中基本处于从属于丈夫的地位，甚至失去自身独立的人格。

（3）兄弟伦理关系：兄友弟恭

中国传统社会倡导累世同居，一个家族往往历经数代人，仍共同生活在一起，以彰显其家族和睦。《善俗要义》有云："兄爱其弟，弟敬其兄，临财相让，遇事相谋，通有无，共忧乐，爱敬即笃，家室相和。"②在家族内部，兄友弟恭是处理兄弟之间关系的唯一准则。但兄友弟恭不仅仅局限在家族兄弟之间，其引申含义为敬重顺从长上，可拓展为长幼之伦，即作为晚辈或年幼者应当尊敬长辈和兄长，包括社会中形成的年长与年幼、长辈与晚辈的关系，从而形成整个社会推崇关爱、恭敬的价值体系，以此来维护封建社会和谐秩序。

---

① 《论语·为政》。

② 刘建：《中国传统社会民众家庭伦理观刍议》，载《南阳师范学院学报》2007年第11期。

（三）中国传统家庭伦理的现代转向

在中国社会走向现代化的进程中，随着社会变革和西方文化的传入，家庭伦理也发生了根本性的变化，在逐步消除传统家庭伦理局限性的同时，开始形成新型家庭伦理。

1. 现代转向的主要表现

（1）权利义务关系由单向性转向相互性

无论是血缘人伦，还是宗法人伦，都无法摆脱家庭成员间的伦理互动，所以中国传统社会既有"三纲"的规定，也有父慈母爱、夫义妇顺等传统伦理思想，强调家庭关系之间的和谐与均衡。但是，其追求的和谐理念与现代家庭伦理所追求的和谐有着很大的差别。中国传统家庭伦理所规范的家庭成员之间的各种关系都带着父权家长制的深刻烙印，片面强调单方面的从属关系，即子女对父母、妻子对丈夫、所有家庭成员对家长的绝对服从。现代社会，随着社会经济结构、价值观念等的变化，人格独立、长幼平等、权利义务关系平等等思想形成且深入人心，导致现代家庭伦理注重家庭成员间权利义务关系的相互性和对等性。即便是未成年子女，也要求对其作为独立个体的权利予以足够尊重。

（2）婚姻家庭生活由宗族化转向隐私化

中国古代私有制的一个显著特征是家族私有制，家庭作为生产和消费的基本单位，实行"同居共财"制度，各个家庭成员作为个体，对外没有私有财产，其生存和发展必须完全依赖于家庭，加之家国同构的影响，个人的婚姻、家庭生活都带有鲜明的宗族色彩。而在现代社会，尤其是随着市场经济的发展，个人主要依靠平等的市场交换获得各种生产、生活资料，对家庭的依赖程度不断减弱，同时个人生活的自由程度不断提高，婚姻家庭生活逐渐从宗族、家族生活中剥离出来，隐私色彩越来越强化。

（3）家庭关系的核心由血缘关系转向婚姻关系

正如前文所述，中国的传统家庭基本是以父子伦为主轴，极为重视血缘亲子关系，最重要的家庭目的是传宗接代。近代国学大师钱穆曾说，家庭的传袭几乎是中国人的宗教安慰。① 而现代婚姻的目的和功能已经不是单纯地延续家族血统和维持经济生活，主要是满足生理、情感等多方面的需求，特别是情感功能日益强化，使得夫妻关系成为维系婚姻家庭的最基本因素，家庭关系的核心出现了重要的变化。

（4）家庭中心由集体化转向个体化

家庭本位是将家庭整体视作理性计算的单位，家庭成员的个人利益服从家庭整体的利益，是一种义务本位的价值体系；而个人本位中每一个家庭成员都是一个利益主体，是一种权利本位的价值体系。② 在现代社会，个人独立意识增强，趋向追求个人的人格独立和利益，家庭的中心开始转向个人发展。但是，这种变化内含着消极因素，面对多元化的价值观，过度强调个人利益，容易引发家庭责任感和社会责任感的缺失、家庭关系的功利性等家庭伦理失范现象。

2. 现代家庭伦理的主要变化

随着家庭结构和功能的变化，现代家庭伦理在吸收传统家庭伦理精华的同时，不断添加和融合独立、平等、互助等现代特质，追求家庭伦理价值体系的发展和完善。

（1）夫妻伦理关系的变化

新中国成立以后，男女平等被作为我国一项基本国策得到贯彻和落实，特别是改革开放以来，女性权利意识不断增强，其独立的经济地位确立，改变了夫妻伦理关系的内容，更加注重情感需求、平等尊重、忠实互助和人格独立。第一，注重夫妻双方的情感契合。古代婚姻的缔结是"父母之命，媒妁之言"

---

① 李桂梅：《中西传统家庭伦理的基本特点》，载《深圳大学学报（人文社会科学版）》2008年第2期。
② 徐安琪等：《转型时期的中国家庭价值观研究》，上海社会科学院出版社2013年版，第35页。

第一章 家事审判的法社会学考察

的结果,而婚姻自由是现代夫妻伦理的基本要求,以爱为基础和前提。婚姻是两性之间的爱发展到最高潮的产物,是恋爱当事人双方想把相互之间的爱以道德与法的形式固定下来的一种形式。① 第二,注重夫妻双方的平等尊重。夫妻在家庭中地位平等和相互尊重,是维持和谐夫妻关系的基础,要求双方互相尊重对方的人格尊严和价值,尊重对方的权利和义务,尊重对方的职业和劳动,尊重对方的兴趣和爱好。第三,注重夫妻双方的忠实互助。其要求夫妻双方对感情保持忠诚,互相关怀照顾,防止夫妻感情受到损害。对核心家庭下的夫妻提出忠实互助的伦理要求,不仅是家庭关系中合乎道德的走向,也是夫妻关系法的伦理目的,反映了亲属立法上的伦理价值取向。② 第四,注重夫妻双方的人格独立。夫妻双方的伦理价值是相互独立的,均享有与其他民事主体无差别的人格权。

(2)父母与子女伦理关系的变化

随着现代家庭结构的不断缩小,代际伦理关系越来越趋向于简单化。父母与子女伦理关系包括父母抚养教育子女与子女敬重赡养父母两个方面的内容,其主要变化是:其一,强调尊重子女的独立人格。传统的代际伦理中,子女仅是义务主体。现代的代际伦理要求视子女为能够追求个人利益的独立个体,享有独立人格,父母应尊重子女个人发展的需要。其二,强调代际间的平等交流。淡化父母作为"家长"的绝对主导作用和对"孝"的单向要求,既要求父母更多以"慈爱"方式对子女进行抚养和教育,也要求子女在生活和精神等多个层面给予父母照顾,以使老人得享天伦之乐。

(3)兄弟伦理关系的变化

"悌"是传统兄弟伦理中处理兄弟关系的行为规范,③ 但更为强调年幼者对年长者恭顺的一方面。与之相比,现代兄弟伦理最突出的变化就是对平等的强

---

① 张传有:《伦理学引论》,人民出版社2006年版,第324页。
② 曹贤信:《亲属法的伦理性及其限度研究》,群众出版社2012年版,第85页。
③ 路丙辉:《社会转型期我国家庭伦理变化及道德建设研究》,人民出版社2016年版,第67页。

调。例如，兄弟虽有长幼之分，但人格和法律地位没有差异，对父母的财产都享有继承权，也都承担着赡养父母的义务。同时，逃离"父权家长制"的管控，兄弟间的关系不再是支配与被支配、管理与被管理的关系，而是回归自然的同胞亲情。因此，现代兄弟伦理追求基于血缘和道德的相互帮助和扶持。

三、研究家庭伦理对家事审判的价值

家庭伦理是协调家庭成员之间相互关系的伦理规范的总称，它与家庭结构、家庭功能密切相关。中国古代社会是身份社会，中国古代法律是伦理法律。① 因此，中国传统家庭伦理、古代社会结构和古代法律是"三位一体"的关系。家事事件的特殊性源于婚姻家庭的"社会伦理性"之"特有身份关系的前提性存在"而构建的法律关系以及由此衍生出来的家事纠纷形态，往往同普通民事诉讼的程序配置相龃龉，② 必然要求从家事审判的遵循理念、纠纷解决方式、诉讼程序等多个方面予以特殊的关照与回应。

（一）家事审判方式应当符合家庭伦理的特点

家事事件具备很强的伦理性，其涉及的身份关系，不但牵涉当事人主体之间的伦理关系，与社会伦理秩序和国家公共利益也休戚相关。法官在面对利益交织、纷繁复杂的家事矛盾纠纷时，需要摒弃司法克制导致的僵化司法、机械司法，认真做一个能动的裁判者，依据法律精神、法律原则、公序良俗和司法良知，在保障程序正义的前提下，缩短具体案件现实与抽象法律规范之间的距离，合理运用自由裁量权去实现个案的正义。因此，家事审判不仅要由法院来主动进行，而且有必要扩大法院职权而限制当事人、关系人的处分权和普通民

---

① 梁治平：《法辨：法律文化论集》，广西师范大学出版社2015年版，第19页。
② 陈苇：《家事事件：从家、婚姻家庭到家庭纠纷的本源追溯》，载《西南民族大学学报（人文社会科学版）》2014年第6期。

第一章
家事审判的法社会学考察

事诉讼中的辩论主义。

在家事审判中,虽然也是发生纠纷在前,当事人要求法院裁判在后,但考虑到家事纠纷的伦理性特点,其审判程序的设计并不只是追求对过去事实的对与错、是与非的认定,关键是对人身关系的重新调整,更具温情上的倾向,以满足血缘人伦关系或生活上的特别亲密性与情感所期盼的敦睦关系,消弭出现的隔阂,修复破损的感情,维护家庭伦理,保持家庭的和谐稳定。为此,在家事案件的审理过程中,应当遵循积极的职权探知主义,由法官而非当事人来主导指挥和控制整个诉讼过程,法官不仅有权组织诉讼活动,而且可以根据法律授权依法进行调查活动以查明案件事实。当然,根据正当程序保障原理和程序参与原则,法院依职权收集的事实证据必须经过当事人质证辩论或发表意见,才能作为法院裁判的根据。①

(二)注重平衡亲情伦理与法律规范之间的关系

梅因在《古代法》中说过:"所有进步社会的运动,是一个从'身份到契约'的运动。"②冲破个人身份枷锁,即个人从家族中独立出来,实际上是强调个人的自由与平等。但理论上的平等与实际上不平等的矛盾造成的社会动荡,使得国家重视对某些弱势群体利益保护的专门立法,契约社会有限度地向身份社会回归。梅因提出的"身份到契约"的运动在近年来逐步呈现出相反方向发展的趋势。③在当今社会,法律、情理、道德三者相统一的纠纷解决方式更能得到民众的认同。正如日本学者高见泽磨所言:"中国的纠纷解决制度,一方面要满足当事人双方的民间感情,另一方面又要满足合法性这一国家的正义,

---

① 蒋月:《婚姻家庭法前沿导论》(第二版),法律出版社,第501页。
② [英]梅因:《古代法》,沈景一译,商务印书馆1996年版,第97页。
③ 邓小荣:《契约、身份与近现代民法的演变》,《民商法论丛》第15卷,法律出版社1999年版,第725页。

法官是被迫在这二者之间走钢丝。"①家事事件的基础在于身份关系，而身份关系的基础是伦理关系。在家事纠纷中，很多主体之间并不是平等关系。为了维护家庭伦理关系，实现实质正义，需要平衡亲情伦理与法律规范之间的关系。

在家事审判中，严格适用法律能够反映司法的一贯性和恒定性。而对家庭伦理、道德习俗的尊重则能够反映司法的灵活性和变通性，只有将两者结合起来，实现法律与伦理的协调统一，才能做到法律效果和社会效果相统一。实现这一目标，需要在家事纠纷的法律适用中，将利益衡量作为考虑裁判结论妥当性的裁判方法。②在家事纠纷中，弱势群体的参与诉讼能力普遍较弱，往往存在举证不能、举证困难等问题，加上家事纠纷的事实错综复杂，各种关系交织，法官在审判中有时很难查清案件事实真相，对于这种"疑案"，法官生硬地依据民事举证责任分配规则对案件作出裁判，只能保证程序意义上的正确性，对于实现实体正义，修复家庭关系，显然是不够的。因此，在涉及弱势群体的家事案件中，除了遵照举证责任分配规则外，还应当适当考虑"社会保护原则"，③在作出裁判时适当向弱者倾斜，就如中国古代司法传统中信奉的海瑞定理："窃谓凡讼之可疑者，与其屈兄，宁屈其弟；与其屈叔伯，宁屈其侄；与其屈贫民，宁屈富民；与其屈愚直，宁屈凶顽。事在争产业，与其屈小民，宁屈乡宦，以救弊也。事在争言貌，与其屈乡宦，宁屈小民，以存体也。"④

俗话说，清官难断家务事。在家事纠纷中，将案件事实查得一清二楚是很难的，但法官也不能以此为由放弃或搁置争议。由于家事关系中的未成年人、老年人、妇女等弱势群体相较于其他家事主体而言，在家事活动中话语权较低，参与度不高，其自身的合法权益更容易受到侵害，老年人、妇女、儿童更

---

① ［日］高见泽磨：《现代中国的纠纷与法》，何勤华、李秀清、曲阳译，法律出版社2003年版，第211页。
② 时永才、王刚：《论司法裁判的可接受性——兼议值得当事人信赖的民事审判权运行方式》，载《法律适用》2011年第1期。
③ ［德］汉斯·普维庭：《现代证明责任问题》，吴越译，法律出版社2000年版，第90～100页。
④ 陈兴钟编校：《兴革条例》，《海瑞集》上册，中华书局1962年版，第117页。

容易受到家庭暴力。对于家事案件而言,我们应当借鉴中国古代的海瑞定理的司法经验,对于事实真伪不明、难以决断的两难家事案件,适度向弱势群体倾斜保护。

（三）着力塑造家事审判的柔性司法品格

家事纠纷更多地涉及亲情、个人和家庭隐私、道德的特点,决定了家事审判应当以消弭隔阂,恢复感情,尊重家庭伦理和维护家庭状态的和谐稳定为价值导向,注重塑造柔性的司法环境。在家事案件中,面对的是婚姻家庭纠纷,必须牢固树立亲民意识,要把理解、宽容、关爱这些美德融入到家事审判工作中去。法律人的责任不仅仅是机械精细地、刻板而冷峻地操作法律,而且是要把伟大的博爱精神、人文关怀,美学的原则和正义的情感以专业化的理性而艺术的方式表达出来。[①]

家事审判的特殊标的和区别于普通民事诉讼的内在逻辑要求,决定其既要解决纠纷当事人的利益需求,又要具有调整人际关系的机能,其最终目的是追求为当事人化解家庭矛盾纠纷,而不是单纯进行司法裁判;家事法官在审理案件时,要更多注重简单的审判程序之后的社会伦理,在适用刚性的法律背后对当事人多一些柔性的人文关怀,促使当事人之间消除对立、恢复感情,构建柔性司法环境,比如设置不同于一般案件的庭审环境,可以布置温馨氛围的家事法庭,参照家庭客厅形式摆放审判桌椅,将原告、被告桌签改为丈夫、妻子等;引入心理学、社会学专业人员对当事人进行心理治疗和疏导。诉讼和调解是民事纠纷两大主要解决机制,与诉讼相比较,调解兼具司法机能和人际关系机能,更契合婚姻家庭伦理道德价值观。因此,对于家事纠纷应当主要通过适用调解、和解等柔性手段,注重柔性感化,以减少或缓和当事人之间的对抗性,平息纠纷。

---

① 舒国滢:《在法律的边缘》,中国法制出版社2000年版,第58页。

（四）严格遵循家事审判的内在司法规律

司法规律是司法活动中所内含的、稳定的本质规定，是司法权运行中起决定性作用的基本准则。司法规律产生于司法实践的长期积累和探索，是人类社会法治建设的智慧结晶，是法治发展的客观需要，决定着司法的质量和效果。处理家事纠纷，必须准确把握和严格遵循其内在的司法规律。传统的民事审判程序多呈现对抗结构，缺乏对家事案件特殊司法特点和规律的关注，司法实践中对家事纠纷的情感色彩和人伦特点重视不够，处理家事案件基本上采取审理普通涉及财产案件的方法，追求效率和公平。这种一刀两断式的处理方式，往往容易激化当事人之间的矛盾，在剑拔弩张的法庭氛围下，各方为取得满意的诉讼结果，不顾家庭亲情，将法庭变为互相攻击对方的舞台，使原本归之于好的希望不仅没有实现，最终可能造成情感的彻底破裂。另外，简单、粗放的裁判方式对于诉讼中出现的当事人情感问题、心理问题及家庭问题关注较少，容易对弱势的一方当事人造成情感上的二次伤害，而由于家事纠纷导致的未成年人教育和成长问题不断地冲击着社会的和谐与稳定。

家事审判应当立足于家事纠纷的亲情伦理等特点，准确把握家事审判规律，坚持以维护婚姻稳定、家庭和谐为基本原则，最大限度地修复家庭创伤、感情危机，弘扬亲情教育，传递传统美德。不能将当事人之间的血缘、亲情关系商品化，对当事人的保护要从直接的财产利益延伸到更深层次的人格利益和情感利益。不能将家事审判的职能作用局限于定分止争、裁判案件，而应延伸到修复治愈家庭情感、维护社会和谐稳定。不能单纯追求形式平等，而应对弱势群体实行有差别的特殊司法保护。处理家事纠纷，必须充分遵循司法规律，树立正确的审判理念，弘扬中华传统美德，引领社会风尚，创造和谐幸福的家庭关系和人际关系，更好地适应社会建设和社会治理的需要。

第二章
家事审判制度的基本理论

伴随着中国社会的深度转型和法治建设的快速推进,严格法治主义模式下的家事审判愈加呈现出单纯技术性司法的倾向,以法律的统一性、权威性剥离法律与社会、经济、道德等的内在联系,司法产品输出的矫正正义与公民对家庭生活中的安全保障、财产所有、人格尊严、情感归属等社会欲望与社会需求相去甚远,家事案件审理效果的司法合法性与正当性之间的冲突与对立日益突出。建立更加体现司法价值的灵活性、司法权有限度的主动性、司法活动耦合社会化解的回应型家事审判司法模式成为必然选择。

第一节 家事审判制度概述

鉴于家事纠纷自身的身份性、伦理性、隐私性等特殊性以及近年来家事纠纷的新情况,有必要建立专门的家事审判制度,积极回应现实婚姻家庭生活,以妥善解决家事纠纷。可以说,明确家事审判制度的内涵与外延是开展家事审判研究的前提和基础。

一、家事审判制度的内涵

"天下之本在国,国之本在家",家庭是构成社会的基本单元。论其内容,家庭关系涵盖了血缘、情感、心理、生理、法律、道德、物质利益等诸多方面,正因如此,家庭亦集生理、心理、经济、文化、社会保障乃至政治控制等多种功能于一体,家庭内部关系的稳定与否直接关乎社会秩序。近年来,与家庭纠纷相关的案件数量呈现持续倍增之势,与此相反,家事审判制度的相关研究并未齐头并进。家庭关系内容的复杂性、功能的多样性及纠纷数量的爆发性,凸显家事审判之重要。

(一)家事审判制度的概念

基于我国目前家事审判的立法空白,对家事审判制度的概念无从统一,理论界对家事审判制度的表述和界定也各不相同。日本于1948年开始施行《家事审判法》,日本学者山木户克己将家事审判定义为"家庭法院以职权探知主义为基本法则,通过裁量权的行使,实现对家事案件的具体而恰当解决的一种非公开裁判程序"。① 我国有学者将家事审判表述为"家事裁判制度",是指"以维持家庭和平及健全家族间共同生活为目的,由国家设特别的机关(即家事裁判所或家事法院、家事法庭),遵从职权主义及秘密审理的方式,处理或预防夫妻、亲子及家属间纠纷的制度"。② 有学者将其表述为"家事诉讼程序",是指"专门用于审理和解决婚姻关系、亲子关系等身份关系纠纷的诉讼程序"。③ 有学者将其表述为"是指以家事案件(我国司法统计中一般称婚姻家庭案件)为审判对象,以家事诉讼程序、家事非讼程序和家事审判机构的组成和运作为

---

① [日]山木户克己:《家事审判法》,有斐阁1958年版,第14页。
② 张晓茹:《家事裁判制度研究》,中国法制出版社2011年版,第9页。
③ 刘敏:《论家事诉讼程序的构建》,载《南京大学法律评论》2009年第2期。

第二章
家事审判制度的基本理论

主要内容的审判活动和机制"。① 陈爱武曾对"人事诉讼程序"的概念进行了论述,是指"法院处理人事诉讼案件时所适用的程序,是民事诉讼的一个子程序,而'人事'专指与婚姻家庭中自然人的身份相关的特定事件"。②

对家事审判制度的定义应从家庭组合关系的研究入手。现代生活中,除了以婚姻、血缘和法律拟制为基础的传统家庭之外,还出现了以共同生活的意愿,甚或以经济关系(譬如以遗赠扶养协议为基础组成的一些扶养家庭)为基础组成的新型家庭。正如 Dame Brenda Hale 所言,"婚姻已经不再等同于家庭,婚姻和非婚同居都是家庭生活中的重要内容"。而且,随着社会的发展,同时具备上述某几种关系的家庭亦层出不穷,由此形成的家庭结构也形态各异,不一而足。因应家庭关系构成之复杂性、新型性,家庭成员的范围亦扩展为以婚姻、血缘和法律拟制为内容的亲属,异性非婚同居者,同性恋同居者,遗赠扶养协议的参与者等。

家庭结构的复杂性衍生出家庭成员的多样性,进而导致家庭纠纷即家事案件的纷繁性。家事案件的纷繁性与此类案件具备的特殊性质——人身属性密不可分。作为家事案件的当事人之间往往存在着浓厚的亲情关系或割不断的血缘关系,正因人身属性之显著,才有打破一元制民事诉讼格局,为此类案件单设诉讼程序之必要;亦因人身属性之显著,审理此类案件之根本目的与普通民事诉讼案件迥异。普通民事审判主要处理平等民事主体之间的财产关系,家事审判解决的是长期共同生活,关系密切,具有血缘、姻缘或法律拟制的亲属关系的当事人之间的纠纷,不管纠纷是关乎身份关系的变动,还是财产利益的分配与享有,基于当事人之间社会关系的自身要求,家庭纠纷的解决需要一种与之相符的有别于契约型关系的纠纷解决方法,这是设立家事审判制度最基本的依据所在。家事审判之目的亦在于维持家庭稳定,保护公共利益,进而通过审理此类案件加强基层管理。同时,从审理内容角度讲,家事审判制度既包含人身

---

① 王德新:《家事审判改革的理念革新与路径完善》,载《当代法学》2018年第1期。
② 陈爱武:《人事诉讼程序的法理与实证》,载《金陵法律评论》2006年第1期。

关系，也包括财产关系；从程序法的角度讲，家事审判制度既包括家事诉讼案件的审判制度、家事诉讼案件的调解制度，也包括家事非讼案件的审判制度。

综上所述，家事审判制度是为了维持家庭稳定、保护公共利益，以家事纠纷为审理对象，遵循家事司法理念和原则，以家事诉讼程序与非讼程序、家事审判机构与人员的组成运作为主要内容的审判活动、机制的总和。

（二）家事审判对象的特点

家事纠纷的基础是身份关系，当事人之间存在着某种血缘或感情关系，与普通财产关系的理性不同，家事纠纷涉及的是非理性的关系，背后潜藏着复杂的人际关系，从表面上看，是财产分割、抚养费追索等财产请求，其根本是情感、心理、血缘上的纠葛。家事纠纷的特性主要有：

1. 人身属性

"人身属性"是指家庭关系只存在于特定的人之间，存在于具有特定"身份"的人之间。如夫妻关系只存在于配偶之间，亲子关系只存在于父母与子女之间。家事案件的基础是身份关系，当事人之间存在着某种血缘或者情感关系，即使是家庭中的财产关系也多带有强制性，权利义务的对等性要求很低。[①] 大多数家庭都处于矛盾与稳定共存的状态，家事案件的解决需要法律在尊重当事人之间的身份关系、感情联系的基础上进行有针对性的特别调整。家庭成员之间的特殊联系使得家事案件易受感情因素的影响，案件主体之间的对抗性较弱，家事案件除了像一般财产纠纷案件那样需要得到公正、妥当、廉价、及时处理外，还要得到温暖的处理。[②]

2. 不可处分性

不可处分即家庭关系不是其主体处分的对象，任何人不得通过个人行为而

---

① 曹诗权：《婚姻家庭继承法学》，中国法制出版社1999年版，第47~48页。
② 陈刚主编：《自律型社会与正义的综合体系——小岛武司先生七十华诞文集》，陈刚、林剑锋、段文波等译，中国法制出版社2006年版，第243页。

第二章 家事审判制度的基本理论

转让或放弃其作为家庭成员的身份。家庭内部的纠纷不仅仅涉及家庭内部成员，家庭关系的不和谐、家庭矛盾的升级还会直接或间接影响到社会秩序的稳定，家庭关系与社会利益息息相关。家庭关系的公益性决定家事案件的当事人对某些身份关系不能随意处分，国家以照顾者、保护者的身份对家庭关系予以必要的干预。

3. 隐私性

家庭成员之间存在亲密关系，家事案件中往往存在大量的个人隐私和家庭的共同隐私，如家庭生活细节、内部矛盾、情感纠葛等。现代法治社会中，隐私权已成为一项基本的人格权，隐私权的保护程度体现着一个国家对国民人格尊严和私权自由的尊重程度。俗话说，"家丑不可外扬"，通常情况下，大部分当事人不愿意将这些隐私公之于众。而且从解决家庭纠纷的角度来讲，将家庭隐秘公之于众，不仅可能引发舆论关注，降低当事人在社会上的评价，还可能使当事人之间的矛盾进一步激化，致使本来可能重归于好的关系走向崩溃，不利于当事人消除误会、和平解决矛盾。

4. 伦理性

家事纠纷受伦理道德的影响深刻，家庭伦理和社会伦理是人们在日常生活中必须遵守的行为规范，是人们日常生活的"活法"，夫妻之间不忠诚、不履行相互扶助义务、不赡养老人、不抚养子女等纠纷无不体现出厚重的伦理色彩，家庭生活离开伦理的支撑必然分崩离析，纷争不断。奥地利法学家埃利希在《法社会学原理》中指出，"活法是在日常生活中通常为社会共同体（家庭、村落、企业、商会、协会、学校等）成员所认可，并在实际上支配成员之行动的规范"。"活法不是法条中确定的法，而是支配生活本身的法"，"活法构成了人类社会法律秩序的基础"。[①] 因此，家事纠纷无时无刻不体现其伦理性的特点。

---

① 高其才：《法社会学》，北京师范大学出版社2013年版，第33页。

二、家事审判制度的外延

家事审判制度的外延即家事审判制度的适用范围，就是什么类型的案件能够适用家事审判制度。各个国家基于具体国情、社会伦理、文化传统及实体程序理论研究的程度不同，导致家事审判制度的调整对象差异较大。

大陆法系国家普遍认为，家事审判制度属于一种特殊的民事诉讼制度，主要调整家庭内纠纷。从广义上讲，除包括调整家庭内部身份关系和基于身份关系而产生的财产关系外，家事审判制度还涵盖家事审判机构依照特别程序审理家事非讼案件的制度，如宣告失踪、宣告死亡案件及禁治产事件等。德国早在1987年即开创特别家事诉讼程序的先河，在民事诉讼法中将"婚姻事件与禁治产事件"单独成编，2008年修订的《德国家事事件及非讼事件程序法》明确家事审判制度的范畴包含家庭事件与非讼事件，并明确家庭事件包括婚姻关系、亲子关系、抚养关系、同居关系（包括同性恋同居关系），以及为同性伴侣所提供的登记生活伴侣的法律形式等方面的案件。① 日本在此方面先后制定了《人事诉讼法》和《家事事件程序法》，人事诉讼只调整身份关系案件，不涉及基于身份关系产生的财产关系，包括婚姻关系、亲子关系、收养关系等身份关系的确认、撤销、确认无效等方面的诉讼。《家事事件程序法》将家事案件分为甲乙两类，甲类包括禁治产事件、宣告失踪、遗嘱确认等不能进行调解的事件，乙类包括婚姻费用、指定变更亲权人、共有财产分割等讼争性较强、适用调解的事件。甲乙两类事件均属于非讼事件，但对乙类事件增加了当事人主义色彩的规定，给予了当事人积极参与诉讼过程（包括提供证据、发表见解）的权利。② 我国台湾地区2012年颁行的《家事事件法》将家事事件划分为五类，甲、乙、丙类均适用家事诉讼程序，分别为身份确认之诉、身份形成之诉、财产之诉，丁、戊类适用家事非讼程序，丁类是严格非讼事件，戊类包含某些争

---

① 杨临萍、龙飞:《德国家事审判改革及其对我国的启示》，载《法律适用》2016年第4期。
② 杨佳莉:《日本家事程序法最新动态简介》，载《人民法院报》2014年2月7日，第8版。

第二章
家事审判制度的基本理论

讼性。①

美国家事诉讼的受案范围因每个州的规定而不同,但总体上范围较广,均包括民事案件和刑事案件(包括未成年犯罪、家庭内部刑事案件等)。

我国目前没有专门的家事诉讼程序法,最高人民法院的《民事案件案由规定》中涉及家事审判案件范围的是第二部分规定的婚姻家庭、继承纠纷两个二级案由,下分20多个三级案由。

根据民事诉讼法"程序法理二元分离适用理论",②可将家事审判制度适用范围分为家事诉讼案件和家事非讼案件。非讼案件不涉及双方当事人,没有实体权利义务之争,仅对事实进行法律判断,其在家事案件中所占比例较少。与此相对应,家事诉讼案件涉及双方或多方身份关系及由身份关系衍生的财产关系纠纷,此类案件占家事案件绝大部分。但是,传统的"程序法理二元分离适用理论"不能区分家事案件的个性特征,无法满足审判实践的需要。同样,如仅从调整内容的视角将家事案件划分为身份关系案件与财产关系案件非但不能兼容非讼案件的特殊性,而且身份关系与财产关系的密切联系本身就使得一些案件兼具以上两种特性,亦无法以此为标准对家事案件作出概括的类别划分。

"交错适用诉讼法理与非讼法理"为家事案件的分类提供了新的视角。"诉讼法理与非讼法理交错适用"理论是对"程序法理二元分离适用理论"的批判发展,是指在民事审判的过程中,根据案件的类型可以且应该适用非讼法理,

---

① 蒋月、冯源:《台湾家事审判制度的改革及其启示——以"家事事件法"为中心》,载《厦门大学学报(哲学社会科学版)》2014年第5期。
② 传统的民事事件一般分为诉讼事件与非讼事件,基于诉讼事件存在双方当事人、具有实体权利义务之争且判决对双方都有约束力的特点,法律对诉讼事件给予倾斜关注,赋予了当事人较多的权利保障;而非讼事件不涉及双方当事人,没有实体权利义务之争,仅对事实进行法律判断,故法律赋予当事人较少的权利保障。诉讼事件适用诉讼法理,其有如下程序要求:当事人诉讼模式,要求充分给予争议双方以处分权,实行辩论主义、公开审判等;非讼事件适用非讼法理,其有如下程序要求:实行职权主义、当事人处分权和辩论权的限制等。廖中洪:《中国民事诉讼程序制度研究》,中国检察出版社2004年版,第231页。

即循环交错适用诉讼法理与非讼法理于同一事件和同一程序中的理论。① 本文以此理论为基础，采用双线条的平行视角，分层级对家事案件进行概括性分类。首先，从诉讼程序视角将家事案件分为诉讼案件和非讼案件两大类型；其次，从基础身份关系的不同将上述诉讼案件分为婚姻关系、亲子关系、扶养关系、继承关系等案件。

（一）家事诉讼案件

1. 婚姻关系案件

婚姻关系是指因婚姻契约而产生的夫妻间的权利义务关系。婚姻关系案件历来占家事案件的最大比重，并且由婚姻关系可衍生而来诸如亲子关系、扶养关系、继承关系等多种关系，但并非所有与婚姻有关的案件均属婚姻关系案件的范畴。此类案件包括离婚之诉、婚姻无效之诉、撤销婚姻之诉、确认婚姻成立不成立之诉等。

2. 亲子关系案件

亲子关系也称父母子女关系，是指父母子女间的权利义务关系。近代国外立法一般将亲子关系分为自然血亲的父母子女关系和法律拟制血亲的父母子女关系，自然血亲的父母子女又可分为父母与婚生子女、生父母和非婚生子女，法律拟制血亲又可分为养父母与养子女、事实上形成抚养关系的继父母与继子女。此类案件包括否认或确认亲子关系之诉、探望权之诉、非婚生子女准正和认领程序、亲权的停止程序、解除收养关系之诉等。

---

① 廖中洪：《中国民事诉讼程序制度研究》，中国检察出版社2004年版，第239页。

3. 扶养关系案件

"扶养，是指依照法律的规定，一定范围的亲属间，一方对他方负担生活供养义务的民事权利义务关系"。① 广义上的扶养包括父母对子女的抚养、抚育，子女对父母的赡养、照顾，夫妻之间的相互扶助，家庭对残疾家庭成员的扶助，及其他亲属之间互相照顾的权利义务关系。扶养法律关系的重要特征是无偿性，扶养权利人因与义务人之间的亲属关系而享有被扶养的权利。此类案件包括扶养请求权之诉、扶养变更之诉等。

4. 继承关系案件

民法中的继承是一种财产范畴的继承，即指自财产所有权人死亡或宣告死亡之日起，继承人或受遗赠人取得死者遗留下来的财产及财产权利的法律行为。继承涉及财产权、债权、知识产权、人身权、婚姻家庭等其他相关制度，由于继承主要依托婚姻、家庭、亲子关系而发生，故继承案件也是家事案件的重要组成部分。此类案件包括确认丧失继承权之诉、法定继承遗产分割之诉、确认遗嘱有效之诉、确认放弃继承之诉等。

5. 特别家事诉讼案件

（1）非婚同居关系。同居是指未婚男女双方未建立婚姻关系而持续性共同生活。受到个人主义、自由思潮的影响，区别于婚姻的同居在我国成为部分群体的选择。由于同居关系中的男女未建立正式婚姻关系，《婚姻法解释二》第一条规定：除"有配偶者与他人同居"违反法律禁止性规定构成重婚行为的情况，当事人起诉请求解除同居关系的，法院不予受理。此项规定体现了法律对此采取"不制裁、不保护、不干预"的态度。② 虽然同居不产生传统婚姻的配偶身份，但是作为一种建立于双方共同生活合意基础上的类似于婚姻的关系型契约，应属于家事审判制度调整的范畴。在最高法院民事案由规定中，同居关系纠纷下只有两个三级案由：析产纠纷和子女抚养纠纷。

---

① 王利明等：《中国民法典学者建议稿及立法理由》。
② 张伟：《转型期婚姻家庭法律问题研究》，法律出版社 2010 年版，第 214 页。

非婚同居作为一种新型的社会关系，产生的人身关系非传统意义上的亲属关系，同居生活中的暴力问题、同居期间的共同财产问题，女方的怀孕、流产问题、非婚子女的抚养问题、同居期间一方死亡的财产分配问题、解除同居关系后的补偿问题等都需要逐步建构与完善相应的法律制度予以调整。

（2）人工生殖技术带来的新类型法律关系。人工生殖技术，是指根据生物遗传工程理论，运用医学技术和方法对人的卵子、精子、受精卵或胚胎进行人工操作，以达到受孕的目的。2014年宜兴失独老人胚胎争夺案，作为国内首例冷冻胚胎继承权案，引起了社会对人工生殖技术的广泛关注。同质人工授精（AIH，即将丈夫精子植入妻子子宫内的人工授精方式）妻子忽视丈夫生育权，擅自进行 AIH 的问题；异质人工授精（AID，即将第三人捐赠的精子植入妻子子宫内的人工授精方式）丈夫否认或撤销同意的问题；胚胎移植引发的代孕母亲所生子女的亲子关系问题等，都是人工生殖技术带来的新的法律难题。由于人工生殖技术的法律问题大部分涉及亲子关系，所以此类案件也应属于家事案件的类型。

（3）少数群体（同性恋者、变性人等）的家事关系。同性恋、变性人是人类的一种行为模式，作为一种亚文化现象在我国乃至世界都从古至今地存在着，在历史上也有过长期被歧视甚至被迫害的阶段。随着同性恋群体非病理化、非罪化观念的发展，同性恋群体的社会地位和社会评价得以提高，目前全球已有 27 个国家和地区承认同性恋婚姻合法。对于同性恋者、变性人等少数群体，我们应当理性、宽容、平等对待，同性恋者和变性人的合法权利也应当平等地受到保护。同性恋者同居关系产生的法律问题，变性人的结婚、离婚与再婚问题，与子女及其他亲属的关系问题等，由于涉及同居关系、亲子关系，也应属于家事审判制度调整的范畴。

（4）涉军婚案件。由于需要承担更多的社会责任，军人的社会角色严重影响到其婚姻的质量，法律亦对军人的婚姻有特殊保护的规定。《国防法》第五十九条确定了保护军婚的基本原则，《刑法》第二百五十九条规定了破坏军

第二章 家事审判制度的基本理论

婚罪,《婚姻法》第三十条规定了军人离婚的条件,《婚姻法解释二》第十三条将军人的特定保险、补助金等规定为军人的个人财产,第十四条规定了军人一次性费用在夫妻共同财产中的分配。但作为婚姻关系的一种,军人婚姻亦应纳入家事案件类型。

(二)家事非讼案件

家事审判制度统一调整诉讼和非讼案件,已成为世界各国立法和改革的共同发展趋势。我国民事诉讼中尚没有非讼程序的说法,仅有《民事诉讼法》第十五章规定的特别程序在实际上发挥着非讼程序的功能。涉及家事方面的非讼案件应包括宣告及撤销宣告公民失踪、死亡案件,认定及撤销认定公民无民事行为能力、限制民事行为能力案件,指定监护人案件、撤销监护案件、监护变更案件等。

家事事件涉及人的身份关系,类型众多,在实体法中无法以法条的形式详细规定各种具体情形,故立法上宜采取不确定的、概括式的、概念化的立法方式。随着经济和科技的发展、家庭观念的革新,家事审判领域将会出现越来越多的新类型案件,家事审判制度的适用范围将会随之进一步扩充。

第二节 家事审判制度的功能

"任何值得被称之为法律制度的制度,必须关注某些超越特定社会结构和经济结构相对性的基本价值。"[1] 家事审判制度与一般民事诉讼制度相比,更具有特殊性与偏好性,其追求的不仅仅是一般民事诉讼制度所追求的程序与实体公

---

[1] [美]E·博登海默:《法理学:法律哲学与法律方法》,邓正来译,中国政法大学出版社1999年版,第1页。

49

正、效益、秩序等价值，更侧重于对家庭和谐与社会秩序的维护，家事审判的功能亦与其价值追求相互一致。

一、解决个案纠纷

解决纠纷是家事审判的基本功能。纠纷是社会存在的重要组成部分，纠纷解决机制和人类社会的矛盾纠纷是相伴相生的，为了满足人们用平等、公平的程序维护社会秩序、解决社会生活纠纷的需求，司法纠纷解决机制逐步产生、发展、进步，并成为解决各类社会纠纷、维护社会秩序有序和稳定的最强有力的手段。作为一种第三方的纠纷解决机制而言，司法本身是私权利社会化解决的一种特有方式，其功能是多样的，但它是有限的、有层次的，也是有内在逻辑顺序的，[①] 司法最初的功能或者说其本体功能就是解决纠纷。家事审判作为一种因应家庭结构变迁，家庭纠纷多元化、复杂化而发展成的特殊类型的民事审判制度，因其审理对象的特殊性，很多国家将其与普通民商事交往和民商事纠纷区别对待，不但在实体法上进行特别规制，而且在程序法上单独设计解决该类纠纷的特别程序或者允许特殊规制存在，甚或域外的诸多国家设立专门处理家庭关系纠纷的家事法院，使其成为集诉讼与非讼于一身的专门机构。但无论家事审判的功能如何延伸，设立家事审判制度的基本功能都是解决纠纷。正如有学者所言，在现代社会中，普通法院作为"社会纠纷裁判中心"，是专司纠纷裁判功能的组织机构。[②] 家事法院既以法院命名，其首要的功能当然是解决纠纷。[③]

定分止争是家事审判的本质要求。司法活动的根本目的就是要通过司法判断权，来判断是与非、曲与直、对与错，来解决这一纠纷和冲突，司法判断

[①] 孙笑侠、吴彦：《论司法的法理功能与社会功能》，载《中国法律评论》2016年第4期。
[②] 丁以升、孙丽娟：《论我国法院纠纷裁判功能的理性建构》，载《法商研究》2005年第2期。
[③] 陈爱武：《家事法院制度研究》，北京大学出版社2010年版，第41页。

第二章
家事审判制度的基本理论

"定"了之后，从法理上讲就应当"止争"了。① "如果不考虑司法制度的作用在于通过解决具体的纠纷来维护一般规范秩序，并以此促进大量的纠纷得到自发的解决，要想恰当地评价它的功能是不可能的。"② 盖言之，所有民事诉讼的本质均是法院运用审判权对私人的纠纷作出司法判断，而且，作为整个社会纠纷解决体系中的一个重要的组成部分，诉讼所具有的终局性、权威性和强制性等特点使其与其他纠纷解决方式相比具有显著的不可替代性和优越性。妥善处理纠纷是司法的基本职能，也是司法的价值所在。如果一个纠纷得不到根本解决，那么社会机体上就可能产生溃烂的伤口；如果此纠纷是以不适当的和不公正的方式解决的，那么社会机体上就会留下一个创伤，而且这种创伤的增多，又有可能严重危及人们对令人满意的社会秩序的维护。③

家事案件以人的身份关系为基础，包含感情、亲情和道德等多种因素，家事案件的显著特性，使其权利义务关系表现得相对复杂。但是，与家事案件本身所蕴含的非理性因素相反，家事审判的目的是客观、理性地处理存在于当事人之间错综复杂的纠纷，保障当事人的权利，修复家庭成员关系。正是因为诉讼解决结果的确定性与终局性能使纠纷得到最终解决，家事审判理所当然成为终结家事纠纷的最后程序，定分止争是家事审判的本质要求。

二、保护弱势群体

家庭地位不平等要求家事审判对弱势群体给予特殊保护。一般说来，在通过诉讼认定案件事实的过程中，在形式真实与实质真实之间往往存在着一定的矛盾。普通民事诉讼同时追求程序正义和实质正义，但是在实质正义无法或很

---

① 孙笑侠、吴彦：《论司法的法理功能与社会功能》，载《中国法律评论》2016 年第 4 期。
② ［日］棚濑孝雄：《纠纷的解决与审判制度》，王亚新译，中国政法大学出版社 1994 年版，第 27 页。
③ ［美］E·博登海默：《法理学：法律哲学与法律方法》，邓正来译，中国政法大学出版社 1999 年版，第 505 页。

难实现的情况下，根据一般的民事诉讼程序理论，只需要实现程序的公正即可，即在法律充分尊重当事人处分权，当事人充分行使了自己的全部权利的情况下，法院据此作出的判决就是公正的。① 但从追求实质正义的司法最高理想角度来看，家庭成员之间的地位悬殊要求家事审判不能像普通诉讼那样强调谁主张、谁举证的责任自负原则，因为给不同处境的人以同等的待遇只会使不公平长期存在下去，而不会使之消失，必须对某些弱者给予特别关爱和保护。未成年人由于身心发育未成熟，在成人为主导的社会及家庭生活中处于弱势地位。未成年人成长的基础在家庭，但是问题家庭非但不能给未成年人提供健康成长的空间，还可能对未成年人造成直接或间接的伤害，未成年人利益必须给予最大保护。妇女由于在体型和身体力量上相较于男性处于弱势地位，一般在家庭矛盾上升到肢体冲突时，极易成为被施暴的对象，而且，由于受到中国传统思想"男主外，女主内"的影响，婚姻家庭内的妇女往往承担更多的家务和孕育子女的责任，但这些劳动不能以具体的薪资进行量化，经济的不独立致使妇女在家庭中的地位和话语权低下，妇女的权益需要给予倾斜性保护。我国逐渐步入老龄化社会，老年人由于年龄增大，身体机能退化，体力和健康状况都在不断下滑，在我国以子女养老、家庭养老为主的现状下，老年人的赡养问题也需要给予特别的保障。

诉讼地位不平衡需要家事审判对弱势群体给予特殊保护。首先，弱势群体受到家庭内部侵害后进入诉讼程序难。未成年人缺乏自己进入诉讼程序、自我维权的能力，而且在我国家庭本位、家长本位的传统下，家庭成员尤其是监护人对孩子的侵害，一般都认为是长辈对晚辈的管教，是别人的家务事，而且这种行为在家庭内部发生，一般比较隐蔽，家庭外部难以注意到家庭成员对儿童的侵害，只有一些长期虐待，造成子女死亡或严重后果的情况，才被报道见诸媒体，引起人们的关注；出于对社会舆论的畏惧及经济上难以独立的状况，女性对离婚往往有着更多的顾虑，经济能力的欠缺也导致妇女在离婚诉讼中对子

---

① 陈桂明：《诉讼公正与程序保障》，载《政法论坛》1995年第5期。

第二章 家事审判制度的基本理论

女抚养权的争取处于弱势地位,由于担忧离婚后无经济来源或者丧失子女的抚养权,部分妇女在面对丈夫的暴力、出轨、冷漠时,选择了忍气吞声;遇到子女拒绝负担起赡养责任的情况,有的老人碍于熟人社会氛围、害怕丢面子、伤感情,有的老人不懂法、不懂如何维权,有的老人身体状况差,行动困难,各种各样的原因导致这些老人不能进入诉讼程序,合法权益长期不能得到维护。其次,弱势群体进入诉讼程序后维护自身权益难。家庭生活中居于强势地位、实施侵害行为的一方往往具有更强的经济能力和社会生活能力,有较强的证据搜集意识,可以高价聘请专业律师最大限度地维护自己的利益。而弱势群体往往维权意识、法律知识薄弱,在受到侵害后不懂得保存证据,在诉讼过程中处于弱势地位。如果家事审判制度使用普通民事诉讼的辩论主义、当事人主义原则,将会在程序公平的表象下引起实质的不平等。因此,在家事审判中,法官不仅要查明真相,追求实体真实,还要将普通民事诉讼中的个人本位主义向家庭本位转换,限制个人本位的过度张扬,更要向弱者倾斜,平衡因自然和社会因素导致的家庭成员之间利益的失衡,保护弱势群体的利益。

三、修复家庭关系

家庭纠纷突现源于家庭关系的破裂。如前文所述,在一个稳定、和睦的伙伴型的家庭关系存续期间,每个人基于组合成家庭的关系不同分别具有不同的身份,扮演不同的角色,担负不同的责任。家庭关系具有的自然性、普遍性、稳定性特点,使家庭中的每个人都处于一种亲权关系之中,也正是基于这种成员之间身份的稳定性,家庭成员对家庭财产的归属关系等问题显得漠不关心,家庭财产的所有权几乎没有存在的实际意义,各方都共同与对方一起享有财产,共同维持家庭。但是,随着组合成家庭的关系破裂,家庭关系由伙伴型关系向其他关系逐渐转化,当事人之间以及当事人与家庭其他成员之间的关系陷入失衡状态,家庭成员各方对本身及其他成员的身份关系产生争议,随之各方争取家庭财产权归属的愿望就变得十分迫切，家庭财产权的归属也变得极其重要，财产纠纷不期而至，家庭纠纷相伴而生。正如有学者所言："离婚对于一方当事人来说，可能意味着失去爱人、朋友或家庭，甚至是失去工作或改变已习惯的生活方式。除了结束长期雇佣关系的争议外，没有任何民事诉讼像离婚诉讼一样，涉及如此多的情感因素。"因此，家庭关系的破裂是导致家庭纠纷的总根源。

破裂家庭关系的修复有助矛盾化解。家事审判制度规制的对象——家事纠纷，与普通民事案件中以经济交往为规制对象的民商事纠纷明显不同，该类纠纷是一种复合性的复杂纠纷。它既涉及家庭成员之间的身份关系纷争，又涉及身份人之间的财产关系纠纷；既涉及夫妻等成人之间的争执，还涉及未成年子女的权益保护；既涉及法律上的权利义务关系，还可能涉及当事人情感上、伦理上的纠葛。各方当事人在诉讼中的心态复杂矛盾，既要求解决纷争，又不愿意彼此关系因此交恶；既要求分清是非，又存在辈分、亲情等顾虑。因此，处理此类纠纷应秉持尊老爱幼，保护妇女、老人、儿童等家庭中弱者，尊重家庭成员间的以亲情为纽带的家庭伦理理念，既要把握家事纠纷一朝发泄，相煎甚急，发生快、易激化，容易导致非理智的选择的特点，又要抓住家庭纠纷不断变化，随着时间的推移和双方情绪的平复，当事人之间的非根本性冲突会逐渐缓解，当事人很可能会和好如初的特点，在处理婚姻家庭纠纷的过程中，始终将当事人之间关系的恢复和调整作为根本目标，帮助当事人合理预测日后生活可能发生的变化并协助当事人积极面对该种变化，使其能理性地解决纠纷，重建和谐的家庭、社会关系。一旦破裂的家庭关系得以修复，双方之间不仅涉及身份纠纷、财产纠纷的法律问题即可迎刃而解，而且涉及双方日常生活所需或身心健康所系的感情、心理、非经济纷争根源也能得以彻底解决，当事人之间的矛盾亦能消除。

第二章　家事审判制度的基本理论

四、倡导公序良俗

家事纠纷的伦理性和公益性要求倡导公序良俗。公序良俗，在英美法系国家也被称为"公共政策"，是目前普遍遵循的司法原则，即强调公共秩序与善良风俗。不管时代如何变迁，家庭的社会地位并未发生太多变化，仍承担着教育、保护、繁衍后代的功能，任何一个人的成长也不可能脱离家庭的庇护，社会成员人人都是现实的和未来的家庭主体。在家庭生活关系中，每个人都需要扮演夫妻、亲子、亲属等不同的角色，每一个家庭成员在整个家庭关系的变动中都背负着各种各样的责任。因此，家事纠纷具有天然的伦理性，亦因如此，家事纠纷的处理不能任由私人自由处理，否则由此带来的严重的家庭危机会直接给社会造成重大威胁。家事纠纷是夫妻、亲子等以婚姻、感情、血缘作为纽带连接起来的家庭关系内部所产生的纠纷，以自然法则来考察家庭关系，家庭很多时候都被作为一个有权利义务责任连带关系的整体来看待。① 比较而言，家事审判与普通民事审判更注重纠纷本身的解决，着眼于对过去权利义务关系的明确不同，家事审判更注重对家庭关系的修复，着眼于构建家庭成员未来健康、和谐、有秩序的家庭生活。家庭的不和谐、不稳定以及家庭的分裂会导致一系列社会问题，妥善处理家事案件，小则关乎个人利益，大则关乎社会的公序良俗，所以家事审判结果的指引性、教育性、规范性等一系列特性要求家事审判必须倡导公序良俗，从国法之外的家庭道德观念、民间习惯、乡规民约、族规家训中寻找法源，使裁判结果倡导善良的风俗，体现法律与社会道德之间的相互统一，这也是公序良俗本身的要旨所在。

成文立法的不足需要公序良俗予以弥补。法律是成文的道德，家事法所调整的是婚姻、血缘等具有自然属性的关系，在法律出现之前，这些关系均由伦理道德调整，"亲属的身份共同生活关系秩序，是法律以前之人伦秩序的存在，至于法律乃不过是以这些实在的人伦秩序为所与的东西，而加以法律上规定而

---

① 张伟：《转型期婚姻家庭法律问题研究》，法律出版社2010年版，第10页。

已",① 伦理道德极大地影响婚姻家庭领域的立法。我国目前尚无单独的家事立法,我国关于公序良俗的规定体现在民法总则第八条,"民事主体从事民事活动,不得违反法律,不得违背公序良俗",以民事活动基本原则的形式予以确定,而公序良俗是一个随时代发展而不断变化的弹性标准,其具体的适用内容由社会发展的实际需求决定。正是由于公序良俗的内涵和外延范围具有较高的弹性,反而促使其能够很好地克服现有成文法的不足,灵活地填补强制性法律规定中存在的漏洞,并对其作用价值进行适当补充。同时,即便存在以国家强制力作后盾的成文家事法,社会的不断变革势必催生出复杂多变的家事纠纷类型,而成文立法与生俱来的迟滞性不可避免地存在调整盲区,公序良俗内涵所具有的模糊性、动态性、开放性特征能够为社会发展过程中不断形成的各种新观念提供足够的容纳空间,充分满足家事审判法律所需的协调性、包容性需求,有效弥补刚性法律的局限性。因此,法院应当坚守公序良俗的家事审判司法底线,对特定类型的案件进行职权干预,以司法裁判影响民众对法律的评价和未来生活方式的选择。当然,公序良俗的司法适用亦要适度,切忌将过高的道德标准引入法律体系当中,以防弄巧成拙。

五、加强基层治理

司法是社会治理的重要组成部分。司法作为处理家事纠纷的最后一道防线的法定性,决定其必然具有的终局性与权威性。但是,完全依靠司法解决家事纠纷不仅造成司法资源的大量耗费,而且与当前大力倡导的多元化纠纷解决机制的改革大局格格不入。多数情况下,家庭成员是因为一时的矛盾、一时的冲动才打起了官司。因为家事案件存在深厚的亲情、感情基础,在诉讼之前设置预防性的服务机制具有降低引发家事纠纷风险的现实可行性,而且与诉讼程序相比,其从源头化解家庭纠纷的重要作用无可替代。相比诉讼前的预防而言,

---

① 陈棋炎:《亲属、继承法基本问题》,三民书局1980年版,第134页。

第二章
家事审判制度的基本理论

判后的法律服务是一种更高层面的重新预防，是对发生变动后重新形成的家庭关系的一种巩固措施，目的是维护已形成的新的家庭关系，防止重新形成的家庭关系再次发生变动。家庭关系发生变动后，基于新的家庭关系重新组合成一种崭新的家庭结构，各个家庭成员之间的角色、地位、作用得以重新布局，此时的家庭结构一方面因得到了司法裁判认可而具有相对稳定性，另一方面，因为家庭成员尚在对新的身份关系逐步适应，家庭结构还面临再次发生变动的风险。因此，在当事人诉讼活动终结后的一段时期内坚持对案件当事人给予必要的指导帮助，便于当事人解除心理障碍，消除家庭成员之间的意见分歧，达成呵护、维护、巩固家庭关系的一致意见，使得变动后的家庭关系得到持续性修复。

以点带面的矛盾修复利于社会稳定。将社会治理理念引入家事审判，是基于家事案件的高度身份性和社会公益性。家事纠纷源于其拥有家庭成员或特定亲属资格，无论是身份纠纷还是财产纠纷，绝不仅仅是体现在某一个点上的个体之间的私权冲突，而且关乎社会伦理和公共秩序，与整个社会层面的大局稳定息息相关。因此，家事审判如果仅仅囿于从法律上分清权责、定分止争的司法理念，就很难对亲属间感情和亲情所滋生的纠纷作出是非分明的判断，其后果只能将问题遗留给社会，进而影响了家庭和谐、亲子健全生活和社会秩序。一言以蔽之，家事审判的裁决结果如果偏重法律层面的形式正义，一旦出现偏差，其负面效果要比法院一般的错误结果严重得多，其直接效果是导致身份关系的混乱，乃至案外第三人的合法权益受损，间接效果是危害社会秩序，给国家的稳定带来潜在的危机。正是从此意义来讲，虽然发生在两个或几个家庭成员之间的家庭纠纷是单纯的一个矛盾点，修复变动的家庭关系表面上看是仅解决了发生纠纷的个人之间的矛盾，但其实质意义是修复了发生变动的整个家庭之间的关系，还原了未发生变动前的家庭结构，维护了社会秩序的稳定，可以产生修复一点，带动全面的蝴蝶效应。

第三节　家事审判制度的特性

司法处理家事纠纷，更好地回应公民司法需求，必须从其特殊性出发，充分了解其基本特点，才能建构符合家事审判规律的家事审判司法理念、司法原则和司法程序。因此，研究家事审判制度的基本特征是家事审判制度展开的基础。

一、家事审判制度的基本特征

（一）身份关系的基础性

特定的身份关系适用特殊的审判制度。家事案件当事人之间一般具有特定的家庭身份关系，此种家庭身份关系是适用该制度的前提。家事纠纷的产生，大多是发生在家庭成员之间，其中夹杂着复杂的情感因素，与普通财产纠纷不同的是，身份上的行为具有不可替代性。日本学者我妻荣将家事纠纷的特征概括为"财产关系的合理性和身份关系的非合理性"，"财产关系是合理的关系，可以用合理的一般的解决基准来对待，而身份关系是非合理的关系，家事纠纷的基础就是身份关系，其背后潜藏着复杂的人际关系，表面上看，是财产分割、精神安慰费、养育费等支付金钱的请求，其根本则是夫妻间、亲族间情感上、心理上的纠葛，即埋藏着的非合理要素"。① 特定的亲属身份是主体相互之间享有权利、承担义务的依据。家庭成员之间，不但是简单的法律关系，更重要的是伦理关系，伦理是区分家庭成员权利义务关系的重要基础。但在一般的民事案件中，基本不存在亲属身份关系，即使存在亲属身份，与各方之间的财产权益也没有关系。为了合理地解决家庭纠纷表面上的法律关系，必须先解决家庭

---

① 李青：《中日"家事调停"的比较研究》，载《比较法研究》2003年第1期。

第二章
家事审判制度的基本理论

成员之间存在的情感、心理上的非合理的伦理性的要素，因此，特定的身份关系是适用家事审判制度的前提。

财产纠纷的从属性凸显身份关系的本源性。身份关系决定财产关系，财产关系依附于身份关系而存在，随着身份关系的产生而产生、变化而变化、消灭而消灭。引起家事纠纷的原因复杂，不能轻易地探明。家事财产纠纷从属于身份关系。程序对称性原理是指不同性质、类型的案件，适用不同的程序。也就是说，民事纠纷的程序设计应与案件类别相适应。① 家事纠纷与普通财产纠纷的明显不同，使得普通财产关系以自由、平等、公平为原则，强调当事人的意思自治和自由处分权，而家事纠纷中的财产分配往往不以当事人的意志为转移，因为家事纠纷案件往往涉及未成年人、老人的利益，为了保护未成年人、老人等弱势群体的利益，对财产的处理通常体现保护弱者、向无过错方倾斜的原则，体现了更多感性成分，财产关系的处理必须考虑身份关系。

（二）诉辩事实的表象性

和睦的家庭呈现典型的伙伴型家庭关系。家事案件因其固有的社会性、公益性、连带性等特点而导致在审理上的复杂性与特殊性。社会理论学家通常将社会关系划分为典型的四种类型：伙伴型关系、契约型关系、强制型关系、冲突型关系。家庭纠纷是一种特殊类型的纠纷，在发生纠纷的主体之间事先存在一种伙伴型的社会关系。② 根据布莱克的理论，"在关系密切的人们中间，法律是不活跃的；法律随人们之间的距离的增大而增多，而当增大到人们的生活世界完全相互隔绝的状态时，法律开始减少"。③ 在家庭这种典型的伙伴型关系当中，各家庭成员基于维护相互之间亲密关系的需要，各主体在家庭生活关系中

---

① 廖中洪主编：《民事程序法·诉讼程序编》，厦门大学出版社2005年版，第263页。
② [英]彼得·斯坦、约翰·香德：《西方社会的法律价值》，王献平译，中国人民公安大学出版社1990年版，第25~37页。
③ [美]布莱克：《法律的运作行为》，唐越、苏力译，中国政法大学出版社1999年版，第48页。

都扮演着夫妻、亲子、亲属等各种各样的角色,每一个家庭成员在整个家庭关系的变动中都背负着各种责任,家庭关系存在浓厚的个人色彩和非理性因素。当家庭处在一个稳定状态时,其实它对法律的需求是微乎其微的,那是因为,此时的家庭成员之间是一种伙伴关系,"由于成员之间的相互信任,考虑保持伙伴型关系内部的和谐应当如何,而不是考虑成员之间的义务和权利如何,争议便可得到解决。法律保护的是个人,是相对于他人的地位,而真正的伙伴型关系内部,人们并不认为自己是单个的个人,因为他们是伙伴关系的成员。他们将整体的利益摆在个人利益之上"。①

伙伴型家庭关系破裂导致事实认定相对困难。普通民事审判缘于双方主体在经济往来中的平等对抗性,强调当事人在程序中的责任自负。相反,家事纠纷案件中的家庭成员缘于相互之间亲密的身份关系,不会像商事活动中将对方的言语进行录音、对经济往来留下凭证,这符合人之常情,也是家事案件伦理性的必有之意。当家庭关系由伙伴型关系向其他关系转化时,家庭纠纷随即产生,因家庭关系转化造成的纠纷举证困难亦随之产生。譬如在家庭暴力类型案件中,最具有证明力的证据是公安的出警记录及受伤的照片、医院检查报告等,但受害人欠缺保留证据的意识,除了口头陈述之外,难以证明其损伤系家庭成员所致,造成许多此类案件难以认定确属家庭暴力。正如博登海默所言:"正义具有一张普罗透斯的脸,变幻无常,随时可呈现出不同的形状,并具有极不同的面貌。当我们仔细察看这张脸,并试图揭开隐藏其表面之后的秘密时,我们往往会深感迷惑。"②

---

① [英]彼得·斯坦、约翰·香德:《西方社会的法律价值》,王献平译,中国人民公安大学出版社1990年版,第25页。
② [美]E·博登海默:《法理学:法律哲学与法律方法》,邓正来译,中国政法大学出版社1999年版,第252页。

第二章
家事审判制度的基本理论

（三）修复情感的终极性

对抗制的诉讼模式不能适应家事审判的特殊需求。诉讼通过对抗来发现真实，但是不可避免会在当事人之间形成争斗的伤痕，关系难以修复，比较适合那种具有临时性、偶然性的社会关系所发生的纠纷，双方无须顾及"将来"的关系。① 相反，家事纠纷涉及血缘和婚姻等各种关系，不同于普通的民事法律关系，更多地涉及感情、亲情和道德，不宜用简单的契约式关系及其调整方式来解决，也不宜简单地以权威性的裁判"分清是非"。毕竟，"法庭上，在唇枪舌剑的激烈对抗中，当事人之间的隐私和陈年琐事被淋漓尽致地展现出来，仅存的感情被愤怒甚至仇恨所代替，亲属因此变成了陌路人甚至仇人，双方针锋相对、锱铢必较，把亲子关系作为诉讼对象和标的进行交易"。② 对抗制的诉讼模式显然违背家事案件身份关系特定属性。

家庭关系未来性决定了家事审判具有疗愈修复性。家事案件的当事人长期共同生活，相互之间存有各种夫妻间、亲族间的亲情上或心理上的"爱恨交加"式的纠葛。普通的民事诉讼解决的是过去发生的纠纷，各方当事人在诉讼中往往采取激烈的对抗式诉辩，诉讼结束后可以老死不相往来。但家事纠纷经过司法的裁决后，当事人仍然可能共同生活，或者不可避免地需要共同进行某些活动，共同的生活经历也可能使当事人之间存在着人际关系、事业关系方面的交集。如因继承纠纷进行诉讼的亲属可能有共同的被赡养人，离婚诉讼中有共同子女的夫妻需要共同对子女进行抚养和教育等。由于家事审判的处理结果涉及未来的生活和情感问题，如果不考虑家庭关系的未来延续性，而在诉讼程序中将矛盾更加激化，将可能引发一系列后续的问题。"对于解决争执发生后仍继续打交道的当事人之间的争执——雇主与雇员、房主与房客、夫妻、邻里

---

① 何冰：《纠纷解决机制之重构》，载《中外法学》2002年第1期。
② 范愉：《非诉讼纠纷解决机制研究》，中国人民大学出版社2000年版，第210页。

及其他人之间的争执，对抗式程序是一种拙劣的方法。"① 因此，家事案件的解决不是单纯追求权利义务类型的"非黑即白"的判决，而是"在于权利义务较清楚的前提下对利益关系所做的微妙调整，消除误会，恢复感情，重建和谐的家庭关系"。② 家事纠纷中每个当事人都在家庭关系中扮演着不同的角色，在家庭关系的变动中处于混乱非理性的状态，他们之间那种"剪不断，理还乱"的心理纠葛使其对自身的状况和家庭关系的走向不能冷静处理。但纠纷当事人具有感情基础，无论是基于血缘关系，还是多年共同生活、经营家庭的相似生活经历，双方具有达成共识，维持关系的可能性。因此，家事审判必须把促成当事人之间恢复感情、消除对立、实现和解，作为纠纷解决的根本目标和价值取向。将亲情贯穿整个家事诉讼过程，通过柔性手段对脱轨的家庭关系进行调整和恢复，使发生纠纷的当事人重归于好，实现相互理解，维护家庭的和谐。

（四）纠纷解决的公益性

家安、国安、天下安。家事案件审理通常会形成新的身份关系和财产权益关系，不仅涉及当事人自身利益，更关乎各个家庭成员的切身利益、家庭的稳定和睦，以及社会秩序的稳定和道德规范的维护。"家事纠纷尽管表面上纯属私人间的问题，但实质上与国家与社会的根本利益息息相关。因为家庭是社会的基本构成要素，家庭关系的稳定是社会安定的基础，家事纠纷如果得不到及时合理的解决，往往会酿成个人、家庭甚至社会的悲剧，转化为暴力的私力救济甚至复仇，对社会造成威胁。"③ 因此，家事诉讼的结果"不仅影响诉讼当事人个人之权益，更及于社会之秩序与国家之公益"。④ 仅以公正地解决家庭纠纷或

---

① ［美］迈克尔·D·贝勒斯：《法律的原则——一个规范的分析》，张文显等译，中国大百科全书出版社1996年版，第42页。
② 王亚新：《民事司法"调审分离"制度化的一例》，载张卫平主编：《司法改革评论》，中国法制出版社2001年版，第73页。
③ 张乃根：《西方法哲学史纲》，中国政法大学出版社1997年版，第302页。
④ 陈计男：《民事诉讼法论》，三民书局1994年版，第412页。

第二章 家事审判制度的基本理论

者实现案件当事人的各自利益作为家事诉讼的目的，对整个社会秩序及社会稳定来说，显然是不理智的。

弱势群体的保护事关社会公益。因遵循"私法自治"的原则的需要，当事人在普通民事案件诉讼中享有尽可能多的自由权和选择权，法院一般不加以干预。而家事案件当事人尤其是弱势当事人在很多情况下难以做到"责任自负"，典型的表现就是举证困难重重，或者举证不能，或者因违法取证而导致适得其反的后果。因此，家事法官为了妥当处理案件、完善程序运行并提出成熟的解决方案，不仅要调查"法律上的事实"，还应关注"生活上的事实"，并在此基础上透视案件全貌。① 除当事人基于维护权益，支持本方的主张与请求会积极提供证据材料外，司法机关可不拘泥于"私法自治"的原则，依职权从追求最大限度地揭示事实真相的目的出发主动采取措施调查收集证据，"辩论主义向纠问主义作出让步，双方当事人的处分权受到限制。"② 尤其是对违法事实，绝对禁止自治，要求法院严格干预。对此，日本学者谷口安平也曾有过论述，指出在日本的家事审判中，即使当事人双方都未主张的事实，裁判所也能予以认定，裁判所的行为不受当事人自白的拘束，可以依职权广泛地调查证据。③ 同时，家事纠纷中除了纠纷的双方或几方，在纠纷的背后往往存在着潜在的利害关系人，虽然这些关系人可能不会在纠纷处理的程序中出现，但程序的处理结果可能涉及他们未来正常的家庭生活和切身的利益。如离婚之诉不只涉及夫妻双方的利益，还可能牵涉到未成年子女的抚养、父母的照顾、家庭外部债权人的利益；亲子关系确认之诉、收养关系解除之诉中，除了案件当事人之间的亲子关系，还可能影响到其他家庭的利益；婚姻无效之诉、撤销之诉中，往往涉及法律的禁止性规定和社会公序良俗。对上述特殊群体的权益保护，属于社会

---

① ［日］小岛武司：《家事法院的诉讼法意义》，载陈刚主编：《自律型社会与正义的综合体系——小岛武司先生七十华诞纪念文集》，陈刚、林剑锋、段文波等译，中国法制出版社2006年版，第232、233页。

② ［德］奥特马·尧厄尼希：《民事诉讼法》，周翠译，法律出版社2003年版，第455页。

③ ［日］谷口安平：《程序的正义与诉讼》（增补本），中国政法大学出版社2002年版，第142~143页。

利益的范畴，必须由国家以特殊方式加以保护。也正因为家事纠纷处理具有显著的公益性，一些国家在家事诉讼中特许检察官参加诉讼，以代表国家维持公益。①

二、家事审判与普通民事审判的区别

我国的家事审判长期混同于普通民事审判，家事审判改革起步较晚，家事审判专业化发展较慢。虽然家事审判是民事审判的特殊内容，两者是包含与被包含的关系，但是家事审判与普通民事审判存在着较大的差异。只有充分认识这些差异，才能更好地把握家事审判的特殊性。

（一）审理对象的差异

普通民事诉讼系单一类型私权纠纷案件。对于普通民事诉讼制度与家事审判制度所审理的对象之不同，我国台湾学者陈棋炎曾作出这样的论述："亲属的身份是与特定的身份人所结合之固有的法律上地位。而身份权系仅渊源于此种地位，而别无其他发生原因（譬如：让与、继承）者，是故身份权自无为身份行为之客体之性格，反而在身份法秩序上，宁可说是带有主体的性格者也。然财产法上之物，是与财产法上之人，在本质上，两无关联的外在的存在，故其应为财产法上行为之客体，亦属当然。"② 由此可知，绝大部分普通民事纠纷是纯粹因财产关系产生的纠纷，一般来讲，法院根据当事人的诉辩情况能够查明过去的事实，明确当事人之间的权利义务关系，因此，普通民事纠纷是一种"理性"的权利义务分明的纠纷。

家事纠纷系涉及公益复合类型案件。家事案件不仅包括以身份关系为基础引发的财产关系纠纷案件，而且包括身份关系本身纠纷案件，其作为核心的婚

---

① 夏吟兰：《美国现代婚姻家庭制度》，中国政法大学出版社1999年版，第17页。
② 陈棋炎：《亲属、继承法基本问题》，三民书局1980年版，第12页。

第二章
家事审判制度的基本理论

姻、亲子、血缘等特殊身份关系是社会构成的基础,直接关系到社会公益、伦理道德。虽然从表面上看,作为家事纠纷基础的身份关系符合民法所调整的平等主体之间的私权关系的内涵,但一方面,家事纠纷发生在家庭内部,当事人之间存在着血缘或感情的紧密联系,权利义务关系较为复杂,很难像普通的民事诉讼那样作出一个黑白分明的判断;另一方面,家事案件并非纯粹的私权纠纷,当事人之间的身份关系具有社会公益性,其判决结果可能会产生一定的"对世效力",影响到案外第三人乃至社会的利益,[1]一些身份关系确认之诉中,判决确定后,当事人的身份就会发生彻底的改变。

(二)审理方式的区别

法院职权干预力度不同。普通民事案件的审理以当事人主义为原则,法院作为中立的第三方,仅仅起到一个中间桥梁的作用,诉辩双方进行事实和证据的较量,谁主张,谁举证,举证不能将承担败诉的风险,法官原则上仅就当事人在法庭辩论阶段提出的事实证据形成自由心证,当事人无争议、自认的事实法庭必须予以认定,且裁判结果不能超出当事人主张的范围,只能就事论事。而家事纠纷的审理以职权主义为原则,家庭稳定是社会稳定的基础,家事纠纷涉及社会公益,而且许多家事纠纷,如家庭暴力、婚内出轨等案件中受害方难以搜集有效的证据,或证据的证明力普遍不足,其他可以作为证人的家庭内部成员,或是因感情因素和未来生活的考量不愿意出庭作证,或是因与一方的亲密关系,其证言的真实性有待商榷,证据方面的种种不足造成受害方的利益得不到应有的维护,实质正义难以实现。再如一些为了买房、获得福利、逃避债务等考量而诉的虚假离婚、分家析产案件,若不通过职权干预探知真相,则可能会对他人和社会的利益造成损害。所以,在家事审判中,法官需要依职权主动、全面调取证据、查明真相,真正起到维护家庭稳定、解决纠纷根源、保护

---

[1] 汤维建:《试论诉讼法理与非讼法理的交错适用》,载樊崇义主编:《诉讼法学新探》,中国法制出版社2000年版,第715页。

弱势群体的作用。

审判公开程度不同。普通民事诉讼的审理以公开为原则，程序公开已经成为程序正义的重要组成部分，通过旁听庭审、庭审直播、裁判文书上网等方式将整个诉讼的过程全面公开，目的是为了加强社会对司法的监督功能，督促人民法院依法审判。而家事审判由于涉及当事人家务事，公开审判过程及法律文书可能会侵犯当事人的隐私权和名誉权。许多家事案件有未成年人参与，一旦公开，亦可能影响未成年人的身心健康。将与案情有关的家庭成员的一些行为、习惯公之于众，反而使当事人在心理上产生抵触情绪，不利于纠纷的化解，也使一些本希望通过诉讼途径解决矛盾、维护自身合法权益的当事人，由于害怕丢面子、被人议论，而失去提起诉讼的勇气。为便于家庭矛盾的化解和未来家庭关系的恢复，家事审判制度一般以不公开审理为原则。

（三）纠纷解决机制的不同

普通民事诉讼彰显对抗主义、辩论主义色彩。普通民事诉讼的当事人之间因为存在激烈的利益冲突，诉辩双方往往针锋相对，在庭审中围绕争议焦点展开激烈辩论，以实现己方利益的最大化，当事人各方需要法官根据各自提供的证据对事实进行判断，作出一个黑白分明的裁判结果。与此相适应，法官在审理普通民事案件时亦遵循"查明事实，分清是非"的原则，为了是非分明，积极要求当事人举证、质证、辩论，进一步为双方的对抗、辩论推波助澜。虽然我国法院在审理普通民事纠纷中也有着"能调则调，当判则判，调判结合"的指导原则，且为了鼓励调解，对于以调解方式结案的案件减半收取诉讼费用，但普通民事诉讼中的调解往往是开庭前或开庭后进行，而且调解的主体单一，均由法官主持调解，其他人员几无参与，调解亦无强制性，均随法官心意自由决定。相反，浓厚的对抗与辩论色彩贯穿案件庭审的始终。

家事审判注重和解、调解等柔性化解。在家事纠纷中，当事人之间的地位虽然符合民法的基本特征，属于独立、平等的个体，但权利义务关系表现得相对复杂，且需要考虑伦理道德的因素，不能简单作出胜负分明的处理，必须把促成当事人之间恢复感情、消除对立、实现和解作为根本目标和价值取向，[①]减少审判程序中的对抗和辩论。同时，家事审判中的当事人一方可能是妇女、儿童、老人或残疾人等弱势群体，如果采用普通民事诉讼中的对抗式庭审模式，双方当事人的诉讼能力悬殊，不利于查明事实真相，实现实质正义。因此，和解、调解等柔性纠纷解决方式在家事审判制度中有其存在的必要性。家事审判处理的是各方当事人之间存在着血缘、感情联系的家事纠纷，当事人因身份关系或基于身份关系的财产关系产生纠纷，在家庭正常的状态下，各方当事人之间的利益是一致的，有着利益相融的自然属性，较少存在激烈不可调和的矛盾。家庭成员之间有感情、血缘联系及共同生活的经历，很多案件的当事人并非真正期待家庭关系的破裂，而是寻求一个解决纠纷、恢复家庭关系的途径。因此，对家事案件进行调解，也有着较大的现实可能性。从调解的力度上讲，许多国家规定家事审判制度中的调解是强制的且前置于诉讼程序前。日本人事诉讼遵循调解前置主义原则，想要提起民事诉讼必须在起诉前向家庭法院申请调解，不限于离婚类当事人依协议可自由变动身份关系的案件，还包括当事人之间不能自由处分的身份关系的人事诉讼。[②]我国台湾地区家事诉讼中规定了起诉前调解、诉讼中和解的处理模式。我国婚姻法也规定了对离婚案件需要先进行调解。从主持调解的人员来讲，许多国家在家事调解中引入具有心理学、社会学、医学等专业知识的人士共同参与。

（四）利益保护衡量的差别

普通民事诉讼中的利益保护以利益的位阶为尺度。在当前自由主义、个人本位等思潮的影响下，给予私权更大的自治空间，是现代普通民事诉讼制度的发展趋势。普通民事诉讼中，庭审往往以当事人的诉辩为中心，法官只起到居

---

① 张晓茹：《家事裁判制度研究》，中国法制出版社2011年版，第7页。
② ［日］松本博之：《日本人事诉讼法》，郭美松译，厦门大学出版社2012年版，第113页。

中裁判的作用，只要不违反法律的强制规定，当事人对于自己的私权利可以自由处置。几方利益存在冲突时，法官根据利益的位阶依法进行处理。

家事审判制度中的利益保护以实质正义、公序良俗为尺度。在家事审判制度中，当几方利益存在冲突时，法官不能仅仅根据私权的位阶进行机械、教条的处理。比如典型的"情妇、二奶案"中，法官需要衡量的是遗嘱自由及处分私有财产的自由等私法权利与保护合法婚姻家庭关系之间的关系。虽然遗嘱自由和婚姻家庭的稳定同属于私法领域的利益，但后者与社会正常秩序和弱者权益保护、社会善良风俗有着更为紧密的联系，因此家事审判制度在某些情况下需要限制私权的滥用，基于实现实质正义的目的而进行各种利益的衡量。再如未成年人利益最大化是家事审判制度的重要原则，也是处理有关未成年人利益的家事纠纷的最高价值取向。在未成年人权益与其他成人权益相冲突的情况下，法官应当对未成年人的利益进行优先的考虑和具体的落实，并且贯穿于程序的始终，在特别的情况下还可引入专业人士进行配合。

第三章
家事审判的司法理念与运行原则

第三章
家事审判的司法理念与运行原则

探索建立适应我国家事纠纷解决实际的新型家事审判模式，必须从当前家事纠纷的特点出发，围绕婚姻家庭的伦理性、身份关系的情感性、家事纠纷的公益性、家事法律关系的差异性等特征，确立符合家事审判特点的司法理念和运行原则，才能让家事司法更加契合家事纠纷解决实际，更加凸显司法的刚性裁判和柔性社会救治双重功能。

第一节 家事审判的司法理念

根据《辞海》释义，理念即观念，是指对事物的思想，其总是先行于实践，指导着实践。所谓"理念"，实际上就是原理和信念，或价值观，是制度在建构和设计中内在的指导思想、原则和哲学基础。[①] 理念是凝聚和体现系列价值选择的结果，有某种特定的目标追求。一般情况下，理念需要通过具体的制度来外化和展现，并且贯穿制度运行的始终。

---

① 刘青峰、李长军：《现代司法理念与我国司法管理体制的重构》，载《河北法学》2004年第12期。

延伸来看，司法理念是在认识司法客观规律过程中形成的一系列科学的基本理念，是支配人们在司法过程中的思维和行动的意识形态和精神指导。[①]可以说，司法理念是司法活动的总指挥，在整个司法活动中居于基础性和关键性地位，体现着司法理论核心内容与司法实践的紧密结合，是对司法活动具有的中立性、强制性、判断性、确定性等客观规律的深刻认识、高度凝练和集中反映。司法理念虽然不包括具体的司法制度，也与通常的法理理念不同，但是这些精神和观念支配着建立、运用、完善具体司法制度的所有行为。

家事审判司法理念即指导家事审判制度设计和实践运作的基础理论和主导价值观，是对家事审判的功能、性质、运行、效用的科学化、系统化思考。它是围绕家事纠纷的特殊性，对家事审判不同于一般民事审判的特质及规律的理性认识和宏观把握，是结合家事审判实践，从有效解决家事纠纷出发，对法的精神和价值进行解读和诠释而形成的精神和观念。家事审判司法理念以家事司法目的上的家事正义理念、家事司法价值上的全面保护理念、家事司法方法上的柔性修复理念为基本内涵。

一、家事正义理念

司法公正是司法理念最为核心的内容，既要求法院的审判过程遵循平等和正当的原则，也要求审判结果体现公正和正义的精神。[②]家事审判同样是司法权的具体运用，通过作出裁判对当事人享有的权利义务进行分配，以恢复正义或者伸张正义。但是，家事纠纷具有身份性、情感性、公益性等与普通民事纠纷不同的特性，人的身份关系与国家、社会秩序有密切联系，遵循司法公正理

[①] 蒋惠岭：《"培养现代司法理念"系列讲座：现代司法理念基本问题·一》，载《人民法院报》2003年1月20日。

[②] 吕岩峰、李婧：《法治语境下司法核心公信力探析——对公正裁判力的法理学考量》，载《河南财经政法大学学报》2013年第4期。

第三章 家事审判的司法理念与运行原则

念更多地表现为追求家事正义,也即家事审判的实质正义,这符合家事审判的内生规律。

正义是人类永恒的价值追求,是权利义务在天平两端的平衡,以平等、自由、公平等为主要内容。亚里士多德将正义分为形式正义和实质正义,如果同一的规则适用所有类似的行为,这种司法过程体现的就是形式正义;如果寻找一种看来对案件特点的最佳方式,而不是运用一般规则来解决纠纷,这种司法过程体现的就是实质正义。① 有学者认为,实质正义具有社会正义、具体正义和实体正义三种形态,分别与之对应,形式正义也具有制度正义、抽象正义和程序正义三种形态。② 发现客观事实和追求实质正义,是司法的永恒追求。然而,客观事实只能无限接近却不能重来,西方现代以来逐渐确立形式正义的法治观念,某种程度上是对发现客观事实和追求实质正义这一理想状态的变相妥协。在形式正义和实质正义发生价值冲突的情况下,形式正义具有优先性,因为形式正义有法定的制度或程序予以保证,一般认为正义的制度和程序比不正义的制度和程序能够产生更加正义的结果。但是,形式正义不考虑现实中个体诉讼能力、经济地位、知识结构等因素存在的差异,而是以同一方式对待,某种程度上是对个案正义的牺牲。现今,人们不仅追求形式上的正义,而且对正义提出更高的要求,即实质正义。这种要求在家事审判中表现得极其突出。

(一)社会正义:家庭弱势群体权益倾斜性保护的需要

罗尔斯在社会制度层面探讨正义,其理解的实质正义即为社会正义。"正义在此的首要主题是社会的基本结构,或更准确地说,是社会主要制度分配基本权利和义务,决定由社会合作产生的利益之划分的方式。所谓主要制度,我的理解是政治结构和主要的经济和社会安排……一个社会体系的正义,本质上

---

① [美]理查德·A·波斯纳:《法理学问题》,苏力译,中国政法大学出版社2002年版,第391~440页。

② 参见孙笑侠:《法的形式正义与实质正义》,载《浙江大学学报(人文社会科学版)》1999年第5期。

依赖于如何分配基本的权利义务,依赖于在社会的不同阶层中存在着的经济机会和社会条件。"①根据罗尔斯的正义观,"最不利者"是正义的归宿,最大的平等体现在社会制度对"最不利者"处境所作出的最大努力,即制度对"最不利者"最大程度地倾斜性保护。②婚姻家庭关系中的妇女、老人、未成年人等弱势群体由于自身的经济能力、生理条件等因素限制,相较于其他婚姻家庭关系主体而言,在婚姻家庭生活中的话语权和参与度都相对较低,其权益更容易受到侵害;如果与其他主体发生纠纷,通过自身进行私力救济难度较大,且参与诉讼的能力也较弱,往往存在举证不能、举证困难等问题,在诉讼中也居于弱势地位。在家事审判制度构建中,对家庭弱势群体权益实行倾斜性保护,有利于在家庭成员之间均衡分配权利义务,可以弥补形式正义的缺陷,体现家事审判对实质正义的追求。

1. 突出未成年人利益最大化

英国历史学家哈里·亨得利克曾言:"如果女人是被隐藏在历史里,那么儿童则被排除在历史外。"③在现实生活中,由于未成年人生理、心理发育不成熟,无论是其合法权益还是心理状态都容易被父母的感情纠葛、利益纷争所裹挟。特别是在离婚、抚养权、未成年人监护权、探望权等家事案件中,虽然未成年子女不是直接当事人,但是作为重要的利害关系人,却往往被视为附随性角色,处于被动接受的地位,其合法权益、情感需求、精神慰藉容易在纠纷解决过程中被忽略。"未成年人利益最大化",正是国际人权公约组织和各个国家基于未成年人主体的特殊性考量而强调对其进行特别保护的一个重要原则。在

---

① [美]约翰·罗尔斯:《正义论》(修订版),何怀宏、何包钢、廖申白译,中国社会科学出版社2009年版,第6页。
② 参见李宁:《社会正义视角下弱势群体的保护》,载《东岳论丛》2015年第4期。当然也有学者对罗尔斯的公平正义理论提出质疑,如布莱恩·巴利教授认为罗尔斯的正义观中蕴含的相互性正义是不稳定的,当有利于当事人时,规则将被遵守;反之,当事人则会违反规则而转向自利。
③ 姚建龙:《论英美国家对少年罪错的早期反应——童年社会学的视域》,载《法学杂志》2009年第4期。

家事审判中，法院应当以未成年子女权益为核心，最大化地保护未成年人的合法权益。

2. 依法保障妇女合法权益

随着女权运动的不断发展，女性地位获得很大提高。但是与男性相比，女性有着较弱的体质和特殊的生理结构并且承担着人类再生产的功能，在很多方面仍然处于弱势地位，实现男女平等依旧是任重道远。特别是在离婚、继承等家事案件中，对妇女合法权益的保护需要给予特别关注，应当在夫妻共同财产分割、离婚经济帮助、家务劳动补偿、离婚损害赔偿、出嫁女财产继承权等方面贯彻追求实质正义的司法理念，给予一定程度上的倾斜性保护。

3. 充分保护老年人合法权益

在传统的自然经济社会条件下，有丰富生产和生活经验的老年人支配和指导着家庭生活，拥有至高无上的权威。但是，伴随现代社会经济的发展，老年人的价值和威望逐渐削弱，社会地位和家庭地位受到严重挑战。随着中国人口老龄化进程的不断加快，中国开始慢慢步入老龄社会，老年人成为社会群体的重要组成部分。充分保障老年人合法权益，不仅符合中华民族尊老爱幼的传统美德的内在要求，也具有维护家庭和社会稳定的重要现实意义。家事审判应重视老年人的价值和作用，把维护老年人合法权益放到重要位置。

（二）具体正义：保障情感诉求的需要

具体正义是指个案中的实质正义，它是存在于具体的人、行为或事件之中的具有实际的具体内容的正义。① "情"和"亲"是凝固家庭和身份关系的基本要素，情感是人与人的关系中最难判断、最难理清和最难评价的关系。美国人文主义心理学家马斯洛在1943年发表的《人类动机的理论》一书中提出了需求层次理论，将人的需求由低到高分为生理需求、安全需求、社交需求、尊重需求、自我实现需求。该理论指出，人之所以区别于动物，就是因为人除了

---

① 王韶婧：《正义价值再思考》，载《东岳论丛》2009年第7期。

自然属性之外，还具有社会属性，有精神需求。在婚姻家庭领域中，家事纠纷产生的症结源于情感性和日常非理性因素。建立在情感基础上的家庭关系夹杂着太多的爱恨情仇，表面上的财产争议只是情感纠葛的外化表现形式，实质解决问题的核心仍然是潜藏在背后的情感利益需求。情感诉求的存在，使得家事纠纷呈现出明显的"个性化"。对舍弃具体内容和特殊情况的一般正义的追求，无法从根本上化解家事纠纷，反而容易埋下矛盾激化或再生的隐患。在家事审判中高度关注个案当事人的情感利益诉求，不但能够彻底、有效、实质地化解纠纷，而且也体现出对人的自然属性的尊重和保护。而这必然要求对个案实质正义的追求。

（三）实体正义：人际关系调整的需要

实体正义是指实体法对权利义务的公正分配以及对具体案件作出正当的裁判，包括实体一般正义和个别正义两个方面。① 它追求最大限度地发现和接近客观事实，并根据客观事实作出最终裁判。在追求实体正义的过程中，程序正义作为实现实体正义的基础，被现代文明社会所公认，成为诉讼的首要遵循。但是，家事审判与一般的民事审判不同，并不是严格遵循审判程序、分清对与错、厘定是与非就可以实现实体正义的。家事审判的核心要义是通过人际关系调整，尽量维持血缘人伦关系和婚姻家庭的稳定。只有全面考量当事人的身份、情感、经济条件等因素，对当事人之间的人际关系作出符合情理的、具有前瞻性的调整，使其能够更好地面对未来的生活，才是符合家事审判实体正义要求的。在这个过程中，对与错、是与非的认定并不是最重要的。因此，在家事案件的审理过程中追求实体正义，需要通过赋予法官较大职权，尽可能发现家事纠纷背后隐藏着的复杂的身份、情感和伦理关系，以作出符合个体利益需求，特别是家庭和社会稳定需要的人际关系调整。

---

① 参见李静：《论实体正义的困境》，载《求是学刊》2006年第4期。

二、全面保护理念

司法效率是司法理念和司法公正不可或缺的基本组成要素，也是构建和完善司法制度的重要价值取向。波斯纳甚至宣称："正义的第二种含义——也许是最普通的涵义——是效率。"[①] 虽然不能把效率与正义视为等同，但效率的价值不容忽视。从根本意义上来说，司法公正应当是有效率的公正。以司法效率理念的角度来看，不但迟来的正义不是正义，所有在人力、物力、财力、时间花费过巨的司法程序和司法行为都是不值得提倡的，甚至是与正义相悖的。[②] 司法效率理念体现在家事审判程序中即追求家事纠纷的全面解决，是指有关家事纠纷诉讼，应尽可能全面加以解决，避免纠纷当事人及利害关系人重复进行争讼，进而使婚姻家庭、亲子关系甚至社会秩序长期处于不稳定的状态。家事纠纷不仅牵涉直接当事人，还会影响子女等其他相关利害关系人，又同时涵盖着身份关系和财产关系，不仅要考量已经发生的事实，还要放眼未来，在分析研判已知事实的基础上，调整和分配未来的权利义务关系。为全面解决家事纠纷，应当通过合并处理的方式对司法资源进行合理配置，降低诉讼成本，提高诉讼效率。

（一）需统筹处理身份关系和财产关系

从内容上看，家事法律关系包括家庭身份关系和财产关系，其中财产关系是由身份关系派生出来的。家事法的价值本位是亲属身份，家庭财产关系依附和服务于亲属身份，其不同于市场交易产生的以盈利或利益交换为目的的普通财产关系。为什么家庭财产关系能区别于普通财产关系？或者说，民法上关于财产所有权的一般规定为什么不能满足婚姻家庭生活的普通需要？为什么家

[①] ［美］理查德·A·波斯纳：《法律的经济分析》，蒋兆康译，中国大百科全书出版社1997年版，第31页。

[②] 王海英：《司法效率理念的法经济学思考》，载《中共福建省委党校学报》2003年第8期。

事审判中要特别重视家庭财产关系？这有必要从家庭财产制度所具有的基本功能来探讨。家庭财产制度并非意味着单纯的金钱关系，其与家庭成员之间的身份、伦理、情感关系紧密相关，承担着诸多特殊功能，这些功能的实现，表达着家庭财产制度特有的法律意义和社会价值。

首先，家庭财产制度是家庭共同生活的基本物质保障和经济基础，是实现家庭身份利益的前提条件。家庭的福利和幸福，要求家庭成员之间形成共同的财产利益基础，且该财产利益为家庭成员所共享，法律上家庭成员个体处分该财产的权利受到较大限制，不能随意排斥配偶或未成年人子女等其他家庭成员的共享利益。其次，家庭财产制度承载着扶养功能，包括配偶之间的相互扶养、父母对未成年子女的抚养以及家庭成员之间的物质支持和帮助，比如赡养老人、扶助老幼残弱等。最后，家庭财产制度还营造了一个风险共担、利益共享的利益团体，是社会财富在特定范围内的再次分配，客观上有助于妇女、未成年子女、老人等弱势群体的权益保护，体现社会公益。

家事纠纷虽然以非理性因素的身份关系为本位，但是最终还是要回归到以分割家庭财产为核心的具体的权利义务分配关系之中。因此，在家事审判中，不仅要维护当事人的身份利益，也要对家庭财产关系给予充分认识。

（二）需同时关注过去事实和未来事实

家事审判中，过去的事实是司法裁判逻辑命题中的重要组成部分。赋予法官较大职权，以便最大可能地接近并还原过去发生的客观事实，有利于实现实质正义，维护当事人的合法权益，这是家事审判司法权能中公平价值的必然要求。

但家事审判区别于普通民事审判，除了追求公平、效率、经济等司法价值外，基于家事纠纷掺杂着感情、伦理等非理性因素，家事审判还承担着社会功能，应适当发挥社会监护和服务的作用，既要根据过去的事实着手当前冲突解决，也要着眼未来家事关系的持续性、长期性，对个案作出具体的、妥当的、

合乎目的的处理。由于家事纠纷的特殊性,主要是熟人之间的纠纷,他们不仅在纠纷前相互熟知并保持亲密关系,纠纷发生后还要继续在一定时空区域内生活,纠纷的解决不能只考虑眼下的"孰是孰非",还要着眼未来的和睦共处与家庭感情修复。即便是家事调解,也应当对未来的事实进行全面考虑,尤其是涉及未成年人利益时,更要采取积极措施。

(三)需兼顾当事人和其他利害关系人的利益

婚姻家庭是以两性关系与血缘关系为其自然条件而形成的社会关系,是人类社会最基本的社会关系。[1]婚姻家庭稳定是社会稳定的基础和关键。家事纠纷因牵涉身份关系而具有对世性和社会性,不仅与双方当事人之间的私益直接相关,而且还可能影响其他利害关系人等第三人的利益,甚至关乎社会公益。例如,在离婚案件中,除可能产生婚姻关系解除、夫妻共同财产分割等直接涉及夫妻双方权利义务的法律后果外,还涉及未成年子女的照顾、抚养利益。为彻底化解纠纷,家事审判不能将关注点仅停留在案件双方当事人,还需要兼顾其他利害关系人利益的保护,以维护家庭关系的稳定。

三、柔性修复理念

作为两种不同的司法哲学,有关司法克制与司法能动的对立斗争和争论分歧由来已久。表面上是由于对法官行使自由裁量权的限度所持态度不同,但实质上是由于偏向追求的法律价值有别,司法克制侧重实现法之安定,而司法能动注重保障法之效率。事实上,纯粹强调司法克制或者司法能动都是偏颇的,将无法避免当事人或者法院一方过于积极的结果,前者容易导致诉权滥用难题,而后者又会引发诉讼突袭现象。因此,司法克制与司法能动开始逐步走向适度融合。在当代中国语境下,所谓能动司法,大致是指法官不应仅仅消极被

---

[1] 李徐州、王道强:《家事审判的司法理念与运行原则》,载《人民司法(应用)》2016年第34期。

动地坐堂办案，不顾后果地刻板适用法律；在尚处于形成进程中的中国司法制度限制内，法官可依并应充分发挥个人的积极性和智慧，通过审判以及司法主导的各种替代纠纷解决方式，有效解决社会各种复杂的纠纷和案件，努力做到"案结事了"，实现司法政治效果、社会效果和法律效果统一。[①] 它体现出服务型、主动型、高效型特点，与西方国家所指称的司法能动主义并不相同。在家事审判中，机械地适用"谁主张，谁举证"举证规则，进行硬性缺席审判等，容易导致"小事不小"的家事纠纷矛盾激化，"案结事不了"使原本就脆弱的人际关系"雪上加霜"，而且案件结果往往仅是形式合法而未彰显实质正义，影响司法权威和公信力。在家事审判中，司法能动理念要求法官以主动、积极的姿态介入纠纷解决，以尊重家庭伦理和维护家庭稳定为基本价值导向，发挥其主观能动性，综合运用调解、和解等柔性手段，修复家庭关系，减少或缓和当事人之间的对抗性，使纠纷高效解决。

（一）符合家庭和睦的价值导向

在中国传统法律文化中，"法不入家门""清官难断家务事"等观念深入人心，长期以小农经济为主导的社会形态下的婚姻家庭观念比较单纯，个人权利往往依附于家庭集体甚至整个家族，形成了较为封闭的家庭自治体系，婚姻家庭关系简单且稳定。家庭成员之间的整体利益趋同，血缘、亲情和宗族伦理使他们比一般社会成员具有更亲密的关系，产生纠纷较少。即使发生纠纷，由于家庭成员个体的权利意识淡薄，维权途径匮乏，世俗宗族伦理观念过于强大，个体的权利抗争往往被湮没和忽视。但随着自由主义和市场经济的发展，公民的私权利得到广泛尊重，家庭成员的生活方式多样，西方的个人主义以及婚恋家庭观念对一些年轻人产生了较大冲击。基于生活观念、价值理想、习惯、立场等方面的不同，家庭成员个体之间的差异凸显，对婚姻家庭事务的处理呈现出多元化趋势，家庭矛盾和不稳定因素也开始增多。

---

① 苏力：《关于能动司法与大调解》，载《中国法学》2010年第1期。

第三章
家事审判的司法理念与运行原则

然而，不管在任何一个国家，家庭作为社会细胞，都是社会稳定的基石，若发生大量家庭纠纷，不仅对家庭秩序有影响，而且有损于整个社会秩序的稳定。所以，社会秩序的稳定在一定程度上有赖于整个社会的家庭稳定。基于家事事件关乎整个社会秩序的稳定，且婚姻家庭关系并不是权利义务简单清晰的契约关系，而是感情、伦理、血缘关系的深度融合，故在家事审判制度的设定上，调解修复更符合家庭和睦的价值导向，更契合婚姻家庭的伦理性、身份关系的情感利益性，凸显法院在家事审判中除刚性裁判功能之外的柔性社会救治功能。

（二）平衡客观事实与亲情修复的现实需要

司法的目的就是尽最大可能发现客观事实而作出公正裁判，进行权利义务分配，从而调整社会关系。然而很多时候，法律的判断不同于道德的衡量，权益的划分弥合不了亲情的罅隙。基于家事案件的特殊标的和家事审判区别于普通民事审判的内在逻辑要求，家事审判既要解决纠纷当事人的利益矛盾，又要调整人际关系。家事审判的活动过程就是在客观事实与人际关系（亲情、感情等）两者之间相互调和、重新寻找契合点的过程，需要法官发挥能动性，平衡客观事实和修复亲情二者之间的关系，达到法理和情理的统一。

家事关系中的客观事实与亲情血缘等关系互随伴生，因客观事实产生亲情血缘，因亲情血缘继生新的客观事实，而且新旧客观事实之间呈现出融合交叉的动态变化，亲情血缘关系也不断延续更迭，继而形成完整的婚姻家庭制度，比如，结婚（客观事实）——配偶关系（客观事实＋亲情）——子女关系（客观事实＋血缘）——抚养关系、继承关系（新的客观事实＋血缘）。因此，婚姻家庭关系错综复杂，既有因客观事实产生的利益分化，也有因亲情和血缘关系而形成的矛盾纠纷。家事审判不可以将客观事实和亲情感情割裂，既不能墨守成规地机械套用普通契约式关系的调整方式来"分清是非"，也不宜采用传统的民间宗族世俗习惯法，简单以家长权威的姿态规劝撮合，在"以和为贵""家和万事兴"的"正义声浪"中湮没"亲情漩涡"中的个人感情需求及人文关怀。在家事审判中，法官必须更加积极主动，严格贯彻促使当事人之间消除对立、维护家庭稳定、修复感情的价值追求，主要通过调解、和解等柔性手段，对当事人之间的关系进行调整和修复。

当然，法官能动地寻求家事审判中客观事实与修复家庭关系之间的契合点，不仅要求法官要拥有高超的业务技巧，还需要法官拥有丰富的社会生活实践经验、细腻的感情和深厚的人文素养，否则单纯就客观事实解决法律上的权利义务关系，而罔顾当事人修复亲情和心理创伤的迫切需求，纠纷仍然无法彻底解决。

（三）"刚柔并济"是司法能动的内在要求

司法能动不是盲动。针对家事纠纷的鲜明特性，审判实务中应当遵循符合其特殊性的司法理念，以适应家事审判内在运行规律科学化的需要，既要重点关注家事审判所涉及的伦理、道德、感情等非理性因素的"柔性关怀"，同时也要把握好法律定分止争、维护社会公平正义的"刚性需求"，树立以"柔"为主，"刚柔并济"的审判观念。所谓"柔"，就是在案件审理过程中，以实现家庭和睦为价值遵循和导向，注重家庭伦理以及人文情感关怀，积极为当事人搭建沟通对话的平台，努力修复亲情间隙等。特别是，要以人为本，适时引入心理干预机制，关注当事人情感需求，为家事纠纷的解决寻求突破口，帮助当事人克服情感方面的非理性因素影响，缓解当事人负面情绪，回归理性，以更好地解决家事纠纷。同时，在某些情况下，家事审判也应当保持一定程度的克制，根据家事案件是否具有诉争性的不同分类及其所适用的不同审判程序，坚持"刚柔并济"。例如，有些案件具有较强诉争性，当事人情感纠葛复杂，涉及较多的私权处分（例如离婚），一般在诉讼中坚持调解优先原则，注重柔性感化；有些案件的诉争性较弱，公益色彩较浓（例如确认婚姻无效），处分主义和辩论主义适用空间不大，故在审理过程中应坚持职权探知主义和"刚性司法",严格按照查明的事实和法律依据作出裁判。

第二节 家事审判的运行原则

原则是在理念指导下认识和解决问题的准则。家事审判运行原则是实现家事审判理念的具象化载体,是执行、落实家事审判制度的基本行为准则。明确家事审判运行原则必须契合家事审判理念的要求。家事审判若机械套用普通民事案件审判的运行原则,坚持当事人主义,公开审理,注重追求程序正义等,可能产生诸多问题,既不能反映家事审判的特殊规律,也制约家事案件的有效处理,容易导致家事案件裁判导向的偏差,影响当事人的合法权益和司法权威。一般来说,基于家事纠纷的特殊性,家事审判应秉持酌采职权探知、调解优先、隐私权保护、统合处理、亲历性等运行原则。

一、酌采职权探知原则

基于家事案件的公益性,国家有必要对家庭关系进行干预,其在家事审判中的主要表现就是扩张职权主义,同时对当事人的处分权进行一定程度的限制。具体来说,就是确立酌采职权探知原则。这是追求家事正义的理念在家事审判原则方面的具体表现。在家事审判中坚持酌采职权探知原则,既不是对一般民事诉讼当事人主义诉讼模式的完全否定,也不是对职权主义诉讼模式的盲目回归,而是在二者之间寻求合适的"度",以满足家事审判的特殊需要。相较于法院在一般裁判活动中的被动、消极态度,家事审判中坚持酌采职权探知原则是在遵循司法规律,充分保障当事人权益和充分尊重权利人意志的前提下,对职权探知主义的适度偏向。在家事审判中,扩展法官在收集事实和调取证据中的职权,既符合现代法治的要求,又有助于实现追求审判实质正义及维护家庭和社会稳定的目的。

(一)职权探知主义是各国家事审判改革的主流

民事诉讼中法官与当事人相互之间的地位问题,是一切民事诉讼制度的中心问题。①诉讼模式体现着诉讼活动中当事人之间,当事人与法官之间的诉讼活动关系,在不同国家有不同的内容结构,受经济基础、社会发展、历史文化、法律传统等多种因素影响。世界范围内,诉讼模式主要有当事人主义与职权主义两种,后来德国又发展出协同主义。诉讼权限侧重当事人,当事人在诉讼中起主导作用,诉讼按照当事人的意志进行的模式就是当事人主义模式,而侧重法院的权限配置,法官在诉讼中起主导作用的模式就是职权主义模式。②强调法官与当事人之间合作的模式即为协同主义模式。在当事人主义之下,证据的调查、提出主要由当事人完成;在职权主义之下,法官可以根据法律规定依职权调查收集证据;在协同主义之下,民事诉讼资料之收集与提出非仅当事人之责任,而系法院与当事人共同担负之责任。③在诉讼制度发展过程中,出现了当事人主义与职权主义对立排斥到缓和甚至交融的情况。④

职权主义的具体表现为:法院对诉讼的进行,程序的开始、终了以及诉讼对象的决定,诉讼资料的收集等方面有主导权。⑤职权探知主义是职权主义的内容之一,主要指法院在诉讼资料、证据的调查收集方面的主导权,更能体现

---

① [意]莫诺·卡佩莱蒂:《当事人基本程序保障权与未来的民事诉讼》,徐昕译,法律出版社2000年版,第53页。
② 肖建华:《回归真实:民事诉讼法的真谛——对〈关于民事诉讼证据的若干规定〉的批判》,载《河南省政法管理干部学院学报》2006年第1期。
③ 刘明生:《对协同主义之检讨》,载《民事程序法研究·第十二辑》,厦门大学出版社2014年版,第93页。
④ 宋明、冯含睿:《民事诉讼调解主体的权限分配研究》,载《理论学刊》2013年第8期。
⑤ 参见张卫平:《诉讼架构与程式》,清华大学出版社2000年版,第15页。

第三章
家事审判的司法理念与运行原则

积极司法理念。在涉身份型诉讼的家事审判中，各国都倾向采取职权探知主义。德国作为大陆法系家事立法的典型代表，其家事审判有着强烈的职权探知主义色彩，辩论主义受到严格的限制。例如，德国《家事事件及非讼事件程序法》第30条第1款规定：法院依其义务裁量决定，是否通过遵循《民事诉讼法》规定的证据调查去确认构成裁判基础的事实。① 在日本，即使是当事人双方都未主张的事实，家事法院也能予以认定，并可以依据职权广泛地调查证据。近年来，和解成为英国解决家事纠纷的重要手段，制定专门和解程序予以规范，随着非正式化纠纷解决方式的兴起，家事审判的对抗性日益弱化。目前美国的家事诉讼仍偏向于当事人主义，但是基于对家事审判修复当事人之间亲情关系的价值功能的认识，实务界和理论界对此不断进行批判，认为对抗制的、是非分明的裁判并不适合解决家事事件，而且也不利于当事人以及子女长期利益、关系的稳定。因此，美国最高法院开始通过判例，适度扩张法官在处理公益色彩浓厚的家事案件时的职权。

辩论主义和处分原则是当事人主义的核心和重要内容。在家事审判中实行职权探知主义，就意味着要对辩论主义和处分原则进行适度限制。有关身份关系确认、牵涉公益及家事非讼案件的审理，理应排斥辩论主义和处分原则适用，法官可以斟酌当事人未主张的事实，也可以主动调查收集证据，以发现真实或保障弱势群体利益；对不具有处分权的事项，当事人不能放弃请求或承认对方请求，也不能进行和解。

（二）职权探知主义契合家事纠纷的本质特性

家事纠纷的人身性、社会性等特点决定了当事人处分的权利并非其自身权利，很可能涉及整个家庭的权利，如果单纯地按照当事人主义的原则进行裁判，容易产生"偏私"，损害利害关系人的权益。同时，家事纠纷具有隐私性，导致纠纷发生的原因以及当事人陈述内容的真实性难以查明，严格遵循当事人

---

① 《德日家事事件与非讼事件程序法典》，郝振江、赵秀举译，法律出版社2017年版，第30页。

主义,容易遗漏相关证据,忽视至关重要的隐情,不能最大限度地发现案件的客观真实,影响纠纷的彻底解决。这是当事人主义对家事纠纷解决的无奈和局限,而职权探知恰好能够弥补当事人主义的不足。在家事审判中,职权探知原则赋予法官公共利益维护者的身份,依照职权主动查明事实和调取证据的职责,能够尽可能发现案件的客观真实。

(三)"酌采"要求合理把握职权探知之有限性

从宏观层面上看,在当今经济全球化、时代信息化、科技现代化的世界发展大背景下,两大法系司法制度发展呈现出由分野走向融合的趋向。实际上并不存在纯粹的、绝对的职权主义或当事人主义,两大法系国家通过不断的修正,试图在二者之间找到一个平衡点。对家事审判中的职权探知主义的强调,也不是片面和绝对的,不能完全排除当事人的处分权,更不能披着职权探知的外衣来损害当事人应当享有的权利,法院的职权探知应当保持在一定的限度之内。否则,职权探知原则将成为破坏程序正义最有杀伤力的武器。例如,日本《家事事件程序法》规定,家庭法院在进行事实调查时,如果发现调查结果对当事人继续行使家事审判程序权利可能产生重大影响,应当通知当事人及利害关系人。当事人对程序标的具有处分权的家事案件,例如夫妻财产分割、遗产继承等,提出事实和证据的责任主要还在当事人,不能完全适用职权探知原则。但是,为了能够平衡当事人的程序利益与实体利益,法院应积极行使释明权,引导当事人尽可能全面提供证据以发现案件事实,如果当事人提供的证据不足以令法官完成心证,法官可依职权调查证据和事实。另外,当案件涉及家庭暴力、损害未成年人权益、侵害他人利益、违背公序良俗等情况时,当事人的处分权应受到限制,法院应依职权调查证据和事实,以维护当事人及利害关系人利益。"是否扩大法院职权而限制当事人、关系人的处分权,主要取决于如下两因素:一为事件是否涉及社会公益;二为事件是否需要对弱势群体的利

第三章
家事审判的司法理念与运行原则

益加以特殊保护、照顾。"① 如何把握职权探知的有限性,其基础是家事案件科学的类型化,以便法官遵循。

（四）注重职权探知主义与辩论主义的交错适用

遵循职权探知主义,由法官主导诉讼程序,依职权进行必要的调查取证,并不意味着当事人充当着消极无为的被动懈怠角色,家事审判不是当事人主义的绝缘体。如谷口安平所述:"在职权探知主义原则下裁判所'可以'把当事者没有主张的事实也作为判断的材料,而'必须'在多大程度上搜寻这些事实则是另一个问题……在当事人不积极地从事主张或举证等诉讼活动就可能遭致不利后果这一意义上,家事审判等较特殊的程序同样具有当事者主义的性质。"② 也就是说,即使在采取职权探知原则的家事审判中,为最大限度发现客观真实,也需要当事人或利害关系人提供助力。诉讼资料、证据的搜集和提出如果完全依赖法院职权,将超出法院的能力负荷。这种协助义务在各国立法中都是得到肯定的,能够帮助法院迅速掌握案件情况,提高程序运行效率。通常,要求当事人提出裁判基础材料。换言之,在职权探知主义之下,当事人实际上不提供一定的资料或线索协助法院发现真实的话,当事人也可能遭受不利的裁判。③ 当事人的事实、证据提出责任与法院的事实、证据依职权调查责任从来不是相互独立的,而是相辅相成的,偏废任何一方的作用都不利于纠纷的解决。

另外,基于保障当事人诉权的法治价值要求,职权探知主义并不与正当程序或程序正义原则相对立,亦非排斥当事人程序参与权、质证权和辩论权。法院不得将当事人未发表过意见或未进行过质证辩论的事实证据作为裁判的根

---

① 蒋月、冯源:《台湾家事审判制度的改革及其启示——以"家事事件法"为中心》,载《厦门大学学报(哲学社会科学版)》2014年第5期。
② [日]谷口安平:《程序的正义与诉讼》(增补本),王亚新、刘荣军译,中国政法大学出版社2002年版,第77~78页。
③ 张晓茹:《家事裁判制度研究》,中国法制出版社2011年版,第167页。

据。质证既是当事人的权利，也是当事人的义务。法院需要当事人履行协助质证之义务，才能使得自己所收集的证据或探知的事实蜕变为法律意义上的定案依据和定案事实，当事人放弃质证权利或不尽协助质证义务的，仍需承担不利后果。

二、调解优先原则

家事纠纷主要产生于拥有长期的、稳定的交往关系，甚至共同生活的熟人之间，因而家事审判不能仅考虑眼下纠纷的解决，还要关注未来的和睦共处与亲情伦理。另外，家事纠纷涉及情感、个人和家庭隐私、道德等非理性因素和个性化特点，加之诉讼方式解决家事纠纷之天然弊端，尽可能通过调解促成合意以解决家事纠纷，更有助于修复和重建稳定的婚姻家庭关系，也更契合家事审判的价值追求。"即使是向来强调法院之任务为依法裁判之德国，于2009年新家事及非讼法之立法目的中，亦强调家事事件之处理应优先促成当事人或关系人寻求共识解决，裁判之机能仅位居第二位。"① 因此，在家事纠纷解决过程中应坚持调解优先原则。

在家事审判中坚持调解优先原则，是指把调解作为办理家事案件和解决家事纠纷的首要选择，贯穿于家事审判的各个环节和整个过程，自觉主动运用调解方式处理矛盾纠纷，以实现案结事了。我国《婚姻法》《关于适用〈民事诉讼法〉若干问题的意见》《关于适用简易程序审理民事案件的若干规定》等法律和司法解释，确立的婚姻家庭纠纷和继承纠纷先行调解制度，与"调解优先原则"不能等同。"调解优先原则"是家事纠纷解决过程中重视调解的原则性概括，具有抽象的指导性，而先行调解、调解前置是符合家事案件处理需求的具体的调解制度设计，是"调解优先原则"的制度化体现，后文将以专章详细论述。

---

① 沈冠伶：《家事程序之新变革》，元照出版公司2015年版，第18页。

第三章
家事审判的司法理念与运行原则

（一）调解优先符合家事案件的特殊性需要

如前所述，交织着身份、情感、伦理的家事纠纷不仅呈现非理性，而且具有个别性、私密性。家事纠纷区别于一般的民事纠纷，家事纠纷的解决应根据纠纷的具体情况予以针对性对待——既要关注权利义务背后的利益，也要留意利益背后的情感和心理；既要着手当前冲突解决，也要着眼关系的持续性、长期性。① 而这恰恰是对抗色彩浓厚的司法诉讼不能较好实现的功能，司法诉讼对家事纠纷的有效解决先天不足。一方面，司法诉讼活动作为国家公权力运行行为，其权威性、裁决性来源于法定的"客观公正"，以证据认定的事实对当事人的行为作出法律评价，而不是以当事人选择或认同的"主观公正"为依据。因而，情感、伦理等问题虽然是家事纠纷产生的根源，但是在理性的司法诉讼活动中，这些问题无法有效解决。另一方面，民事诉讼活动以原被告双方的对抗性为存在基础，当事人通过积极的具有攻防性质的举证、质证和辩论，以期获得对自己有利的法官内心确信。但是，法官根据当事人的陈述、举证、质证、辩论等方式认定的法律事实只能无限接近客观事实却不能完全重叠，而法律要求必须认定出"客观的真实"，评价出"黑白"，裁判出"输赢"，导致对抗的双方会尽可能多地提供利己事实而回避、隐藏利他事实，甚至不惜弄虚作假、互相披露生活隐私、彼此指责，给原本就存在矛盾，充满愤懑、对立等负面情绪的双方当事人"火上浇油"，不但不利于家事纠纷中人际关系的积极调整，而且会进一步侵蚀家庭成员间的伦理情感基础。

而家事调解相较于司法诉讼来说，具有中立性、保密性、非对抗性、灵活性、沟通性、全面性等特征，当事人在纠纷解决过程中的自主性更高。其功能和作用，契合家事纠纷的伦理性、私密性、情感性等特征。调解的目标不仅仅在于权利义务的分配调整，还在于修复受损情感、弥合矛盾间隙，以恢复家庭关系和秩序。调解还强调对当事人负面心理情绪的缓解，帮助当事人尽可能

---

① 来文彬：《家事调解制度研究》，群众出版社2014年版，第220页。

地排除基于身份的持久性、情感的复杂私密性和多变性导致的非理性因素的影响，以审慎抉择、妥善解决纠纷；辅助当事人达成合意，解决纠纷，以维护或保持当事人之间、当事人与其他家庭成员之间的亲密关系，维护家庭共同利益，实现家庭稳定。

（二）调解优先体现对家事纠纷解决传统的尊重

现代家事法理论一般认为，双方当事人通过诉讼对簿公堂应被作为最后的手段，在审前阶段通过调解等其他途径解决家事纠纷更具有优越性。在家事审判中坚持调解优先原则，具有深厚的社会和文化根基，是对以和为贵、无讼等我国的传统诉讼法律文化的历史传承。"礼乐教化的宣传、调处息讼的实行已深深影响到我们民族的心理素质，书香门第自不必说，就是村夫俗妇、引车卖浆者流通过'融四岁，能让梨。礼之用，和为贵'等蒙学读物来深明礼教之大义。"①儒家思想中的无讼、和为贵精神是调解制度产生和发展的思想基础，除道德教化外，提倡以调解作为解决矛盾的根本方式，是实现无讼的一个重要途径。中国传统社会中的绝大多数普通纠纷尤其是家事纠纷，系通过调解予以解决。例如，元代《至元新格》规定："诸论诉婚姻、家财、田宅、债负，若不系违法重事，并听社长以理谕解。"经过近代法律变革，中华法系最终解体，许多制度亦不复存在，而调解制度却在近现代的中国得以存续发展。"儒家哲学的宗旨、中国社会的结构以及帝国政府机构运转方式的共同作用导致了对这种纠纷解决方式的特殊偏爱。"②调解制度之所以能长盛不衰，除其简单、便捷、经济、有效外，最深层次的原因是其坚持的核心理念"和"，契合整个社会发展的需求，对维护家庭和社会稳定具有重要作用。即使现代社会的社会形态、伦理道德、婚恋观念、家庭结构发生了巨大变化，这种普遍性意义仍然存在。

---

① 郑秦：《清代司法审判制度研究》，湖南教育出版社1988年版，第243页。
② ［美］罗伯特·F·尤特：《中国法律纠纷的解决》，周红译，载《中外法学》1990年第2期。

第三章
家事审判的司法理念与运行原则

(三) 调解优先需重视借助专业化力量

对于家事案件的处理来讲，无论是采取调解方式还是依法进行裁判，仅依靠法院和法官的力量都是不够的。真正实现修复、重建和稳定家庭关系的目的，需依赖其他专业人士的帮助，这已成为各国在家事纠纷处理上的基本共识。在这方面，德国和我国台湾地区的做法都比较具有借鉴意义。例如，为使调解程序更加顺利进行，德国建立有"谘商服务"制度，即家事法院可以要求当事人参与由法院指定的人或机构所办理的谘商服务，使其了解调解程序或其他法院外纠纷处理程序如何进行及其可能产生的结果等；在涉及未成年人利益保护问题时，更加注重借助专业力量，会及时与少年局、程序监理人、社工人员进行联系。在我国台湾地区，家事调解员可以根据调解情况，建议当事人和子女参与家事事件服务中心提供的谘商和调解服务。贯彻调解优先原则，并不仅仅强调把调解作为第一选择，置于家事纠纷解决的最前端，更为关键的是期望获得调解实效。因此，为做好调解工作，避免调解程序空转而不能实质性地解决问题，需高度重视调解程序对相关专业领域力量的整合作用，尽早获得专业性帮助。

(四) 调解优先以心理疏导为重要实现途径

佛家和道家思想有"意解心开"和"顿悟"之说，意思是修为提高过程中，强化心理疏导，可打开内心郁结，使心理活动向积极方向转变，从而使身心气质获得升华，减少世俗杂念侵扰，达到心物一元。上述学说思想，抛开唯心主义虚无成分，其重视心理疏导，追求个人内心境界提高，以缓和矛盾对立的理念，对家事调解有着积极的借鉴意义。

在家事纠纷调解过程中，以心理疏导作为重要途径，强化心理学在家事调解过程中的重要作用，主要还是由家事纠纷的非理性和个别性特征所决定的。由于身份关系，家事纠纷通常不仅仅是利益的冲突，还涉及情感因素，掺杂

着数不清的是是非非和情感纠葛，发生的客观事实只有当事人自己最清楚。而且，当事人的情感、心理往往受主客观环境影响较大，处于不断变化的动态运行过程之中，充满着非理性，导致家事案件具有个别性，不同案件的具体情况千差万别，纠纷的解决没有可适用的统一公式或模式，也不能机械地仅仅依靠外在可视化的客观标准来裁断当事人的权责。因此，心理学与谈判学一并构成西方现代家事调解制度的"顶梁支柱"，中国传统调解采用的"说理—心服"模式，也融合了现代心理学的思维与理念。

调解能够充分尊重当事人隐私，综合运用心理学知识，了解当事人心理状态，适时科学介入，以情绪宣泄、信任营造，协助当事人疏导由利己冲动、认知水平、生活习惯、个人尊严、负面情绪等因素交织而成的混乱心理障碍。心理疏导过程即是矛盾缓和期、冲突冷却期，能给当事人充足的冷静思考时间，让当事人审慎决策，避免因冲动、赌气而盲目决断，有利于维护家庭的稳定。有时候以消除人际关系病理深层次原因为目的的心理疏导和治疗由于其他因素影响，并不能使矛盾得到实质性解决，但也有利于调解员或法官全面了解、查明案件事实，厘清双方争议焦点，为调解失败后的诉讼打下基础，提高司法效率。

三、隐私权保护原则

隐私权作为一项基本人格权利，正逐步得到世界各国的广泛承认和保护，既有直接立法的专门保护，也有附着于其他立法的间接保护，还有跨部门法的保护，甚至将其上升到宪法层面作为基本人权来保护。我国虽然没有在立法上确立"隐私权"概念，① 但是宪法、刑法、侵权责任法等法律法规针对隐私权保护也作了一些规定。婚姻家庭领域是隐私权存在的最重大领域，家事纠纷往往涉及具有亲密关系的当事人之间的个人隐私，诸如人际关系、情感生活、习惯

---

① 目前世界各国对隐私权的重视和保护呈逐步加重趋势，视其为宪法权利。有关其法理基础，学界主要有人格权理论、独处权理论、亲密关系自治理论、信息控制理论等几种主流观点。

癖好、身体疾患等，而这些信息恰恰是个人隐私最重要的方面，很多当事人不想因为诉讼而将其呈向公堂，为外人所知。如果迫使其在大众面前暴露个人生活隐私，不但可能危害当事人的人格权，而且可能导致其放弃诉讼救济。因此，在家事审判中应当坚持隐私权保护原则，当事人及利害关系人隐私的获取或披露以有助于查明案件事实、保护公共利益为必要，法院应采取措施保护当事人及利害关系人隐私不被其他第三人所知悉。

（一）保护隐私权直接关涉个人尊严之实现

人与动物的一个重要区别就是人类具有以羞耻心为核心萌生出的关于隐私的意识和观念。"隐私"是一个不断发展的概念，其根植于一定的社会客观条件，同时也跟个体的社会阅历、心理、思想观念等主观因素相关。随着人类文明的发展，"隐私"作为一种客观的自然的事实状态，受法律评价，产生隐私权保护问题。私生活的自由与自治是隐私权的核心内容。婚姻家庭生活在个人私生活中具有独特的地位，甚至是某些人生活的全部，各项生活事务是一个人一生中最隐秘、最个人化的选择，对个人生存发展具有重要意义，直接关系一个人的尊严与自由。在家事审判中坚持隐私权保护原则，符合法保护人格尊严的基本价值遵循，可以维护当事人个人的安宁和安全感，从而保证当事人之间人际关系的相对稳定性。

（二）保护隐私权契合当事人"家丑不可外扬"心理

"家丑不可外扬"是注重家庭伦理的乡土中国的生活准则，体现出中国老百姓对婚姻家庭生活隐私保护的强烈需求和心理状态。家庭中夫妻反目、兄弟间隙、分家析产、母不慈子无孝等矛盾，不仅意味着家庭内部有人做了违背法律、社会伦理规范的行为，而且也昭示着家庭成员在个人权益上受有损失，家庭内部出现不和、冲突，与世人所推崇的"家和万事兴"等传统家庭理念严重相悖，故而把家事纠纷称之为"丑事"。另外，"家丑外扬"会招致社会的负面

评价，有损家庭名誉和颜面，民间"夫妻不睦奸人乘，兄弟不和邻里欺"的劝世箴言也告诫大家要重视家庭和谐，维护家族荣誉。古代中国，大多数家庭或家族都有自己的父权制家长，他们在家中拥有较高权力，借助父权制家长威权，辅之以道德感化等手段，在家庭或家族内部消化、解决家事纠纷，达到息事宁人、家庭和睦的效果。虽然为做到"家丑不可外扬"，父权家长制会压制个体权利的伸张，不能公平合理地保障所有家庭成员的权益，甚至会助长家庭权力强势者的私欲，而且父权制已被时代摒弃，但这种心理成为一种传统文化，对中国家庭产生着深刻影响。即使在现代，仍有很多人信奉"家丑不可外扬"，不愿意把家庭内部的纠纷告诉他人或者对外曝光。在家事审判中，将隐私权保护作为一项基本原则，既能满足当事人的心理需求，又能促使借助外部力量公正解决家事纠纷。

（三）保护隐私权有利于更好查清案件事实

在家事审判中，如果忽略对当事人及关系人隐私权的保护，将会使当事人及关系人的隐私和秘密公之于众，可能会加重当事人、证人以及关系人的心理痛苦程度，还有可能给当事人带来二次心理和情感的伤害，进一步强化当事人之间的情绪对立状态，从而影响到客观真实的陈述，甚至故意隐瞒某些涉及隐私的事实，导致偏离纠纷争议焦点，不利于查清案件事实。另外，家事案件追求实质正义，采取职权探知主义诉讼模式，赋予法官较大职权，为了查清案件事实，一定情况下不受当事人意思左右，法官可依职权进行必要的调查取证，这往往会探知、介入、获取大量当事人的隐私信息。如果不强调对隐私权的保护，当事人特别是原告方基于利害考量，出于对法官调取的隐私信息的性质、数量、范围等不可控的担忧，可能会放弃通过诉讼维护权利的念头，使权利受到侵害的状况难以通过诉讼方式予以救济。坚持隐私权保护原则，能够最大限度地避免当事人及利害关系人的隐私被泄露，可以减轻其心理负担和顾虑，驱动当事人最大可能还原案件事实，使法官更容易获得接近客观事实的言词陈述。

（四）隐私权保护原则的具体实现途径

为保护家庭成员的隐私及名誉、发现真实、尊重家庭制度，以利圆融处理，家事裁判应不公开进行。① 不公开审理是在家事审判中坚持隐私权保护原则最直接的体现。目前，我国处理家事案件的程序有调解程序、普通民事诉讼程序以及特别程序中的宣告失踪、宣告死亡和认定公民无民事行为能力、限制民事行为能力程序。除调解本就不在公开场合进行之外，普通民事程序以公开审理为原则、不公开审理为例外，特别程序因无明确规定，参照适用普通民事程序，也应当以公开为原则、不公开为例外。也就是说，在家事案件中，只有涉及个人隐私的案件是法定不公开，离婚案件只是可申请不公开。但是，我国对于个人隐私并没有明确的界定，造成适用上的障碍。就离婚案件而言，一般情况下，当事人对诉讼中个人隐私可能受到的侵害以及可能产生的严重后果并没有充分的认识和足够的重视，实践中很少有当事人提出不公开审理的申请。即使当事人提出申请，是否不公开审理还要经过法院审查。个人隐私权实际上很容易受到侵犯。因此，只有明确家事审判以不公开审理为原则、公开审理为例外，才能有效保护当事人及关系人的隐私权。

为衡平司法透明之价值追求与当事人隐私权保护间的关系，各国或地区都对家事审判不公开审理有例外规定。例如，日本《家事事件程序法》虽然明确规定家事事件程序不公开，但是法院可根据案件情况允许适当人员参与旁听；我国台湾地区"家事事件法"更为精细地划分为必要旁听和任意旁听，当事人达成公开合意且不妨碍公共秩序或善良风俗、经有法律上利害关系的第三人申请或法律另有规定的，审判长或法官应当允许旁听；审判长或法官认为适当时，可允许对案件审理没有妨碍的人员旁听。即使出于保护当事人隐私的目的，也应避免不公开审理的绝对化，明确例外规定是必要和合理的。因此，我国可借鉴相关经验，规定当裁判效力及于第三人时，应当通知其参加诉讼或允

---

① 张晓茹：《家事裁判制度研究》，中国法制出版社2011年版，第169页。

许其旁听，在特定的范围内公开；若公开的利益大于不公开的利益，法院应当依职权公开审理；若当事人或利害关系人申请公开审理，经法院审查，不侵犯国家利益，社会利益及他人利益，不涉及国家秘密、不违背公序良俗的，可以公开审理。在家事案件以不公开审理为原则的大前提下，法官在开庭审理前应当向参加旁听的人员宣告，对庭审中涉及的个人隐私负有保密的义务，不得泄露当事人的隐私秘密，否则追究法律责任。

除不公开审理之外，还应当在裁判文书公开过程中保护家事案件当事人的隐私权。根据最高法院《关于人民法院在互联网公布裁判文书的规定》的规定，离婚诉讼和涉及未成年子女抚养、监护的家事案件裁判文书不在互联网公开。在家事审判中，尤其要注重对未成年人隐私权的保护，除不公开的案件，在公开亲子关系存否确认、探望权、收养等涉及未成年子女案件的裁判文书时，也应当对有关信息进行技术处理，不能显示出能够辨识出未成年子女身份的信息。

四、统合处理原则

目前，我国学者对家事纠纷统合处理也较为关注，主要源于对我国台湾地区的学习。"统合处理"是指将家事诉讼、非讼程序体系化，由同一部法典统一规定，由同一法官于同一程序中解决同一个家庭所涉的诉讼、非讼问题。[①] 也有学者称之为全面解决原则，是家事审判追求司法效率理念直接衍生出来的一项原则。

在我国台湾地区，对家事事件是否应统合处理存在学术上的争议，其争议核心是诉讼与非讼的程序合并。有的学者基于"诉讼法理和非讼法理交错适用"理论，呼吁统合处理，有的学者则认为统合处理违背程序法传统的、基本

---

① 蒋月、冯源：《台湾家事审判制度的改革及其启示——以"家事事件法"为中心》，载《厦门大学学报（哲学社会科学版）》2014年第5期。

第三章
家事审判的司法理念与运行原则

的原理，增加程序运行的复杂性，给当事人权利带来严重影响。即使我国台湾地区"家事事件法"已经确定了统合处理原则，这种争议也没有平息。根据我国台湾地区"家事事件法"第四十一条的规定，请求权的基础事实相牵连的数件家事诉讼事件或家事诉讼事件及家事非讼事件合并审理时，仍然适用合并审理前各事件原来应当适用的法律规定进行审理。很明显，统合处理的主要目的是将具有牵连关系的数宗案件进行管辖权合并，选择向对其中一件家事诉讼事件有管辖权的法院合并请求，以便一次性解决相关纠纷，而在具体程序的适用上，并不会因为合并处理而发生程序的减损或扩张，只是在审理过程中交错适用诉讼程序法理与非讼程序法理，但是就诉讼事件和非讼事件合并审理并进行合并裁判时，要求一并以判决的方式作出。德国等国家虽然没有明确对统合处理原则作出规定，但是对家事案件审理允许一定程度的合并。例如，德国《家事事件及非讼事件程序法》第20条规定："法院认为适当时，可以合并或分立程序。"①

为避免造成法院审理的混乱和诉讼延迟，我国民事诉讼法对诉的变更、合并等都设置了较为严格的条件。但考虑到家事案件的特殊性，其发生都是基于某种身份，一般同时涉及多项基于同一事实的身份或财产上的权利义务争议，存在身份关系与身份关系以及身份关系与财产关系的交叉牵连。而身份权作为一种绝对权、对世权，仅在当事人之间相对解决纠纷是不够的，为了能够彻底、全面解决相互牵连的纠纷，避免家庭关系和生活长期处于不稳定状态，在全部关系人之间统一解决纠纷具有一定的必要性。同时，家事审判程序包括诉讼和非讼程序，具有"混杂性"特点，适宜"一揽子"解决。因此，建议我国家事审判确立统合处理原则。

将统合处理确定为一项原则，意味着统合处理将成为家事审判的常态，可能会引发下述问题：

第一，超越当事人意思自治原则。民事诉讼追求最大限度满足当事人处分

---

① 《德日家事事件与非讼事件程序法典》，郝振江、赵秀举译，法律出版社2017年版，第28页。

个人权利的意愿，坚持当事人意思自治，在具体诉讼活动中表现为"不告不理"，这也是民事诉讼与刑事诉讼明显的区别。如果允许法院依职权进行合并审理，不符合"不告不理"原则，与当事人的诉讼目的相冲突。

第二，导致诉讼拖延和裁判不公。以较为典型的离婚及相牵连的夫妻财产分割、子女抚养案件为例，一般来说，与判断夫妻感情是否破裂相比，查清夫妻财产状况并进行公平分割的耗时相对较长，合并审理无形中造成离婚案件审理期间的延长。再者，相互牵连的诉不失其各自的独立性，合并审理导致诉与诉之间相互交叉制约，影响法官真正依据各项诉讼请求的法律事实作出公正的裁判。实践中，财产分割不清、抚养权争议较大，可能导致法官直接判决不准离婚以规避矛盾，或者以财产分割倾斜为代价换取不同意离婚一方的让步，造成财产分割实质上的不公平。

第三，增加当事人诉累。统合处理只是合并管辖权，审理程序不受影响，当事人仍需要针对每项诉讼请求收集证据，以获得法院对自己主张的支持。但诉的合并，可能徒增当事人诉累。例如，离婚案件双方当事人花费很多时间去收集有关夫妻共同财产的证据，最后却可能因判决不准离婚，导致所有努力毫无意义。

因此，在家事审判中坚持统合处理原则，对家事案件的合并处理设置特别规定，相对放宽条件，使基于同一身份关系的身份纠纷和财产纠纷有机会一并解决的同时，还应当在一定程度上考虑当事人对合并处理的意愿。我国《民事诉讼法》司法解释第二百二十一条的规定已经明确，基于同一事实发生的纠纷，当事人分别向同一法院起诉的，人民法院可以合并审理。该条规定可以用来参照解决家事案件的统合处理问题，但基于家事案件特殊性，不应拘泥于"向同一法院起诉"，可以在家事审判程序法一般规定的管辖内容中增加移送管辖规定，即当事人就可合并审理的数项请求，向不同法院起诉的，法院认为有必要合并处理的，应当征求当事人意见，当事人同意的，可移送最先立案的法院合并审理。

五、亲历性原则

家事纠纷的隐私性、情感性是其他一般民事纠纷所没有的独有特征，同时，家事纠纷的解决需要当事人自己对涉及其家庭生活的基本权利义务作出决定，也是其他人无法代替的。因此，"亲历性"是家事纠纷裁判的基础，在家事审判领域有特定的内涵，当事人亲自参加诉讼有利于纠纷的妥善化解。

（一）亲历性原则的理论基础

明确家事审判的亲历性原则有深厚的理论基础支撑，不仅包括保障程序公正的法理基础，还包括保持既判力和发现事实的心理学基础，而且与家事案件的身份性直接相关。

1. 保障程序之公正

程序公正是诉讼程序的内在价值，亲历性原则对保障程序公正具有重要意义。程序参与是审判程序最低限度公正的标准之一。[1] 亲历性使当事人直接参与庭审，进行陈述、举证、质证、辩论等，帮助法官获得隐藏在表面矛盾背后的情感纠葛等最真实的信息。同时，亲历性还可以保证当事人平等参与庭审，法官在案件审理和裁判中保持中立，使法官的自由裁量权限制在合理的限度内。因此，亲历性是程序公正的重要保障。此外，亲历性可以促使当事人积极沟通和对话，避免程序拖延和反复，减少当事人的时间、精力等非物质成本，这也符合程序效益的要求。

2. 维护身份之重要

家事纠纷以身份关系冲突为基础。所谓的身份关系是基于主体的一定身份而发生的以身份利益为内容的人身关系。身份对个体的生存和发展具有重要意义，一切社会关系的发生均以一定的身份为基础原点，向外辐射扩展。身份是社会对个体进行识别、认知、评价的基本依据，也是维护社会秩序和结构的基

---

[1] 参见陈瑞华：《刑事审判原理论》，北京大学出版社2003年版，第54页。

本要素。特别是在我国，身份制是民族文化精神和道德行为规范的重要部分，具有极强张力，甚至凝聚成一种身份情结，持续影响着人们的行为方式。加之，身份关系具有不可替代性，一旦通过诉讼被强制改变，将难以强制恢复或以金钱对受损的情感进行弥补。所以，在可能设立、变更、终止身份关系的家事审判中，亲历性原则更为重要，即便有代理制度的支持，也应当要求当事人亲自参与庭审表达意愿，以便更好地保护当事人的身份权益。

3. 保持既判力和发现事实之必要

从心理学角度来讲，亲历性原则对裁判既判力的保持和案件事实的发现有明显影响。既判力最为重要的功能在于通过终局性裁判的作出，使得人们在意识观念上确立一种规范的秩序并帮助其真正固定下来，进而引导社会生活中各方面的秩序形成。① 亲历性原则给予双方当事人在中立的法官面前进行攻击防御的充分机会，使当事人感受到被尊重和实在的程序参与感，更容易获得当事人尤其是败诉方对裁判结果的理解、接受和信赖，从而保障裁判的既判力效果。亲历性对案件事实的查明尤为重要，当事人双方日常生活的家庭是一个相对封闭的生活圈，家庭成员之间的是非对错往往因其隐私性很难让外人知晓。因此，当事人亲历庭审时，除言语外还会通过神态、肢体、表情、情绪等客观因素传递出更多的隐藏性案件信息，能有效帮助法官发现事实，作出正确裁判。

（二）亲历性原则的基本内涵

对家事审判亲历性原则的内涵，可以从主体、对象、时空三个要素来理解。第一，主体要素。前面我们已经强调过，诉讼程序的进行既离不开法官的亲历，也离不开当事人和其他诉讼参与人的亲历，所以亲历性原则适用的主体范围应当包括法官、当事人和其他诉讼参与人。当事人当庭进行陈述、举证、质证及辩论，其他诉讼参与人陈述意见并接受法官询问，而法官通过亲历

---

① 王亚新：《对抗与判定——日本民事诉讼的基本结构》，清华大学出版社2002年版，第348页。

第三章
家事审判的司法理念与运行原则

和引导整个庭审过程，最终将当事人和其他诉讼参与人的诉讼活动表现转化为对案件情况的认知，并作出裁判。由此可见，法官是主导性主体，当事人和其他诉讼参与人是辅助性主体。第二，对象要素。法官作出的裁判实质上是证据认定的结果，而所有证据的最初形态都是尚未经过庭审质证和审查认定的证据资料。证据总是以法定形式中的某一种作为载体而进入诉讼的。[1] 因而，亲历性原则的指向对象应当是所有进入诉讼程序，需要法官、当事人和其他诉讼参与人亲历认证和质证，以确定其证明能力和证明力的证据材料。第三，时空要素。亲历性原则对时空要素的要求可表述为"同时间同空间"，即法官、当事人及其他诉讼当事人应当在同样的时间和同样的空间进行辩论对抗和信息交流，其结合点就是庭审，双方当事人之间的对抗、当事人与法官之间的互动都在庭审这一时空范围内进行。

（三）亲历性原则的实现方式

就当事人来说，亲历性原则最直接的实现方式就是当事人亲自到庭，面对面以直接言词方式在庭审中进行举证、质证、辩论等诉讼活动。我国《民事诉讼法》第六十二条规定，"离婚案件有诉讼代理人的，本人除不能表达意思的以外，仍应出庭；确因特殊情况无法出庭的，必须向人民法院提交书面意见"，该规定可以看作是对家事审判亲历性原则的规定。因为离婚涉及财产和孩子抚养等具体民事权利，是当事人个人对其人格权、身份权和隐私权等私权的重大处分，因此，当事人必须出庭。但总的来看，家事审判的亲历性原则规定得还不够全面，仅仅停留在离婚诉讼上，还需要将亲历性原则扩大到全部家事纠纷上来，这有待于今后立法的逐步健全完善。

要求当事人亲自到庭，必然要面对家事审判的缺席判决问题。我国《民事诉讼法》第一百四十四条规定："被告经传票传唤，无正当理由拒不到庭的，或者未经法庭许可中途退庭的，可以缺席判决。"但是，家事案件的特殊性要

---

[1] 程政举主编：《民事诉讼法学》，郑州大学出版社2009年版，第150页。

求必须对缺席判决保持审慎态度，除当事人下落不明、本人不能表达意思及就特殊情况无法出庭向法院提交书面意见获得准许的情形外，家事案件不得缺席判决，当事人原则上应当亲自到庭参加诉讼。

此外，在亲历性方面也要强调对未成年子女利益的保护，对是限制行为能力人的未成年子女，在抚养权、探望权、监护权等直接关系其利益的案件中，应当征求和尊重其意见，将意见征求确立为法定程序，以保障其参与权和知悉权。

第四章
域外家事审判制度

世界各国的家事审判制度于近百年内逐步兴起和发展。虽然世界各国的历史传统、社会文化背景、家庭伦理观念、经济文化发达程度以及司法传统各不相同，但是对婚姻家庭领域纠纷的有效解决都极为重视。诸多国家都建立了完备的家事审判制度，许多成熟有效的经验做法已经规范化和体系化。对于家事审判改革起步较晚的我国来说，通过对域外家事审判制度的比较研究，能够深化我们对家事审判的认识，取人之长补己之短，为探寻我国家事审判改革的理想路径提供有益帮助。

第一节　主要大陆法系国家（地区）家事审判制度概述

大陆法系国家在构建家事审判制度时，保持着注重成文法典的司法传统，有专门的家事审判程序法律规范是大陆法系国家家事审判制度典型的特征之一。同时，各个国家在家事审判机构设置、家事调解、未成年人利益保护等方面的做法也比较成熟且各具特色。

一、德国

德国是最早将家事审判程序提上专业化历程的国家,是大陆法系国家中家事审判制度改革的先行者。经过长期发展,形成了专业化程度较高的家事审判制度,受到其他众多大陆法系国家的青睐,对其他国家事审判制度的发展和完善产生了重要影响。特别是以非讼程序处理绝大部分家事事件的独特的家事审判模式,为世界家事审判制度的发展注入了新的活力,在大陆法系国家颇具特色。

(一)构建以非讼程序为主的独立家事审判程序

2008年12月德国修订颁布的《家事事件及非讼事件程序法》规定,从2009年9月1日起家庭事件不再由民事诉讼法调整,将家事事件全面纳入非讼程序,与非讼事件合成新的法律,至此德国完成家事审判程序单独立法的进程。其最主要的特点就是家事事件的全面非讼化,使得德国的家事诉讼在家事程序非讼化的道路上迈出了跨越性的一步,家事审判程序快捷简易、保障当事人程序权益等价值逐步得以彰显。《家事事件及非讼事件程序法》不仅多方面修正与补充了原有家事程序规则,而且创设了新的制度,做到了提高程序效率与保障程序主体利益并行。

1. 保持家事程序当事人对立的结构

民事诉讼通常采用双方当事人对立的构造,原因在于对立面的设置及其竞争性的活动可以强化程序参与者的动机,推动程序快速进行,有助于法官获得全面信息。非讼事件大多是无争议事件,法官依职权审判更利于案件的审理,因而不采用对立结构。[①] 但由于家事程序具有特殊性,在大部分非讼程序采用非对立结构的情况下,家事程序无论是诉讼还是非讼,当事人对立的结构仍旧保持。

---

① 《德日家事事件与非讼事件程序法典》,郝振江、赵秀举译,法律出版社2017年版,第6页。

第四章
域外家事审判制度

2. 有限制的职权主义适用

德国《民事诉讼法》规定，家事审判程序适用职权主义，法院可依职权调取证据，探查事实，询问双方当事人，并可依职权采纳其所确信而当事人未主张之事实。《家事事件及非讼事件程序法》虽然仍然将职权主义贯穿于家事审判之中，但也对此作出限制：在婚姻案件中，法院依职权调查仅在当事人不反对或为维持婚姻存续的前提下，方可进行；在亲子关系案件中，同样是在当事人不反对或为维持亲子关系的情形下适用；在涉照顾权、确认亲子关系、收养事件和监护事件的程序中，法院适用职权主义进行询问的，应当使子女和父母本人亲自到场，听取子女和父母本人的意见。

3. 对未成年子女的保护

联合国的《儿童权利公约》将儿童利益最大原则确立为基本原则。家事事件中，子女没有选择权利，被迫进入案件审理，其权利极易受伤害，应当受到优先保护。[①]《家事事件及非讼事件程序法》多项规定体现了子女最佳利益原则，强调改善子女在家事诉讼程序中的参与权与共同决定权。例如，涉照顾权事件，法院必须在保证不损害子女利益的前提下，于各个程序阶段促成双方就子女的居住、子女与父母的交往等问题达成协议。同时，法院应提醒父母到青少年救助机构进行咨询，并提供和解或者其他争端解决方式的相关信息。对子女的利益保障和法律制度设计往往会因为过度保护而忽略对子女参与权和发表意见权的尊重，但《家事事件及非讼事件程序法》较好地保障了子女的程序参与权与共同决定权。首先，法院应当听取子女本人意见。[②] 其次，出于保护未成年子女利益的必要，法院可以为未成年子女安排程序辅助人，[③] 帮助未成年子女更好地参与诉讼，表达意见。法院作出裁判后，在不损害子女成长、教育、健

---

① 刘敏：《21世纪全球家事诉讼法的发展趋势》，载《中国应用法学》2017年第5期。
② 德国《家事事件及非讼事件程序法》第159条第1款。
③ 德国《家事事件及非讼事件程序法》第158条第1款。

康的情况下,应当将裁判内容直接通知年满14周岁的子女。①年满14周岁子女在知晓法院的裁判内容后,若对裁判结果不服,可以提出抗告。《家事事件及非讼事件程序法》还设立了未成年子女请求抚养费的简易程序。未成年子女向没有与其共同生活的一方家长主张抚养费的,如果其主张的费用数额不超过最低抚养费的1.2倍,可以适用简易程序。子女请求抚养费一般属于无争议事件,适用简易程序可加快程序,促使有义务的家长履行抚养义务。在涉及需要采取临时措施的情况下,法院应当毫不延迟地审查是否需要发布关于临时措施的禁令。对于未出生子女的抚养,母亲可以向法院申请子女出生后的前三个月的抚养费。为了保障子女的生活,该申请可以由母亲在子女出生前提出,法院审查申请后依职权裁定是否要发布临时措施。

(二)设置三级家事法庭

德国在家事审判立法方面走在世界前列,但德国并没有设立独立的家事法院,而是在各级普通法院中设立家事法庭;②人员配置上也并未设立专门的家事审判人员。

德国家事审判机构设置分成三级,依次的级别顺序是:最高级别法院——联邦最高法院家事法庭;中间级别法院——州高等法院家事法庭;最低级别法院——地方或地区法院家事法庭。

1. 联邦最高法院家事法庭

联邦最高法院的家事法庭由5名法官组成。其所扮演的角色为上告法院,对当事人不服从裁判的家事案件进行终审,其受理范围局限在那些提出上告或是法律抗告的家庭纠纷类型诉讼。

---

① 德国《家事事件及非讼事件程序法》第164条。
② 张晓茹:《家事裁判制度研究》,中国法制出版社2011年版,第31页。

第四章
域外家事审判制度

2. 州高等法院家事法庭

州法院设置在德国地域相对较为宽广的城镇中,其内部有两类特别设置的法庭,即家庭法庭和青少年法庭,具有高度专业性,能够对家事案件进行有效处置。[①] 州高等法院家事法庭由3名法官组成,其所扮演的角色为家事案件的上诉审法院。从受理范围来看,州高等法院主要受理对一审法院所作出的裁判不服而提出上诉或是抗告的家事类或亲子关系类案件。

3. 地方或地区法院家事法庭

地方法院的家事法庭在处理家庭案件时主要扮演着一审法院的重要角色,同时其在对此类案件进行审理的过程中,必须派遣一名独任法官对案件予以正式审理,不设置陪审员,审理案件遵循不公开审理原则。通常来说,同家事纠纷相关的案件大致包括以下类别:一是亲子关系类型的案件;二是婚姻纠纷方面的案件;三是扶养案件。这些案件的特点是:程序简便、案情简单、参诉方便、判决快速。

二、日本

日本的家事审判制度专业化程度较高,不但有独立的家事审判程序法,而且有独立的家事法院,并且在审判人员专业化以及各项辅助制度方面都比较成熟完备。

(一)家事法与人事法并行的家事立法

日本的民事、商事法律在其发展历史中有着明显的借鉴德国相关法律的痕迹,尤其是其非讼法律程序,最初几乎完全照搬德国的非讼法律,之后吸收家事相关内容逐步实现本土化。日本的家事审判并非只遵从一部独立的家事法,且始终蕴含着非讼的特点。2004年日本施行《人事诉讼法》,取代之前的

---

① 张晓茹:《家事裁判制度研究》,中国法制出版社2011年版,第31页。

《人事诉讼程序法》；同时，《家事审判法》被修订为《家事事件程序法》，并于2013年1月1日实施。两部法律适用于不同的家事案件。《家事事件程序法》对准用性规则进行了改革，新增了未成年人程序代理人规定，并充实了其他家事案件审理中的程序性规定。

（二）家事审判适用范围

日本的家事事件目前适用的法律为《人事诉讼法》和《家事事件程序法》，《家事事件程序法》将家事事件分为以下几种：成年监护、保佐、辅助、不在者财产管理的处分、宣告失踪、婚姻、亲子、亲权、未成年人监护、扶养、继承相关（包括遗产分割、财产分离、遗嘱、特留份额等）、任意监护监督人选任以及《户籍法》《厚生年金保险法》《儿童福利法》《生活保障法》《精神保健与精神障碍者福利法》《破产法》《推进中小企业经营顺利继承法》中规定的审判事件。其他家事事件适用《人事诉讼法》，该法规定：本法中所言"人事诉讼"是指以婚姻无效及撤销诉讼、离婚、协议离婚无效及撤销、婚姻关系存否确认诉讼；婚生子否认诉讼、认领、认领无效及撤销、确认父亲诉讼及亲子关系存否诉讼；收养关系无效及撤销、离缘及协议离缘无效及撤销、亲子关系存否诉讼，[①] 及其他以身份关系的形成或存否确认为目的的诉讼。

（三）设置独立的家事法院

日本的家事审判机构为独立的家事法院，其与地方法院在法律层级上处于同等的位置。日本在所有的都、道、府、县区域均相应设立了1所家事法院，不仅如此，北海道地区共设家事法院4所。从全国范围来看，日本共计设立50所家事法院，与地方法院数量等同。全国还有240处分院和90余个派出机构。《人事诉讼法》修订后，原本由地方法院所负责的人事诉讼案件统统交由家事法院处理。家事法院兼理家事纠纷的审判、调解和保障执行。和普通的法院相

---

① 日本《人事诉讼法》第2条。

第四章 域外家事审判制度

比，家庭法院在操作中有其不同一般的特性，包括非普遍性、社会性，非公开审理、对案件事后的处理更为关注，等等。

从人员构成上看，日本对家事审判人员的专业化要求很高，其家事法院的组成人员包括法官、书记官、调查官。日本家事法院对这三类人员有着严格的要求和明确的责任分工：法官需要具备心理学、社会学、教育学等多种学科知识，且要具备敏锐的观察力。书记官要记录事件，制作和保管文书，依要求调查判例、法令及其他事项。调查官则负责进行涉及家事和少年案件的调查。除此之外，还有一系列的辅助机构，如医务室、调查室等，共同协助家事法院的运行。

（四）健全的家事调解制度

日本调解制度分为民事调解、家事调解两部分。其中，民事调解由日本专门的《民事调解法》进行规制，而家事调解则与家事审判一起被归入到日本《家事事件程序法》中。由于家事纠纷的继续性高，相较于权利义务的明确性而言，其更容易受到感情因素的影响。例如，离婚案件中不仅要处理夫妻之间的纠纷，更要考虑子女的利益。因此，日本家事调解制度的设置有别于民事调解，家事调解广泛采取调解前置主义。

此外，在家事调解中家事调查官的参与程度极高，特别是在保障子女利益的离婚诉讼中更注重统一家事调查官的案件事实调查职能与人际关系调整职能。日本的家事调解制度历经数次修法，然后经由《家事事件程序法》继受定型。其最主要的特征为采用调解前置主义、别席调解与同席调解相协同等。

1. 采用调停前置主义

日本的家事调解被称为"家事调停"，《家事事件程序法》明确规定了"调停前置主义"，"对于没有申请家事调停而提起诉讼的场合，法院应当依职权将事件交付家事调停"。① 一般情况下，家事事件必须先经过调解才能进入诉讼程

---

① 日本《家事事件程序法》第257条。

序。但若有例外情况，法院认为不适宜调停时，可不受此规定限制。在交付家事法院调停处理时，通常遵循管辖权原则，将案件交付有管辖权的家事法院；在特殊情况下，也可以交付无管辖权但适宜的家事法院。虽然日本提倡家事调解前置，但在司法实践中，一线法官们大多对该制度持一定的批判态度，他们认为从妻子、子女这些弱势地位的当事人保护以及调整人际关系的角度来看，一味地强调调解前置，将个人类型化、统一化，对于处理家事案件失之灵活，应视具体案情决定是否前置。

2. 别席调解与同席调解相协同

在调解的方式上，由于《家事事件程序法》并无明确规定，在司法实践中，一般分为别席调解和同席调解两种方式。所谓别席调解，即家事纠纷双方当事人无需面对彼此，在对方不在场的情况下，与家事调解委员就案情展开对话，接受家事调解委员的询问；同席调解与之相反，即纠纷双方当事人面对面就纠纷展开讨论，调解委员与各方谈话均有对方在场。起初，受日本"调解裁判说"的影响，在司法实务中别席调解已然成了常态化的做法。① 在司法实践中，别席调解适用率高的原因主要有两点。其一，实质因素。此种情况多源于家暴，处于弱势地位的一方对另一方长期持有恐惧心理，导致同席调解无法正常表达自己的诉求，甚至违背本意顺从对方。其二，心理因素。此种情况多为当事人出于厌恶，从内心深处排斥对方。别席调解的优点在于，当事人一方可不直接面对另一方，向调解委员畅所欲言，避免伤及对方感情以及暴露隐私，且有利于在有关财产分配问题上进行磋商。缺点在于，在没有对方当事人的情况下，一方容易虚构情节、歪曲事实，对对方作出富有人身攻击性的发言，且当事人之间由于没有直接对话，反而使双方的矛盾与误解无法缓和，甚至升级。也由于当事人分别面对调解委员，无法了解对方的调解情况，会产生对调解委员的不信任感。

不过，随着日本对别席调解缺点的反思，同席调解的优势开始被逐步重

---

① 徐文海、陈俊：《日本家事调解制度新动向及启示》，载《中国应用法学》2017年第5期。

视，同席调解中直接对等的交流能够提升双方对话的理智感，同时，由于调解委员同时面对双方进行调解，调解情况透明，客观事实更加清晰，调停更容易获得当事人的信任。双方当事人在调解过程中表现出的共同讨论解决纠纷的意向是调解能否达到效果的基础，这也让同席调解逐渐成为一种不可或缺的调解方式。

值得一提的是，目前，为更加有效地通过调解解决纠纷，日本根据实际情况把同席调解与别席调解对接、协调，让其分别在不同的调解阶段发挥作用。一个重要的结合方式就是：别席调解的功能逐渐从直接化解纠纷转移到调试当事人心理、情绪上来，进而实现高效的同席调解。

3. 设置调停委员会

在调停的主体方面，家事调停程序由调停委员会进行，适当时也可仅由法官进行。日本家事调停委员是由最高裁判所任命的非常勤的国家公务员，确保了家事调停的民主性和科学性。① 调停委员会由一名法官和两名以上家事调停委员组成，结果采纳多数意见，意见持平时由法官决定。在必要时，家事法院可以指定家事调停委员会处理家事调停事件。在任职资格方面也有着严格的要求，须是最高法院从具有五年以上执业经验的律师中任命。日本《家事事件程序法》赋予家事调停委员独立的处理权限：在处理家事调停事件时，调停委员可行使家事法院、法官或审判长的相关权限，并独立地行使职权，在必要时，可对书记官、调查官及法院医师作出协助命令。

三、法国

法国的家事审判制度与其他国家相比，家事审判专业化发展缓慢，无论是立法还是审判机构都没有体现独立性和专业化的特点，只配备了擅长处理不同类型案件的家事法官。

---

① 李青:《中日"家事调停"的比较研究》，载《比较法研究》2003年第1期。

（一）民诉法中的家事诉讼程序

法国作为大陆法系的典型国家，成文法特征中保留了中世纪教会法与国王敕令等因素，这些特征也体现在法国民诉法典之中，有关家事案件的相关程序内容规定在民诉法典第三卷中。该卷主要规定了家事案件的司法程序，其内容除一般意义上的家事案件之外，还包括自然人的国籍、身份、遗弃儿童的申报、未成年人保护制度等，范围较传统的人事诉讼内容更广，囊括诉讼与非讼事件。

（二）家事审判适用范围相对有限

从法国民法典的规定来看，家事诉讼程序主要适用于下述五个方面的案件：一是同婚姻关系相关的案件；二是涉及亲子关系的案件；三是监护；四是收养；五是夫妻财产。具体来说，案件不仅涵盖公民的身份，同时还涵盖离婚、赡养、失踪宣告、亲子关系等诸多方面制度。在这一系列家事案件中，不仅涉及诉讼案件，同时也将非讼事件涵盖在内。不仅如此，法国通过民法典的规定，明确了相应的离婚程序。

（三）设置专业的家事法官

针对家庭纠纷类型诉讼案件的处理，法国没有设立相应的家事法院。通常来说，大审法院对家庭纠纷案件享有一审管辖权，但凡立法中没有明确规定必须由其他法院进行管辖的民事案件，均在大审法院的管辖范围之内。依照法国民法典的相关规定，离婚案件全部都应当由大审法院进行受理以及审判。为确保家事事件得到高效处理，法国为此专门配置了相应的家事法官，让更为专业的人士对家事司法活动进行必要的指导以及处理解决。通常来说，在离婚案件中，由专业从事这类案件审判的离婚审判官对之进行受理以及判决，而少年刑事案件中，同样专门配备了专业从事这类案件审判的专属审判官予以受理和审判。除非大审法院人手匮乏,否则不会让一般法官担任这两类案件的审判工作。依照法国民法典,大审法院委托并派遣法院内一名法官专门对家事案件予以处理和解决。

四、韩国

韩国作为大陆法系国家,在家事审判改革方面,具有其独特之处,特别是在审判机构的设置上,融合德、日的特点,采取家事法院和家事部门协作的做法,并且建立了健全的未成年人权益保护制度;在法律依据上,韩国于2015年颁布的《家事诉讼法》,对家事诉讼相关程序作了更加细致的规定。

(一)家事审判机构

从家事法院的设置情况来看,韩国在首都首尔设立了专门的家事法院对家事事件进行必要的处理和解决。其他地区对家事事件进行处理的任务主要由一般法院的家事部门承担。从级别上来看,家事法院与地方法院两者是完全一致的,都是处理公民日常诉讼事项的基层法院。从法官任职资格来看,家事法院与地方法院是一致的,都需通过司法考试,有些是已获取检察官或律师资格的专业人士。

(二)未成年人权益保护制度

韩国在保障未成年子女权益方面较为出色。以离婚案件为例,双方当事人离婚后,未成年子女的抚养权或经父母协商,或经法院判决得以确定,不直接抚养孩子的一方拥有探望子女的权利。世界各国普遍实行这一规定,以保障未成年子女的物质、精神利益。但对于探望权的具体规定却少之又少,而韩国对此有较为完善的规定,尊重被抚养人的主体地位,切实保障未成年子女的利益。

1. 确立未成年人的主体地位

通常来讲，法律规定离婚后父母一方行使探望权，一方面是为了保障未成年子女的身心健康，另一方面也是父母履行抚养子女义务的必要。但由于婚姻事件的隐蔽性、复杂性，父母对探望权的行使往往存在一些问题。2007年，韩国《民法典》进行了一次修改，此次修改明确了探望权制度的详细内容，未成年子女也是探望权问题的协议当事人，而不再只是父母双方。

2. 探望权的执行制度

韩国对家事案件非常重视，尤其注重家事案件的执行。其中，韩国家事法律对离婚后的探望权的执行内容作了详细的规定。韩国新修改的《家事诉讼法》规定，家事法院可根据当事人的申请或依职权，对不履行义务的探望权人判处罚款。为了使后期的支付抚养费或行使探望权能够严格依法进行，使当事人能更加深刻地理解探望权制度，《家事诉讼法》规定了执行探望权的事前处分制度，不直接抚养子女的一方可在法院对探望权作出判决前向法院申请认定探望权的事前处分。① 该规定的前提条件是探望权的事前处分对未成年人有积极作用。韩国曾有过此类案例，在离婚诉讼中，法院出于对未成年人健康发展有利因素的考虑，判决直接抚养子女的一方在指定时间内将孩子送至对方处。该判决充分体现了探望权事前处分制度，防止了直接抚养一方阻碍对方行使探望权，不仅促使当事人顺利履行法定义务，也为未成年人的健康成长提供了法律支撑。

五、我国台湾地区

我国台湾地区家事立法以家事事件法为主、以民诉法和非讼法为辅。相对来说，我国台湾地区的家事审判制度对于我国家事审判改革更加具有参考价值。

---

① 夏吟兰、龙翼飞主编：《家事法研究2015年卷》，社会科学文献出版社2015年版。

第四章
域外家事审判制度

（一）家事审判机构

我国台湾地区处理家事事件的机构主要有两种：一是专门的家事法院。我国台湾地区设立了专门的少年及家事法院，少年法庭和家事法庭集中、专业地处理涉及未成年人的案件和家事案件。"少年及家事法院组织法"第三条规定了根据案件数量和地理环境设置少年及家事法院。二是普通法院内部的家事法庭。"少年及家事法院组织法"第三条第三款规定："高等法院及其分院设少年法庭、家事法庭。但得视实际情形由专人兼办之。"①

法律对少年及家事法院的法官和其他人员的任职资格都作了明确规定，设置一名院长对整个家事法庭中所需要处理的行政事务进行综合管理。家事法庭成员必须从对该类事件具有丰富处理经验的人员中挑选。通常来说，承办此类案件的法官应当满足两大条件：一是已婚；二是正式法官。除此之外，还设置家事调查官、少年调查官、心理测验员、心理辅导员等辅助法官处理未成年人及家事案件。

（二）家事调解制度

我国台湾地区的家事调解分为社会性质调解和法院调解两类。就其传统的民间调解而言，与大陆有很大的相似性，都十分重视基层自治组织之自治性调解。而就法院调解而言，我国台湾地区可分为两个阶段，2005 年以前其未有专业的家事调解制度，家事纠纷由法官在审理之前负责调解。2005 年地方法院实施家事调解试验之后，其专业性家事调解制度在法院得以确立和发展。法院仅负责协调和安排，基本上不再参与或者主持调解，但是其协议之裁判性质仍然得以保留。2012 年 6 月 1 日，我国台湾地区实施独立的"家事事件法"，突破了传统上以裁判解决纷争的模式，强调自主纷争解决机制的适用，将调解作为替代诉讼的规范化、系统化纠纷解决方式。

---

① 我国台湾地区"少年及家事法院组织法"第三条第三款。

家事审判研究

我国台湾家事调解采用的也是调解前置主义。家事法院处理家事纠纷须先经过调解程序,在调解的案件范围上,我国台湾地区"家事事件法"规定:"除丁类①事件外,于请求法院裁判前,应经法院调解,然丁类事件,除性质上不宜调解,例如监护宣告,或民事保护令事件,法律别有规定外,当事人亦得于请求法院裁判前,声请法院调解。"②此外,调解程序也常常运用到离婚及收养关系解除等普通案件中,但实践中也往往会出现不宜直接适用强制调解的案件,如家暴、精神病、酗酒、吸毒等家事案件。通常,为有效解决此类特殊案件,法院会组织有相应学科专业知识的专家或社工事先作出评估,确定是否适合调解。若适合调解,在征求双方当事人同意后才能进行调解。

我国台湾地区的民事诉讼法也赋予了家事纠纷案件的当事人向法庭申请调解的权利。在进行家事调解时,为了促进调解取得良好的效果,家事法院可以邀请相关人员,如专家、福利机构、当事人亲友等进行调解,参考其意见和建议。聘任的调解员限制在社会工作、精神健康、行为科学或社会科学领域的专业人士,精神病医师、律师、退休法官及大学教授等范围内;家事调解员在接受聘任前,应接受司法部门提供的法律专业知识和案例演练、模拟调解等实践性培训。地方法院设置了家事商谈室,依当事人申请或依职权,在申请或起诉前以商谈方式协助其解决家事问题。③我国台湾地区的法院调解已转变为专业的家事调解,由法院聘任专门的调解员负责调解,法院仅负责相关行政事宜,其调解规程和调解规则均已朝专业化方向发展。

另外,我国台湾地区"家事事件法"在家事调解上做了诸多创新,其中一项就是移付调解。例如,法官经由整理争点或审查证据后,认为案件有可能达成和解,在征询当事人意见之后,即可进行移付调解,但原则上仅以一次为

---

① 我国台湾地区"家事事件法"所列丁类事件是指(撤销)宣告死亡、失踪人财产管理、(撤销)监护或辅助宣告等十三类事件。
② 李太正:《家事事件法之理论与实务》,元照出版有限公司2014年版,第150页。
③ 夏吟兰、龙翼飞主编:《家事法研究2015年卷》,社会科学文献出版社2015年版,第309页。

第四章
域外家事审判制度

限。只有在当事人之间达成合意并且法院认为有必要时,移付调解才无次数限制。案件移付调解后,若双方无法达成调解协议,则案件应适用原审判程序进行裁判。当地方法院内设家事法庭的,则该程序由家事法庭的法官来执行。

(三)辅助制度

家事纠纷涉及家庭成员之间的人身、财产纠纷,往往牵涉到未成年人等弱势群体的利益。为了保障家事审判工作顺利开展,我国台湾地区设置了一系列辅助制度,并在"家事事件法"中列明,如程序监理人制度、社工人员陪同制度等。

程序监理人制度。在司法实践中,为保障未成年人、无程序能力人的诉讼权利,我国台湾地区"家事事件法"规定:"处理家事事件有下列各款情形之一者,法院得依利害关系人声请或依职权选任程序监理人:一、无程序能力人与其法定代理人有利益冲突之虞;二、无程序能力人之法定代理人不能行使代理权,或行使代理权有困难;三、为保护有程序能力人之利益认有必要。"[1] 程序监理人适用案件多为涉及未成年人身份关系的事件,如收养关系、监护关系等,还有一些关于未成年人权利行使、义务负担等事件。在程序监理人选任上,对职业身份有一定要求,倾向于具有较高素质的社会人士,"家事事件法"规定,"法院得就社会福利主管机关、社会福利机构所属人员,或律师公会、社会工作师公会或其他相类似公会所推荐具有性别平权意识、尊重多元文化,并有处理家事事件相关知识之适当人员,选任为程序监理人。"[2] 需要注意的是,程序监理人制度在保障未成年人程序权利时,采取的是高度保护未成年人利益的原则,不仅未成年人的父母、监护人可以向法院申请选任程序监理人,未成年子女本人甚至社会福利机构都可以行使这一权利。不同于诉讼代理人或程序代理人与当事人之间的委托关系,程序监理人处于中立地位,与受监理人无利

---

[1] 我国台湾地区"家事事件法"第十五条。
[2] 我国台湾地区"家事事件法"第十六条。

害关系。如果程序监理人与受监理人产生了利益冲突或没有维护好受监理人的利益，法律还作了撤销、更换程序监理人的规定。

社工人员陪同制度。未成年人、受监护人等往往不能顺畅地表达自己的意见，无法正确表达自己的诉求，导致自身在维护程序权利时存在困难。为保护他们的合法权益，"家事事件法"规定："未成年人、受监护人或辅助宣告之人，表达意愿或陈述意见时，必要者，法院应通知直辖市、县（市）主管机关指派社会工作人员或其他适当人员陪同在场，并得陈述意见。"①

（四）家事案件执行程序

我国台湾地区"家事事件法"除了设置直接强制和间接强制外，还增设了履行劝告、执行费暂免缴纳、预备查封、强制金、执行限制之排除等特别规定，其中调查及劝告制度、抚养费之强制执行以及交付子女与子女会面交往之执行最具特色。

1. 调查及劝告制度

债权人在执行名义成立后，本可以依法申请强制执行，但为调整债权人和债务人之间的关系，避免因贸然采取强制手段引起当事人之间的对立，"家事事件法"规定，在执行名义确定后，债权人除了申请强制执行外，也可以申请法院先行调查债务人的履行状况，并依据调查的结果，致力于消除当事人之间情感上的纠葛，劝告债务人自发性履行债务的全部或一部分。该项调查和劝告由为裁判或成立调解或和解的第一审法院进行，于必要时，可以请家事调查官或其他法院进行调查和劝告。调查和履行劝告的内容主要是评估债务人自动履行的可能性、评估债权人及债务人会谈可能性并促成会谈、进行亲子教育或亲子关系辅导、协助债务人或债权人拟定安全执行计划或短期试行方案等。此外，需特别注意的是，在涉及家庭暴力的事件中，由法院决定是否进行履行劝告，法院应斟酌具体情形，在作出判断之前应考虑以下因素：（1）被害人及其

---

① 我国台湾地区"家事事件法"第十一条。

第四章
域外家事审判制度

未成年子女及特定家庭成员的安全。（2）未成年子女的最佳利益。（3）被害人是否充分了解履行劝告及调查的程序，以及对其安全及权益可能造成的影响。（4）被害人、加害人与其未成年子女之间的互动状况及可能受影响的程度。（5）加害人的状况是否适合进行调查和劝告。（6）调查及劝告的急迫性和实效性。法院应综合考量以上因素及事件的特殊情况，以决定是否对涉及家庭暴力的事件进行调查和劝告。

2. 抚养费之强制执行

抚养费的强制执行因涉及未成年子女的生存和生活尊严，在部分情形下还具有急迫性，所以"家事事件法"针对抚养费执行的特殊情形，规定了暂免交执行费、定期或分期抚养费的执行和强制金等制度。抚养费的债权人为未成年人，属于经济上的弱者，如果要求抚养费债权人预先缴纳强制执行费用，或者另行申请执行救助，将会增加债权人程序上的不利。所以"家事事件法"第189条明确了暂免债权人缴纳执行费，以减轻未成年债权人程序上的负担。依据"强制执行法"的规定，执行附有期限者，于期限届至，始得开始强制执行。债权人声请强制执行是命债务人分期给付的，于各期履行期届至时，执行法院得经债权人声请，继续执行之。但如果分期给付的是家庭生活费用、抚养费或赡养费，按照"强制执行法"的规定，很可能使债权人的生计陷入困境，所以"家事事件法"第一百九十条规定，债务人有一期未完全履行的，虽然其余履行期限未届至，债权人也可以申请强制执行。

关于金钱债权的强制执行，原则上采用直接强制的方法，即由执行法院查封债务人的责任财产，将之变卖交付或分配给债权人。但执行内容为给付家庭生活费用、抚养费或赡养费时，如果采用直接强制的方法，对债权人和债务人利益恐有不当。所以"家事事件法"第一百九十一条规定了强制金制度。债务人定期或分期给付家庭生活费、抚养费或赡养费时，有一期未完全履行者，虽然其余履行期限未届至，债权人除了可以依据一百九十条申请提前执行外，也可以依据191条的规定，申请执行法院依裁定命令债务人按期履行，并命其在未按时履行时，给付强制金于债权人。强制金的执行要件包括：其一，限于执行定期或分期给付家庭生活费用、抚养费或赡养费；其二，债务人有一期未完全履行或该债务均已届履行期限；其三，债务人有履行能力。给付强制金的目的在于对债务人施以心理上的压力，促使有清偿能力的债务人主动履行债务，同时节省当事人和法院在程序上的花费。

3. 交付子女与子女会面之执行

对于交付子女或子女会面的执行，是家事执行中的重点和难点问题。"家事事件法"基于重建和修复当事人之间的关系，及对未成年子女利益的保护，就交付子女与子女会面的执行作出了特别规定。

按照"家事事件法"第一百九十四条和第一百九十五条的规定，交付子女与子女会面的执行可分为四个阶段：（1）初期准备评估阶段，召开执行评估小组会议。（2）促进对话阶段，三方会谈，履行劝告。该阶段的会议有别于一般的调解程序，主要着眼于对关系重建的评估，提供专业的意见，目的在于确保裁判的履行，保护未成年子女心理和身体安全，避免因直接强制造成的心理压力和精神伤害，并降低父母双方的对立情绪，缓和三方之间的关系。（3）建立共识阶段，拟定试行暂时替代方案，修复关系。实务中的做法是在当事人就执行内容无法达成自动履行共识时，促谈委员会依据评估小组会议的意见，并斟酌父母及子女需求，拟定一个短期替代方案。该方案除经双方同意变更，或另行申请变更裁定外，并不影响原执行的效力。（4）二次评估阶段，完成执行风险评估，在直接强制执行前，拟定安全执行计划。上述四个阶段主要是针对执行前和执行中的活动，在执行完毕后，家事法官仍要促请家事调查官或儿童少年主管机关追踪访查未成年子女在执行后的安全、生活及学习情形。

第四章
域外家事审判制度

第二节　主要英美法系国家（地区）家事审判制度概述

尽管经济、社会、文化发达程度和历史传统各不相同，但大多数英美法系国家与大陆法系国家一样，普遍顺应家事诉讼改革的国际潮流和趋势，对本国的家事审判制度进行了一定程度的独立化和专业化改造，都注重贯彻未成年人利益最大保护原则，强化调解或和解等非对抗性手段的适用，并强调家事案件处理过程中的社会参与。

一、美国

美国作为英美法系中较早设立独立家事法院的国家，其改革措施对其他国家影响深远。近20年来，美国家事审判制度经历了理念与制度层面的重大转变，不仅对传统的对抗制诉讼体制进行检讨和反思，而且对家事纠纷解决机制的目的以及法院在解决家事纠纷中的角色定位有了重新认识。

（一）独立的家事审判机构

由于美国属于多法域国家，其家事法院或家事法庭并没有在全国范围内统一起来。美国法院设有两个法院系统，一个是联邦法院，一个则是州法院，大部分民事案件由州法院负责受理。目前美国只有十二个州设置了独立的家事法院，许多州把家庭问题分配给州法院的独立部门。家庭法院隶属于州法院系统，级别与地区县、市镇法院、青少年法院等相同。① 美国纽约州制定了专门的家事诉讼规则，设立了统一的家事法院，配备了专业的家事法官，逐步形成了独具特色的审判制度。以下以纽约州家事法院设置及人员构成为例进行分析：

---

① 张晓茹：《家事裁判制度研究》，中国法制出版社2011年版，第40页。

1. 家事法院的设置

纽约州的家事法院最早成立于 1962 年，目前纽约州 62 个县均设有相对独立的家事法院。家事法院是处理家事纠纷的初审法院，与该州少年法院、纽约市家事关系法院享有共同管辖权。根据纽约州《家事法院法》第 115 条的规定，家事法院对收养案件、子女监护与探视、监护案件、子女抚养与配偶赡养、父权认定案件、寄养许可与审查、未成年人犯罪、儿童虐待与疏忽照管、家庭暴力、需要监管的未成年人等十类家事纠纷案件享有初审管辖权。不过也有例外，解除婚姻关系案件并不由家事法院审理，而是由纽约州最高法院的民事审判庭进行初审，家事法院仅对解除婚姻关系后新产生的家事纠纷与家庭关系变动，以及所有非婚家事纠纷享有管辖权。

2. 家事法官

纽约家事法院的法官由各县任命或选举产生，比如纽约州家事法院的法官由市长进行任命，任期为 10 年。法官在 70 岁法定退休年龄之前可以多次续任。此外，《家事法院法》还明确规定了法官的任职资格：一是要求法官候选人必须在本州从事法律工作 10 年以上；二是需要法官候选人具有丰富的实践经验和较高的专业水平。家事法官除了必须掌握处理家事纠纷所需要的法律知识，还要接受包括未成年人需要、离婚对未成年子女影响、家庭暴力和保护未成年人等内容的专项培训。

3. 辅助人员

家事法院的有效运行，仅依靠专业法官还远远不够，还需要各类辅助人员的共同协作。辅助裁判官是家事法院里必不可少的重要成员之一，不仅在法官审理及裁判家事案件时起到辅助作用，还有权在法律规定的权限范围内行使审判权。在任职资格方面，对辅助裁判官的要求比较高，除了需要具备 3 年以上在纽约州从事法律工作的经验，还需了解并能熟练运用与家事纠纷有关的联邦和州法律及各项辅助性或替代性方案。辅助裁判官主要参与涉及未成年子女的案件及夫妻间扶养案件，且对此有独立审理资格，并可以作出处罚之外的一系

第四章
域外家事审判制度

列可被执行的临时辅助令。此外,部分家事法院还配备专职调解员和司法听证官,通常为经验丰富的律师和退休法官。经当事人同意,可以独立审理部分家事纠纷案件并作出相应裁判。若未经当事人同意,在协助审理案件后,将审理情况报告给专门法官并由法官作出最终判决。

(二)和解与评估并行的家事调解程序

美国大力提倡和解程序解决家事纠纷,仅有约2%的家事案件非经调解处理结案。虽然调解并未覆盖整个美国,但现行调解的地区调解成功率已相当高,在这些地区,调解作为裁判的前置程序。与和解同等地位的是早期中立评估程序,这一程序的设置之所以能与和解程序并肩而立,成为解决家事纠纷的途径之一,是源于该程序发挥着事前准备的作用,以实体问题为切入点,与当事人沟通,使当事人尽早地了解目前所处的情形,使当事人从心理层面上愿意解决问题。

(三)注重保障未成年人利益的家事特别制度

美国在家事案件的审判和执行中,非常重视保障未成年人的权益,在这方面作了诸多规定,如探视令、居住令、禁止行动令等。美国法律规定,探望权行使的出发点是保障未成年子女的利益,而不是单纯地考虑父母对此所拥有的法定权利。美国法律赋予子女向法院请求与父母会面的权利,佐治亚州规定了14岁以上的子女可以向法院要求拒绝非监护方行使探望权;有些州法律还对同胞兄弟姐妹行使探视权作了相关规定,如加利福尼亚州规定了法院可以赋予任何对子女有利的人探视权。[①] 为了确保探视权的实现,美国法律规定了藐视法庭诉讼、强制执行探视权诉讼、变更监护权诉讼、行为金钱处罚。美国十分重视婚姻家庭案件中子女的抚养问题,在2005年制订了《抚养协调程序适用指南》,建立了抚养协调机制。抚养协调机制不同于替代性纠纷解决机制,是法

---

① 刘大庆:《完善我国探视权制度的法律思考》,载《辽宁教育学院学报》2003年第3期。

院借助专业人士帮助而采取的一种专家介入式、准法律型解纷机制。[①] 该抚养协调机制以儿童为中心，综合评估、管理、教育、裁决等多项职能解决父母在抚养子女过程中出现的问题，监督父母履行抚养义务，保障子女的利益。执行抚养协调义务的专职人员称为协调员，由民事法院或法庭任命，代表的是司法机构。对协调员的资质也有着严格的要求，协调员是需要具有家庭相关专业知识和法律知识的专业人士或家事调解员，应受过家事调解培训，主要是具有有关离婚动态、子女抚养、家暴等相关知识及应对技巧。

二、英国

英国家事诉讼立法的发展始终贯穿着一个中心——保护未成年人利益，英国2014年颁布的《家事司法审查》促成了专门家事法院的产生。另外，英国的家事调解制度颇具特色，社会调解机构在处理家事纠纷中发挥着重要的作用。

（一）较为完备的家事立法

英国的家事法发展大致经历了以离婚法律为中心的婚姻法和以未成年人利益为中心的家事法两个阶段。一是婚姻法律阶段。英国最早有关离婚制度的法律文件是《离婚诉讼法》(1857)，该法案立法的核心思想是离婚有责的观点。该方案经过了多轮修订，可以窥见婚姻破裂主义的思想。1969年制订了《离婚改革法》，正式引入了破裂主义。1984年制订了《婚姻和家事诉讼法》。二是家事法阶段。1991年制订了《家事诉讼程序规则》，为保护未成年人利益，制定了诉讼监护人制度，为英国家事法立法拉开了序幕。此后英国于1996年颁布了《家庭法》，2010年制定了《家事诉讼规则》，2012年对该法进行了修改，规定上诉期间可以视子女利益继续执行一审指令。2014年出台《儿童与家庭法

---

① 杨小利：《美国家事法庭解决抚养纠纷的新机制》，载《中国应用法学》2017年第5期。

第四章
域外家事审判制度

案》，对限制家事案件审理周期，减少审限延误起到了显著效果，又制订了新的儿童安排法令，直至2014年4月英国颁布了《公共法律纲要》，对未成年人的利益及相关权利进行了多方位的规定，予以最大限度的保护。

（二）单一的家事法院

2014年之前，英国虽然也有建立统一家事法院的构想，但是一直未付诸实施。根据英国刑事和民事法院系统的分工，可以对家事纠纷进行一审管辖的法院分别是地方法院中内设的家事法庭、郡级法院及高等法院。直至2014年4月22日，英国才正式成立了单一家事法院。英国的家事法院主要设置在英格兰和威尔士，取代了原来受理家事案件的三级体系法院和治安法院。不过，一般来说，英国家事法院审理的家事案件都并不过于复杂，对于一些难以解决或者太过复杂的案件，家事法院可以提交给高等法院处理。在法庭成员上，从非专业的治安法官到高级法院的各级法官都可以出席家事法庭，不会因为不同法院之间案件移送而导致审理期限的延误。这些简化的程序为建立一个以儿童需求为核心的新系统提供了帮助。① 在案件处理方面，家事案件根据复杂程度的不同被分配给不同级别的家事法官，当然也可以根据具体情况进行二次分配。英国家事法院的设立使家事案件能够得到集中处理，在方便当事人的同时也促进了家事纠纷的有效解决。

（三）独特的社会调解制度

上个世纪六七十年代，英国的离婚率高度增长。为了遏制这种事态，维护婚姻家庭稳定，英国的家事调解制度应运而生。对比欧洲其他国家，英国的家事调解制度有其独特之处，主要体现在社会调解的发展。英国的社会调解机构发达，其首个独立的家事和解服务中心在1978年成立，是现代家事调解制度

---

① ［英］西蒙·休斯、爱德华·蒂姆普森：《英国家事司法的发展前景》，载《中国应用法学》2017年第5期。

的开端，目的是解决分居、离婚导致的未成年子女利益问题。至1996年，英国职业化的家事调解时代到来，具有国家标准的调解机构"英国家事调解员学会"成立。《家事司法审查》公布之后，英国的家事调解制度产生了新的变化。在家事调解委员会仍然起着至关重要作用的前提下，加强与其他部门的合作，制订了获得法律援助的当事人可以获得调解和法律援助资金的政策，并规定了涉及儿童抚养或财产问题的案件应先经过调解信息评估会议，如果涉及家暴，则申请人可以直接走法律程序提起诉讼。

三、澳大利亚

澳大利亚非常重视家事纠纷的处理，其独具特色的FDR纠纷解决机制从源头上降低家事纠纷产生概率。澳大利亚家事立法相较于德、日较晚，但早于其他国家。2006年新修订的《家庭法修正法》对子女利益、非诉程序及有关家庭服务等事项进行了更新和细化，并对促进当事人和解作了规定。澳大利亚的家事审判范围相对而言比较有局限性，但其家事法院有着与其他国家不同的特点：家事法院兼具审判与多样化服务两种特性。此外，澳大利亚解决家事纠纷更注重前期的调查工作和之后的调解工作。

（一）科学的家事法院体系

澳大利亚的家事法院体系较为科学合理，并被广泛认为是现代家事法院制度的典型范例。1976年，澳洲家事法院成立，在联邦高等法院内部，设置有家事法庭，同时，还在各主要城市，以及其他一些地区设置有相应的联邦家事法院。当前，澳大利亚主要城市及部分地区都设置了专门的家事法院对家事案件予以具体受理，共有28个家事法院。家事法院可对以子女监护为代表的五项离婚或婚姻无效的争议进行管辖，其提供的服务较为多样化，也因此少了正规化色彩，在提供服务的时候，也不需穿上法袍，而关于咨询服务方面也属于其

第四章 域外家事审判制度

提供服务的范畴之内。除了西澳州之外,该国几乎所有的州均结合本地的情况设有专门的家事法院,负责审理与婚姻事项有关的案件。除此之外,还需要负责审理涉及监护权、抚养费纠纷等有关的家事案件。

(二)发达的家事调解制度

非诉纠纷解决机制是澳大利亚解决家庭纠纷最具特色的解纷程序,本身即为家事调解的前置程序。在此调解过程中,贯穿着儿童最佳利益原则的适用,故而家事法院的调解涵盖监护权、探视权及其他有关亲权的各项相关内容。调解均可成为家事法院的服务项目。20世纪80年代,社区调解组织调解在政府的扶持下兴起,成为主要调解方式。

家事调解的对象。家事调解的对象是家事纠纷,若涉及财产归属、夫妻分居或子女抚养等事项,必须先行经过调解。法院受理案件后,先由调解员进行审查、评估,其中一项重要指标即当事人之间的调解期待与调解可能性。若不宜调解,调解员应告知双方当事人其他可供采用的解决纠纷的方法。

家事调解的主体。澳大利亚对家事调解比较重视,家事调解通常经过两个主体进行。其一,家事法院。家事法律对家事调解屡作修改,在调解人员的安排上作了行之有效的探索。为保证调解不成后判决的公平公正,法院不参与调解,只提供调解指南,而具体的调解工作由专家,即具有专业背景的登记官[①](由政府资助的专职律师,调解离婚、赡养等纠纷)和家事调解员[②](私人性质,具体处理涉未成年人纠纷的社工和心理学者)负责。家事法院经家事纠纷的当事人同意后,可根据纠纷性质和内容选择将调解工作交由登记官或家事调解员。当事人也可以主动要求调解员协助,或向法院申请调解。其二,家族关系中心。此为法院调解之外,最为常见的调解机构,分支地点众多,覆盖全国,由政府出资设立。其主要负责离婚纠纷的调解,力促挽救婚姻,并着重保障未

---

① 陶建国:《澳大利亚探望权纠纷解决机制》,载《保定学院学报》2015年第6期。

② 陶建国:《澳大利亚探望权纠纷解决机制》,载《保定学院学报》2015年第6期。

成年人的权益，对工作人员处理家庭矛盾的经验有较高要求。

家事调解员的任职资格。2008年《家事法（家事纠纷解决从业者）条例》对原先的家事调解员任职资格作出了修订，规定了以下标准：1.学历要求：修读一年以上家事纠纷调解全日制课程或取得法律、社会科学等学科学位；2.经培训合格；3.已在家庭法院登记，且未被禁止从业。

家事调解员的工作内容。家事调解员在对家事案件进行调解时，须保持中立、客观、公正的地位与形象，应在法定权限内审查案件详情，了解当事人的调解意愿。若当事人不愿调解，尊重其意见，不提供心理辅导及法律意见，但涉及未成年人的情况除外。在有关未成年人安排上，调解员可根据未成年人利益最大化的原则，向当事人提供建议，以促成调解的达成。调解员在调解时得到的信息不能作为证据使用，虐待子女、暴力威胁的案件除外。

此外，为了保障调解工作的有效开展，澳大利亚家庭法赋予家事调解员履职豁免权，免除调解员因疏忽而被起诉的担忧。

（三）多元纠纷解决FDR机制

2006年，澳大利亚通过《家庭法修正法》，建立了FDR新机制，强调非诉讼纠纷解决途径的重要性。其中最为重要的就是诉讼家庭服务制度和非诉讼家庭服务制度。在非诉家庭服务中，澳大利亚建立了一批社区组织，设置咨询课程、调解服务和仲裁。通过社区工作人员、律师、心理专家等专业人士，为当事人提供服务，将纷争消解在初始阶段。在诉讼家庭服务中，法院要帮助当事人达成和解，作出参加家庭咨询、家庭纠纷调解和其他家庭服务的指示。[①] 对于涉及离婚财产及子女的诉讼，法院可以中止诉讼，建议当事人和解，并可以在诉讼任何阶段指示当事人参加咨询、调解等。仲裁的范围较小，仅指诉前有关财产争议的事件，仲裁结果经法院登记具有强制执行效力。

在对家事案件进行化解及处理的过程中，还引入两种重要制度：顾问制和

---

① 刘敏：《21世纪全球家事诉讼法的发展趋势》，载《中国应用法学》2017年第5期。

第四章
域外家事审判制度

注册官制。担任顾问或注册官的人员都必须是相关领域的专家或权威,实践中,他们需要肩负起两项重要工作:一是向相关法庭提交必要的家事报告。在报告中应当记载案件中各个家庭成员彼此之间的关系,法官以此为依据判定子女归谁抚养以及如何进行探视;二是努力让当事人双方通过座谈的方式化解矛盾和纠纷,以此确保双方就抚养等方面争议达成一致意见,座谈的内容被保密且不能作为证据使用。近年来,注册官所肩负的职责以及所需承担的责任越来越广,除上述工作外,注册官还需对离婚以及收养诉讼进行受理,并依照立法的规定履行必要的司法或准司法职能,就争议双方子女抚养以及财产分配方面问题进行磋商和解决。

四、新加坡

新加坡在家事法律的制定方面注重特别制度的构建,在立法上沿袭了英国法律的特点,但解决家事纠纷所依据的仍是普通法律。2014年,新加坡成立了家事法院,囊括了之前的家事法庭和最高法院的家事部门,更加系统集中地处理家事相关案件。家事法院的组成人员主要有裁判员、行政管理人员、调解员、辅导员,在选任资格上,都有着严格的要求,尤其是法律、社会等知识水平和丰富的社会经验,在处理家事案件时各司其职,互相配合。

在家事调解制度方面,新加坡的社会调解先于法院调解出现在家事案件处理中,替代性纠纷解决机制(ADR)成为优先于诉讼的解纷手段,且调解程序在诉讼程序启动后方可进行。此外,新加坡还建立了律师积极参与制度和家暴援助制度。新加坡有一支成熟的家事法专业律师队伍,家事法律师对案情的了解最为全面,能够发现当事人常常会忽略的重要信息,并将其呈现在当事人面前。在法官主导的前提下,律师以建设性地解决问题的方式陈述立场,为法院获知信息后作出判决提供依据。新加坡建立了社区家庭暴力援助中心,为家暴事件中的受害方提供帮助。社区联络点可以先行对受害方进行引导,提供必备的服务，消除其对法院的心理恐惧，直接向法院提起诉讼。同时，家事法院立案中心和社区家庭暴力援助中心可以根据当事人提交的电子信息表，对家暴事件进行鉴定，为人身保护令提供依据，对当事人提供援助和保护。前者是从案件内部出发，帮助法院在全面掌握信息的基础上，恰当处理家事案件；后者是从外在机制出发，保护当事人的人身安全。

五、我国香港特别行政区

香港作为我国的特别行政区，由于历史原因，其法律制度有着英美法系国家的法制特点，因而其家事审判融合了中西方家事审判理念。我国香港地区的家事法律源于英国的法例，融合了西方理念与中华传统，包括婚姻、家庭、儿童法律、继承等方面的法律法规，主要以婚姻法例为主。但总体来说，我国香港地区的家事司法体制界限不甚明晰，无论是家事审判程序还是家事法庭的管辖，都没有集中统一的法律规定。

在家事审判机构方面，主要有高等法院和家事法庭，家事法庭是由终审法院首席法官指派的区域法院的法庭。在家事案件中，未经同意领养、申请将儿童监护权转移到指定福利机构人士等专属审判权的事宜，由高等法院负责审理。在其他家事案件上，高等法院和家事法庭均有管辖权。而在审理程序上，我国香港地区并没有独立完备的家事审判程序，家事案件审理依据是较为零散的程序规则，如《婚姻诉讼规则》《婚姻诉讼条例》《高等法院规则》和实务指示等。在家事调解方面，大部分都是离婚案件，主持调解工作的是家事法庭内设的调解统筹主任办事处，而非法官。该办事处采用开展讲座的方式，为当事人提供协助，讲座结束后，调解统筹主任为当事人提供咨询解答。调解遵循当事人双方经济状况公开透明原则，将各项事项调查清楚后，让当事人得知实际情况，引导当事人进行调解，避免损害任何一方当事人的利益。需要注意的是，调解办事处不提供法律意见，对法律程序不作评论。

第四章
域外家事审判制度

第三节 域外家事审判改革发展的共同趋势

尽管世界各国和地区的政治体制、经济发展程度不同，法律传统、婚姻家庭观念各异，但在家事审判制度的改革和发展方面，仍然存在一些共同的特点，形成了共同的趋势。从世界家事审判制度发展的趋势看，各国都趋向于家事司法机构的统一化、家事司法程序的专业化，贯彻未成年人利益最大保护原则，强调家事案件的统合处理等，这些为我国家事审判改革提供了可资借鉴的宝贵经验。

一、立法形式趋向独立化和专门化

从各国和地区的家事诉讼立法情况看，无论是英美法系国家还是大陆法系国家，都呈现出独立化、专门化的趋势。纵观世界各国家事诉讼立法的进程，大致可以分为三个阶段：

在 20 世纪以前，大部分国家的家事事件都被容纳在民事和民事诉讼相关法律中，并未独立成法，这一时期的家事立法中对家事事件的处理程序和范围的规定存在诸多不足。许多大陆法系国家，如德国、日本、法国，将家事案件的程序规定在民事诉讼法中；大部分英美法系国家对家事诉讼的立法也仅仅局限于婚姻之类问题，范围很窄。

20 世纪是世界各国家事立法的快速发展时期，大陆法系国家如德国、日本的家事立法在经历了初步探索后步入过渡阶段，尤其是日本，制定了专门的家事审判法律。英美法系国家如英国、澳大利亚，家事案件仍为婚姻相关事件，但制定了专门的家事诉讼程序法律。在这一时期，世界主要国家对家事事件相关立法的重视都清晰可见，尤以大陆法系国家为主，独立的家事法律已渐次出现。

进入 21 世纪以后，家事诉讼立法的独立化和专门化趋势日益显著。目前，

在大陆法系国家，独立的以"家事"命名的家事法律已在诸多国家和地区被不断修正实施，增加了家事事件类型，细化了家事诉讼程序，以专业的家事法律指导家事案件审判，但在特定的方面或细节方面则需要特定的法律法规来弥补漏洞。在英美法系国家，制订专门的系统的家事法律与大陆法系国家相比较少，但为了细化家事案件处理程序，也针对特定的家事诉讼领域制订单独的法律来调整家事权利义务关系。

尤其是近年来，许多国家和地区纷纷加速推进家事审判立法的独立化进程，如德国 2008 年制定的《家事事件及非讼事件程序法》，日本 2012 年修订的《家事事件诉讼法》，我国台湾地区 2012 年制定的"家事事件法"等。通过专门立法的形式，强化家事审判的专业化、个性化和社会化特质，贯彻家事审判领域特殊的司法理念和政策，已成为世界各国家事诉讼改革的共同趋势。

二、审判组织趋向高度专业化

世界各主要国家对家事机构的专业化发展越来越重视，专门处理家事案件的家事法院或家事法庭纷纷设立。从世界各国对家事审判机构的设置和使用情况来看，仍然沿用传统的普通法院只是少数国家的做法，并且不符合家事审判专业化的潮流。普通法院内设家事法庭是较多国家（地区）的选择，如德国、韩国、我国台湾地区、英国、美国等，其中，德国完全由家事法庭审理家事案件，其他国家多采取地方法院内部家事法庭和独立家事法院共同协调配合审理家事案件的形式，弥补国内独立家事法院覆盖不完全的缺憾。独立的家事法院集中处理家事案件的国家日益增多，目前日本、新加坡等国家的做法已经较为成熟，随着家事审判专业化不断提升，独立的家事法院将会成为未来的发展方向。

家事审判机构专业化的同时，世界各国和地区的家事审判团队也呈现高度专业化发展趋势。"专业团队能够发挥专业领域的特长，进而快速准确发现家事纠纷情感上的症结及其他方面的顾虑,据此灵活采取不同的应对策略,最终有效修补感情裂缝,最大化保护各方的利益。"① 无论是独立的家事法院,或是地方法院内部的家事法庭,甚至是普通法院,在家事案件的审理中,具有专业处理家事纠纷素养的家事审判人员和辅助人员都是不可或缺的。在家事法庭组成人员资格方面,大多数国家都对处理家事案件的审判人员作了特殊规定,同时也提高了对审判辅助人员的要求,目前许多国家都配备了家事调查员、心理辅导员等,这些人员需从众多掌握学科专业知识技能并具有丰富社会经验的人中选拔。随着世界各国家事法庭(法院)的设立,专业的家事审判团队和辅助团队的建立也将成为必然要求。

三、普遍采用统合处理模式

普通的民事诉讼案件仅涉及当事人之间的利益争议,案件多以在当事人之间个别地、相对地解决为原则。而家事案件既有身份关系诉讼,还有基于身份关系出现的财产诉讼,不仅要考量已经发生的事实,还要放眼未来,在分析研判已知事实的基础上,调整和分配未来的权利义务关系。为此,不同国家和地区都比较强调家事案件的统合处理,即在一个诉讼中集中、全面地进行审理。如德国的《家事事件及非讼事件程序法》,将家事事件从民事诉讼法中剥离出来,以统合推进家事审判改革,如审判中强化职权探知主义,创设子女利益保护人制度,强化诉外调解环节,明确家事法庭调整、治疗和修复家庭关系的社会机能等。再比如,日本的《人事诉讼法》第17条第1款规定,人事诉讼请求与基于该请求原因之事实而发生损害赔偿请求,不论《民事诉讼法》第136条之规定,都可以在一个诉讼中提起。立法者强调家事案件的统合处理,很好地契合了家事案件的审判特点,使家事纠纷能够在最大程度内予以最妥善的解决。

---

① 叶向阳、陈逸群:《中国家事审判改革探析》,载《中国应用法学》2017年第5期。

四、遵循未成年人利益最大化原则

家事案件的处理往往涉及未成年人利益，由于未成年人通常不是家事纠纷的直接当事人，在诉讼过程中处于被动地位，其物质利益、情感需求和精神安慰很容易被忽视。因此，世界各国的家事诉讼立法普遍贯彻了未成年人利益最大化原则。

首先，充分保障未成年人表达意见的权利。如德国《家事事件及非讼事件程序法》规定："子女年满 14 周岁时，法院应当听审子女本人；应当以适当的、与子女年龄相应的方式，向子女告知程序的标的、经过和可能的结果，但由此可能对子女的成长、教育或健康造成不利的除外。应当为子女提供发表意见的机会。"① 日本《家事事件程序法》第一百六十九条规定了，在作出许可辞去或恢复亲权、丧失或取消丧失亲权等的审判场合，家庭法院应当听取十五岁以上子女的陈述。我国台湾地区"家事事件法"规定："应依子女之年龄及识别能力等身心状况，于法庭内、外，以适当方式，晓谕裁判结果之影响，使其有表达意愿或陈述意见之机会。"② 澳大利亚家庭法修正时要求，涉及未成年子女福利照管的诉讼，家庭顾问应当询问子女的意见。由此可见，在家事案件的审理过程中，未成年人的意思表达权越来越被尊重，未成年人权益保护实现了实质性的进展。

其次，充分保障未成年人受抚养和受探视的权利。目前大多数国家都规定了探视制度，离婚纠纷处理之后，不直接抚养子女的一方拥有探视权。韩国对未成年子女抚养事项作了详细的规定，韩国家事诉讼法律规定，在协议离婚时，法院应当制作子女抚养内容的笔录，该笔录具有判决效力，在义务人不履行时，权利人可以申请强制执行；在判决离婚时，法院要求抚养义务人提交财产报告书，在义务人不履行时，法院可以命令单位定期扣除抚养费，交给

---

① 德国《家事事件及非讼事件程序法》第一百五十九条。
② 我国台湾地区"家事事件法"第一百零八条。

第四章
域外家事审判制度

权利人。

再次,设置程序辅助人等制度全面维护未成年人合法权益。如德国《家事事件及非讼事件程序法》设置程序辅佐人制度,规定了应当选任程序辅佐人的情况:"1.子女的利益与其法定代理人的利益严重冲突的;2.在《民法典》第1666条和第1666a条的程序中,可能部分或完全剥夺人身照护的;3.应当将子女与照料该子女的人分开的;4.程序的标的为交付子女或命令子女留下的;5.可能禁止或严重限制交往的。"[①] 设置程序辅佐人的目的就是维护子女的权益,与子女的父母等相关人员商谈,并可以提起上诉。我国台湾地区"家事事件法"规定:"法院为未成年子女之最佳利益,于必要时,亦得依父母、未成年子女、主管机关、社会福利机构或其他利害关系人之声请或依职权为未成年子女选任程序监理人。"[②] 程序监理人的行为必须符合受监理人的利益,可以独立上诉、抗告等。英国的《家事诉讼程序规则》设立了诉讼监护人制度,诉讼监护人由法院指定,诉讼开始后,诉讼监护人委托律师代理未成年人处理相关事宜。

五、家事非讼程序逐步扩张

非讼程序在私法领域发挥着重要作用,其适宜解决不宜采用对抗制模式解决的民事纠纷,主要功能体现为监护、确认、许可及证明。[③] 这与家事纠纷特殊性对程序的要求不谋而合。随着家事案件的增多、解决难度的增加,一般的民事诉讼程序已渐显不足,而非讼程序恰如其分地能够填补这方面的漏缺,在一定程度上满足现实需要。非讼程序相对于诉讼程序而言,有着较为明显的补充优势:适宜解决不宜采用诉讼程序解决的事件,减少处理环节,降低解决成

---

① 德国《家事事件及非讼事件程序法》第一百五十八条。
② 我国台湾地区《家事事件法》第一百零九条。
③ 郝振江:《论民事非讼程序的功能》,载《中外法学》2011年第4期。

本，避免诉讼程序中的当事人对抗主义给双方再次造成伤害，增加案件的处理难度，还可以使司法权在民事权利形成阶段发挥监督和保护作用。

德国率先将家事案件纳入非讼程序中进行处理的举措影响了许多大陆法系国家，如日本、法国等，英美法系国家也逐渐将部分家事案件纳入非讼程序，家事案件非讼化已成为一种趋势。如德国《家事事件及非讼事件程序法》同时就家事事件和其他非讼事件进行规定，家庭事件中的程序、照管事件与收容事件中的程序以及遗产事件与分割事件中的程序分别列为一编；法国没有单独的非讼程序法典，各类非讼事件包括家事非讼事件的审理程序都集中规定在民事诉讼法典中，且非讼事件范围受到严格限定；日本对一般非讼事件和家事非讼事件分别立法，前者适用《非讼事件程序法》，后者适用《家事事件程序法》；我国台湾地区在"家事事件法"中同时以单编对家事诉讼程序与家事非讼程序进行规定。虽然世界各国和地区对家事非讼程序的规定和应用情况不同、层次不一，但可以从这些国家和地区不断完善的法律内容、体系上看出，家事非讼制度已逐渐成为家事审判制度中的必要一环，并逐步为许多国家和地区所借鉴采用。

六、非对抗化方式适用更广

世界各国和地区的家事诉讼制度大部分都提倡家事纠纷的非对抗化解决，设立了符合本国社会状况和司法制度特点的家事调解制度。如澳大利亚的《家庭法》、日本的《家事事件程序法》、德国的《家事事件及非讼事件程序法》、我国台湾地区的"家事事件法"等法律文件，对家事调解进行了明确规定，如家事调解的启动时间、启动方式、适用案件范围、调解效力等多方面，大大增强了家事调解的可操作性。

目前，大多数国家在进行家事调解时，多由法院来主持。在调解人员的选择和组成方面，有着明确和较为完善的规定，包括年龄、背景和性别。涉及两

个层次。一是调解人员的专业性,涉及专业、背景的限制,包括主修专业和培训。二是涉及调解主持人员的组成,调解主持人员以何种组合方式进行调解。涉及法院内部的家事调解时,也会明确将调解主持人员与法官相区分。为了促使调解能够取得良好的效果,一些国家的家事调解重视从当事人的情感、心理着手,采取综合多学科知识的方法,帮助当事人理清思路、平静情绪、分析问题,进而提出调解意见和建议。在各国注重调解的大形势下,社区组织、居委会等基层机构也成为缓解当事人矛盾的重要助力,通过提供多样化服务的方式,将家事诉讼挡在诉讼程序之外。从目前大多数国家的家事案件调解方式来看,多元化调解机制已在世界范围内大力推行,社区及专业的调解机构发展越来越迅速,即便是家事法院(法庭)也多聘请专业人员进行调解工作,调解范围愈加广泛,调解程序愈加独立。

第四节 域外家事审判改革对我国的经验启示

从世界各国和地区的情况看,对家事诉讼制度进行改革和创新已经成为一种共同的潮流和趋势,这体现着未来世界家事审判制度的发展方向。目前,我国正在进行家事审判制度改革,并已在部分地区进行试点,取得了初步成效。如何在全国范围内完善家事案件处理机制,促使我国家事审判工作的顺利高效开展,需要我们在汲取域外先进的立法经验,顺应全球家事诉讼法的发展趋势的基础上,结合我国的国情,努力探索出一条具有中国特色的家事审判改革之路。

一、统合推进家事审判改革

纵观世界各国的家事审判发展进程,无论是大陆法系国家,还是英美法系国家，都在家事审判的改革之路上进行了不懈的探索，其中多数国家的一个重要的共通性经验是通过专门立法的形式，统合推进家事审判改革。

国外的家事审判程序立法实践形式各异，但都对家事审判的发展起到了很好的促进作用。目前，有学者认为制定独立的家事审判程序法的时机还不成熟，应先在《民事诉讼法》中专章规定家事审判程序，甚至先出台相关司法解释，随着我国家事审判理论和实践的深入和逐步成熟，再制定独立的家事审判程序法。这种思想看似更为稳妥，但与我国的司法现状和家事审判实际并不相符。对于我国的家事审判程序立法，是学习法国等国家，将家事审判程序列为民事诉讼法的一部分，还是像日本、我国台湾地区一样，单独制定家事审判程序法？虽然两者都有可取之处，但是其立法体例的形成却有着不同的历史因素。法国出台《民事诉讼法》伊始，就直接将家事审判程序纳入进去，直至今日，即便频繁修改，家事审判程序也存于其中；日本出台《人事诉讼程序法》，直接采用与民事诉讼分立的立法体例。相较而言，我国《民事诉讼法》在订立之初和后期的修订完善均未直接提及家事审判程序，若在下一步的修订中加入家事审判程序规定，势必需要更多的分析研判，也会对现有的民事诉讼法构建产生较大的影响。

因此，建议我国仿照日本和我国台湾地区的模式，制定统一的家事诉讼法律规范，将家事事件从民事诉讼法中剥离出来，以统合推进家事审判改革。近年来，越来越多的专家学者和司法工作者意识到了规范家庭秩序、化解家事纠纷的重要意义，已经就完善家事诉讼立法等问题进行了诸多讨论。最高人民法院也于2016年6月在全国开展家事审判改革试点工作，从审判组织、财产申报、证明标准、调解工作、制止家暴、诉讼程序等多个方面探索家事审判专业化。专家学者的研究、各地法院的探索实践都为我国的家事诉讼立法积累了大量有益的经验，在国家层面出台统一的、专门的家事立法的条件日趋成熟。

第四章
域外家事审判制度

二、建构家事审判特殊理念原则

我国民事诉讼体系基于财产类案件的特点,确立了处分、辩论等基本诉讼原则,强化了当事人主义理念。然而,家事纠纷具有强调婚姻家庭的伦理性、身份关系的情感利益性、家事纠纷的社会公益性、家事法律关系的差异性等特征。在处理家事纠纷时,这些原则与理念不能实现司法活动的预期效果。因此,应当借鉴其他国家和地区的经验,创设符合家事审判规律的司法理念和原则。

一是追求家庭关系的柔性修复。不管在任何一个国家,家庭作为社会细胞,都是社会稳定的基石。若发生大量家庭纠纷,不仅对家庭秩序有影响,而且有损于整个社会秩序的稳定。公正是诉讼追求的价值目标,也是家事诉讼这一特殊诉讼要实现的价值之一,但又不能简单地只达到这一目标,解决家事纠纷,实现家庭、社会的和谐,对于家事审判而言更为重要。世界各国在解决家事纠纷时,无不关注当事人的心理和情感,注重家庭关系的柔性修复。家事纠纷不同于其他民事纠纷,不能简单地进行利益分配,一判了之,而应当把恢复感情、消除对立、实现和解作为纠纷解决的根本目标和价值导向。①

二是遵循职权探知主义理念。职权探知主义不仅是大陆法系国家家事审判的通行做法,也是英美普通法系国家家事审判主流发展方向。如德国作为大陆法系家事立法的典型代表,其家事审判就有着强烈的职权探知主义色彩;在日本,即使是当事人双方都未主张的事实,家事法院也能予以认定,并可以依据职权广泛地调查证据;美国最高法院也通过判例法的形式,赋予法官在处理公益色彩浓厚的家事案件中较大的自由裁量权和一定职权的主动介入。我国进行家事审判改革时,也应坚持职权探知主义理念,在遵循司法规律,充分保障当事人权益和充分尊重权利人意志的前提下,构建以法官为主导的职权探知诉

---

① 程新文、张颖新、沈丹丹:《关于构建中国特色家事诉讼程序若干问题的思考》,载《民事审判指导与参考(2016年第2辑)》,人民法院出版社2016年版。

讼模式，法官可依职权主动收集事实和调取证据。这既符合现代法治的运行原则，又能够维护公共利益和实现家事审判追求实质正义的目的。

三是贯彻诉讼集中原则。普通民事案件的诉讼程序源于原告的起诉，对方当事人和诉求内容都由原告决定，法院只能被动地审理，不能依职权启动诉讼，尤其是在当事人的请求事项上，法院不能就未提出的请求作出裁判。当事人作出的放弃请求和撤回诉讼等决定会直接体现在裁判结果中，影响事实上的应然结果。但家事案件并非简单的民事案件，只对请求的事项进行裁决，或因当事人放弃权利而对此不作审理，这样就会给日后家庭关系留下隐患。我国在家事审判改革中，应明确统合处理家事纠纷的理念，人民法院处理家事案件时应以审判目的为出发点，依职权对案件全面审查，对当事人的权利处分内容作适当限制。

四是贯彻未成年人利益最大化原则。未成年人利益最大化原则是国际人权公约组织和相关国家基于未成年人主体特殊性的考量而对其进行特别保护的一个重要原则，目前已经成为世界各国普遍遵循的理念和原则。在家事审判中，人民法院应当遵循未成年人利益最大化原则，在涉及未成年子女的问题时，把未成年人利益放在最优先考虑的地位，充分考虑未成年人自身意愿，充分保护未成年子女的利益，采取最有利于未成年子女的审判、执行措施，更加有效地保护未成年子女的合法权益。

三、推进家事审判组织专业化改造

随着家事案件的大幅度增长，案件内容的复杂性和种类的多样性日益增加，设置专门的审判组织专司家事案件审理是大陆法系与英美法系许多国家和地区的共同做法。世界各国在家事审判机构的设置上比较通行的做法主要有三类：第一类是设立专门的、独立的家事法院或家事法庭，与地方法院等级相同；第二类是在地方法院内部设立家事法庭；第三类是仍然由地方法院管理家事案件及其他案件。目前，世界各国对家事审判机构和人员的专业化程度越来

第四章
域外家事审判制度

越重视,专门处理家事案件的家事法院或家事法庭纷纷设立。如美国、澳大利亚、韩国等都设立了独立的家事法院,配备了专门的审判人员,处理家事案件更加集中、更加专业。我国台湾地区采取了地方法院内部家事法庭和独立家事法院共同协调配合审理家事案件的形式,弥补了独立家事法院覆盖不完全的缺憾,在节约司法资源的基础上,使家事案件处理更为专业。

我国的家事案件不仅数量庞大、类型多样,而且案件的复杂程度和处理难度都日益加大,在此背景下,推进家事审判机构的专业化改造,有利于更好地化解家事矛盾纠纷,缓解我国法院案多人少的困境。我国家事审判机构改革应当在借鉴域外经验的基础上,结合我国基本国情,按照专业化的方向循序渐进地开展,最终实现在全国范围内建立统一完备的家事法院体系的目标。

四、探索非讼化等家事程序改革

家事纠纷不同于民事纠纷权利义务关系明确、案情清楚明了,家事纠纷更多的是当事人之间情感纠葛导致的纷争,具有延续性,若采用一般的民事诉讼程序,往往会出现案结事不了的情况。所以在处理家事案件时,须适用不同于审理民事案件的审理程序,深入剖析家事纠纷的内在根源,调动当事人的积极性,主动化解矛盾纠纷。家事审判改革要在重视私权保护的理念下,创新审理方式,对家事审判程序逐步进行非讼化改造。

一是重视以程序保障隐私权。隐私权作为一项基本人格权利,得到了世界各国的广泛承认和保护,既有直接立法的专门保护,也有附着于其他立法的间接保护,还有跨部门法的保护,甚至将其上升到宪法层面作为基本人权来保护。通过设置程序保障隐私权是家事审判改革的重要方面,其中最基本的是应贯彻家事审判的不公开原则。目前,我国只对离婚案件作了不公开审理的规定,对其他家事案件未采取不公开审理的方式。以非公开的形式审理家事案件,照顾到当事人的心理和情绪,保护了当事人的隐私,在相对"安全"的环境中，使当事人从心理上愿意配合对涉及隐私的事实充分质证，也能够使法院更全面地掌握线索，了解案情，探求当事人的真实意思。同时，在涉及未成年子女的案件中，不公开审理更有利于保障未成年人的身心健康，保护未成年人的切身利益。

二是探索非讼程序改革。目前，诉讼非讼化现象在世界各国发展迅速，早已突破古典非讼事件的界限。家事矛盾纠纷的化解仅依靠审判方式无法达到最佳效果，非讼程序相对于诉讼程序而言，其显著的优势在于处理案件迅速、便捷、高效，与诉讼程序的耗时长、成本高形成了鲜明对比，能够有效满足当事人的要求。对家事诉讼进行非讼化或部分非讼化改造，是许多国家和地区采取的行之有效的举措，如德国、日本等。我国的民商事立法主要是借鉴大陆法系国家的立法而逐步完善和发展起来的，但对非讼程序的态度和做法，特别是针对占非讼事件大部分的家事非讼事件，与大陆法系国家的诉讼事件非讼化不同，表现为非讼事件诉讼化。因此，在家事审判改革中应注重探索家事案件的非讼化改革，将一些没有权利义务争议的、事实性的家事案件纳入非讼程序，适用非讼原理，在程序上缓解当事人的矛盾，为彻底解决纠纷创造条件。

第五章 古代家事审判概述

第五章
古代家事审判概述

现实是历史的延续,历史是现实的根基。尽管中国古代并未有单独的家事审判制度,但通过探析历代诉讼制度的发展脉络,不难发现,我国古代家事审判制度独具特色。本章通过阐述分析中国古代家事审判制度发展嬗变的历史轨迹,以期为当代家事审判制度的构建带来启示。

第一节 古代家事审判

我国古代家事审判制度伴随着诉讼制度的产生而逐步形成发展。古代家事审判的立法思想、审判理念和法律、惯例在数千年间不断发展变化,却又一脉相承,深受中国传统文化影响,呈现出礼法结合、注重修睦、超职权主义、注重调解等特点。

一、古代家事审判的历史沿革

中国古代家事审判制度的发展按照不同的历史阶段可以划分为萌芽期、发展期和完善期。

(一)萌芽期:西周

宗法制是西周时期政治制度的核心,在宗法制基础上,西周发展出刑民有分的诉讼制度,并且随着户婚制度的出现,我国家事审判制度开始进入萌芽阶段。《周礼·秋官·大司寇》记载:"以两造禁民讼。"郑玄注:"讼,谓以财货相告者。"又:"以两剂禁民狱。"郑玄注:"狱,谓相告以罪名者。"① 可以看出,西周时对民事诉讼称为"讼",对刑事诉讼则称为"狱",从而"讼""狱"有别、民刑有分。在当时,专门设立官职对男女户婚诸事进行管理。根据《周礼·地官·媒氏》记载:"媒氏掌万民之判……男女之阴讼,听之于胜国之社。其附于刑者,归之于士。"② 根据徐朝阳先生的观点:"所云男女之阴讼,则今所谓人事诉讼之婚姻事件。"③ 可见,"媒氏"即为周时掌管民众婚姻的官职,且其不仅仅只是管理,对婚姻引起的争讼亦有权进行"听断"。除此之外,在宗法制度统治下,各宗族宗主、族长、家长对其宗内、族内和家庭各成员享有教令权,家事纠纷仍主要依靠宗族、家族、家庭的管理者进行裁判和解决。

(二)发展期:汉唐

自秦汉开始,家事实体法、程序法发展逐渐步入相对制度化、规范化阶段,家事诉讼制度及纠纷解决机构、人员设置等方面都得到长足的发展。汉承秦制,至秦汉时,随着经济社会的发展,先秦宗法制分崩离析,封建土地私有

---

① 参见《周礼·秋官·大司寇》及郑玄注。
② 参见《周礼·地官·媒氏》。
③ 徐朝阳:《中国古代诉讼法·中国诉讼法溯源》,中国政法大学出版社2012年版,第141页。

第五章
古代家事审判概述

制得到确立,家事实体法得到了长足的发展,程序法也逐渐臻于制度化。在审判机关及人员方面,秦汉时代仍是行政司法不分,秦及汉初地方设郡县,郡守及县令长即为郡县最高司法官,郡县以下设乡,乡有三老、有秩、啬夫、游徼,乡亭协助县官管理地方事务,三老掌教化,啬夫职听讼,收赋税,游徼禁贼盗。①当时,家事纠纷首先由乡亭的啬夫和三老进行审理或者调处。"凡事乡里不决者,送有司,郡为守,县为令,国为相;其左而治狱者,有决曹贼曹掾。"②而从《侯粟君所责寇恩事》③中,可看出当时家事诉讼的一些特点:一、在处理纠纷过程中采用刑事审讯的一些措施,凸显超职权主义审判模式;二、审判人员非专业化,不但案例中作为审判官的啬夫,包括郡守及县令长均具有行政和司法双重身份;三、初步形成了现代民事诉讼的一些审理模式,由原告提起诉讼、被告进行答辩,审理时两告到庭,在审判官的主持下进行必要的调查;四、受儒家思想的影响,两汉时期形成了"无讼""息讼"的纠纷化解观念。"两汉在对待诉讼问题,尤其是在亲属之间的诉讼上是一致的,当地官员先是自责,认为自己的教化没有做好,后又劝诉讼当事人息讼。"④"无讼""息讼"的观念使得当时家事纠纷处理多依靠调解化解,非必要不会进行诉讼。

三国两晋南北朝承汉制,并在此基础上有了进一步的完善和发展,中央审判权不断扩大,地方审判层级相对固定,从而为唐代司法制度的繁荣打下了基础。

唐代为古代封建社会的鼎盛时期,各项法律制度基本完备,专职的司法机关和人员已经出现,诉讼制度也得到了长足的发展。唐代在州设司户参军事,专司田土、户婚等民事、家事之讼;在县则设司户曹,或辅助县令、丞审理案件,或直接受理各类纠纷;更基层的组织,如乡、里、坊,则负责处理一些普

---

① 参见《汉书·百官公卿表》。
② 陈顾远:《中国法制史》,商务印书馆2011年版,第121页。
③ 《侯粟君所责寇恩事》:于1974年出土于居延的汉简,其记载了一起汉代民事诉讼案件的审理。
④ 程政举:《汉代诉讼制度研究》,郑州大学博士学位论文。

通民事、家事案件，处理方式是调解，若调解不成，再由县司户曹进行裁判；"乡里讼事，隋归有司，唐则先由里正村正坊正调解之，须裁判者归县理之"①。

在家事诉讼制度方面，唐代呈现以下几个特点：一是在法律制度上，将诉讼制度进行了法典化，用典籍形式作出了相应的规定。"《唐律疏议》对家事诉讼的起诉期间，管辖与受理，终审权与越诉，以及司法机关应受理而不受理的法律责任等，都作出了明确的规定。"②二是在家事审判上，不仅局限于双方诉请的范围，而是据以审判过程所认定的事实，结合礼、法作出裁判。三是唐代已经出现了与现代相似的回避制度。《唐六典》就规定，裁判者若与当事人之间"有亲属、仇嫌者，皆听更之。"四是规定了家事案件调解前置。唐代规定，家事案件先由里正、村正、坊正进行调解，若调解不成，才由县司户曹受理裁判。

（三）完善期：宋元明清

自两宋以来，民事制度和诉讼制度朝着更加专业化、缜密化方向发展，至明代甚至还出现了二审、专业法庭等审理程序和审判组织。发展至清代，民事诉讼逐渐"独立"，形成完整的法律规定，尤其在家事审判制度方面形成了制度化的多元解纷机制格局，中国古代家事审判制度日臻完善。

两宋时期上承汉唐，社会经济高度繁荣，尤其在南宋时期，土地私有制深化，民事主体不断扩大，婚姻、继承、田宅等家事纠纷日益增多，故两宋时期家事审判各项制度更加细密。一是在审判机构和人员方面。首先，北宋明确了民事诉讼同刑事诉讼一样可以上诉到中央，终审机关则为户部。"元丰改制前，户部只是一个闲置机构，神宗改制后，户部的事权与机构扩充，设户部左右

---

① 陈顾远：《中国法制史》，商务印书馆2011年版，第122页。
② 张晋藩：《中国古代民事诉讼制度通论》，载《法制与社会发展》1996年第3期。

第五章
古代家事审判概述

曹,左曹负有审理户婚、田债等民事上诉的职能。"① 至南宋时,户部之左曹又设立户口案,专门审理户婚、家产继承、立户等家事性质案件。其次,"作为宋朝司法重要改革的'鞫谳分司'制度,也适用于民事诉讼。"② 鞫谳分司实为一种审和判分离的审判制度,如在宋时的州府,常设司理院,审案时,由司理参军进行审理,由司法参军根据审理事实检索法律,定罪量刑,最后则由知府作出裁判。二是在诉讼制度方面。首先,两宋规定了民事诉讼受理的时间和审理的期限:"所有论竞田宅、婚姻、债负之类,取十月一日以后,许官司受理,至正月三十日住接词状,三月三十日以前断遣须毕,如未毕,具停滞刑狱由闻奏。"③ 这种农忙止讼的规定是由农业生产方式所决定的,在古代中国较为常见。其次是对民事诉讼时效作出规定。《宋刑统》对认领田宅、田地房屋分解纠纷等规定了十五至三十年不等的民事诉讼最长时效。三是在案件审判方面。首先,从南宋《名公书判清明集》记载的大量民事判例中可以看出,宋在审理民事案件时遵循重书证、同案适用相同规则等审判原则;在裁判文书中,审判官还会给出"断由",即作出如此判决的理由,使当事人更加信服。两宋时期民事诉讼制度相较其前代又有了很大的进步,呈现出审判机关人员更加专业、制度设计更加合理、审理裁判更加重视证据和法律适用的特点,部分制度设计甚至远超同时期世界各国。

明朝时,首先是家事诉讼规定了调解前置程序。明朝乡里不仅设有负责调解的里长,并设有申明亭等专门调处纠纷的场所,负责调处一些婚姻、赡养等民事纠纷,如将不孝不悌者的姓名写在亭上,至其改过自新后才去掉,且经乡里调解达成的协议对双方当事人有法律约束力。由此可见,到了明朝乡里调解属诉官前的必经前置程序具有强制性。朱元璋颁布敕令规定:"民间户婚、田

---

① 陈景良:《宋代司法传统的叙事及其意义——立足于南宋民事审判的考察》,载《法律文化研究》2008年第4期。
② 张晋藩:《中国古代民事诉讼制度通论》,载《法制与社会发展》1996年第3期。
③ 《宋刑统》,户婚率,"婚田入务"。

土、斗殴、相争一切小事，不许轻便告官，务要经本管里甲老人理断。若不经由者，不问虚实，先将告人杖断六十，仍发里甲老人量断。"①顾炎武《日知录》中论证明代乡亭时写道："《太祖实录》洪武二十七年四月壬午，命有司择民间高年老人，公正可任事者，理之乡之词讼。若户婚、田宅、斗殴者，则会里胥决之。事涉重者，始白于官。若不由里老处分而径诉县官，此之谓越诉也。"其次是在诉讼程序方面，明代除接受书面起诉外，还允许当事人口头起诉，更加便利；民事诉讼则更加重视程序的规范，对于程序缺失的案件多以"立案不行"予以驳回起诉或上诉。

清代家事诉讼无论在制度完备程度上还是立法技术上均体现出较高水平。一是审判机关方面。在通常情况下，州县只是负责初审的司法机关，对于案件应拟定审判意见，报送上级司法机关核准，但对于一般家事案件和徒以下轻微刑事案件，则由州县一级自行审理终结，"户、婚、田土及笞、杖轻罪由州县完成，例称自理"②。二是对起诉、受理、审判制度更加细化，对诉讼代理人、农忙止讼、起诉的不予受理、回避、旁听、证据调查及审判者的责任均加以规定。清代庭审尤重证据调查，如就婚姻纠纷的审理，需查验庚帖、文定，问询媒人、主婚，查明聘礼、嫁妆，综合案件人证、物证，最后才进行是非曲直的判定。三是审判多以调解的方式进行，庭审则以教化为主。《大清律例》规定，对于民事纠纷，特别是婚姻、继承争端大多转批宗族、乡保处理，若宗族、乡保调解成功，则争议双方签订协议，由乡保、族长请求官府销案，或官府依据双方"号押"的调解协议作出判词；若调解不成，则报备官府再行审判。清代还将矛盾纠纷的调处率纳入地方官员的政绩考核，据清代《顺天府档案》记载，宝坻县嘉庆15年至25年中自理的案件244件，其中有90%的案件以调解方式解决。四是家事案件多在判决下达时同时执行完毕，民事案件由州县审理，判决后即发生法律效力。因此，在司法实践中，"民事判决一般都能在当

---

① 参见《教民榜文》。
② 赵尔巽等：《清史稿·刑法志三》。

第五章
古代家事审判概述

堂得到执行,或被当事人主动予以执行"[1]。

二、古代家事审判的特点

纵观我国古代家事审判制度发展史,其以儒家思想为底蕴,重视教化调解,凝聚着古代社会运用司法手段化解家事纠纷的智慧和经验。

(一)超职权主义

中国传统家事审判并无相应的专门诉讼程序,其审理多依附普通民事诉讼程序进行,对于家事审判中的户婚、继承等讼争的审理,审判官往往拥有极大的自主权,能够自由地采用各种方式进行审理。《蓝公案》就记载:余曰:"田土,细故也。弟兄争讼,大恶也。我不能断。汝两人各伸一足,合而夹之。能忍耐不言痛者,则田归之矣。但不知汝等左足痛乎?右足痛乎?左右惟汝自择,我不相强。汝两人各伸一不痛之足来!"阿明、阿定答曰:"皆痛也。"余曰:"嘻!奇哉。汝两足无一不痛乎?汝之身,犹汝父也。汝身之视左足,犹汝父之视明也;汝身之视右足,犹汝父之视定也。汝两足尚不忍舍其一,汝父两子,肯舍其一乎?此事须他日再审。"这起案件中,蓝鼎元在审理兄弟两人争夺田产纠纷时并未进行相应的询问和证据调查,而是采用超职权的审判方式,直接施以刑讯手段进行了审理,这在现代民事诉讼中是绝无可能出现的。传统家事审判的超职权模式,还体现在审判官审理家事讼争之时往往超出诉讼请求的范围进行裁判。这种超职权的审理、裁判方式,有利于审判官贯彻家事审判中礼教为主的审判理念,符合传统礼教中心制度体系要求和官员教化地方、减少讼争的政绩考核要求,成为主流审判模式,为大多数家事讼争审理时所采用。

---

[1] 赵尔巽等:《清史稿·刑法志三》。

（二）礼法结合

"盖往昔除刑律外，法多归之以礼，尤以民事准绳，非礼莫求。"[①] 传统家事审判的裁判依据以礼为主，见于礼教中心下的婚姻、家庭、继承等成文律条，以及儒家经典、风俗习惯、道德规范、乡规民约、先前判例等，甚至是依据审判官内心的判断作出裁决。《大清拍案惊奇》中关于一起兄弟嫡庶相争的判例就记载："审得刘敬叔呈控刘宏德一案……查律凡无子者，应以最近昭穆相当者之子为嗣，不得紊乱。此刘敬叔呈控之理由也。又查律凡无子者，得于应嗣者外，别立钟爱者为嗣。刘槐在日，既极钟爱宏德，视若己子，而临没又遗命立之为子。则依律刘宏德入嗣为刘槐之子，并无不合；但刘敬叔在昭穆上为最相当之人，自应与刘宏德并嗣，以别亲疏而合伦常。"在这次家事纠纷中，因遗嘱继承与传统伦理发生了冲突，作为裁判者的袁枚并未适用其中任何一种规定进行判决，而是依据内心作出了二人共同入嗣，从而各得一半家产的裁判。而在涉及孝道的裁判中，更是刑律当道。历朝历代均将不孝列为重罪加以规制。传统家事审判之所以在判决依据上出现多元化的特点，其一是受到儒家思想的深刻影响，审判官多为儒家思想的继承者，裁判中自以礼教为主；其二是传统家事各项制度缺失，不足以应对纷繁复杂的家事审判，裁判依据只能在儒家经典等非正式家事制度中寻求；其三是依据礼等习惯、道德所作出的裁判更能符合当世民众的心理预期，易于达到教化目的。

（三）注重修睦

在礼教中心制度体系的影响下，传统家事审判在处理家事纠纷过程中，较为关注家事审判修复功能，审判官多利用自己绝对的权力，运用各种手段，唤醒人们心中的人伦之常，感化和教化涉案当事人，促使双方达成和解，重归于好。《陆稼书判牍》记载：陆陇在审理兄弟二人争夺财产时，同样未让二人

[①] 陈顾远：《中国法制史概要》，商务印书馆2011年版，第60页。

第五章
古代家事审判概述

对簿公堂,各自阐述是非曲直,而是让兄弟二人互相呼唤对方,此呼彼弟,彼呼此哥,兄弟二人相互呼唤几十声后,均泪流满面,当场认错,纠纷得到了化解。对此,陆陇作出裁判为:"夫同声同气,莫如兄弟,而乃竟以身外之财产,伤骨肉之至情,其愚真不可及也……所有产业,统归兄长管理,弟则助其不及,扶其不足……从此旧怨已消,新基共创,勉之,勉之。"类似的案件,各代古籍亦多有记载。产生这种以教化、修睦为目的的审判理念的原因在于:一是礼教中心制度体系下"礼""和"等思想的必然要求;二是古代中国家国同构、家国一体的执政理念所导致。正所谓,治国犹如治家,家和方能万事兴旺;千家万户家庭和睦,国家才能秩序井然。三是古代中国对待"讼"的态度使然。《周易》有云:"讼,终凶。"又云"讼,不可妄兴。"古代中国朴素观念认为,诉讼乃是不吉利的凶兆,而基于此而产生的"无讼"思想更是盛行于世、深入人心。礼教中心思想得到确立之后,基于教化、修睦的审判理念作出的裁判在古籍记载中比比皆是,且不拘刑民诉讼,在审理中皆以教化为主,家事案件尤为突出,这就使得相同类型的家事案件,不论由谁审理,不论原由、性质,甚至不论是非曲直,均会作出相似的裁判。

(四)调解为主

传统家事审判尤重调解。首先,从审判理念方面看,注重教化、修睦为主的审判理念是调解结案的必然要求,而唯有调解手段才能起到修复家庭亲属关系裂痕、恢复家庭功能的作用,从而达成教化的最终目标。其次,从审判方式方面看,超职权主义的审判方式为必然达成调解结案创造了条件,审判官员可以采用任意手段迫使双方进行调解,并通过这些手段使双方认识到家庭、亲情的重要,从而在内心中认同调解。最后,从审判场所方面看,古代中国注重区分刑事和民事审理场所的不同。在河南内乡县衙的规制中,大堂宽敞明亮,设有跪石,是审理刑事案件的场所,彰显威严肃穆;二堂则相对宽松,简洁朴素，是审理民事案件及调解所用场所。① 正如现代法院家事审判法庭所布置和营造的调解氛围一般，相比大堂，简洁、私密的二堂一方面保护了家事案件的隐私，另一方面则更加有利于调解的展开。因此，对于传统家事审判，无论是其注重教化、修睦为主的审判理念，或是超职权主义的审判方式，还是为民事案件设置专用审判场所，其目的只有一个，就是为了促成家事案件双方以调解的方式结案。据《汉书·韩延寿传》记载：西汉宣帝神爵三年（公元前59年），左冯翔韩延寿出行巡查属县，至高陵，有百姓兄弟二人由于田产纠纷，前来投诉。韩延寿感叹道："我为一郡表率，不能宣明教化，以致造成百姓骨肉之亲相互诉讼，既伤风化，又使当地贤明的长吏与乡民蒙受耻辱，责任在我，应当先行退职。"当天称病不处理公务，在传舍闭门思过。该县县令、县丞、啬夫、三老也自己囚禁起来等候论罪。于是，诉讼的双方当事人及其家族相互责让，兄弟二人亦深感懊悔，自己髡首肉袒前来谢罪，愿以田地相让，至死不再争讼。韩延寿闻讯大喜，与二人相见饮酒，加以勉励。不仅如此，他还转告县里，要求用息讼和解的办法处理民间纠纷。同样，以调解方式结案更能显示审判官员审判艺术的高超，亦在经过民众广为传播后更能起到教化地方的作用。因此，调解结案方式为大多数审判官员所崇尚，即便有案件由审判官员以判决形式结案，也只是极个别的例子。

第二节　古代家事调解

调解是中国古代家事审判制度中极具特色的一部分，是中国古代解决家事纠纷的主要手段，寄托着古人对"和谐"的执着追求，长久维护了中国古代家

---

① 内乡县衙是中国古代的官署衙门，是中国唯一保存最完整的封建时代县级官署衙门，有"天下第一衙"之称。

第五章 古代家事审判概述

庭伦理秩序。作为古老的东方经验,传统家事调解的产生和发展有着深厚的思想底蕴和历史渊源。

一、古代家事调解的思想渊源

以"礼""乐"为核心的德治理念是古代家事调解的逻辑起点。发轫于数千年前的调解,伴随人类社会矛盾的出现而产生。原始人类为保存最为珍贵的劳动力、避免武力对生产力的破坏而自然选择以调解方式解决纷争。[①] 自夏朝开始进入阶级社会后,"家天下"替代了"公天下",并由家族逐渐扩大发展为国家,使社会出现了明显的家国同构的宗法制性质。尤其到了西周时期,统治阶级通过大规模分封来维护社会的稳定有序,政权成为祖先遗留下来的"家族财产",祭祀祖先、敬天法祖、忠君孝亲等理念自然而然地成为一种道德需求,"亲亲尊尊"等宗法等级观念以及在差序结构中"奉先思孝""孝悌友爱"的伦理道德观亦自然得到整个社会的普遍认同[②]。经历夏、商二代智慧凝结以及经过对暴政无德的反思后,周朝统治者提出了"明德慎罚、礼刑并用"的指导思想,这种系统化、制度化、明确地以和谐达致长治久安的德治理念逐步推进,并与制度上"礼""乐"的完善和可操作性结合起来,形成了"礼乐刑政"综合为治的治国模式。"礼""乐"作为一套完整的行为规范,通过自上而下的教化实践,又使亲亲、尊尊、长长的传统伦理观念不断深入人心,充分渗透到社会的各个阶层。在此背景下,借助宗族或熟人网络中权威第三方的排解疏导、说服教育,促使纠纷双方自愿认识错误、不再产生争执的过程,也即当今所谓的调解,便开始成为化解纠纷、维护稳定的统治策略。

"贵和持中"的儒家思想是古代家事调解代际传承的精神内核。儒家思想中的"贵和持中"观念深深地影响了中国传统的文化思维、民族精神,也成为

---

① 刘艳芳:《我国古代调解制度解析》,载《安徽大学学报(哲学社会科学版)》2006年第2期。
② 邢丽芳:《儒家教化及其有效性研究——先秦至西汉时期》,南开大学2014年博士学位论文。

几千年来中国传统法律文化特征。在百家争鸣后,注重礼乐传承的儒家思想得到了西汉统治者的推崇,成为主宰中国几千年封建社会的正统思想。随着生产力的发展,阶级社会中的矛盾无法避免,也越发复杂。因此,儒家思想在继承周朝提出的以德配天、敬天保民的天德观基础上,丰富了强调人与自然、人与社会、人与人之间和谐相处的传统德治理念,以调和客观矛盾和对立。儒家思想不仅认为人与自然应和谐相处,更认为自然规律与人世道德存在关联。《礼记·乐记》就曾写道:"乐者,天地之和也;礼者,天地之序也。和,故百物皆化;序,故群物皆别。"天地和谐,万物得以化育;天地有秩序,万物才能各有区别,不相紊乱。对统治者而言,"王道之三纲可求于天"①,王者按照天意行事,就会感动上天,王者逆天道行事,就会招致"天谴",这就要求统治者及各级官府应当施仁政、施德教于民,注重教化,教民向善,对刑罚的使用采取谨慎宽缓的态度。同时,在人与人的关系中,强调从日常生活到政治行为,都要把握好度,以"中和"而非偏激的方式处理问题,并提倡"让""无争"等观点,通过调整自身言行等"克己"模式来达到"复礼"的目标,以缓和客观存在的各种矛盾。②而在古代自给自足的小农社会和宗族化社会结构中,上述"人和"的追求则主要通过强化家族中人伦关系的和谐而实现。③儒家伦理思想从血缘情感出发,提倡以家长为中心的父慈子孝、夫义妇顺、兄友弟恭,并使这种充满等级色彩的道德人伦成为一种合乎理性及逻辑的价值体系,让人由内而外自发顺从、无争,在差序等级中自觉遵从"三纲五常"的道德约束,实现家庭秩序与社会秩序的和谐稳定。

"无争""无讼"社会观念的形成是家事调解源远流长的社会基础。"无争""无讼"是"和为贵"思想在司法实践领域中的目标追求与实践形态。④ 对

---

① 参见:《春秋繁露·基义》。
② 邢丽芳:《儒家教化及其有效性研究——先秦至西汉时期》,南开大学2014年博士学位论文。
③ 孙光妍:《中国传统法之和谐价值研究》,黑龙江大学2006年博士学位论文。
④ 张晋藩:《中国法律的传统与近代转型》,法律出版社1997年版,第277页。

第五章
古代家事审判概述

此，统治者以"慎刑"作为和谐的保障，建立注重劝说、教化的调处息诉机制和习惯做法，构建起了天理、国法、人情合一的社会运行模式。民众在"无讼"思想教化下，"厌讼""贱讼""耻讼"的心理观念也逐渐根深蒂固。明朝海瑞曾讲："词讼繁多，大抵皆因民俗日薄，人心不古，惟己是私，见利则竞，以行诈得利者为豪雄，而不知欺心之害，以健讼得胜者为壮士，而不顾终讼之凶。而又伦理不淳，弟不逊兄，侄不逊叔，小有蒂芥，不能相事，则执为终身之憾，而媒孽讦告不止。不知讲信修睦，不能推己及人，此讼所以日繁而莫可止也。"①基于这种"贱诉""耻诉"认知，中国古代便有了"良民畏讼，莠民不畏讼；良民以讼为祸，莠民以讼为能"的人品分类法。清朝裕谦更把"兴讼"与破坏儒家"五伦"并提，"人既好讼则居心刻薄，非仁也；事理失宜，非义也；挟怨忿争，非礼也；倾资破产，非智也；欺诈百出，非信也"②。然而，矛盾纠纷伴随经济基础的发展必然现实存在，这使"执其两端用其中于民"的调解成为平息纷争达到"无讼"的最优选择。③尤其在以血缘为纽带的宗族熟人网络以及家国同构社会中，对发生在家族内部的家事纠纷，就更加依赖宗族及邻里等民间力量调处。

二、古代家事调解的种类

中国古代调解是一个包括宗族族长、乡老里老、士绅、官员等人多层次、多角度参与化解纠纷的机制。根据参与调解主体的身份、程序不同，古代调解可分为民间调解、委托调解、官方调解三种形式。

---

① 参见《海瑞集（上）》。
② 参见裕谦：《勉益斋偶存稿·戒讼说》。
③ 梁凤荣：《论我国古代传统的司法调解制度》，载《河南大学学报（社会科学版）》2001年第4期。

（一）民间调解

民间调解属诉讼外调解，包括乡里、宗族、邻里亲友等主体所为调解。乡里调解，是指乡老、里正等对其一乡、一里所发生的民事纠纷或轻微刑事案件进行的调解。虽然乡里调解不具有诉讼的性质，却为历代统治者所重视。根据《周礼·地官》记载，早在春秋战国时期，就设有专门负责"谐合"的乡治组织"调人"来调处纠纷。汉代设立啬夫作为乡里民事纠纷的调解人。唐代《唐律疏议》中关于婚姻解除的条款中有"义绝离之"记载，也可以间接证明"调解"所具有的法律意义①。《唐律疏议·户婚律》规定："诸犯义绝者离之，违者，徒一年。若夫妻不相安谐而和离者，不坐。"元朝乡里设社，社长负有调解职责。《通制条格·卷十六·田令》规定："诸论诉婚姻、家财、田宅、债负，若不系违法重事，并听社长以理喻解，免使妨废农务，烦扰官司。"明朝乡里不仅有负责调解的里长，并设有申明亭等专门调处纠纷的场所，负责调处一些婚姻、赡养等民事纠纷，经乡里调解达成的协议对双方当事人有法律约束力，且调解为诉官前的必经程序，具有强制性，我国古代民间调解制度至此亦趋于完善。邻里亲友调解是指由邻里亲友中德高望重者对纠纷双方进行调处、解决纷争。该方式虽无法律统一规定，调处结果亦无强制约束力，但却因其方式灵活、便于实施而被广泛适用。此外，宗族首领依据家法族规来调处、裁判族内民事纠纷也是古代解决民事纠纷特别是家事纠纷的重要方式。宗族首领所负统管宗族事物之权，实际亦是为国家维持族内秩序的义务。《唐律疏议》中便有规定："刑罚不可驰于国，笞捶不得废于家。"《大清会典事例》则明确指出："族长及宗族内头面人物对于劝道风化户婚田土竞争之事有调处的权力。"官府对宗族之中的家长为调处家族成员之间的纠纷所作出的调解结果以及处罚决定一般均予以认可。

---

① 曾宪义：《关于中国传统调解制度的若干问题研究》，载《中国法学》2009年第4期。

第五章　古代家事审判概述

（二）委托调解

委托调解，是指官府在接到诉状后因纠纷简单琐碎或涉及亲族伦理关系等，而批令族长、乡保等人进行调解，并将调处结果反馈报备官府的一种调解形式，也被称为官批民调。在汉朝时期，此种方式已作为一项诉讼制度被应用到民事、家事纠纷处理上，由先受理诉讼的司法机关依据原告诉状写成爰书，将爰书发往被告所在地的县廷或者戍所候官，再由县廷或者戍所候官将爰书交由乡啬夫或者候长负责询问了解，以调解息讼。发展至明清，该种调解方式表现出社会化、专业化倾向。《大清律例》规定，对民事纠纷，特别是婚姻、继承争端大多转批宗族、乡保处理，以"阖族公议"调处纠纷。若宗族、乡保调解成功，则争议双方需签订"合同约"或"合约"，乡保、族长请求官府销案，或官府依据双方"号押"的调解协议作出判词；若调解不成，则报备官府再行审判。据《武定土司档案》记载：在乾隆二十五年武定土司民那贡生死后，其遗孀安氏与唐氏对由谁独养两子、执掌家业发生争执，此案诉至官府后被转批安家亲族斟酌商议、妥善调处。后经议定，安氏与唐氏各养一子，家产也各有所份。该调处结果上报官府后，官府作出词批，要求按调处的结果分配家产，并将议定的调解协议立为"合同"送州署钤印，以绝日后争端。由于族长、乡保均处于纠纷发生地，更易获得真实情况，因此这种"半官方"性质的调解往往比"州县案牍之间，未必尽得其情"的官府调解效果更好。①

（三）官府调解

官府调解又称诉讼内调解，是官府对民事纠纷和一些轻微刑事案件的调解。在儒家思想占统治地位的古代社会，诉讼多发被视为"民风浇薄，教化有亏"的表现，诉清狱结被作为地方官吏考核的重要指标。因此，将礼乐教化融于诉讼过程，注重调解劝和成为官府解决纠纷的普遍做法。例如，魏晋南北朝

---

① 张嘉军：《古代中国民事诉讼调解政策初探》，载《公民与法》2011年第6期。

时期，清河太守崔景伯治下有一人不孝，崔景伯将不孝子带到家中留住，诉讼的母子看到太守对母亲无微不至的侍奉，深受感动并申请撤诉。回到家乡后，原被诉的不孝子效法崔景伯，竟以孝而闻名乡里。清代吴炽昌在其《续客窗前话》中记载，陆陇其任河北灵寿县知县时，常开导诉争双方："尔原、被非亲即故，非故即邻，平日皆情之至密者，今不过为户婚、田土、钱债细事，一时拂意，不能忍耐，致启讼端……一经官断，须有输赢，从此乡党变为讼仇，薄产化为乌有，切齿数世，悔之晚矣。"

关于官员调解纠纷的案例在古代典籍中不胜枚举，这些"父母官"在进入仕途前基本都熟读过承载正统思想的文化典籍，在调解中既是矛盾纠纷的裁判者，又是道德教化的施行者，能够起到示范和引导的作用，从而做到"听讼而使民惕然内讼以至于无讼"，实现矛盾纠纷的消弭和社会秩序的稳固。[①]

（四）三种调解之间的关系

民间调解、委托调解与官府调解是中国古代最主要的三种调解形式，三者将公堂内的审判与公堂外的调解有机结合，充分调动古代社会各阶层力量，有力维护了当时社会秩序的稳定。这三种调解方式既相互联系也各具特色，繁杂却又内在共生。首先，在调解主体上，官方调解主体是各级司法行政官员，是诉讼内调解；民间调解的主体主要是乡绅、里正、里长、族长、邻里等人，所作调解属于诉讼外调解，不具备诉讼性质；而里正、里长、宗族族长在调解中的身份又是多重的，在诉讼前他们可以是民间调解的主持者，当官府将案件批转给诉争者所在地乡治组织或宗族进行调解时，他们又是官府的代理者、受托调解的主体，所为调解具有半官方性质[②]。其次，在调解次序方面，在明朝时期民间乡里调解属于纠纷被诉官前的必经程序，前置于官府调解，未经乡里调

[①] 王为东:《传统调解制度的合理性新析——以法制构成要素理论为工具》，载《南京大学法律评论》2009年春季卷。

[②] 曾宪义:《关于中国传统调解制度的若干问题研究》，载《中国法学》2009年第4期。

解而直接诉官的，便违反程序构成越诉，将被给予惩处。只有经民间调解无果，才能进入诉讼程序。当然即便诉官，调解也具有优先性，也只有在官府调解无效后才能作出裁决。这种程序设置明确了纠纷化解过程中的调解路径，充分体现了调解适用的优先性。最后，在调解的效力方面，古代调解通过尊长对等级卑微者的训导、教化实现，而在等级制度分明的差序结构中，社会各基层之间价值取向的一致性往往能使诉争者自愿接受和自觉遵守调处结果，调解自然在传统文化影响下内生出一定的强制性和约束力，成为更益于恢复和维系社会关系的纠纷解决方式。相较而言，官府调解的强制力更高，如在清朝当事人"吁请"息诉的甘结中，双方都申明自己是"依奉结得"，即遵守命令和解息诉，意味着即便当事人不完全自愿，也要服从官府的调处结果。官批民调和乡里调解的强制力则次之，官府通过赋予乡里、族长对纠纷的合法裁判权，不但减轻了官府的压力，也强化了乡治组织的权威及官府对基层乡治组织的监督、治理。

三、古代家事调解的特点

古代家事纠纷绝大多数都是依靠调解尤其是乡邻、族亲等民间调解化解，解纷方式富有鲜明特色。

（一）以讲信修睦、避免诉争为价值取向

在中国古代稳定封闭、自给自足的小农经济基础上，人们被束缚于土地，重视亲情、追求安稳生活，形成了以家族为纽带的宗族社会和以家长制为支撑的家族伦理。"礼之用，和为贵。"在此影响下，产生了以"德"为起点，强调克己复礼、重德轻利，以"和"为目标，通过卑微对尊长单向服从，实现个体与家庭和谐统一的传统家庭伦理。历代统治者都极为重视家庭伦理的作用，并强调伦理规范与维护手段的知行合一。因此，面对客观存在的家事纠纷，分明

家事审判研究

是非未必是止诉息讼的有效办法，而将礼乐教化融入调解劝说之中，引导诉争者讲信修睦，则既满足了诉争者对某种程度"理"的追求，又最大限度地保证了相互之间的和谐关系，从而维护传统家庭伦理秩序，达到使民无讼的结果。[①]服从于古代家庭伦理的实体需求及对"无讼"理想的程序追求，讲信修睦、避免诉争必然成为传统家事调解所追崇的价值目标。

（二）以儒家伦理道德为规范依据

在实体规范方面，尽管调解被历代封建统治者所重视，但在律例典籍之中并没有太多关于调解规范依据的规定，然而规范条文的简陋并不意味着调解可以完全背离是非、毫无原则地进行。儒家思想作为传承宗法礼制的传统主流文化，其三纲五常伦理道德通过不断教化与践行，成为封建专制时代的基本道德原则，形成了重点保护君权、父权和夫权的规范体系，约束和指导着古代社会日常行为以及调解行为。同时，中国古代家国一体的构造，使统治者将国政视为家务，而国法不过是放大的家规，家法族规也便成为宣扬儒家伦理纲常的教场。翻开任何一本传统的古代家训都会发现其中许多诸如"孝悌""尊卑关系"的规定，甚至婚姻、立嗣等都要依照儒家的"礼"而设，形成了以子女对父母、妻对夫、家庭成员对家长单向服从的家庭伦理规范。[②]这些贯穿于古代典籍、律例、官箴民谚以及家法族规内外的儒家伦理道德，零散而不失严密，共同成为家事调解的实体规范依据。

（三）以多元化、社会化为体系形态

在血缘与地缘相结合的宗法家族社会、缺少流动的熟人网络中，"才自和睦，则有无可以相通，缓急可以相助，疾病可以相扶持，彼此皆受其利"，关

[①] 王为东：《传统调解制度的合理性新析——以法制构成要素理论为工具》，载《南京大学法律评论》2009年春季卷。
[②] 刘艳芳：《我国古代调解制度解析》，载《安徽大学学报（哲学社会科学版）》2006年第2期。

第五章 古代家事审判概述

系和谐至关重要。① 当出现纠纷时，无论是出于血缘考虑，还是人际关系紧张的压力，亦或是对刑重罚酷的恐惧，都不会轻易将纠纷诉诸公堂，便形成了以社会力量为主，民间调解、委托调解与官府调解多元并存的解纷体系。尤其在家事纠纷处理中，以乡治组织、宗族家长、邻里亲友为主体的民间调解占据主要地位。对于进入诉讼程序的家事纠纷，官府亦往往批令族长、乡治组织等主体进行调解，并要求受托人最后将调处结果反馈官府备案。在中国古代社会中因家事纠纷进入官府诉讼程序的案件虽较少，但在儒家思想统治下，官府普遍重视调解、教化对解决家事纠纷的作用。传统家事调解将公权审判与私权主体间的劝说有机结合，充分调动古代社会各阶层力量，有力维护了当时社会秩序的稳定。

（四）以程序前置为运行机制

儒家德主刑辅的政治主张强调将教化子民作为官员的重要职责，要求为官应"不以法令为亟，而以教化为先"，这种统治方略塑造了调解优先的政治基础。作为社会基本构成的宗族群体，在"和为贵""无讼"思想笼罩下，其家法族规中一般都有"善保家者戒兴讼，讼不可长，讼长，虽富家必败"② 等戒争止讼的规定，并对族内成员纠纷由族长调解解决作出规定。"家法所系之重也"，家事纠纷由宗族家长调解的做法，构成了家事纠纷调解前置的社会基础。调解被赋予强制性和前置性，未经民间调解，被视为违反程序，不能进入诉讼。经民间调解而未达成协议的才能进入诉讼，而此时官府也会优先选择以调解的方式解决纠纷。

（五）以灵活方法为技术内涵

传统家事调解将纠纷解决过程与礼乐教化融为一体，调解过程注重情、

---

① 吴江：《中国传统调解制度的古今之思》，载《法学杂志》2011年第s1期。
② （明）魏裔介：《琼琚佩玉》。

理、法的结合，调解方法更是灵活多样。民间调解可以在当事人的家中，也可以在田间地头根据调解时机进行。委托调解则可在固定的调解场所进行，如明代申明亭、善旌亭。官府调解则除在公堂对诉争双方以礼喻之外，也常会凭官员自己意志，通过言传身教等方式因人、因事采取不同的方式调处纠纷。如《荀子》中就记载，对于一起父子之间的民事纠纷，孔子将他们扣押三个月而不作出裁决，父子二人经过三个月的反思，均悔其过，父亲向官府提出了撤诉请求，孔子赦免其子，父子二人相拥而泣，终身不诉。元代张养浩在《三事忠告》中记载了其调解经验："书讼者，诚能开之以枉直，而晓之以利害，鲜有不愧服两释而退之。"他还在《为政忠告》中强调："亲族相讼，宜徐而不易急，宜宽而不宜猛。徐则或悟其非，猛则益滋其恶。第下其里中开论之，斯得体矣。"古人为争取调处和息，常会采用拖延冷却、感化教育等形式多样的方法，这些灵活调处的策略充满了古人化解纠纷的智慧，也更加突出了调解制度所蕴含的简易性、灵活性、普遍性和自治性优点。

第三节　古代家事审判的当代价值

中国古代家事审判经历两千多年的发展，形成其独有的解决纠纷模式，对于维护社会传承、促进社会发展发挥了重要作用。虽然古代家事审判有一定的局限性，但通过梳理发掘，仍可以为当代家事审判提供启示与借鉴。

一、注重伦理教化的家事审判体系

作为拥有几千年传统文化和传统礼法的国家，我们至今仍深受儒家传统文化的深远影响，古代家事审判所倡导的孝道、和睦、包容等传统家庭伦理以及

第五章
古代家事审判概述

修睦、教化等审判理念仍具有很强的现实意义。

（一）以传统家庭伦理思想为当代家事审判的价值参考

确如法哲学家佩雷尔曼所言："法律基本上是关于各种价值的讨论，所有其他都是技术问题。"虽然价值观以经济社会生产力发展水平及其文化为基础和背景，具有层级性、相对性，但其也有超越性、普遍性和继承性。以儒家思想、汉唐律典和近代民主革命为背景的中华法治文明所倡导的传统家庭伦理观，在当代依然有其生机与活力。

随着时代的变迁、社会的转型，当代中国家庭出现了小型化和多样化的转变，传统的累世同居大家庭格局已被打破，父权至上、夫权至上的思想被彻底扭转，家庭成员地位平等和双系家庭的建立成为时代的主流，但作为传统家庭伦理所强调的家庭本位、以孝为先、重视亲情、乐群和贵的思想与现今社会所倡导的社会主义核心价值观却具有内在的一致性。尤其是在构建我国家事审判制度之时，应当将传统家庭伦理所强调的思想作为理论渊源，倡导"孝"与"和"，强调家庭本位，重视亲情；并以此为理论根基，设立区分一般民事诉讼的审理、调解等特有制度，彰显家事诉讼特性，使之真正在修复亲情、保护家庭弱势群体等方面发挥积极作用，为创建和谐家庭、构建和谐社会提供制度保障。

（二）以思想教化为当代家事审判的目的

教化即儒家思想所倡导的政以体化、教以效化、民以风化。古代中国最重礼教，自儒家思想占据统治地位后，历朝历代皆以教化作为正风俗、治国家的要策，对教化的重视程度可见一斑。教化的方式则是多样化的，主要包括帝王与官员以身作则的表率或以明令教谕进行的引导，亦包括各阶段学堂的知识教育，还包括建祠立碑引起的口口相传，同时还有各级司法官员所作出的裁判。因此，古代中国的教化往往是在无形之中引导民众树立相应的道德观、价值观，达成教育民众明事理、辨是非，自觉宣扬善良、唾弃丑恶的目的。同样，在当代，家事审判本身不是目的，通过家事审判来发挥法的规范性作用，通过指引、评价、教育，引导人们树立正确的家庭伦理观，实现家庭和谐，才是构建当代家事审判制度的根本目的。北京市丰台区法院张宁法官在一起老母亲患晚期癌症，子女却为房产闹上法庭案件判决中写道："慈母手中线，游子身上衣。孝乃大义，耄耋老母已是身患绝症、垂危暮年，所剩时间无几。对六位子女来说，让她安详地走完最后一程，让她临终前看到子女的和睦、亲善，即为大孝。没有一个母亲愿意看到子女因为家产的分配争吵不休、闹上法庭。而她更为担心的是，自己的表态会让子女漠视亲情、矛盾不止。对一个暮年老人来说，财产已经没有意义，而子女们生活殷实、平安和睦，才是最大的安慰。对父母尽心尽孝，不仅是道德的应有内容，从法律上讲，也是法院分割财产的重要考虑。如果弃垂危老母的感受及安危于不顾，对财产的关注度超越亲情、高于养育之恩，那将来不仅是道义上无法弥补的缺憾，也同样将在法律上获得否定性评价。希望各方平心静气、搁置争议，让老母亲安详地度过人生最后一程，也为自己的后代做个好榜样。"①

无独有偶，北京市东城区法院康洪法官在处理一起家事案件时，判决书也写道："我国有'百善孝为先'的古语，'孝'有孝顺、善事父母之意，古代以尽心奉养和绝对服从父母为孝，儒家经典《孝经》把孝誉为'天之经、地之义、人之行、德之本'。由此可见，'孝'在我国古代就已经是天经地义、人之美德，在现在的社会应当更加提倡。"近年来，我国传统儒家经典中的词句陆续出现在各地法院的判决书中。这些判决书通过引经据典，将传统家庭伦理中的"孝""和"等思想体现得淋漓尽致。同时，在这些判决书作出后，通过自媒体和网络进行广为传播，受众人群极为广泛，让民众看到家庭伦理亦成为衡量自身行为是否符合法律评价的依据，无形中受到了这些判决的影响，从而真正体现了家事审判指引、评价、教育等规范性作用。因此，构建我国家事审判制

---

① 摘自腾讯新闻，引用时间2018年1月10日。

第五章 古代家事审判概述

度，应当以实现社会主义家庭伦理观和社会主义道德体系的新型"教化"为根本目的，才能实现其应有价值。

（三）以注重修睦为家事审判的隐性司法理念

"法官对案件的裁判过程，一方面反映了其法律思维的活动过程，另一方面则受到司法理念的指引。"[①] 家事审判亦无例外，法官在运用法律审理家事案件时，需要遵循弱势群体保护、家庭关系柔性修复等司法理念。这些司法理念的形成，均由家事审判的特殊性质所决定，因为婚姻、继承、抚养、赡养等家事案件，均有一定的夫妻、父子、亲属等身份关系存在，身份关系的背后，是更深层次人伦宗亲、家庭秩序等各个层面。因此，家事诉讼的开始，代表着夫妻、父子、亲属等关系出现裂痕，家庭应有的功能亦随之丧失。此时，作为家事审判的法官，应当首重修睦，设法在诉讼中修复家庭关系裂痕，重新恢复家庭应有之功能。

家庭是社会的基本构成，也是社会稳定的基石。所以，从古到今，社会秩序的稳定在一定程度上依赖于整个社会的家庭和睦。无论何种家事纠纷，通过家事审判的进行，最终能够恢复双方和睦，都会成为最理想的审判结果。因此，家事案件法官在遵循积极司法等司法理念之外，还应当树立注重修睦的司法理念，并能够将之贯穿家事案件审判的整个过程。

二、多元化调解体系的古典范式

随着中国封建社会的解体，古代法律制度大多归于寂灭，但根植于传统价值观念的调解制度却仍被长期接受。尽管古代传统调解凭籍礼法渊源，维护的是封建伦理秩序，存在重义务、轻权利的局限性，但其所承载的尊重秩序、崇尚和睦的价值内涵在当前社会中仍有不可低估的作用，挖掘其特有价值是人们

[①] 邹川宁：《司法理念是具体的》，人民法院出版社2012年版，第3页。

对和谐秩序需求的逻辑使然。尤其在家事关系领域中，和谐幸福更是每个家庭的精神需要和伦理追求。传统调解这种柔性调整人际关系的方式深度契合了现代家事纠纷的特点，对当下家事调解制度完善具有重要启示和借鉴意义。

（一）构建特有的调解体系

古代调解制度通过民间自治组织、家长、族长调解、官批民调、官府调解等方式，构建起民间、半官方、官府多阶层、多角度调解体系，除调动正式官方力量外，以宗法制度为基础的家族治理和以乡绅精神为纽带的乡村治理等都在纠纷化解机制中发挥着重要作用，这种多元调解机制被誉为"东方经验"，为当代人们解决现实难题提供了参考和借鉴。①

现代家事纠纷本质属于关系型纠纷，裁判过程中离不开伦理道德的评判。尽管自古至今家庭伦理存在的基础和内容发生了巨大变化，但追求"和睦""和谐"亲属关系的需求如同生命基因得以延续。因此，在"贵和"思想基础上产生的调解制度，在促进家事纠纷当事人之间有效沟通，冷静务实地进行协商，实现人际关系的重构方面仍具有重要意义。而随着家事诉讼案件爆炸式增长，法官在诉讼过程中能用于调解的时间和精力越来越少，在堆积如山的案件中对调解也常显得捉襟见肘，一旦当事人不能达成一致意见，案件将很快被纳入刚性的裁判评价中，这却又走入了与家事纠纷情感性、隐私性特点相悖、案件处理效果不佳的怪圈中。且当代家事纠纷中所包括的法律关系复杂、特殊，既有身份关系，又有财产关系；既有当事人可以自主处分的自治内容，又有当事人或利害关系人不得自主处分的涉公益部分，仅单纯地依据民间调解或法院诉讼调解均难以顾及家事纠纷的特殊性。针对家事纠纷的特殊性，有必要建立区别于普通民事纠纷的调解体系。借鉴古代多元化的调解体系制度经验，结合当前实际，在我国有必要建立人民调解、基层群众自治组织、妇联等有关组织调解以及诉讼调解，各部门相互配合协作、有机衔接的多元化、多渠道家事纠纷解

---

① 赵贵龙：《儒家文化与中国式司法治理》，载《人民司法（应用）》2017年第13期。

第五章 古代家事审判概述

决格局。

（二）建立适度范围内强制性调解前置的制度

古代中国为强化对调解的重视，设置了调解前置程序。在适用范围上，尤其对亲属之间的纠纷更加强调通过"劝之以睦族之义"，优先适用调解进行化解。在具体程序上，调解的优先适用如惯例般被历朝历代践行，发展至明代还有了明确规定，未经民间前置性调解而直接进入诉讼程序的，便视为越诉，并要给予惩处，明确限定未经民间调解不准进入诉讼程序。对于民间调解未果进入诉讼程序的案件，官府仍要优先运用调解，或由官府亲自调解，或由官府委托民间调解，只在仍不能劝解教化的情况下，才作出审判。古代家事调解前置策略，特别是明清时期官府审判内外调解的双前置设置，将古代调解制度推向极为崇高的地位。

现代家事纠纷的处理，其实质在于人际关系的调整，而不是权利义务的判断，调解作为一种调整型程序而不是判断型程序因而具有天然的优势，家事纠纷的内在性质决定了调解解决家事纠纷的优先性[1]。而诉讼是对抗性的程序，在诉讼中法官的职业关注点往往与查找当事人过错相连，这会使正在感情危机中的夫妇关系更趋恶劣，亦会妨碍他们在离婚后继续履行为人父母的责任。即使在诉讼中进行调解，也不能避免双方在诉讼程序开启时刻便被推入的为胜诉而收集证据的必然冲突和矛盾升级。而当前我国立法对家事调解前置程序的规定较为简单，《婚姻法》第二十五条仅规定了离婚案件应当先进行调解，《最高人民法院关于适用简易程序审理民事案件的若干规定》第十四条虽规定对适用简易程序的婚姻家庭纠纷和继承纠纷，应当先行调解，但在实践中对离婚案件以外的家事纠纷是否先行调解，实际上法官有很大的自由裁量权。因此，家事纠纷调解的优先性真正得到践行的只有离婚案件，适用范围过于狭窄，前置性和强制性不够突出和明显。

---

[1] 汤鸣：《家事纠纷法院调解实证研究》，载《当代法学》2016年第1期。

由于亲缘、血缘关系不可割裂，家事纠纷中当事人之间的关系具有长期持续性，促成当事人冷静理性沟通的调解过程本身，对受损的关系即有着治愈功能。即使调解失败，也并非毫无意义的程序耗费。为最大限度缓和紧张气氛、消解对立情绪、发挥调解解纷功能，有必要借鉴古代传统调解中乡里调解前置的做法，吸取传统调解强制性和前置性经验，进一步完善家事案件调解制度。一方面应着力构建专业化的诉前调解组织，培养懂心理、懂法律的高素质"现代调解人"，更好运用心理学、社会学、医学、法律方面的知识进行调解；另一方面，对于婚姻家庭纠纷、继承纠纷、抚养义务纠纷等涉及亲属伦理、较宜以调解方式解决的纠纷，应规定在诉讼前必须进行调解，未经调解不能进入审判；如果未经调解而直接向法院起诉的，视为提出调解请求。[①] 同时，根据家事纠纷的公益性特点，对不适用强制调解的例外情形予以明确规定。

（三）提供灵活、高效调解的丰富经验

古代调解一般不拘泥于形式，其调解方式多样，调解时机灵活，调解语言生动，调解者通过与当事者谈论道德要求，更多地运用俗语、方言、人际关系、礼节和伦理道德，实现"情、理、法"的统一，从而取得当事人一方或者双方的认可。这些宝贵的智慧财富为我们提供了创新工作方法、提高调解艺术的探索思路，以通过灵活、便捷的调解方式，让当事人自己及时认识到矛盾症结，促使双方基于共同最佳利益而达成协议，最大限度实现当事人心目中的公平和正义，保障结果的有效执行。

家事纠纷具有当事人情绪冲突严重，但更容易接受调解，且调解中需要运用法律和逻辑判断少而运用社会经验和生活阅历多的特点。[②] 而不同家事案件的发生原因、背景、争执焦点千差万别，这就需要针对不同的案件采用不同的调解策略。但在实践中，面对数量骤长的各类案件，法官往往不得不减少案件

---

① 陈爱武：《家事调解：比较借鉴与制度重构》，载《比较法研究》2007年第6期。
② 汤鸣：《家事纠纷法院调解实证研究》，载《当代法学》2016年第1期。

第五章 古代家事审判概述

调解时间,有时甚至难以耐心听取当事人的全部陈述,而是采取类似审判询问式的方式,对关键事实和问题进行了解,这种简单的判断型调解与诉讼并无本质不同,不能满足家事纠纷调解对情绪处理的个性化需求,也无法发挥出调解的功能。

要找到成功调解家事纠纷的技巧,还需借鉴古人智慧。通过情、理、法的交融,促使诉争者达成调解在我国具有极为深厚的历史渊源和文化积淀。现代家事纠纷当事人争议的虽是法律问题,但在表象之下更多涉及的还是精神和心理层面问题。这就需要正确掌握和运用调解方法,以消除人际关系病理、恢复正常人际关系。首先,家事纠纷发生在亲属间的主体特殊性,决定了即便发生冲突,也潜藏着相互忍让的契机,因此找寻当事人间的"互让"因素,有助于促使部分纷争及时解决。其次,通过倾听、分析家事案件中的是非曲直,促使当事人理性认识自己在家事纷争中的地位,有助于各方最终接受调解结果。最后,以法律为底线,充分借助"情",合理调动"理",尽可能唤起诉争者对家庭的责任感和对亲情的重视,引导当事人向内检视自己,最终使其接受调解,从而在"情、理、法"的解构中化解案件纠纷。①

三、家事纠纷解决选择模式的生动样本

有人类即有纠纷,有纠纷就有救济。古代社会纠纷的解决方式大体上分为两类:一类是依靠社会、民间等私力力量对自身权利进行救济,主要包括和解、自决等;另一类是国家权力机关运用公权力对被侵害权利予以救济,主要包括诉讼与行政裁决,其中诉讼是典型。在古代社会,由于国家解决纠纷的资源极为有限,大部分的纠纷主要依靠社会、民间和自身力量解决,国家并不承担主要的纠纷解决职能。

---

① 陈爱武:《情理与互让:家事调解的技术构造解读》,载《社会科学辑刊》2013年第2期。

（一）纠纷解决主要依靠社会和民间力量

古代中国纠纷解决方式以社会救济为主，以国家救济为辅。"私力救济与人类相伴而生，在国家和法院出现之前，人们完全依靠私力救济解决纠纷。"① 在古代中国奴隶社会，以社会和民间力量解决纠纷的行为便具有普遍性和正当性。随着封建社会的发展，对单纯的私力救济开始加以限制，但是由于司法资源极为有限，如果由国家承担绝大部分纠纷的解决，会导致国家不堪重负，影响国家其他方面职能的有效运作和行使，因此大部分纠纷主要依靠社会、民间力量解决，公力救济只占其中较少的一部分。同时在我国，"和为贵"的思想根深蒂固，在这种思想的影响下，我国古代极为重视调解，称调解为"和解""劝释""休和"，都是采取和平的教化的方式，促使当事人解决纠纷，化解矛盾，重归于好。几千年来，各个朝代都把"无讼"作为评价社会稳定的一项标准，在大多数情况下，纠纷是经由非正式的调解来解决的。尤其是对于家事纠纷而言，坐在朝堂上的地方行政官员更是极少参与，这些纠纷多是由地方有威望之人如族长作为第三人进行调解解决。

（二）家事纠纷更适宜采取社会化处理模式

就一个国家来说，社会化是理想和理性的纠纷解决模式。据有关数据统计，在美国有高达98.2%的纠纷都是在进入审判之前基于和解、调解加以解决，而真正进入审判程序的还不到2%。美国的法院仅承担少部分民事纠纷的解决，而大部分民事纠纷则是通过社会或者民间力量解决。另外，英国1997—1998年一项实证研究表明，个人面对较重大（non-trvial）的可司法事项时，只有20%诉诸各种法律程序，尽管社会公众将法院视为最重要的救济途

---

① 徐昕：《论私力救济》，中国政法大学出版社2005年版，第6页。

第五章
古代家事审判概述

径,但对审判公正缺乏充分信心。①

人类社会最理想的纠纷解决模式应当是社会化而非国家化,我国未来的纠纷解决模式也不例外,尤其是对于家事纠纷更是如此。家事纠纷的特殊性决定了其更适宜采用社会化处理模式。家事纠纷具有区别于普通民事纠纷的显著特点,普通民事诉讼处理的大部分是因财产关系产生纠纷,是一种理性的、权利义务分明的纠纷,当事人利益存在激烈冲突,在庭审中针锋相对,以实现己方利益的最大化,需要法官根据双方提供的证据对事实进行判断,作出一个黑白分明的裁判结果。而家事审判处理的是各方当事人之间存在着血缘、感情联系的家事纠纷,当事人因身份关系或基于身份关系的财产关系产生的纠纷,在家庭正常的状态下,各方当事人之间的利益是一致的,有着利益相融的自然属性,较少存在激烈不可调和的矛盾,因此,对家事案件采取社会化的处理方式,比普通民事案件有更大的现实可能性。

对于家事纠纷而言,国家应当把自己承担的绝大部分纠纷解决的空间让渡出来,让社会或民间成为未来纠纷解决的主要担纲者。当然,鉴于中国长期以来对国家解决纠纷的心理依赖和惯性,以及由此而导致的社会和民间纠纷解决能力的相对弱化,②对于未来家事纠纷解决的社会化而言,不可能一蹴而就,国家应当逐步让渡解决纠纷的空间,同时大量培植纠纷解决的社会和民间力量。但在社会和民间力量真正能够肩负起家事纠纷解决的主要职能之前,为了保证家事纠纷的解决更加理性和有序,国家除了承担一小部分家事纠纷解决职能之外,还应对社会和民间力量给予一定指导。

---

① 参见 Hazel Genn, Paths to Justice: What Peaple Do and Think About Going to Law, (Oxford: Hart Publishing, 1999). 转引自徐昕:《论私力救济》,中国政法大学出版社2005年版,第9页。

② 武保迎:《中国古代调解制度探析》,载《淮海工学院学报(人文社会科学版)》2012年第4期。

家事审判研究

第六章
我国家事审判改革的实践探索

家庭的重要性历来被中国传统文化孕育的道德文明秩序所强调，其作为社会构成的基本细胞，对个人成长、社会进步和国家发展都有重要意义。随着我国经济的快速发展、社会的巨大变迁以及中西文化的激烈碰撞，婚姻家庭与家事纠纷呈现出新的特点，传统家事审判方式和工作机制逐渐不能适应公众司法需求。2016年4月，最高法院在全国范围内选定118个试点法院开展为期两年的家事审判方式和工作机制改革工作。这一改革探索为我国家事审判制度的完善，尤其是家事审判程序立法，提供了丰富的实践经验和坚实的实践基础。

第一节　我国家事审判改革概述

我国的家事审判改革试点工作，通过转变家事审判理念，推进家事审判方式和工作机制创新，探索家事诉讼程序制度，以期妥善处理已经破裂的婚姻关系，有效维护、恢复、重建家庭关系，保护各方当事人合法权益，从而维护社会的和谐稳定。在改革过程中各地法院积极探索，结合本地实际，借鉴域外经验,更新理念,创设制度,成效显著。

一、我国家事审判改革的现实背景

时代的变迁强烈地冲击着传统的家庭价值观,家事矛盾日益突出,家事纠纷日趋复杂。与此同时,独立、专业的家事审判制度呈现缺位状态,而人们对家事纠纷解决的要求却越来越高。多种因素并存叠加的客观现实给家事审判带来新的难题和挑战。

(一)家事案件数量日益增多

近年来,我国家事案件数量的上升趋势明显。根据相关统计,2005年、2015年全国法院审理的一审家事案件数量分别为113.3万件、175.8万件,十年间增长55.2%。根据民政部的统计数据,全国登记离婚的对数整体呈激增趋势,自2003年以来,离婚率[①]持续14年递增,办理离婚的夫妻在2014年有363.7万对,2015年有384.1万对,2016年有415.8万对,2017年有437.4万对。伴随着离婚率的不断增长,婚姻纠纷越来越多且不可调和,连锁导致未成年人教育抚养、老年人赡养、妇女维权等纠纷也不断增加。而且家事案件在民事案件中占有较大比例,一直保持在25%左右,案件总数持续高位运行。(具体见图1)

---

① 离婚率是指离婚的次数与总人口的比率,参见《民政部关于印发〈离婚率计算方法研讨结果的报告〉的函》。

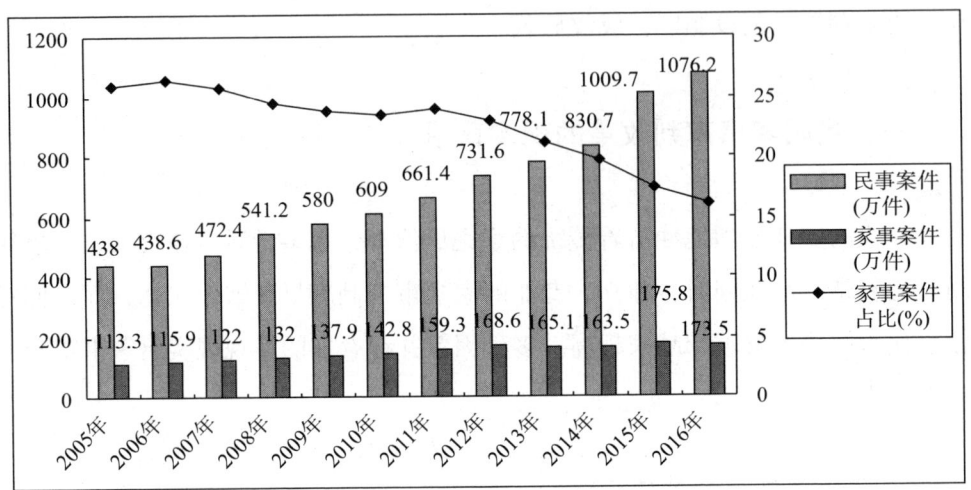

图1 2005年至2016年全国法院民事案件与家事案件数量图

（二）家事案件处理渐趋复杂

伴随着社会发展，催生出许多新型纠纷，直接导致家事案件类型复杂化。身份关系方面，过去家事纠纷的类型主要是离婚、抚养、赡养、收养、继承等，而现在婚姻无效、婚姻撤销、婚生否认、生父确认、同居关系析产、探望权等纠纷日益增多。财产关系方面，过去家事纠纷涉及的主要是传统的货币、房产，现在还涉及股票、公司股权、无形资产等，家事案件类型不断增多。以离婚案件为例，过去法院处理离婚案件主要是针对身份关系作出判决，夫妻共同财产分割较为简单。现在，随着经济的快速发展，个人财产大量增加且形式多样，离婚时的共同财产构成复杂、确认困难、不易分割，处理不好会影响身份问题的解决，案件复杂程度明显提高。同时，家事纠纷的人身性、情感伦理性、私密性等特点决定着在案件处理过程中难以分出是非对错，仅凭证据进行简单粗暴、胜负分明的裁判，不仅不利于纠纷的解决，还可能导致当事人及关系人之间情感关系的彻底破裂。相关数据显示，婚姻家庭纠纷转化型案件在"民转刑"案件中占有较大的比重。因离婚、分家析产、赡养、抚养尤其是

家庭暴力导致家庭成员之间产生的激烈矛盾，如果处理不当，极易引发极端事件或者转化为故意伤害、非法拘禁甚至杀人等恶性刑事案件，需要给予足够的重视。

（三）家事审判制度不够完善

在家事案件不断变化的同时，我国的家事审判制度却一直发展缓慢。当前，家事审判制度已经成为多数国家独具特色的专业化司法制度，而我国家事案件的审理始终适用着普通的民事审判程序，遵循着财产型案件的审判逻辑。从整个家事审判制度来看，既没有独立、专门的审判程序，也缺乏专门的审判机构及人员。家事审判制度的不独立、不专业、不完备，已经不能满足有效解决家事纠纷的需要。

（四）司法需求层次不断提高

我国传统婚姻家庭以繁衍后代和维持生存为基本功能，个人的情感需求不占主要地位，比较稳定。但是，随着经济社会的发展，物质极大丰富，人们对婚姻家庭生活质量的需求和期望不断提高，开始追求在婚姻家庭中的独立地位和自由发展，维系婚姻的纽带向内在的情感需求转变，婚姻开始成为社会成员情感寄托、归属的重要载体，人们对婚姻家庭生活给予更高层次的精神希冀。但是，情感属于非理性因素，依靠心理、感情、文化等内在因素维系的婚姻家庭变得不够稳定，这也是近年来离婚率不断攀升的重要原因。正是人们对婚姻家庭生活本身的需求逐渐提高，导致对家事纠纷解决的司法需求越来越高，除了是非的判断，还需要情感的关注和修复。

二、我国家事审判改革的发展历程

我国家事审判改革的开端大致可以追溯到20世纪90年代[①]，此时的改革是少数法院根据本辖区的家事案件情况自发开展的，主要是学习域外的家事审判机构专门化做法，尝试设立专门的家事审判合议庭或者家事法庭。例如，1997年湖北省襄樊市中院选拔审判经验和生活经验丰富、善于开展调解、有较强社会责任感的女法官在民二庭组成婚姻家庭合议庭，专门审理婚姻家庭类案件，创新采取"调解优先""情法交融"等审理方式。

随着对家事案件特殊性认识的逐步加深，以及家事案件数量的不断增长给家事审判带来的压力越来越大，到2010年左右，不少法院意识到家事审判改革的重要性和必要性，纷纷开始推行改革，甚至出现由高院主导的省级层面整体试点改革。例如，2010年广东省高院联合广东省妇联，在中山市中院以及珠海市香洲区法院等6个基层法院试点家事审判合议庭改革，专门管辖由婚姻、亲子关系引起的案件。家事合议庭由熟悉婚姻家庭案件和审判经验丰富的法官组成，至少配备一名女法官，必要时邀请1名妇联干部、心理专家担任人民陪审员。[②]2011年，试点法院范围增加至15个，创新家事审判方法，形成系列制度成果，例如中山市两级法院践行家事审判不公开审理、当事人亲自到庭等；广州市黄埔区法院建立登记离婚协议司法确认机制；佛山市顺德区法院致力延伸家事审判服务，建立家事审判心理疏导机制，积极为当事人提供诉后帮扶；东莞市第二法院在当时即推行离婚财产申报制度。2013年，家事审判改革在广东省各级法院全面推开。2015年，广东省高院着眼家事审判程序规则，确定5个基层法院为试点法院，正式启动家事审判程序改革。再例如，江苏省徐州市贾汪区法院在2011年设立家事审判合议庭，2012年正式成立家事审判庭。此外，其他地区的法院也有相应的实践。该阶段尝试改革的法院分布范围已经

---

① 参见陈爱武：《家事诉讼程序：徘徊在制度理性与实践理性之间》，载《江海学刊》2014年第2期。
② 参见《广东法院试点组建家事合议庭》，载《人民法院报》2010年3月24日。

第六章
我国家事审判改革的实践探索

较为广泛,许多经验做法被随后的全国性改革所吸收和借鉴,得以在全国范围内推广。

2016年由最高人民法院主导的全国性家事审判改革正式开始,标志着家事审判改革进入一个全新的时期。2016年4月21日,最高人民法院印发《关于开展家事审判方式和工作机制改革试点工作的意见》,从改革目标、基本原则、工作理念、工作机制、试点案件范围、试点模式、试点法院等方面,对改革工作进行了部署。为确保改革的顺利推进,最高人民法院先后三次,分别于2017年2月18日、2017年12月7日、2018年5月24日在福建泉州、河南新乡、云南昆明召开全国部分法院家事审判方式和工作机制改革试点工作推进会,充分显示出对家事审判改革的重视。在此次改革中,试点法院先试先行,根据各自实际情况并借鉴域外经验,转变家事审判理念,探索家事审判机构设置和人员配备模式,逐步建立家事审判工作机制和规则制度,不断提高家事审判的硬件设施建设和服务水平,努力实现家事纠纷解决的专业化、规范化和社会化,取得了良好的改革效果,形成了百花齐放的家事审判格局,为在全国范围内推开家事审判改革提供了生动的实践样本。2018年7月18日,最高人民法院发布了《关于进一步深化家事审判方式和工作机制改革的意见(试行)》,对各试点法院的实践经验进行了提炼总结和固定,主要从家事调解、家事调查、心理疏导和审理规程四个方面对家事审判方式和工作机制进行了细化和规范。

三、我国家事审判改革的主要举措

在我国家事审判方式和工作机制改革二十多年的进程中,各地法院推出许多创新的改革举措,尤其是2016年开始的全国法院家事审判方式和工作机制改革范围最广、内容最丰富,应当进行梳理总结,抽取出改革的精华,为立法和实践提供指引。

(一)家事审判理念的改革

理念是行动的先导,实践需要理念来引领。为确保家事审判改革不偏离轨道,在改革过程中,不少试点法院都非常重视家事审判理念的更新和转变。例如,江苏高院强调家事审判理念的三个转变。一是强化家事案件法官职权主义理念,转变机械地遵循辩论主义和处分原则的财产纠纷审判思路,根据家事诉讼对法官职权干预的特殊需要,强化法官职权探知、自由裁量和对当事人处分权的适当干预。徐州市贾汪区、南通市崇川区、盐城市建湖区等法院对家事审判的举证责任分配进行适度调整,强化举证释明、降低证明标准、合理分配举证责任,即体现对该理念的遵循。二是树立家庭本位理念,通过转变偏重财产分割、财产利益保护和身份确认的审判理念,对当事人的保护从身份利益、财产利益延伸到人格利益、安全利益和情感利益,对家庭财产关系的处理以有利于家庭成员共同生活的团体主义为价值追求,发挥家事审判对家庭成员之间情感的治愈性职能,以及对问题家庭成员特别是未成年人的监护性职能。在该理念的指引下,各试点法院摒弃第一次离婚纠纷调解不成即判决不离婚的简单化操作模式,分清双方离婚的起因,根据婚姻是否死亡进行妥善处理。三是树立一揽子解决家事纠纷理念,针对部分家事案件因同一事由衍生出多起纠纷、多起诉讼等情况,通过一次性解决当事人的家事纠纷,既统一裁判尺度,又减少当事人诉累。为此,南京市秦淮区法院试行家事案件归并审理制度。而且,南京中院还结合自身实际提出了"坚持保护弱者、柔性司法、能动司法、一体化司法"四项家事审判基本理念。

福建高院根据家事案件人身性、伦理性和财产性的特殊性,提出"德、和、柔、合"四项理念。一是树立"德"的理念,积极倡导文明进步的婚姻家庭伦理道德观念,大力弘扬社会主义核心价值观和中华民族传统家庭美德。二是树立"和"的理念,坚持家庭本位的裁判理念,正确处理保护婚姻自由与维护家庭稳定的关系,发挥家事审判的诊断、修复、治疗作用。三是树立"柔"

第六章
我国家事审判改革的实践探索

的理念,遵循家事审判规律,建立家事审判职权探知制度,对直接影响家事案件审理结果的事实,加强法院依职权调查取证力度。四是树立"合"的理念,聘请具有社工、教育、心理学等专业背景的人员担任家事调查员。临汾中院提炼中国传统文化,形成"和""信""平""仁"理念,"和"即追求秩序的稳定与利益的最大化;"信"即弘扬与倡导社会主义核心价值观;"平"即追求家事审判法律效果和社会效果;"仁"即关注和帮扶弱势群体。徐州市贾汪区法院提出坚持弘扬文明进步的婚姻家庭伦理道德观念,维护健康向上的婚姻家庭制度;坚持用柔性司法手段实现法律的刚性要求,确立以职权主义为主导,以"和"为主、刚柔并济的诉讼模式;坚持家庭本位的裁判理念,对家庭财产关系的处理以有利于家庭成员共同生活的团体主义为价值追求;坚持以人为本,恢复家事审判的诊断、修复、治疗作用,实现家事审判司法功能与社会功能的有机结合。①

(二)家事审判原则的改革

综合概括各试点法院对家事审判原则的探索,主要集中在调解优先、未成年人利益最大化、不公开审理等方面。

1. 调解优先

调解作为一种非对抗式化解纠纷的方法,特别有利于消除双方的对立情绪,修复婚姻家庭关系。在家事审判改革中,几乎所有的试点法院都浓墨重彩地描绘家事调解,贯彻调解优先原则,把调解作为化解矛盾的利器,努力解开当事人的心结,彻底消除矛盾。例如,江苏省法院除身份关系确认等不适宜调解的案件外,一律先行调解,各试点法院均建立有家事调解委员会,同时积极探索建立家事案件调解前置制度。福建高院制定《关于婚姻家庭案件调解指导性意见》,围绕离婚、涉家暴、离婚后财产、抚养、婚约财产等不同类型婚姻家庭纠纷案件,提出具体调解方法,以提升调解效果。天津市红桥区法院坚持

---

① 参见李徐州、徐道强:《家事审判的司法理念与运行原则》,载《人民司法(应用)》2016年第34期。

诉前调解，将诉前调解作为立案受理的前提条件，除无明确被告或者被告缺席无法调解以及法律明确规定排除调解的，尽可能做到唯有经过调解或者调解不成的，才予以立案受理。商丘市宁陵县法院提出"拉家常式"调解，坚持"家事必调"，把调解作为优先结案和庭审前置程序。

2. 未成年人利益最大化

《关于开展家事审判方式和工作机制改革试点工作的意见》指出，转变家事审判理念、依法保护未成年人合法权益是家事审判改革的重要目标。在处理家事纠纷的过程中，最大限度地避免对未成年人造成的伤害，尽可能关注他们作为独立个体的利益需求，这是世界各国的共识。在改革实践中，各试点法院为维护未成年人利益进行了诸多有益探索。例如，兰州市七里河区法院在家事诉讼中建立未成年人利益代表制度，对涉及未成年人利益的案件，及时邀请市、区妇联代表参加诉讼，征求案件处理意见，以确保未成年人利益得到充分的保障。①江门市蓬江区法院尝试建立未成年人轮流抚养制度，对于同住在一座城市的父母，若双方的抚养条件、经济水平大致相同，法院会视情况作出轮流抚养的判决，以维持父母子女间的亲密关系，降低离婚对子女的伤害，并且在实质上减轻单方照顾子女的负担。为保护未成年人身心健康，为其营造良好的成长环境，对涉及争夺未成年子女抚养权的案件，东莞第二法院设立亲子关系报告制度，委托社区调查员对未成年子女与其父母长期以来的生活状况进行调查，或委托家事调解中心的心理咨询师对当事人及其子女进行心理测验，就子女适宜与哪一方共同生活形成调查或者测验报告，供法官在决定抚养权归属时参考。深圳市宝安区法院与区委政法委、团区委、社工机构进行合作，建立社工观护制度，涉及未成年人参与庭审的，由社工为其提供庭前、庭中、庭后

---

① 参见梁明远：《多元化纠纷解决机制是家事审判方式改革的基本路径——以甘肃家事审判改革试点法院的做法为基础》，载《雨山杯家事审判方式和工作机制改革获奖论文汇编》（上）。转引自刘敏、陈爱武：《〈中华人民共和国家事诉讼法〉建议稿及立法理由书》，法律出版社2018年版，第25页。

第六章
我国家事审判改革的实践探索

陪同服务,庭前进行未成年人庭审心理建设,庭中陪同未成年人出庭或者在庭外照看未成年人,庭后安抚未成年人的情绪,而且要求社工人员对涉案未成年人进行社会调查、心理评估和观护,抚平涉案未成年人的心理创伤,实现未成年人利益最大化。南宁市良庆区法院与南宁市救助管理站未成年人保护中心联合设立探视中心,保障离异家庭的孩子能够得到父母双方的关爱,解决一方阻挠另一方行使探视权的问题,同时为每一个涉及探视权的未成年人设立探视档案,定期对离异父母进行回访,了解探视权履行与协助履行的情况。盐城市盐都区法院将应当判决父母离婚的未成年人纳入心理辅导机制,主动干预,最大限度地减少家事纠纷对未成年子女造成的伤害。

3. 不公开审理

民事案件强调公开审理,通过程序公开,促进公平公正。而家事案件具有私密性,且涉及未成年人的身心健康,以不公开为原则更易使当事人敞开心扉,对隐私事实充分举证、质证,在相对封闭的庭审环境中,双方保有回旋缓和的余地,也能够有效减少双方陈述内心真实意思的顾虑。因此,一些试点法院在改革中试行家事案件不公开审理制度。例如,宁波市鄞州区法院出台试点实施方案,规定除当事人合意公开或者具有重大社会影响等应当公开审理的案件外,一律坚持不公开审理原则。常州市天宁区法院于2015年1月开始实行的《关于审理家事案件的若干规定》第六条规定:"人民法院审理家事案件贯彻不公开审理原则,家事案件一般不公开审理;双方当事人一致要求公开审理的,可以公开审理。一方当事人为未成年人的家事案件,一律不公开审理。"

(三)家事审判机构和审判队伍的改革

家事审判机构和审判队伍改革是家事审判改革最早的切入点,也是家事审判改革必须触及的问题。目前,全国试点法院大多成立有专门的家事审判机构,且配备有专业的家事审判法官和辅助人员。

在改革过程中,试点法院按照最高人民法院提出的家事审判改革工作要求,对家事审判机构进行了不同形式的探索:有的法院设立了具有正式、独立编制的家事审判庭,例如,铜川市耀州区法院、武汉市硚口区法院、宜昌市夷陵区法院、襄阳市谷城县法院;有的法院将家事审判庭与少年审判庭合并,成立家事少年审判庭(或少年家事审判庭),例如,广州市两级法院、南京市两级法院、辽源市西安区法院等;有的法院由少年审判庭审理家事案件,例如,渭南市蒲城县法院;有的法院在审理民商事案件的庭室设立家事审判合议庭专门审理家事案件,例如,重庆五中院在民一庭设立家事审判合议庭,统一负责家事案件审理,西安市新城区法院和莲湖区法院、咸阳中院及咸阳市渭城区法院、延安市志丹县法院5个试点法院均成立了家事审判合议庭。独立建制的家事审判庭和少年家事庭占70%。① 除此之外,部分法院还积极探索家事案件的集中管辖,将一定区域的家事案件全部集中到一个法院或者审判中心管辖,例如,长春中院将市区9个基层法院的家事案件集中到经济开发区法院,由其专门审理;泰安市在东平县法院成立家事案件审理中心,集中管辖城区及周边6个乡镇的家事案件,同时依托全省法院首辆"智能化巡回审判车",积极开展巡回审判;柳州市成立家事少年案件审判中心,集中受理柳州市4个城区的一审家事案件和未成年人刑事案件。

化解家事纠纷的直接实施者是家事法官,配置专业的审判队伍是提高家事审判质效的基本要求。自家事审判改革以来,各试点法院纷纷按照一定的任职资格要求,选拔婚姻家事案件审判业务水平较高,具有一定社会阅历、掌握相应心理学知识、调解经验丰富、热爱家事审判的优秀法官担任家事法官。由于女性更具有亲和力与耐心,许多试点法院要求家事法官中必须有一定数量的女法官。例如,安徽省《家事审判方式和工作机制改革试点法院家事纠纷案件审判操作规程(试行)》规定,家事法官应相对固定,其中女性法官不低于50%,家事法官一般应具备下列条件:(1)年龄在30岁以上;(2)已婚或者具有婚姻经历;(3)具有性别平等意识;(4)具有婚姻家庭法律教育背

---

① 杜万华:《论深化家事审判方式和工作机制改革》,载《中国应用法学》2018年第2期。

第六章
我国家事审判改革的实践探索

景。① 内蒙古高院出台《关于开展家事审判方式和工作机制改革的指导意见（试行）》规范家事审判改革，要求家事案件法官从熟悉婚姻家庭、未成年人案件审判业务，具有较丰富家事审判、未成年人审判工作经验，掌握相应社会学、教育学和心理学知识，耐心细致，善于做思想教育工作的法官中择优选任，且家事审判合议庭应当至少有一名女性法官担任合议庭组成人员。② 有的法院还要求家事法官必须已婚，例如，在商丘市宁陵县法院，规定没结婚的、离过婚的、35岁以下的法官不能担任家事审判合议庭法官。

除家事法官以外，各试点法院也很注重对家事陪审员、家事调解员的选任，以增强对家事审判的辅助性支持。家事陪审员在增强庭审亲和力以及关注当事人情感需求方面，发挥着积极作用，各试点法院对家事陪审员选任也确立了一定标准。例如，连云港灌云县法院着力优化家事案件的陪审力量，邀请12名曾经或正在学校、妇联等部门任职，善于做思想工作的同志担任家事案件陪审员，深度参与案件审理和延伸帮教工作；重庆市酉阳县法院明确提出家事陪审员选任的三条标准：一是不能与当事人双方有任何利害关系；二是在满足第一项条件的前提下，采取"由近及远"原则，尽量选任跟当事人双方关系比较近的陪审员；三是须具有一定调解技巧，具备一定工作经验，对家事案件双方当事人情况比较熟悉；西安市新城区法院从陕西家源汇社会工作服务中心选任6名女性专业心理咨询师和社工，作为人民陪审员全程参与家事案件审理。为确保家事调解实效，有的法院力求充分发挥人民调解来源于群众、扎根于基层、熟悉民情、群众认可和信赖度高等优势，从人民调解员中选任家事调解员，如泰安市东平县法院；有的法院则从与家事工作联系较为紧密的妇联、教育、民政等机构中选任家事调解员，如宜昌市夷陵区法院；还有的法院组建家

---

① 刘敏、陈爱武：《〈中华人民共和国家事诉讼法〉建议稿及立法理由书》，法律出版社2018年版，第21页。
② 参见王晓东：《内蒙古高院出台工作指导意见规范家事审判倡导和谐家庭》，载《人民法院报》2016年10月17日。

事调解人才库，根据案件性质，参考家事调解员的能力、意愿、专业及居住地等因素，由当事人选择或法院指定家事调解员调解，如三明市永安市法院。

（四）家事审判程序性规则的改革

各试点法院结合本辖区家事审判情况，探索符合家事案件审理要求的程序性规则，超过 70% 的试点法院制订了相应的审判规则[①]。宁夏、辽宁、安徽等高院以及成都中院都出台有全面的家事案件审判规程。

1. 当事人亲自出庭

大部分试点法院将当事人亲自出庭作为家事审判应当遵循的一项原则予以明确规定。例如，广东高院的规定，除本人不能表达意思及因特殊情况无法出庭向法院提交书面意见获得准许的情形以外，涉及身份关系争议的家事案件当事人及法定代理人应当亲自到庭参加诉讼，无正当理由拒不到庭的，可以拘传其到庭。为解决当事人因客观原因不能到庭问题，有的法院充分利用互联网诉讼机制，为当事人提供便利的诉讼服务。例如，经双方当事人同意，可通过微信视频、QQ 视频等网络平台进行调解或开庭，提高当事人参加诉讼的积极性。

2. 灵活审限

家事案件具有特殊性，在法院普遍重视结案率的情况下，审理期限的限制对家事审判质效形成束缚。因此，试点法院在此方面积极寻求突破。例如，江苏省法院采取与一般民商事案件不同的审限管理模式，对涉及家庭暴力等亟待解决的案件优先审结，对其他争议财产较多、矛盾较深、当事人情绪激烈的家事案件适当放宽审限。福建省多地法院实行更加具有弹性的审限制度，在离婚案件诉前、诉中、判后分别设立不计入审限的 1 至 6 个月不等的离婚冷静期、情感诊疗期和情感修复期。

[①] 参见杜万华：《论深化家事审判方式和工作机制改革》，载《中国应用法学》2018 年第 2 期。

3. 举证延后制度

为避免当事人在开庭前因为搜集证据而加剧双方的对抗情绪，部分试点法院探索建立举证延后制度。例如，晋城市泽州县法院在制定家事审判规则时规定，送达举证通知书、通知举证责任、确定举证期限均在庭前调解工作结束之后、确定开庭之前进行。淮南市潘集区法院针对举证制度延后，制作《致当事人的一封信》发给当事人，充分照顾当事人的诉讼感受，以期用法律的温情获得当事人的认可。

4. 改革裁判文书制作

家事案件绝大部分涉及伦理亲情关系，家事案件裁判文书应当体现司法柔性的一面，体现"情法并重"的特点。因此，试点法院针对家事案件裁判文书制作也进行了不少探索。例如，运城市盐湖区法院在家事裁判文书说理中增加德孝文化和社会主义核心价值观内容。广州市黄埔区法院简化裁判文书制作，将"诉辩陈列式"裁判文书调整为"要素式"裁判文书，并将"家事调查报告"和"心理测评与矫正报告"等辅助性裁判内容直接引入到裁判文书中，让当事人对法院的判决作出全面认知。同时，在文书后增加"判决依据的法律法规""判后维权须知""法官判后馨语"三个附件，让当事人对判后可采取的相关维权程序有全面、清晰的了解，也从情理角度激发当事人在诉讼后对自己在家事纠纷过程中的责任进行反思，促进家事矛盾的化解。

（五）家事审判特色工作机制的创新

家事审判工作机制改革是家事审判改革的重点内容，试点法院积极探索家事调查、离婚冷静期、离婚财产申报、离婚证明书、心理疏导、案后回访等制度，建立起完善的家事审判特色工作机制。

1. 建立家事调查制度

婚姻家庭案件纷繁复杂，法官在庭审中很难直接发现案件事实尤其是背后隐藏的问题症结，而且法院案多人少，法官不可能亲自对每个家事案件进行详细调查。因此，为全面细致地了解每个家事案件的真实情况，妥善化解纠纷，试点法院积极推行家事调查制度，根据案件需要，委托家事调查员调查当事人的家庭情况、夫妻感情情况、财产情况、未成年子女抚养情况等，形成家事调查报告，供法官裁判参考。特别是在离婚案件中，家事调查员的调查能够弥补当事人举证能力的不足，避免家事法官仅依赖庭审判断当事人感情状况的弊端，提高区分"危机婚姻""死亡婚姻"的客观性和准确性。试点法院选任家事调查员的途径不同，如深圳市宝安区法院选任律师、社区调解员等组成调查员团队；泰安市东平县法院选任具有法律从业经历或法学专业背景、擅长沟通和调查、熟悉社区事务、具有基层工作经历的人员担任家事调查员；福建省各法院聘请具有社工、教育、心理学等专业背景的工作人员担任家事调查员。马鞍山市雨山区法院出台的《家事调查员工作规范（试行）》规定，家事调查报告可以作为证据当庭出示，接受质证，当事人提出异议的，法院可以要求调查员出庭说明情况。南宁市江南区法院拓展家事调查员的职能，家事调查员可协助法院进行执行财产调查。

2. 建立离婚冷静期制度

为了减少冲动型离婚，挽救危机婚姻，很多试点法院尝试实行离婚冷静期制度。在离婚冷静期内，法官只进行疏导和调解工作，帮助当事人舒缓情绪，引导当事人自我反省、自我调整、自我改变，从而达到夫妻和好的目的。有的法院设置固定期限的冷静期，例如，武汉市硚口区法院结合答辩期的规定，设置了十五天冷静期，即对于离婚案件，在立案后十五天以内，法官只能劝和，哪怕双方当事人均同意离婚也不得出具离婚调解书。有的法院则设置相对灵活的冷静期，根据案情需要可适当延长，例如，徐州市贾汪区法院出台《关于适用"离婚冷静期"处理离婚纠纷案件的实施意见》，规定审理离婚案件，经当事人同意可以设置三个月的冷静期，根据案件需要，冷静期可以延长，但最长不得超过六个月，冷静期不计入审限。

第六章
我国家事审判改革的实践探索

3. 建立离婚财产申报制度

建立离婚财产申报制度，不但能够促进诚信诉讼和夫妻共同财产的公平分割，而且可以提高诉讼效率。试点法院的改革实践主要在财产申报的时间节点上有所差别，有的法院要求立案和送达时由当事人填写《财产申报表》进行申报，并明确告知隐瞒财产的诉讼风险，如淮安市清浦区法院、镇江市润州区法院；有的法院要求庭审前由当事人填写《财产申报表》，如实申报财产情况，如三明市两级法院；还有的法院要求举证期限届满前由当事人填报《财产申报表》，全面准确申报夫妻关系存续期间形成的夫妻共同财产状况，如襄阳市谷城县法院；有的法院建立适时强制申报制度，如珠海市香洲区法院不要求当事人在起诉或答辩同时立即申报财产，而是根据双方提出的具体诉讼请求和案件审理进程，适时要求双方申报，既提高了司法效率，又避免人为扩大和激化矛盾。采取离婚财产申报制度的法院都会告知当事人，不如实申报视为隐藏、转移、变卖、毁损夫妻共同财产，判决时将酌情考虑少分或不分财产。①

4. 建立离婚证明书制度

判决书和调解书中往往记载着大量当事人的信息甚至包括当事人不愿被外人所知的隐私。为保护离婚案件当事人的隐私，避免隐私泄漏引发二次伤害，各试点法院积极推行离婚证明书制度。例如，山东各试点法院会根据判决离婚的当事人的申请，向其出具离婚证明书，只注明离婚案件当事人的基本信息、案件类型及案号、结婚及法院判决生效时间等要素，而不涉及当事人其他信息。同时，将离婚证明书向婚姻登记部门备案，实现婚姻信息的互通、共享。

5. 建立心理疏导机制

为当事人提供心理咨询疏导服务，有利于修复感情，是家事审判改革的必然要求。特别是对未成年人、家暴受害人等，由专业的心理辅导人员对其进行心理评估和疏导，能够准确找到矛盾根源、抚平创伤、缓和关系。在家事审判

---

① 刘敏、陈爱武：《〈中华人民共和国家事诉讼法〉建议稿及立法理由书》，法律出版社2018年版，第24页。

中引入心理疏导和测评机制,已经成为试点法院的通行做法。徐州中院出台《少年家事案件心理疏导工作规则（试行）》,在全市基层法院建立心理疏导机制。德州市武城县法院在出台的《家事审判方式及工作机制改革实施方案（试行）》中以专章对心理疏导进行规定,明确适用心理疏导的5种情形[①]。徐州市贾汪区法院要求家事诉讼实行全过程心理干预、庭前心理缓解、庭中心理干预、庭后心理疏导。

在心理疏导机制具体引入方式上,各试点法院做法不同。有的法院鼓励家事法官考取心理咨询师资格,例如,吉林、河南等高院都组织过集中的心理咨询师资格考试培训。有的法院以购买服务的方式引入专业的心理咨询师,例如,珠海市香洲区法院通过社会购买服务将心理疏导机制引入家事审判,由心理专家与家事调解员在不同阶段介入,进行心理疏导和调解帮助；湛江市坡头区法院率先在粤西地区成立首个"家事和少年审判心理辅导室",聘请高校及其附属医院有丰富心理健康治疗和教学经验的教授专家,对当事人进行心理疏导；泰安市东平县法院通过政府购买服务的方式,选聘13名具有丰富化解婚姻家庭关系方面心理问题的心理咨询师为家事案件情感导师,为家事案件当事人提供心理咨询和情感疏导服务,向法院出具心理辅导报告,提出纠纷解决方案,并参与家事案件的调解。还有的法院积极与其他组织开展合作。实践中,包括最高人民法院在内的许多试点法院都积极与高校、心理学研究机构开展合作,对家事审判心理疏导机制进行研究。例如,最高人民法院与北京师范大学于2017年1月签署了《家事审判心理学社会学研究合作框架协议》,开展人员培训、案例编纂等具体合作事宜。江苏高院与东南大学合作共建了全国首个家事审判心理学重点研究基地,为全省法院提供家事审判心理学案例分析和咨询服务,并负责研究设计家事审判心理疏导工作流程。广东高院委托华南师范大

[①] 主要包括当事人情绪异常激烈、涉及的未成年人有反常行为、因家庭暴力对当事人身心健康造成损害等情况。具体参见刘敏、陈爱武:《〈中华人民共和国家事诉讼法〉建议稿及立法理由书》,法律出版社2018年版,第22页。

第六章
我国家事审判改革的实践探索

学心理学院研究制定符合家事案件特点格式化的心理测量表，在立案或应诉期间交由当事人填写，并根据当事人填写测量表的具体情况初步判断案件是否需要委托引入心理干预，将心理干预作为化解纠纷的常态手段引入家事审判中。

6. 建立案后回访制度

回访制度是法官在案件结束之后，定期回访当事人，了解当事人情感状况，及时发现问题、化解问题，巩固判决效果的一种制度。回访制度体现家事审判修复家庭关系的后续功能，能够延伸司法服务触角，避免重复诉讼，节省司法资源，真正做到案结事了。以离婚案件为例，调解和好的离婚案件，其婚姻关系的修复只是初步的，不具有稳定性，判决不准离婚的案件，当事人往往不会随着判决的作出而自动和好，法院持续跟进可以及时掌握当事人动态，提早介入，防止当事人关系恶化。徐州市贾汪区法院出台《关于家事案件回访帮扶工作实施意见》，规定回访帮扶主体、对象、范围、方式等，使家事案件回访帮扶工作规范化、制度化。德州市武城县法院制定《家事案件回访操作规程》，对涉及身份关系的案件，由司法辅助人员或司法社工开展回访及帮扶工作。铜仁市碧江区法院与辖区妇联、村（居）委会等联合，借助人民陪审员、调解员、司法联络员力量，对判决不准离婚、调解和好、抚养、赡养、探望权等案件进行回访。

（六）深化家事纠纷多元化解决机制

最高人民法院于 2016 年 6 月 28 日发布了《关于人民法院进一步深化多元化纠纷解决机制改革的若干意见》，对多元化纠纷解决机制的平台建设、制度建设、程序安排及工作保障等方面作出详细规定。各试点法院不断深化家事纠纷多元化解决机制，注重发挥已有的诉调对接平台的作用，加强与公安、司法、妇联、基层社区等的沟通协调，形成各具特色的多元化纠纷解决机制。超过 80% 的试点法院与相关部门建立联席会议机制或者达成合作事项。[①] 珠海市

---

① 杜万华:《论深化家事审判方式和工作机制改革》，载《中国应用法学》2018年第2期。

香洲区法院成立家事调解委员会,从原有特邀调解员及妇联干部、律师中筛选调解能力强、善于化解矛盾、熟悉家事案件的人员组成专业的家事调解组织。南京中院借鉴少年审判延伸服务的经验,利用行政调解、人民调解、妇联调解等社会矛盾多元化解平台,成立家事调解委员会,选聘外部家事调解员,对家事纠纷先行调解。深圳市宝安区法院创设"婚调委+调解工作室"新模式,由法院与妇联共同成立婚姻家庭纠纷人民调解委员会,负责辖区内婚姻家庭纠纷的人民调解和整体情况分析报告工作。广西高院出台《关于深化多元化纠纷解决机制建设的若干意见》,把家事纠纷联动化解机制纳入平安广西建设工作中,加强与妇联、检察、公安、民政、团委、司法等部门的联系,根据各部门职责,将处理家事纠纷的调解、调查、收集固定证据、救助庇护、心理咨询、法律援助、普法教育、辅助申请人身保护令等职能明确,真正实现多部门、多渠道、多手段处理家事纠纷。晋城市泽州县法院将诉调对接确定为家事审判改革的突破口,除不得或不能进行调解的以外,案件受理后法官及时征求双方当事人是否接受调解的意见,由当事人自行选择是否接受人民调解组织进行调解,若选择,当事人达成调解协议不需要制作调解书的,可选择撤诉,需要制作调解书或达不成调解协议的,由法院制作调解书或继续审理。

(七)建立反家暴联动保护机制

家庭暴力现象在我国较为普遍,不仅发生在夫妻之间,还多发于其他家庭成员之间,而家暴受害人的权益又不能得到有效保护。为此,试点法院将建立反家暴联动保护机制作为家事审判改革的一项重要内容进行探索。徐州市贾汪区法院会同公安机关、妇联共同制定《关于"家庭暴力"证据固定制度的实施意见》《人身安全保护裁定实施细则》,使公安、妇联及基层组织在反家暴全过程中能主动参与。南宁市西乡塘区法院利用城区网格化管理优势,搭建反家暴网格化管理体系,创新人身保护令的监管执行,与检察、公安等机关联合组建"西乡塘区司法社工服务工作站",依托网格化管理开展反家暴活动。深圳

第六章
我国家事审判改革的实践探索

市宝安区法院与公安、妇联等共同签署《宝安区家庭暴力预防与处理工作体系工作方案》，搭建统一的家庭暴力预防与处理平台。南宁市良庆区法院与南宁市救助管理站、良庆区民政局、良庆区妇联四单位共同设立良庆区反家暴庇护中心，免费为家暴受害人提供紧急庇护居所、心理疏导、法律咨询、诉讼指导等服务。广东多地法院结合《反家庭暴力法》人身安全保护令相关规定，制定相应的人身安全保护裁定实施细则，明确保护令的申请主体、条件、证据、审查、裁定和执行等事项。2016年，广东法院发出多份人身安全保护令，内容除涉及夫妻间家庭暴力以外，还涉及非法同居的男女间暴力等，包括禁施暴令、禁联络令、禁处分财产令、迁出令、限制探视子女令等多种类型。广西高院制定《关于适用人身安全保护裁定问题的解答》，明确人身安全保护裁定的适用范围和目的，确定具体申请条件、有效期限以及有利于保护弱势家庭成员利益的证据认定标准，扩大有资格作出人身安全保护裁定的管辖法院。

（八）审判配套设施的改良

配置符合家事审判特点的配套设施，能够体现家事审判柔性温情的特点，彰显家事审判的人文关怀和服务意识，有利于家事纠纷的解决。因此，大多数试点法院也比较注重对审判配套设施的改良，坚持"硬件体现软件"的思路，通过硬件设施和场景布置，展现司法的宽容、包容。例如，厦门市思明法院设计家事法庭专属庭徽，创作特色庭训和楹联，营造家事审判的亲情氛围。试点法院还积极在家事审判区设置不同的功能区，为专业化的家事审判改革提供硬件支撑。例如，延边朝鲜族自治州珲春市法院在家事少年审判区内设置家事法庭、少年法庭、未成年人保护室、儿童守护室、妇联维权工作室、社会介入工作室、家事调解室、心理评估室、反家暴临时庇护所、老年人安置室等。徐州市贾汪区法院在家事诉讼服务中心设审判区、工作区、文化区三个区域，审判区设家事法庭、少年法庭、老年法庭；工作区设心理疏导室、幸福家庭课堂、家暴临时庇护所、妇联（人民陪审员）工作室、社会介入室、未成年人保护室、回访帮教室等。深圳市宝安区法院建设有家事诉讼中心，内设圆桌审判庭、调解室、单面镜观察室兼心理疏导室、社工工作室、调查室，还有沙盘设备用于心理测评和心理疏导。

第二节 我国家事审判改革试点经验的示范意义

在家事审判改革的过程中，全国各地法院结合自身审判工作实际，大幅革新家事案件审理机制，突破现有法学理论和立法体系限制，明确家事案件特性、力求家事案件专业化处理、倡导家事纠纷多元化解决，致力补齐家事审判"短板"，取得明显成效。各类改革探索举措既有对我国历史传承、域外经验的学习借鉴，也有许多创新内容。各地法院的诸多改革探索成果为我国家事审判制度的完善和发展提供了样本，也为家事审判思维的转变指明了方向，作出了示范。

一、从个案本位走向家庭与社会并重

和谐的婚姻家庭关系不仅是个体身心健康发展的重要土壤，而且是人类社会有序发展的基石[①]。对于这一点，试点法院都是有一定认识的，从试点法院在改革中坚持的审判理念即可窥探一二。家事审判由以往仅关注家事案件的个案解决向家庭、社会并重的方向发展，更加注重家庭内部矛盾的化解、亲情的修复以及维持社会的和谐稳定。

家事关系归根到底是民事关系的一种。普通民事诉讼涉及的多为私人或法人之间的矛盾纠纷，裁判目的较为明确即解决双方所争议的焦点，进而恢复、

---

① 曹思婕：《我国家事审判改革路径之探析》，载《法学论坛》2016年第5期。

第六章
我国家事审判改革的实践探索

弥补当事人之间正常的财产关系,且很少会涉及与矛盾争议无关的他人权益,影响范围相对较小。而婚姻家庭纠纷是基于双方身份关系而产生的婚姻、扶养、赡养、抚养以及相关的财产诉讼,其内在缘由系身份关系的成立。由于婚姻家庭纠纷均带有浓厚的感情色彩和道德伦理因素,纠纷中的矛盾双方一般都是具有血缘关系的家庭成员和亲属,由此导致一起看似简单的矛盾纠纷,往往会直接影响家庭关系、亲属关系的维系,甚至可能对社会造成极大的影响。

从试点法院的实践探索来看,从审判理念、审判程序等多个层面开始转变,摒弃了之前就案办案的民商事裁判思维,更加注重家庭关系的恢复和社会功能的治愈,也逐步从家事案件审判的聚焦个案拓展到对家庭关系和社会影响的并重方向发展。具体而言,一是不断强化法官职权探知主义,赋予法官在家事案件中依职权调查取证的权力。例如,在审理过程中发现可能直接影响婚姻事实是否成立的情况,法官应当主动开展调查取证活动,以确保裁判的合理正当、公平公正。特别是针对一些家事案件,法官通过依职权调查可以找到矛盾的症结所在,对于彻底化解矛盾、修复家庭关系意义重大。二是坚持家事案件不公开审理原则,以公开审理为例外。将家庭关系作为社会公益的一种,强化对家事案件当事人隐私及未成年人利益的保护,避免因诉讼行为导致家庭矛盾的公开化。三是积极限制缺席审判的情况发生。家事纠纷以身份关系为基础,身份关系的不可替代性要求矛盾双方当事人应当亲自到庭阐述事实、发表意见。这既可以让法官更好地了解矛盾内容和争议焦点,稳妥作出裁判,又能促成当事人之间相互对话、消除误会,有助于圆满解决纷争。四是适当放宽案件审理期限。家事矛盾纠纷的处置和消除,很明显非一朝一夕之功。若严格按照一般民事案件的审限要求,必然会影响矛盾纠纷的彻底化解,也会制约家事审判职能的充分发挥。因此,在家事审判中应当转变单纯强调审限的个案思维,从家庭和社会稳定的大局出发,适当放宽家事案件审理期限,为家庭关系的修复提供条件。

二、由分散解决走向统合处理

在一般的民事诉讼案件中，对诉讼当事人之间的争议进行个别的、相对的解决是裁判活动的内在要求。而家事案件既有身份关系诉讼，还有基于身份关系产生的附随性财产诉讼，婚姻案件涉及子女抚养、财产分割等问题就是最直接的例证。实践中，许多当事人基于身份关系进行诉讼时，仅仅将特定事项诉诸程序，对于其他与之相关的争议分散处置，出现了由不同法官适用不同程序审理的情况。这既耗费了司法资源、增加了司法负担，又容易引发判决之间的不一致甚至矛盾，不易达成司法效果和社会效果的最佳统一。

江苏高院树立一揽子解决家事纠纷的理念，将家事案件由分散解决转变为统合处理，即在一个诉讼程序中集中处理相关的家事关系案件，既符合程序经济原则[①]，亦有助于家庭成员之间争议的及时解决，进而实现身份关系的稳定，同时也避免了因多个案件的分开处理造成裁判结果的相互冲突，甚至损害当事人和未成年子女等利害关系人合法权益。当然，立足审判工作实际，无论家事案件争议及诉求有多少种，其发生根源均为当事人之间的身份关系，统合处理也符合我国有关诉讼合并的法律规定。因此，在多个家事矛盾纠纷的处理过程中，应尽可能地将因同一身份关系所引发的纷争，集中到一个诉讼程序中由同一个审判团队进行裁判。

与之相适应，对于家事案件中可能出现的诉的合并、追加及反诉等情况，应当适度放宽条件，并实行禁止别诉的原则。对于变更诉及理由、提请诉讼合并或反诉等情况，可以在家事案件一审辩论前提出；将离婚诉求与婚姻关系损害赔偿诉求合并时，可以将离婚案件双方当事人以外的第三人作为共同被告，以期统合处置各类矛盾纠纷。当然，法官在查明、审视相关事实证据后，如果认为诉的合并、变更、追加以及反诉的理由不成立，进而驳回有关请求，那么离婚双方当事人也不得在此案结束后再援用上述理由的事实提起独立的诉讼。

---

① 刘敏：《21世纪全球家事诉讼法的发展趋势》，载《中国应用法学》2017年第5期。

第六章
我国家事审判改革的实践探索

这样既有利于法官在审理案件过程中及时发现矛盾真实内容，也能最大限度避免双方当事人针对同一问题不断到法院起诉，造成司法资源的浪费。另外，对于因同一婚姻关系可能产生的多项纠纷，要跳出同类诉讼案件才能合并的思维，应积极适用合并审理原则，防止因准许多次起诉造成基于同一婚姻关系的诉讼案件产生相互矛盾的诉讼结果，进而造成婚姻家庭长期处于不稳定的情形之中。

三、从诉讼主导走向多元参与

立足家事审判机制的探索改革实际，我们应当意识到，家庭是社会的细胞，对家事矛盾纠纷的化解不仅仅是人民法院审判工作的内容，更是整个社会、每个家庭都需要去参与解决的问题。机械地将法院裁判活动作为处理家事矛盾纠纷的手段，很大程度上会进一步影响家庭关系的存续，因此必须将家庭关系的和解、修复作为根本的价值取向。在家事审判制度较为完善的国家和地区，其家事纠纷的解决从来没有完全依赖于司法，而是建立了分工明确、联系紧密、重点突出的矛盾处置机制，而这一先进经验在我国家事审判改革探索中已经得到充分的肯定和验证。

（一）多元化的人员参与

之前的家事案件诉讼中，一般都是以法官、法官助理、书记员为团队的审判模式，其与普通的民事审判构成并无二致，无法针对家事案件的审判特点作出相应的调整。在试点法院的探索中，各地逐步引入家事调查员、家事调解员、家事陪审员、心理咨询人员等各类专业人士参与，组建强大的、高效的、更能化解矛盾的审判团队。在诉讼之外，还积极协调社区、人民调解以及高校等组织或机构参与家事案件的矛盾化解工作，形成了诉讼程序内外的多元化人员参与，从而让不同的专业人员更有针对性地化解家事纠纷，修复家庭关系。

（二）多元化的审判配套机构设置

实践证明，心理学、社会学等多个方面举措的运用对于婚姻家庭矛盾纠纷的化解效果突出，在矛盾化解过程中积极协调相关领域人才配合开展化解工作显得十分必要。为此，在未来的家事审判机制改革发展过程中，可以通过在社区组织中设置婚姻咨询室、家事调解室、心理评估室等机构，及时为出现矛盾纠纷的家庭成员开展专业的心理咨询、疏导、调解服务，在源头上预防矛盾激化。人民法院结合自身调解，设立心理疏导、咨询、治疗等机构，为诉讼中的当事人提供心理层面的咨询和辅导，配合法院审判工作的顺利开展。同时，法院要与人民调解委员会、司法调解中心等机构建立良好的合作关系，形成矛盾纠纷化解的长效机制，进一步提升家事审判的效果，维护家庭和社会的和谐稳定。

（三）多元化的纠纷解决机制

机械的判决虽然能够体现出法院裁判的权威，但对于当事人之间对立情绪的消除、婚姻感情的修复效果甚微。当前世界各国家事审判制度最为广泛的做法是充分发挥调解组织的力量，进行调解工作，而且调解工作既可存在于诉讼之中，也可以超脱于程序之外。根据各试点法院改革的实践经验，完善家事纠纷多元化解机制，首先要明确非诉调解的法律地位，构建独立化、体系化的家事调解程序，尤其是对除婚姻关系确认、亲子关系确认、收养关系确认之外的案件，应当将调解作为前置程序，并可以由法院对调解的效力予以确认；调解不成的，再由法院审理裁判。其次，要逐步搭建融家事纠纷调解中心、乡（镇）司法所、民政、妇联等为一体的多元化家事纠纷非诉解决平台，拓展家事调解的广度和深度。最后，从完善家事非诉调解程序、加强家事调解员的培养等方面增强多元化纠纷解决机制的软实力。

四、从混同模式走向专业模式

过去，我国立法上的缺憾导致家事案件与一般民事案件混同审理，这既影响了家事审判制度的科学发展，也造成了家事审判效果的失准。目前，我国在家事审判程序方面依然未对《民事诉讼法》的程序有过多的突破，大部分法院依然将家事案件和普通民事案件都归属民庭管辖，混同审理，这极大地影响了家事审判活动的顺利开展。因此，家事审判改革试点法院对原先的混同审理模式进行了转变，在审判程序、审判机构、审判法官的专业化方面做了较好的示范。

（一）制定专门的家事审判程序法

在家事审判改革中，试点法院在审判的程序性规则方面有较多突破，为我国家事审判程序法的制定提供了很多素材。我国应当在充分吸收改革实践经验的基础上，尽快制定既能反映出家事审判程序一般规律，又能体现出中国特色的家事审判程序法。这既是现有家事相关实体法有效运行的保障，也是未来《民法典》出台后与亲属法章节相呼应的举措，更是对我国诉讼程序法体系的完善。特别是要将未成年人利益最大化原则予以明确，教育夫妻双方关注未成年子女的利益，要求法官尊重和保障未成年子女在家事案件中的主体地位；建立未成年子女利益保护人制度，尤其是在离婚案件、变更监护权案件、实现探望权案件中，由法院根据案件情况裁量是否选任子女利益保护人，可以从与家事纠纷关系密切的社会组织或政府机关单位中选任；完善未成年子女意见表达程序，通过立法或司法解释的形式规范法院在处理离婚案件抚养权问题时对未成年子女意见的吸收；引入心理疏导和评估机制，为未成年子女提供心理辅导和测评服务。

（二）设置专门家事审判机构

专业化家事审判机构的缺失是制约我国家事审判工作有序开展的问题之一。全国家事审判改革试点工作中，各地改革试点法院都将设置专门的家事审判机构或团队，选取家事审判经验丰富的法官审理家事案件作为改革工作的重要一环，以此来体现家事审判的专业化和特殊性。在未来的机构设置中，对于家事审判机构的职能明确，除基本的纠纷解决职能外，还应将调整、修复家庭关系的社会功能予以明确。必须注意的是，离婚行为不是一个夫妻关系的终结，而是社会家庭关系的重构。因此，应当在立法过程中，做好相关法律的修改完善，对家事审判机构的改革予以立法明确，突出家事纠纷解决的专业化和特殊性，更好地保障和促进家事审判工作质效的提升。

（三）培养专业家事法官

家事法官是家事矛盾纠纷处置化解的直接力量，家事法官选任及团队建设的好坏直接影响案件审判的质量和效果。为此，在未来家事审判改革中，首先要以严标准、高要求组建家事审判团队，对案件审理范围进行明确，并选拔具有相关领域知识的人才来担任家事法官。其次，在审判团队构建中，要在司法体制改革的基础上，除为家事法官配备相应的法官助理和书记员外，还应根据实际情况配备家事调解员、心理疏导员等专业人才共同参与案件审理。最后，应当积极发挥出社会组织的作用，家事审判团队要与妇联等社会机构组织建立良好的关系，并通过社会购买服务、志愿岗位等形式，进一步充实家事审判工作力量，在推动家事法官专业化的基础上，促进家事审判团队职能的全面化，持续发挥出家事审判化解家事纠纷、稳定社会关系的作用。

第七章
家事审判机构设置

家事审判机构是法院针对审理家事纠纷所设立的专门的审判组织，其审理的对象与一般民商事纠纷相比，具有复合性、特殊性。针对家事纠纷的特殊性，当今各国的家事审判机构以设立家事法院、家事法庭为主要形式，而我国关于专业化家事审判机构的设置目前还处在改革试点阶段。从当前理论界和实务界对家事审判的研究来看，也缺乏对家事审判机构设置理论及实践的全面的、系统化的梳理和研究，不能满足家事审判的现实需要。

第一节 家事审判机构专业化的必要性和可行性

家事审判改革的核心就是家事审判的专业化，而家事审判专业化的一个重要表现形式就是家事审判机构的专业化。所以，设置专业化的家事审判机构是深化和巩固家事审判改革的必要途径。

一、家事审判机构专业化的必要性

目前,我国家事审判机构的专业化程度不高,与家事审判实践的要求存在较大差距,没有充分体现家事审判的特殊性。为促进家事纠纷的公正、妥当、有效解决,维护婚姻家庭及社会稳定,有必要建立专业化的家事审判机构。

(一)现代社会复杂性与功能分化对人民法院审判组织职权配置的客观要求

现代社会在复杂性程度和功能分化两个维度上都远远超过传统社会。[①] 肩负着化解矛盾纠纷、实现公平正义、维护社会稳定重要使命的人民法院必须顺应现代社会矛盾纠纷复杂化的特征,不断加强自身功能分化和知识分工,以更精细化、专业化的审判组织回应社会需求。因此,通过设置专业化审判机构的方式审理部分特殊化、类型化的案件,既是现代社会复杂性与功能分化对人民法院审判组织职权配置的客观要求,也是人民法院回应社会需求的理性选择。家事纠纷,作为人民法院受理的案件中数量最为庞大的种类之一,其具有显著的人身性、伦理性、隐私性、公益性等特征,一般的民事审判主要是适用法律以定分止争,而家事审判的核心作用是诊断、修复和治疗婚姻、家庭关系,不仅仅是分清权利义务关系,更追求司法功能与社会功能的有效结合。因此,家事诉讼制度与一般民事诉讼制度相比,具有一定的特殊性与偏好性,家事纠纷的解决需要一种与之相符的、有别于一般契约型关系的特殊方法。从这个角度讲,设立专业化的家事审判机构,让专业的家事法官来从事家事审判工作,是符合司法规律的。

[①] [美]塔尔科特·帕森斯:《社会行动的结构》,张明德、夏遇南等译,译林出版社2008年版,第13页。

第七章
家事审判机构设置

（二）能够实现"优化职权配置、有效解决纠纷和维护裁判统一"三者有机融合

案件的类型化对人民法院审判组织职权配置的专业化提出了客观要求。采取专业化方式集中审理家事案件，实现案件资源的科学调配和审判组织资源的优化组合，可以使人民法院审理家事案件的职权配置显著优化。同时，家事审判专业化还能很好地实现职权优化配置和有效解决纠纷、维护裁判统一之间的有机融合。法律统一适用问题的实质在于法律本身的统一解释和适用。[①] 专业化能够保证法律的精确性和可预期性，法治优于人治，就是公众能够预测一个法官会作出怎样的判决，法官的权力并不完全是依赖于自己对公正标准的一种理解，那么家事审判的专业化能够保证裁判的精确性和可预期性。同时，将家事案件这样同一类型的案件集中由专业的机构和人员长期、连续、固定审理，有利于家事法官积累该类案件审理经验，全面准确把握该类案件法律关系的特点，统一家事案件的裁判理念与尺度，实现法律适用统一。通过对我国的知识产权法院等专业法院进行考察，可以发现其构建的背景无外乎是该类案件相比于其他案件具有高度的专业性，需要专门的机构及具备除法律外其他专业知识的法官处理该类纠纷，以优化审判职权配置，有效解决该类特殊纠纷，并且确保该类案件裁判标准的相对统一，对于家事审判来说，亦是如此。

（三）有利于培育出长期稳定的专业化家事法官队伍

法官专业化是审判专业化的重要前提和必然要求。专业化的审判机构能够带来法官队伍的专业化和知识化，催生出在特定审判领域深谙此类案件审判规律的专业型与经验型兼备的法官，是法官职业化建设的有效路径，而且该路径和现代社会对法官的要求相契合。目前我国并未设立从事家事案件审判的专业化机构，这导致家事审判的队伍并不稳定，不少审判经验丰富、工作能力强

---

① 范明志:《消解成文法中法律统一适用之痛》，载《人民法院报》2010年4月16日。

的法官不愿意从事家事审判工作,一方面是有些法官认为家事案件仅仅是家长里短的一些琐事,相比于刑事和传统民事案件来说技术含量较低,不能体现法官办案的技巧和水平;另一方面是审理家事案件不仅涉及司法裁判的公平与公正,同时还要顾及当事人身份、情感利益等特殊需求,压力比较大。如果不设立专业的家事审判机构,家事法官的地位和价值无法彰显,内心容易产生落差感,进而影响家事审判队伍的稳定。事实上,家事诉讼的特殊性对法官的知识构成有着非常特殊的要求,家事审判具有很强的专业性,是综合法律、心理学、社会学等多种专业的跨学科工作。因此,在司法改革特别是法官员额制改革的时代背景下,应尽快设立专业化的家事审判机构,这样才能培养出长期的、稳定的、专业的家事审判队伍,才能更好地应对目前我国家事纠纷日趋增长和日益复杂的现实。

综上,不论是从家事案件客观上具有的身份性、公益性、专业性等特点决定的家事审判特殊性的角度来看,还是从家事案件目前日益增长的趋势来看,作为解决纠纷最后一道防线的法院,都亟须进行家事审判改革,配套专业的家事审判机构和队伍,以更好地适应此类案件审判所面临的新形势。

二、家事审判机构专业化的可行性

我国设立专业的家事审判机构不仅是必要的,而且是可行的。世界上家事审判制度较为先进的国家以及地区的家事审判机构专门化已经有百年的历史,形成了多种家事审判机构设置模式,为我们提供了相对成熟的专业家事审判机构设置范本。同时,我国的家事审判改革特别是最高人民法院主导的家事审判方式和工作机制改革试点,也在这方面进行了积极的探索,积累了较为丰富的经验,为建立我国家事审判的专门机构体系提供了充分的实践参考。

第七章
家事审判机构设置

（一）比较法基础

由普通法院按照民事诉讼程序审理家事案件，是世界各国最初普遍采取的做法。但是，随着人们法律意识的增强及人类社会关系的日益复杂化，家事案件数量与20世纪相比大幅度增长，案件内容的复杂性和种类的多样性对家事审判的专业性和规范性提出更高要求，专业的家事审判机构和队伍成为改革的重要内容。设置专门的家事审判机构专司婚姻家庭案件的审理，成为世界多数国家和地区的选择。家事审判机构专业化是家事审判专业化的基础性部分，也是家事审判改革的关键。由于各国（地区）的家事司法具体状况有异，立法与司法实践有别，各国（地区）的家事审判机构专业化的途径或方式也有所区别。有关家事审判机构的设置，目前世界上比较通行的做法主要有三类：第一类是设立专门的、独立的家事法院或家事法庭，与地方法院等级相同；第二类是在地方法院内部设立家事法庭；第三类是仍然由地方法院管辖家事案件及其他相关案件。

1. 德国

德国作为典型的大陆法系国家，其关于家事审判的各项制度是相当严谨和健全的。就家事审判机构设置而言，20世纪70年代是设置模式变革的分水岭。在20世纪70年代之前，德国没有统一处理家事案件的审判机构，当时处理家事案件的主要是监护法院、遗产法院还有普通法院的民事审判庭。1971年以后，随着德国立法机关将传统的四级民事法院机构向三级法院结构进行转变，开始在联邦最高法院、州高等法院、地方或地区法院设立专门的家事法庭，具体负责涉家庭内部关系人员纠纷及矛盾的处理。前文已有较为详细的论述，在此不再赘述。需要强调的是，德国的家事法庭不是唯一审理家事事件的机构，成年人的照顾事件是由照管法院负责的。

2. 日本

日本的家事审判机构设置采取的是家事法院模式。日本共有50所家事法院，家事法院在内部设置上和地方法院并没有多大差别。为方便国民诉讼，日本还在家事法院管辖区域内成立了许多分院，负责某一片区家事案件的审理。尽管日本并非最早设立家事法院的国家，但无论是家事法院的普及度，还是机构设置的完整性，日本家事审判机构的专业化水平走在世界前列。日本的家事法院不仅包括法官、书记官，同时还有家事调查官，而且还设置有家庭科学调查室等辅助性机构，这些辅助性机构主要是为了协助法官审理家事案件。不仅如此，家事法院的法官必须具备综合性知识，不仅要熟悉掌握法律知识，同时还要具备心理、教育、社会等各方面的知识。

3. 我国台湾地区

少事（少年审判）、家事（家事审判）合一是二战以来很多国家少年司法改革的一个重大趋向。①受这种趋势影响，我国台湾地区的"家事事件法"之事件主要也由少年及家事法院集中处理，但是未设少年及家事法院的地区，由地方法院的家事法庭负责办理。1999年，我国台湾地区在高雄建立了第一个少年法院，2012年6月1日则改成了少年和家事法院。②根据我国台湾地区"少年及家事法院组织法"的规定，"少年及家事法院设少年法庭、家事法庭。少年法庭得分设保护庭、刑事庭；家事法庭得应法律规定或业务特性，分设专庭"。③该法第十三条规定，少年及家事法院设调查保护室，置少年调查官、少年保护官、家事调查官、心理测验员、心理辅导员及佐理员。在人员方面，要求家事法官具有处理家事业务的学识、经验及热忱，以及性别平权意识、尊重多元文化等专业素养。家事法官根据家事事件的特殊性选择相关的家事调解委员会主持家事纠纷的调解工作。该委员会成员通常是由法院聘请的具有丰富工作经验的心理学专家、律师、法学教授、精神病医生等具有专业知识的人员，上述人员需要定期接受并通过法院组织的系统性培训。家事审判的法官只负责

---

① 姚建龙：《少年审判和家事审判的关系定位》，载《人民法院报》2018年1月22日。
② 姚建龙：《少年审判和家事审判的关系定位》，载《人民法院报》2018年1月22日。
③ 我国台湾地区"少年及家事法院组织法"第八条。

第七章
家事审判机构设置

选择由何种专业调解委员会对家事事件进行调解,但不参与具体的调解工作,属于中立裁判者的地位。

4. 英国

英国的家事案件审判机关在 2014 年之前分散在治安法院与郡法院当中,并未集中到专业的审判机构。也就是说,英国之前在家事审判改革领域处于比较保守的状态。2013 年,英国颁布了《法院与犯罪法案》。根据法案规定,英国开始大刀阔斧地进行家事审判机构改革,设立独立于治安法院与郡法院的家事法院,管辖全国范围内的家事案件。

英国家事法院以区域为单位划分成 42 个家事案件管辖区,然后在每个家事案件管辖区设立一个由一名法律顾问和一名区域法官组成的团队及家事管辖中心对案件进行合理分配。在案件分配过程中,该团队主要的参考指标是家事案件的难易程度及涉案纠纷的类型,将以上两指标内容确定后,该案件分配团队再依据具体情况指定一名家事法官负责该区域涉及家事纠纷的案件。

5. 美国

早在 19 世纪末,考虑到当时美国青少年犯罪案件逐渐增多,美国设立了少年法院。之后,美国司法机构认识到少年问题与其家庭问题密不可分,涉及少年问题的案件若抛开与之相关的家事案件则难以得到妥当处置。因此,20 世纪初,美国开始设立家事法院。但是,美国各个州的司法相对独立,没有全国普遍适用的家事法,在家事审判机构设立层面,有些州是设置家事法院处理家事案件,而有些州是成立专门的家事法庭负责家事案件的审理。目前有十二个州成立了家事法院,且在几乎所有州都有专门的家事法庭。尽管美国家事审判机构专业化程度不一,但其家事审判机构运行模式都是调审分离。以纽约州的家事法院为例,其家事法官负责审理家事案件,在此之前会由辅助裁判官、专职调解员和司法听证官对家事案件进行处理:辅助裁判官负责子女抚养、父母赡养、父权认定等案件;专职调解员在当事人同意的情况下,可以审理部分家事案件;司法听证官在当事人同意的情况下,也可以审理部分家事案件。家事

法官不参与辅助审判官、专职调解员及司法听证官的工作。

从上述各国（地区）的情况可以看出，即便是在追求家事审判机构专业化的同一道路上，各国的选择和做法也是不同的，所以家事审判机构的专业化程度存在一定差异。然而，尽管各国家事审判机构的专业化程度以及具体模式不完全相同，但在家事审判具有特殊性，需要设置专业的、特殊的机构并配置专业的人员进行处理这一点上已经基本达成共识。从长远来看，设立专业性家事法院是家事审判高度专业化的一个重要表征。这将是世界家事审判发展的共同趋势，也是家事审判专业化发展的必然结果。

（二）实践基础

在司法实践中，要处理好家事案件中双方当事人的关系，不仅需要单独的家事审判程序予以支持，还需要建立专业的家事审判机构，才能实现家事审判的特殊价值与功能。自全国家事审判方式和工作机制改革开展以来，各地法院都积极进行探索尝试，如何更好地发挥法院在维护家庭和社会稳定、保障妇女儿童权益等方面的作用，是各地法院在家事审判机构设置方面关注的主要问题。

改革试点法院的主要做法有：有的法院设立家事法庭；有的法院成立少年与家事审判庭；有的法院直接扩展少年审判庭的审理范围，将婚姻家事案件作为其审理内容；有的法院成立家事审判合议庭，专门处理家事案件。

就设立家事法庭来说，改革实践中主要有新设型专业家事法庭模式和改设型专业家事法庭模式两种。新设型专业家事法庭模式是指重新在法院内部设立一个家事法庭。例如，宁陵县家事法庭是河南省首个家事法庭，由4名审判经验丰富、性格温和、责任心强、善于进行调解的女法官组成，专门审理离婚、"三养"（赡养、抚养、扶养）、继承、家庭析产、收养关系、亲子关系、家暴遗弃、干涉婚姻自由、侵犯未成年人教育成长权利、家庭成员之间债务等10余类因家庭矛盾引发的案件。改设型家事法庭模式是指将法院内部审理普通民

第七章
家事审判机构设置

事案件的某个庭室改设为家事法庭或将某县级法院人民法庭改设为家事法庭。例如，从 2015 年 9 月起，四川省泸州市纳溪区法院将江宁人民法庭组建为家事法庭，专门审理全区范围内的婚姻家庭类案件。

设立少年与家事审判庭，就是将擅长婚姻家庭案件审理的法官纳入少审庭中，进而将原有的少审庭整合为少年与家事审判庭，由审理涉及未成年犯罪的法官与审理婚姻家庭案件的法官共同组成少年与家事审判法庭，分为少年和家事两个部分。改革实践中，也有不少法院采用该模式，例如，江苏常州市天宁区法院、广东省广州市两级法院。

综合来看，各地采取不同模式反映出对家事审判专业化认识的差别，有些经济发达地区的法院认为家事审判改革力度要大，家事审判专业化程度相应也要提高，于是成立专门的家事审判庭；有些地区的法院则认为应该在少年审判与家事审判合二为一的基础上，待时机成熟，再成立单独的家事审判庭。在没有家事法院的情况下，从家事审判专业化程度上来看，有独立编制的家事法庭模式专业化程度最高，家事审判合议庭模式的专业化程度次之。这些改革模式虽然尚未触及家事法院，但是至少目前对家事审判的专业化发展是有益的，并且能够为未来家事法院的建立奠定基础。事实上，英国、新加坡等国家在推进家事审判机构专业化建设上，也是一个从家事法庭到独立家事法院的渐进发展过程。

从世界范围来看，对家事审判机构和审判队伍都追求一定程度的专业化，这代表着家事审判发展的方向。从我国的家事审判改革情况来看，对家事审判机构的专业化也是认可和追求的，并尝试与世界接轨。我国《宪法》第一百二十九条规定，中华人民共和国设立最高人民法院、地方各级人民法院和军事法院等专门人民法院。《人民法院组织法》第二条规定，中华人民共和国的审判权可以由军事法院等专门人民法院行使，由此可见，设立专门的家事法院并不违反宪法和法律规定。因此，从长远发展来看，我国可以在借鉴域外先进做法以及吸收我国家事审判改革成果的基础上，设立符合我国国情和家事审判实际情况的家事法院。

第二节　家事法院的性质和原则

家事法院是独立于普通法院之外的专门的审判机构，是当事人利用司法途径解决家事诉讼案件和与家庭纷争有关的家事非讼案件的场所。世界上大多数国家和地区都设立了具有不同特色的家事法院或家事法庭。建立家事法院，实现家事审判机构的专门化，既能更好地实现家事审判中的实质正义，也能有效地保护家事纠纷当事人的合法权益和提高家事审判效率。

一、家事法院的性质

尽管各国家事法院的形成路径有着明显的差异，但关于家事法院的设置呈现出一些共同的特性，它们不仅是解决家事纠纷的专业机构，具有审判机构的司法职能即按照法律规定解决家事纠纷，将纸面上的法律转化为司法实践的最终裁判结果，同时家事法院也需要承载维系家庭和谐稳定等社会职能，不同于普通法院作为单纯判断是非的司法机构，与社会及民众之间具有明显界限的特点，与社会之间具有某种通融性，联系频繁、资源共享。

（一）家事法院具有司法性质

家事法院作为处理家庭纠纷的司法机关，具有与普通民事审判机构一样的司法特性。尽管各国关于家事审判机构改革的历程各不相同，但是对于家事法院应具有纠纷解决的特性不具异议，因为家事法院从最根本上讲是法院纠纷解决的裁判机构，具有权威性。司法特性是其具有的根本特性，也是其区别于一

第七章 家事审判机构设置

般纠纷解决途径的关键,家事法院是公民解决家事纠纷的终极途径。

（二）家事法院具有一定的行政性质

家事法院的行政特性主要是指在处理家事纠纷时,家事法院可能会主动依照纠纷解决需要及未成年权益保护等原因,主动行使行政权,行政权不同于司法权,其处理客体是家事纠纷双方的某些行政关系,如在涉及未成年权益的案件中,如家事纠纷双方当事人均未提出对未成年子女的监护、抚养问题,那么家事法院基于对未成年权益保护的理念,会主动行使家事审判机构的行政权,处理对未成年子女的监护及抚养问题。

（三）家事法院具有显著的社会性质

尽管家事纠纷在人们看来都是一些家长里短的小案件,但因为这类案件与一个家庭或数个家庭都息息相关,因此妥善处理好家事案件不仅需要专业的家事审判机构,更需要专业的法官及陪审员、医生、律师、调解员等社会组织及工作人员的共同努力。家事法院的社会特性主要体现在：一是在家事审判机构配置上,家事法院不仅配备负责家事审判的法官或合议庭,而且会配备负责律师咨询、家事调查等特别辅助机构;二是在家事法院工作人员组成层面,家事法院在处理案件过程中,根据案件需要,会从社会各行各业中选任贤能,参与案件调解,以达到案结事了的法律效果及社会效果。

二、家事法院的基本原则

家事法院的设立应当遵循特定的原则方可达到家事法院设置的立法初衷,才能最大限度地发挥其效用,实现利益最大化。

(一)专业性原则

家事审判专业化一直是家事审判改革的努力方向和追求目标。专业化不仅能够有效应对家事纠纷数量激增、类型复杂化、多样化的现实需求,同时也能更好地实现家事审判的裁判机能,提高司法效率。设立家事法院首先必须符合专业化的标准,赋予家事法院专属管辖权限。专属管辖是指法律规定某些特殊类型的案件专门由特定的法院管辖,其他人民法院无管辖权,当事人不得协议变更,人民法院也不得用裁定变更管辖法院。例如,知识产权法院管辖有关专利、技术秘密、集成电路布图设计、植物新品种等专业技术性较强的第一审知识产权民事和行政案件;海事法院管辖第一审海事案件和海商案件,不受理刑事案件和其他民事案件。家事法院应当对婚姻关系案件、继承关系案件、亲子关系案件、收养关系案件、特别家事诉讼案件以及家事非讼案件享有专属管辖权。这种管辖是优先性、排他性与强制性管辖,诉讼当事人不得以协议的方式选择其他法院管辖。在赋予家事法院专属管辖权限的同时,实行家事法院内的审判机构专业化、审判人员专业化和审判程序专业化,这样可以有效整合司法资源,提高专业性的司法水平,统一婚姻家庭类案件的司法裁判标准。

(二)平衡性原则

平衡性原则是指法院在分化和扩展的基础上,应当注意内部和外部的整合和梳理,使家事法院能够形成一个功能互补、结构严谨的体系。设立家事法院时应当既考量家事法院内部之间的均衡负担问题,又考虑家事法院外部的社会机构的平衡协调问题。人民法院的主要职能是通过审理案件来维护社会秩序的稳定,案件过多过少都会影响其职能的充分发挥。案件过多可能导致法院不堪重负,审判质效下降,损害司法公信力;案件过少则无法发挥法院的司法调节功能,不能对人们的法律行为规范形成有效引导。因此,家事法院的设立必须考虑内部的均衡负担,根据案件数量等综合因素进行考量,在一些直辖市,可

第七章 家事审判机构设置

以根据需要设立多所家事法院,并且在区域期间进行合理布局。在较大的市,设立一所家事法院,同时在较为偏远或者人口密集的区域设置若干家事法院分支机构,兼顾群众的便利和集约。同时,还要注重平衡协调家事法院与相关社会协助机构的关系,如司法援助机关、社会福利组织等,通过构建相应的协作机制使家事法院与上述组织和机构之间保持及时的沟通和互动,共同推动家事纠纷的解决。

(三)效益性原则

提高审判质效是设立家事法院的初衷之一,因此效益性原则也是设立家事法院必须考量的因素。家事法院设立从有利于法院制度专门化的视角而言,是有效益的,它构成了法院制度发展的重要且活跃因素。同时,家事法院一旦设立,不仅将消解传统法院中至少1/3的民事案件工作量,且由专业化的家事诉讼团队解决家事纠纷,提高了该类案件的审判质效。另外,家事法院的设立还有益于家事审判、家事调解、家事调查等专业人才的培养,这同时形成一个良性的效益循环,即家事法院促进专门人才的培养,专门人才按照家事事务之特殊性作出有针对性的妥当解决方案,平息了纠纷,也让家庭关系得到修复和重建,维护了社会稳定和谐,其中各个环节都增加了正向效益。因此,设立全新的家事法院必须遵循效益性原则。

(四)适宜性原则

司法制度必须根据不同的主体、对象和内容来具体化与之相适应的原则和设置,适宜性是各国设立法院时应当遵循的重要原则之一。设立家事法院首先应当考量适宜一个国家的国情,即一个国家客观存在的基本事实。改革开放以来,我国生产力有了很大提高,综合国力明显增强,但是我国人口数量较多、生产力不发达的状况还尚未得到根本改变,目前我国依然处于并将长期处于社会主义初级阶段。此外,我国民族众多,受到历史、文化、政策、地理环境的影响，各地经济发展水平、人们的思想观念差距极大。总体来说，我国东部地区，特别是东部沿海地区，较中、西部地区，人口数量较多且更加稠密、经济基础更强且交通便利。家事法院作为与民众和社区联系较为紧密的专门法院，在设立时要考虑不同地域、不同民族、不同文化等具体情况进行综合考量。同时，在设立时还要根据具体情况允许做一定的变通，才能在全国顺利推开，并发挥其最大的功效。

第三节　家事法院的审级定位和管辖范围

从我国整体情况来看，随着婚姻家庭案件数量不断增长，案件复杂程度不断加大，新类型案件不断增多，设立家事法院的条件已经基本具备。构建家事法院既不是学者们的空想和虚构，也不是政治国家权力行使者的任性行为，而是遵循和顺应客观规律的必然选择，因为它反映了社会生活条件中涌现的应然法权关系的要求，是产出家事领域中特殊司法正义的"应然法权"。[1] 其中，家事法院的审级如何定位以及其管辖范围确定需要我们探讨。

一、家事法院的审级定位

家事法院是审理以婚姻、抚养、亲权问题为核心的家事案件的专门司法机关。家事法院具有司法性、行政性和社会性，主要功能是调整、修复和治疗家庭关系以及保护儿童最大利益，其次是解决纷争及社会服务，属于专业性法院。我们认为将家事法院的审级确定为一审法院较为合适，主要原因是家事纠纷的化解应充分发挥基层法院及社区组织的作用，将纠纷化解在源头。婚姻家

---

[1]　陈爱武：《家事法院制度研究》，北京大学出版社2010年版，第164页。

第七章 家事审判机构设置

庭与每个人的生存与发展息息相关，基层是家事纠纷发生的集中区域，将家事法院定位为一审法院更接近民众，更有利于从根源上解决家事纠纷。并且，这也是域外多数国家的选择。独立家事法院往往作为初审法院而存在，很少有国家在初审性质的家事法院之上，再设置一个专司家事案件上诉审的家事法院。①

将家事法院定位为一审法院，则意味着对其判决不服而进行上诉的案件由普通二审法院（家事审判庭或家事审判团队）管辖。一般情况下，经过家事法院处理之后，绝大多数纠纷都能够得到解决，进入上诉审的案件数量较少，没有必要再专门针对家事案件设置上诉审家事法院。

二、家事法院的管辖范围

我们认为，家事法院应当管辖与家事有关的所有案件，包括家事诉讼案件和家事非讼案件。关于少年犯罪案件和少年保护案件是否应当纳入家事法院的管辖范围，我们认为应当纳入。少年犯罪案件和少年保护案件虽然不属于家事案件的范畴，但是与家事案件紧密相关，许多家事案件直接影响着未成年人的身心健康，是引发少年犯罪案件和少年保护案件的源头因素。侵害未成年人权益或者未成年人违法犯罪案件大多与家庭生活环境、家教家风有关。相关研究证明："不良家庭环境会导致青少年的人格缺陷和行为偏差，是造成犯罪的重要因素。在动荡或破碎家庭中成长的青少年，其越轨犯罪率高于健康家庭中的同龄人；罹患精神心理疾病的比例也大大高于健康家庭中的孩子。"②将这两类案件纳入家事法院的管辖范畴，有利于维护婚姻家庭稳定、依法保护未成年人权益、降低未成年人犯罪率目标的统一实现。而且，美国、英国、我国台湾地

---

① 与之相比，设置在普通法院内的家事法庭，则比较普遍地设置在多层次法院系统中，甚至包括在上诉审法院或者抗告法院设立，在内部形成一个系统。参见陈爱武：《家事法院制度研究》，北京大学出版社2010年版，第128页。

② 张克锋：《家庭与青少年犯罪》，载《广东社会科学》2006年第3期。

区等不少国家和地区都建立了少年（家事）法院，并取得良好效果。

第四节　家事法院的具体设置模式

在全国范围内建立统一的家事法院体系是家事审判机构改革的最终落脚点，但是根据我国现有国情，在全国范围内"一刀切"地设置家事法院是不切实际的。因此，我国家事审判机构改革应当在长远目标的基础上，规划中期目标及近期目标。鉴于全国各地经济发展水平不均衡的情况，我国家事审判机构改革的近期目标应当是在经济发展水平较高、家事审判改革深入、家事法庭运行良好且稳定的地区设立家事法院进行试点，其他暂不具备条件设立家事法院的地区先设置家事法庭。我国现在只有家事审判改革试点地区的部分法院设立了专业的家事法庭，所以家事审判机构改革的近期目标还需要先在全国范围内将设立家事法庭的经验做法进行普及。待家事法院试点实行一段时间后，将其经验做法逐步推广到经济相对发达的地区，即采取梯田式模式将家事法院设立地区逐步扩大开来。（见图2）

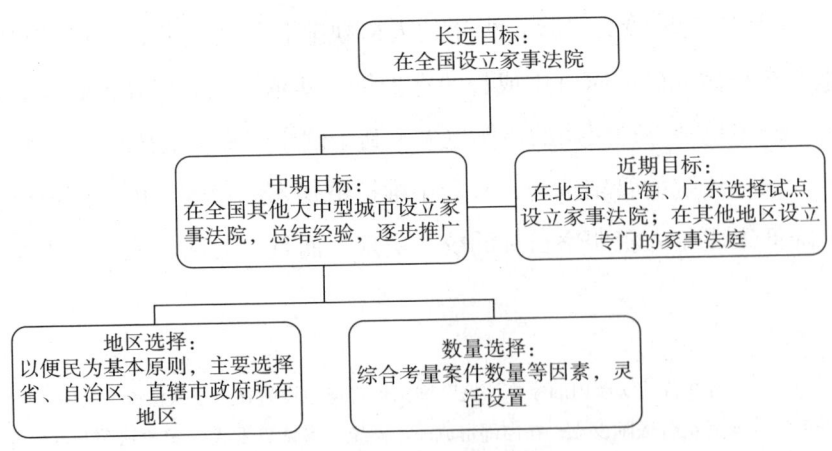

图2　家事法院设置的近期、中期及长远目标

第七章
家事审判机构设置

一、近期规划

家事审判机构改革应采取循序渐进的方式进行,因此应首先在北京、上海、广州等经济发展水平较高、司法体制改革进行比较深入、当地党委政府给予较大支持的地区设立家事法院作为试点,其他没有达到条件的地区的法院,则应成立家事法庭来审理家事案件。

(一)家事法院试点法院的选择依据

虽然家事法院的优势和价值在家事审判机构设置的各种模式中已经有目共睹,但结合我国目前的国情来看,一步设置到位是不现实的。考虑到我国各个地区的经济发展水平差异,各个地方的人文、风俗习惯等的不同,成立家事法院还需要一定的准备时间,应当在经济发展水平和开放程度较高、家事案件数量较多且增速较快、家事审判改革较为深入的大中城市先进行试点,首批可选择北京、上海、广州地区的法院作为试点。这样有利于在试点范围内进一步提高家事审判的专业化程度,提升审判质效,为下一步在全国范围内设立系统的家事法院提供实践参考。试点选择主要考虑下列因素:

1. 经济发展水平

经济社会较为发达地区的法院普遍探索设置有家事法庭,虽然在具体名称上有差别,但都基本确立了以专门庭、室作为处理家事案件的专门机构。而且,这些地区的家事法庭成立相对较早,已经探索出了一些比较成熟的经验和做法,所以设立家事法院的基础较好。此外,设立家事法院需要一定的财政投入,在经济社会较为发达地区进行试点,在法院硬件建设、机构编制及人员配置等方面不会有较多障碍,利于试点工作的推进。因此,在设立家事法院试点的选择上必须考虑该地区的经济社会发达程度。

2. 家事案件情况

考察各国设立家事法院的动因，家事案件数量是否剧增且案情是否日益复杂是其普遍考虑的因素。专门成立独立于普通法院的专业法院是一个大工程，其设立的必要性不仅取决于家事案件审理具有专业性和特殊性，还取决于家事案件的数量及案情复杂程度已经达到需要通过设立专门的家事法院才能有效解决该类纠纷的地步。因此，应当借鉴我国台湾地区的经验选择设立家事法院的试点法院，以家事案件受案数量为基准，兼顾考虑案情的复杂程度。

3. 是否便于公众诉讼

家事法院的设置应当使民众受益，而不是给民众带来更大的负担和麻烦，即家事法院的设立不应当仅仅出于法院自身的专业分工或者职能需要，而应当更多地考虑民众接近正义的便利性和实效性。① 作为一审法院的家事法院应最大程度地节省公众的诉讼成本，使得公众能够近距离地、方便地参与家事诉讼。从世界范围内的司法改革进程来看，近民司法理念的付诸实践及法院组织机构的调整，旨在接近便于公众参与司法活动、满足公众司法需求的改革目标，彰显着诉讼便利化、近距化的当代司法基础价值的设定，表明着司法改革的价值追求。现代司法组织体系普遍面广量多的布局特征，反映着对公众参与诉讼相关活动时通行距离的考虑。交通情况是划定法院司法区涵盖半径的重要衡量要素。家事法院的设立，也应当以确定适宜的、便利的交通距离为主要内容。

（二）我国家事法院内设机构的设置

结合国外设立家事法院的经验及我国的实际国情，我们认为我国的家事法院应当设置完备的内设机构，除根据法律规定或业务特性设置立案庭、专业审判庭、执行庭外，还应当设置调查科等辅助性机构。具体如下：

---

① 陈爱武：《家事法院制度研究》，北京大学出版社2010年版，第168页。陈爱武教授提出设立家事法院应当以便民、亲民、近民作为基本的指导思想。

第七章
家事审判机构设置

1. 立案庭

家事法院立案庭主要职能：家事案件的立案、送达、移送；接待和处理各类来信来访；办理诉讼费、执行费用的收、交、减、缓、免等相关手续。

2. 审判庭

家事法院作为司法机关，审判部门是其最重要和核心的机构。其主要负责家事案件的审理工作，即依照案件事实及法律规定对家事案件作出裁判，并负责送达、开庭、记录、制作文书及卷宗装订归档等工作。其人员由法官、法官助理、陪审员和书记员组成。法官负责案件的审判，可以一人独任审判或三人组成合议庭审判；法官助理主要负责协助法官进行法律问题研究、法律文书起草及资料收集等其他与案件准备和管理有关的工作；陪审员主要负责对案件事实的认定；书记员主要负责案件的庭审记录、开庭准备、卷宗整理等审判辅助性工作。

家事法院作为专门审理家事案件的机构，理应具有高度专业化的审判机构。家事案件主要涉及婚姻纠纷、亲子关系纠纷、收养关系纠纷、赡养、继承等类型，我们认为可根据不同类型的家事案件设立不同的审判庭，进一步实现家事法院的专业化。

A. 婚姻案件审判庭

婚姻案件审判庭主要审理婚姻案件。主要有：①确认婚姻无效之诉。根据我国《婚姻法》规定，导致婚姻无效的情形是：重婚的、存在禁止结婚的亲属关系的、结婚前患有医学上不允许结婚的疾病且婚后尚未治愈的、未达到法定婚龄而结婚的。②撤销婚姻之诉。撤销婚姻的法定事由只有一个，即被胁迫。③离婚之诉。该类既包括仅仅提出离婚诉讼请求的案件，也包括提出离婚诉讼的同时也请求财产分割、子女抚养[①]、离婚补偿、离婚损害赔偿请求的案件。④协议或诉讼离婚后又单独提出的财产分割之诉、离婚损害赔偿之诉。⑤夫妻关系存续期间分割共有财产之诉。根据婚姻法司法解释，婚姻关系存续期间一

---

① 出于家事案件统合处理的考量，附随离婚诉讼的子女抚养权的确定由婚姻案件审判庭负责，而不由少年审判庭负责。

般不得分割共有财产,但一方有隐藏、转移、变卖、毁损、挥霍夫妻共同财产或者伪造夫妻共同债务等严重损害夫妻共同财产利益行为的或一方负有法定扶养义务的人患重大疾病需要医治,另一方不同意支付相关医疗费用的,可起诉至法院要求分割共有财产。⑥婚约财产纠纷。⑦同居关系纠纷,包括同居关系析产纠纷和同居关系子女抚养纠纷。

B. 继承案件审判庭

继承案件审判庭主要审理法定继承纠纷和遗嘱继承纠纷:①法定继承遗产分割之诉。②确认遗嘱效力之诉。③遗赠纠纷。④遗赠抚养协议纠纷。⑤被继承人债务清偿纠纷。

C. 赡养、扶养案件审判庭

赡养、扶养案件审判庭主要审理:①赡养纠纷,包括赡养纠纷和变更赡养费纠纷。②扶养纠纷,包括扶养费纠纷和变更扶养关系纠纷。③确认、变更无民事行为能力人或限制民事行为能力人监护权之诉。有证据证明对方不适宜继续作无民事行为能力或限制民事行为能力人的监护人或认为自己无力再履行监护职责时,可请求人民法院确认、变更监护权。④分家析产纠纷。

D. 家事非讼案件审判庭

家事非讼案件审判庭主要审理家事非讼案件,主要包括:申请宣告公民失踪、申请撤销宣告失踪、申请为失踪人财产指定和变更代管人、申请宣告公民死亡、申请撤销宣告公民死亡、被撤销死亡宣告人请求返还财产纠纷、申请宣告普通公民无民事行为能力、申请宣告公民限制民事行为能力、申请宣告公民恢复限制民事行为能力、申请宣告公民恢复完全民事行为能力等案件。以上所述案件是我国现行民事诉讼法规定的适用特别程序的案件。但是,家事非讼案件体系是开放性的,随着我国家事审判制度的发展和完善,家事诉讼非讼化的程度越来越高,将有更多家事案件被纳入家事非讼案件体系中。

E. 少年审判庭

少年审判庭负责审理除婚姻纠纷涉及的未成年人抚养权以外的,基于自然

第七章 家事审判机构设置

血亲引起的涉及未成年人的纠纷。主要包括：①否认亲子关系之诉。即夫妻一方向人民法院起诉要求否认子女与父母具有亲子关系。②确认亲子关系之诉。请求法院判令非婚生子女的生父母认领非婚生子女，承认具有亲子关系。③请求行使探望权案件。④协议或诉讼离婚后单独提出的子女抚养权之诉以及变更、追索抚养费纠纷。⑤收养无效之诉，是指因不符合《收养法》及相关法律的规定导致收养无效，从而请求人民法院确认收养无效的诉讼。⑥撤销收养之诉，是指当事人在作出收养的意思表示时，发生认识错误，或当事人因被欺诈、被胁迫而作出了收养的意思表示，在这种情况下，当事人可请求法院予以撤销。⑦解除收养关系之诉，指出现《收养法》第二十六条规定的解除收养的情形，请求人民法院解除收养关系的诉讼。⑧确认、变更未成年人监护权之诉。有证据证明对方不适宜继续做未成年人监护人或认为自己已无力再履行监护职责时，可请求人民法院确认、变更未成年人监护权。⑨涉未成年人刑事一审案件以及有关未成年人犯罪的预防、教育、挽救、跟踪帮教等工作。

F. 辅助性机构

在家事法院设置辅助性机构以辅助审判工作，是必不可少的，也是各国的普遍做法。例如，我国台湾地区的少年及家事法院设调查保护室，置少年调查官、少年保护官、家事调查官、心理测验员、心理辅导员及佐理员①；日本的家事法院设有医务室、家庭科学调查室、调解委员会及家庭裁判所委员会等辅助机构协助家事法院的运营②。辅助性机构主要负责家事调查、对涉案当事人尤其是未成年人进行心理疏导、对双方当事人进行调解以及其他保障纠纷有效解决的辅助性工作。主要人员由调查员、调解员、心理咨询师、医务人员等构成。调查员主要根据法官要求，对案件当事人的性格、经历、生活状况、财产状况以及家庭和其他环境情况等有关事实进行调查，形成调查报告，提出对案件裁判或调解有所影响的证据支撑；调解员主要负责案件调解，对家庭成员之间关

---

① 我国台湾地区"少年及家事法院组织法"第十三条。
② 张晓茹：《日本家事法院及其对我国的启示》，载《比较法研究》2008年第3期。

系进行修复的工作；心理咨询师主要负责对未成年人的心理进行疏导，对当事人进行开导等工作；医务人员主要负责对案件处理过程中有突发疾病的当事人进行紧急救治的工作。家事法院作为独立的审判机关，有能力且有必要构建完备的组织机构体系，可以根据辅助性工作的不同设立多种辅助性机构，例如，调查室、调解委员会等。但是，对仅设立家事法庭的法院来说，没有必要也不可能设置种类多样的辅助性机构，可设置一个综合部门对家事调解、家事调查及心理疏导等工作进行统一管理。

G. 执行庭

执行庭负责家事案件的执行工作。在家事案件执行中，涉及抚养权和探望权的执行问题既是重点也是难点，集中体现着家事案件执行与一般民事案件执行的不同，更需秉持"未成年人利益最大化"的原则，在致力满足权利人的权利需求的同时，突出未成年子女利益的保护，综合考量未成年子女年龄、意愿、执行的迫切性等因素，确定符合未成年子女最大利益的执行方法。

H. 综合事务部门

家事法院除以上部门以外，也应设立综合事务部门，承担审判质效管理、司法行政等相关工作。

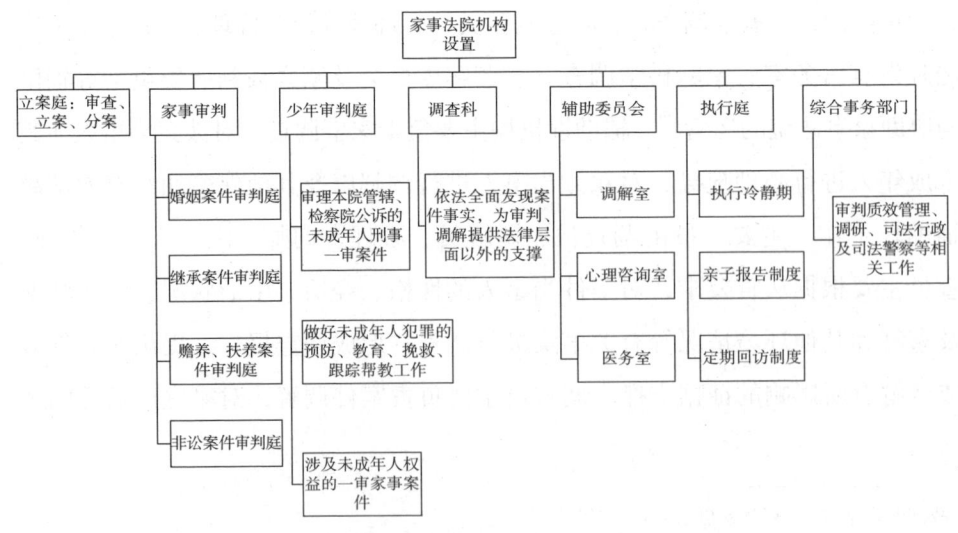

图3 家事法院机构设置图

第七章
家事审判机构设置

二、中期目标

在中期阶段,要总结北京、上海、广州试点的经验和做法,并根据需要和可能在全国其他大中型城市推广。家事法院设立与否、成立时间以及适合成立家事法院的地区的选择,都必须根据客观情况确定。前文已经提及,经济发展水平和开放程度高、家事案件数量较多的城市和地区更具有设立家事法院的优势和条件。省、自治区、直辖市政府所在地的政治经济文化水平一般较高,可以为家事法院成立提供坚实的物质基础,同时作为政治文化中心一般会有较多的高等院校及科研机构,不仅对家事法院的成立及总结调研工作有较多裨益,而且更易于选任出专业素养和水平较高的家事审判辅助人员。因此,中期家事法院设立推广应主要集中在省、自治区、直辖市政府所在地。

关于设立家事法院的数量问题,理论界和实务界有不同观点,有观点指出应当在省、自治区、直辖市政府所在地的各县(区)都成立家事法院,并与当地基层法院相匹配,这种观点有积极的导向,但是在司法实践中实施起来会有较多困难:如果在省、自治区、直辖市政府所在地的各县(区)都成立家事法院,则各个县(区)人口数量不一,家事案件数量多少也不相同。家事法院作为专业化的司法审判机构,其机构设置以及相关工作人员配备有固定的要求,这就会造成各县(区)家事法院收案数差别较大,但是机构设置、人员配备上基本相同的局面,从而导致司法资源的浪费。还有观点是在省、自治区、直辖市政府所在地,选择2—3个各方面条件较成熟、家事案件较集中的地区成立家事法院,对于没有设立家事法院的地区则由家事法院根据实际情况设立派出法庭负责审理该地区的家事案件。我们认为第二种观点更为合理和可行,根据实际情况在省、自治区、直辖市政府所在地设立2—3个家事法院比在此地区各个县(区)都成立家事法院所投入的财力、物力、人力要小得多,而且在未成立家事法院的地区设立派出法庭,可以通过与基层法院人民法庭合署办公或者附设基层法院的方式最大限度节约资源,同时也不影响家事审判的专业化和独立化。

三、长远目标

设立家事法院的最终目标是完成全国家事法院的体系化,将家事法院推广到全国各个地市。关于每个地市设立家事法院的数量,可根据具体情况灵活规划,无须与行政区划一一对应,一般情况下可设立2—3所,辖区面积较大、案件数量较多、经济发展状况较好的地区也可相对增加设立数量。不再专门设置上诉审家事法院,在二审法院内部设立家事审判庭或家事审判团队负责家事上诉案件,少年犯罪上诉案件由刑事庭或者少年审判庭负责。为加强对家事法院的管理和家事审判的指导,高级法院和最高法院可以借鉴日本最高法院设立家庭局的做法,根据情况设立专门的管理部门。

第五节　我国家事审判人员的配置

家事法官及其他工作人员的选任对家事审判司法功能和社会功能的发挥具有至关重要的作用。在设立家事法院或家事法庭的国家,都配备了专业的家事法官及其他种类不一的工作人员。在我国家事法官及其他辅助人员的配备选任方面,要着重体现家事审判的特殊性与功能性。

一、家事法官

家事法官是家事审判团队的核心,是家事审判的主要推动者。家事审判的特殊性,要求家事法官除具备一般职业法官应当具备的素质之外,还应具备其

第七章
家事审判机构设置

他更高要求的素质。例如，家事审判中实体法交叉问题普遍存在，要求家事法官具有更强的法律综合运用能力；家事审判注重伦理，要求家事法官擅长调整人际关系；家事审判追求情理法的高度融合，要求家事法官有丰富的人生和社会经验。因此，一般对家事法官任职都有知识构成、年龄、人生阅历等方面的要求，将之与处理普通民事案件的法官予以区分。

（一）家事法官的定位

在审判实践中，不同类型的案件进入诉讼程序后，因案件性质不一样，承办案件的法官种类也不相同。从宏观上来看，法官的属性是相同的，但是因为不同诉讼程序追求的价值有所差别，导致法官的角色定位略有差异。

1. 我国家事法官的角色定位

要认清家事法官角色在家事审判改革大背景下的新定位，首先要明确家事法官的角色目的，即其角色存在所要实现的价值。家事法官也是法官的一种类型，其本质仍然是中立裁判者，这是现代法治社会对法官的基本要求。实现司法的公平正义仍然是家事法官的根本追求。同时，家事审判改革所提出的维护家庭和社会稳定，保护家庭中弱势群体利益等目标，一方面是实现司法的公平正义所带来的附随结果，另一方面也是其社会工程师角色的价值追求。

（1）主要角色：中立裁判者

过去，我国民事审判中始终贯彻调审合一的原则，这导致法官在调解员和裁判员之间进行摇摆，对司法裁判的公正具有一定的影响。家事案件的特殊性和调解对于家事纠纷解决的重要性，决定了处理家事纠纷时调解的优先地位。但值得我们注意的是，如果要保障家事法官的中立裁判者的主导地位，就需要调解与判决的分离。从我国家事审判改革开展至今各地的司法实践来看，普遍采用了以法官为中心建立家事审判团队的模式，将调解与审判的功能进行分离，使调解优先、调审合一的工作原则适当转化为调解优先、调判分离。如福建省石狮法院在成立家事审判庭的基础上，构建专业化的"1+2+N"，即"1名家事法官+2名家事陪审员+N名家事司法辅助人员"的家事纠纷调解人员组成模式，将调解员作为司法辅助人员纳入调解团队之中，形成"群众说事、耐心倾听、调解员说理、真心帮助、法官说法、公心断案"的"三说三心"工作模式，及时化解各类家事纠纷。这种模式下，家事法官主要是引导家事案件调解，既能够一定程度影响调解的进行，又不实际上参与调解，一旦调解失败，进入到最后的司法审判程序，法官即按照法律规定依法作出裁判。如此，调解功能大部分分离至调解员身上，极大程度上保障了家事法官超然的中立裁判者地位。

（2）兼顾角色：社会工程师

调判一定程度上的分离使家事法官回归中立裁判者角色的同时，针对家事审判的特殊性，在判决时家事法官仍应兼顾其社会工程师角色的价值追求，维护家庭和社会的稳定。特别是在判决书中，家事法官应当结合具体的案情明法释理，并综合运用法律、人伦、道德等因素进行裁判，让当事人既能够认识到法律判决的严肃性，又能体会到司法的人性关怀。

2. 我国家事法官的职能定位

家事法官的职能除践行家事审判之核心理念及正确认定事实与准确适用法律外，还需要与双方当事人、案外人以及其他利害关系人、相关机构之间进行必不可少的互动。家事法官是家事案件审理程序中职权范围最广的人员，也是决定审理程序是否能够流畅进行的关键人物。家事法官除具备法律规定的自身职权外，为保证其在诉讼程序中最大限度地发挥作用，特别职能大致有两方面：

与诉讼程序相关的职能有：一是审判程序的指挥权；二是倾听当事人或关系人的陈述意见，尊重未成年人的意见；三是当事人的处分权在家事审判中受到一定的限制，因此法官要晓之以法理、动之以真情，将德与法结合，使当事人感受到"司法的诚意"，促进其在内心产生对司法裁判的认同感；四是家事审判中需要家事调查员介入时，家事法官应向当事人释明，哪些涉案事实需要

第七章 家事审判机构设置

家事调查员负责调查;五是根据案件的事实情形及当事人的情绪反应,通过科学的方法对当事人的心理状况进行评估和判断,要求当事人接受心理咨询、心理治疗或医学检验。

与调解程序相关的职能有:一是家事调解程序之指挥权,法官并不实际参与家事调解员的具体调解工作;二是在调解时要认真征询家事调解员、家事调查员的意见,参考社会工作人员或社会福利机构提出的一些良好建议;三是为保证调解程序的顺利进行,依职权调阅相关人的个人资料;四是斟酌案件情况,根据当事人的具体诉求,必要时联系社会福利单位或社会工作者等社会资源,及时处理矛盾,减缓双方情绪的对立和冲突。

(二)家事法官的选任条件、途径

1. 家事法官的选任条件

相对于一般的民事纠纷来看,家事纠纷不论从矛盾产生原因还是矛盾解决途径来看,都是相对复杂的。因此,家事法官除了要有专业的家事审判知识和丰富的审判实践经验外,最重要的是还需要有丰富的人生阅历。

工作能力层面:家事法官首先要具备专业的家事法律知识、处理家庭纠纷特有的思维模式及丰富的家事审判实践,这是家事法官专业化的基础;除此之外,家事法官应对处理家庭成员之间的矛盾纠纷有热心、恒心、耐心,有释法明理、交流劝解的能力,能够充分倾听当事人意见,足够理解当事人。

年龄、性别及法律工作经验层面:家事纠纷中离婚案件占有很大比例,而多数离婚案件中会涉及未成年子女抚养权、探视权、抚养费等各种问题。因此,家事法官中至少要有1半已婚女性法官,女性天生的温柔特质更容易和未成年子女及女性当事人进行沟通;家事法官的年龄不应过于年轻化,如果人生经历过于简单,不利于对家事纠纷的妥善处理,一般来说家事法官应当是35岁以上的已婚者;家事法官的法律工作经验也应相对丰富,至少有5年以上从事法律工作的经验。域外不少设立家事法院的国家,对家事法官都有相关的严

格的要求，比如英国对家事法官的出任要求是在满足一般法官的任职条件的基础上，要求家事法官具备10年以上的出庭律师经验；澳大利亚家事法院的法官需要是一般法官或者从业5年以上的律师才有资格参加家事法官的选任；墨西哥家事法院对家事法官的选任条件不仅要求有5年以上法律事务经验，而且年龄必须是30岁以上、65岁以下。通过各国家事法官的选任条件可以看出，家事法官的年龄、从业时间长短等都需要有严格限制，各国都把事关社会稳定的家事案件交给具备深厚家庭法知识和丰富生活经验的专业家事法官来处理。①

家事法官应具备的法律外知识层面：解决家事纠纷，不仅需要专业的法律知识，而且需要法官具备运用其他如心理学、教育学、社会学等方面的知识的能力。家事纠纷不同于一般的民事纠纷，类型复杂，纠纷产生的原因也不尽相同，所以需要法官具备运用各种知识以处理情况各异的业务的能力。

2. 家事法官的选任途径

通过何种途径选任的法官可以有资格成为家事法官，是家事审判改革应当关注的问题。我们认为，家事法官的选任途径主要有以下两种：

法院内部转任：法院内部转任是指从法院民事审判庭中选任符合以上条件的法官直接作为家事审判专业法官。在建立专业的家事审判机构之前，我国的家事案件一直是由民事审判庭进行审理。民事审判庭中有不少法官具有丰富的家事审判经验。因此，可以在法院民事审判庭中挑选优秀的常年从事家事审判的法官直接转任家事法官。

公开选任：公开选任是指公开从法学专业本硕博毕业生、有5年以上丰富从业经验的律师中选任优秀的人员充实到家事法院（法庭）做辅助工作，待其具备家事法官从业条件后，再转为家事审判法官。法学专业本硕博毕业生有较为扎实的法学专业知识功底，但是缺少家事审判实践，生活阅历也略显单薄。因此，可以将此类人充实到家事法庭从事审判辅助工作，待其具有家事法官应具备的工作能力等资格后，再转任为家事审判法官。另外，从业5年以上的律

---

① 蒋月：《构建婚姻家庭诉讼司法调解制度》，载《甘肃社会科学》2008年第1期。

师也具备较高的法律素养及实践经验,可以参照法学本硕博毕业生,先行充实到家事法庭从事辅助工作,待条件成熟后再转任为家事法官。

二、家事调查员

家事调查员最主要的职能是对法院委托的事项进行调查,其调查的范围可以涵盖要件事实的周边事实,包括法律上的事实、生活上的事实、要件事实、心理事实等。就工作内容而言,具体包括:一是通过查阅诉讼文书及有关的证据资料,明确待查事实的争议焦点;二是对待查事实的调查范围、顺序、方法向法院提出建议;三是通过对当事人和有关人员进行实地走访、开展调查问卷等多种方式进行调查;四是完成书面调查报告;五是当任何一方当事人对于家事调查报告有异议时,家事调查员依当事人申请出庭对调查事项进行说明,陈述个人意见并接受双方当事人的质询。家事调查员与家事法官不同,其主要是依职权调查案件法律层面以外的事实真相。因此,对家事调查员的选任应更加侧重其社会功能的发挥。

三、家事调解员

家事调解是解决家事纠纷、维护家庭和社会稳定的重要途径之一。家事纠纷背后的亲情关系、夫妻关系等伦理关系决定了家事纠纷的处理方法要与一般的民事纠纷有所不同,也决定了家事调解对于家事纠纷具有特殊的重要意义。当前,法官员额制的实施,致使从事案件审理的法官数量大幅减少,未入员额法官如何分流成为下一步需要解决的重要问题。根据这一现实情况,可以选任具备条件的未入额法官或者法官助理专职从事家事调解工作,也可以公开从律师、社会贤达人士、具备心理学等知识背景的专业人士、有丰富家事调解经验的人士中进行选任。家事调解员运用其专业知识进行调解,促使当事人在争议事项上能够达成共识。家事调解员主要负责案件审理前、审理中的调解与和解工作。因此，家事调解员应具有丰富的调解工作经验及耐心，以促进当事人之间矛盾的解决，最终使家庭关系得到修复，当事人能够重归于好。

四、心理疏导员

心理疏导制度是深化家事审判改革的一项重要制度。因此，除家事调查员、家事调解员外，心理疏导员也是促进家事审判顺利进行而不可或缺的一类辅助性人员，在必要时或当事人申请时，对当事人及相关人员进行心理疏导，以期达到引导当事人正确处理家事纠纷，修复、重建家庭关系，化解家庭矛盾的目的。就家事法院来说，应当设置专门的心理咨询室，从医院、学校、心理咨询机构等单位聘任专业的心理咨询师从事心理疏导工作。同时，积极与大学或者科研机构合作，加强对心理疏导员的业务培训和家事审判心理学相关人才的培养。就家事法庭来说，如果没有条件设置专门的心理咨询室，也应当聘任具备心理咨询师资质的专业人员及时对有关当事人进行心理干预。例如，德阳市旌阳区法院与四川司法警官职业学院和德阳市心理咨询师协会合作，聘任14名具备心理咨询师资质及丰富心理治疗和心理干预经验的心理疏导员入驻家事审判中心，对行为反常、情绪激动的家事案件当事人和少年犯罪案件被告人进行心理疏导和矫治。

五、家事法官、家事调查员、家事调解员的关系定位及协作

虽然我们一直强调家事法官在家事审判中的核心地位，但是家事纠纷的有效解决，仅依靠家事法官显然是行不通的，这也是家事审判实践中遇到的一个

第七章
家事审判机构设置

瓶颈问题。只有依靠家事法官、家事调查员、家事调解员[①]的协作配合，才能实现家事审判的最高价值追求。厘清三者之间的关系和协作机制，是确保互动机制良性运行的重要前提。

考察域外有关国家（地区）对家事法官、家事调查员、家事调解员的关系定位，表现出不同的形态。例如，在日本，家事法官仅在形式上参与调解，家事调查员按照家事法官的要求进行调查，与家事调解员的关系是完全分离的，但是必要时，家事调停委员会可以命调停委员以咨询当事人或证人的方式进行案件事实调查[②]，也就是说，调停委员分担了一定的调查权；在我国台湾地区，家事法官不实际参与具体调解，虽然家事调查员也是按照家事法官的要求进行调查，但是与家事调解员的关系并非完全分离，除了信息分享，必要时可协助进行调解；在澳大利亚，调解可随时介入诉讼，[③]虽然与我国将调解贯穿诉讼全过程的做法类似，但是调审程序是完全分离的，家事法官与家事调解员分别从事审判和调解工作，调解员不参与调查。

从上述国家的整体情况来看，无论采用何种形态，都已经形成了相对成熟的制度，且运转良好。而在我国的家事审判改革实践中，虽然各试点法院都按照最高法院的要求，积极探索家事法官、家事调查员、家事调解员的职责功能定位与体系协作机制构建，并取得一定成效，但是尚未成熟，仍然存在角色定位模糊、职能界定不明、协作机制不健全等问题，需要进行修正。

（一）家事法官、家事调查员、家事调解员的关系定位

总体来说，家事法官、家事调查员、家事调解员的关系既相互独立，又相互交叉，关键在于"度"的界分与把握。具体来说，家事法官与家事调解员的

---

① 由于心理疏导员相对于家事调查员、家事调解员来说，其辅助性地位较为明确，与家事法官、家事调查官、家事调解员的关系明晰，故不再进行论述。
② 日本《家事审判规则》第137条第4项。
③ 澳大利亚没有设置家事调查员，只有在涉及未决子女相关问题时，家事法官会任命心理学家、社工人员等专业人士为家事顾问，负责进行相关事宜的调查。

关系取决于诉讼程序与调解程序的关系定位，家事法官与家事调查官的关系取决于调查权的性质与分配，而家事调查员与家事调解员的关系取决于对两者职能的认识。

1. 家事法官与家事调查员调查权的区分

家事调查员按照家事法官要求进行调查，并不意味着家事法官可以将所有事实的调查都交给家事调查员，两者的调查范畴应当有所区别。从性质上来看，家事法官依职权进行调查无疑属于司法调查，而家事调查员的调查体现的是司法的社会化。无论家事调查员来源于法院内部抑或外部，其身份均属于社会性的调查员。① 虽然两者共同分享着调查权，其地位却是相互独立的，家事调查员通过事实调查辅助家事法官对事实进行认定，但并不是隶属关系。因此，家事法官调查权的行使应当围绕法律事实进行，而为了探究家事纠纷背后的真正纠葛，家事调查员调查权的行使应当主要围绕生活事实甚至是心理事实进行，为家事法官提供参考，这也符合家事调查制度建立的初衷。

2. 家事法官调解职能的适度剥离

一直以来，我国都是采取"调审合一"的模式，法官兼具审判者与调解者的双重角色，产生很多弊端。这也是域外很多国家，立法者意图切断调解与审判的关联，而使调解成为一种替代诉讼的纠纷解决程序独立运作于审判之外的原因所在。② 我国家事调解制度的改革也正朝着这一方向发展。因此，在诉讼与调解的关系上，应当实现适度分离，从而把家事法官的调解职能剥离出来。诉前调解可以通过法院委托给特邀调解员或特邀调解组织的方式进行，进入诉讼程序尚未移交审判前的调解可由法院专职调解人员或者法院聘任的家事调解员进行，审判程序中的调解除非必要，应当移交之前的调解人员或家事调解员进行，但应限制次数。

---

① 任荣庆：《论家事诉讼中家事"三员"协作体系的构建》，载《法律适用》2017年第19期。
② 沈志先：《诉讼调解》，法律出版社2009年版，第32~34页。

第七章 家事审判机构设置

3. 家事调查员与家事调解员相对独立

家事调查员与家事调解员的相对独立体现在身份和职能两个方面。身份独立是指家事调查员与家事调解员应当由不同人员担任，不宜人员混同。家事审判改革实践中，有的试点法院会让家事调解员兼任家事调查员，这不利于家事调查与家事调解的专业化发展。职能独立是指两者的功能存在差异，不能相互介入。对我国台湾地区的家事调查员必要时协助调解的做法，我们认为是值得斟酌的，但这并不否认两者存在交集和协作。

（二）家事法官、家事调查员、家事调解员协作机制构建

家事纠纷的有效解决需要家事法官、家事调解员、家事调查员及心理咨询师和其他社会工作者等专业人士，各司其职，团结协作，及时地沟通和互动，综合地运用法学、社会学、伦理学、心理学等知识，才能在最短的时间产生最有效的效果。从未来发展趋势看，随着我国家事审判改革的持续深化，会不断拓展家事审判的服务职能，真正形成多方协作模式。

1. 家事法官与家事调查员的协作

家事法官与家事调查员的协作主要体现在家事调查员接受家事法官的委托就特定事实进行调查。具体来说，主要是：第一，案件存在疑点，在庭审中无法查明的案件背后隐藏的事实和证据；第二，法官需酌定作出裁判，而缺乏可供参考的证据事实，例如，涉及未成年子女抚养权时未成年子女表达意愿的真实性或者涉及探望权时未成年子女与父母关系的真实情况等；第三，出于节约成本的考虑，委托家事调查员就某些事实进行调查。此外，如果法官根据家事调查员提供的家事调查报告认定某些事实，而当事人及其代理人对报告提出异议，必要时家事调查员应当出庭陈述意见或接受质询。

2. 家事法官与家事调解员的协作

家事法官与家事调解员的协作主要是：第一，家事法官不得随意介入家事调解员的调解工作，对调解程序进行干预；第二，家事调解员在调解过程中整

理的争议焦点以及发现的相关事实和证据，应当提供给法官参考，但是法官不能直接作为证据，并且如果调解员发现当事人需要接受心理疏导，应当及时将情况告知法官；第三，经调解前置程序达成合意，且当事人要求确认效力的，家事调解员应及时交由法官进行司法确认，未达成合意的案件，家事调解员应当要求家事法官依照程序转入审判程序；第四，在审理程序中如果出现家事法官认为有必要进行调解或者当事人申请调解的情况，可交由家事调解员继续调解，家事调解员可向家事法官了解双方当事人的有关情况。

3. 家事调解员与家事调查员的协作

家事调查员与家事调解员的互动协作并不多，且多以家事法官为沟通媒介。主要情况有：第一，为提高调解实效，家事调解员可以向家事法官提出申请，让家事调查员就某些特定事实进行调查并提出调查报告，以便家事调解员掌握更多信息，从而推动调解程序的顺利进行；第二，在家事调查员进行调查的过程中，如果发现当事人有调解的意愿或者有必要进行调解，可以通过家事法官，将案件交由家事调解员进行调解。

第八章 家事调解制度

家事纠纷的人身性、伦理性等特点决定其对解纷机制有着更高的要求和期待。家事纠纷的解决不能仅依靠诉讼程序，重理性和法理的审判结果容易忽略家事纠纷的感情因素，治标不治本，这使得家事案件调解机制的重要性日益凸显。积极探寻和发展家事调解制度是国内外实践发展的趋势，专业化家事调解制度的构建对人际关系调整、个性化解决家事纠纷意义重大。但是，检视我国家事调解的现状，从立法层面到司法实践均存在着滞后性的无序化和非专业化的双重困境。因此，借鉴域外家事调解制度的优秀经验，厘清家事调解理论和实践中的误解与迷思，构建我国的家事调解制度势在必行。

第一节 家事调解概论

家事调解是解决家事纠纷的一种重要方式，也是我国家事审判改革的一项重要内容，对提高家事纠纷解决质效具有重要意义。本节以家事调解的基本理论为内容，对家事调解的概念、目的、功能、类型进行阐述，为家事调解制度的构建明确目标和方向。

一、家事调解的概念

虽然调解制度在我国有悠久的发展历史，但是"家事调解"一语却来源于对域外家事调解制度的研究。《美国家事和离婚调解实务准则》将家事和离婚调解界定为中立第三方即调解员促进当事人自愿达成协议，协助当事人解决家事纠纷的程序。其认为家事调解的主要作用是提升当事人的自我决定权、促进儿童利益最大化、减少家事纠纷解决的经济成本和情绪困扰，调解员不应提供心理治疗或法律意见。在日本，"家事调解"被称为"家事调停"，是与民事调停不同的法院正式调停制度，[①]指由调解委员会（或家事审判官）介入当事人间的家事纷争，通过当事人双方的相互让步，实现纠纷解决的一种制度。[②]我国香港地区的家事调解服务主要由非政府组织及私人提供，协助申请分居或离婚夫妇就子女的抚养权和赡养费问题，或就财务事宜，达成双方可接受的协议。[③]由此可知，其调解对象只有婚姻纠纷。我国有学者认为家事调解是指当事人在家事法院或家事法庭的主持下，社会贤达、福利机构等人员的参与下，付诸心理治疗和医学诊断，试图追求感情上的融合，谋求多种解决方案并在妥协的基础上达成协议的过程；[④]有学者认为家事调解是一种由中立的第三方帮助双方当事人界定、厘清争议焦点，促使双方沟通，以相互让步、面对面协议的方式解决家事纷争的机制；[⑤]也有学者将家事调解简单定义为第三人辅助家事纠纷当事

[①] ［日］小岛武司：《诉讼制度改革的法理与实证》，陈刚译，法律出版社2001年版，第179页。
[②] ［日］松本博之：《日本人事诉讼法》，郭美松译，厦门大学出版社2012年版，第6页。
[③] 邹郁卓：《香港家事调解制度述评》，载张卫平、齐树洁主编《司法改革评论（第十四辑）》，厦门大学出版社2012年版，第416页。
[④] 张晓茹：《家事裁判制度研究》，中国法制出版社2011年版，第98页。
[⑤] 汤鸣：《比较与借鉴：家事纠纷法院调解机制研究》，法律出版社2016年版，第3页。

第八章 家事调解制度

人解决家事纠纷的程序或方式。[①]

上述各定义,有的表述简单,有的表述全面;有的将家事调解主持者明确为家事法院或家事法庭,有的概括阐述为中立的第三方;有的认为家事调解是解决家事纠纷的程序,有的认为家事调解主要适用于婚姻纠纷。可以说,各有优劣。我们认为,家事调解是指家事纠纷双方或多方当事人就争议的实体权利或义务,在法院、其他组织或其他人员等第三方的主持下,自愿进行协商,通过系列措施促成当事人达成协议,圆满解决矛盾纠纷的过程。作为一种解决家事纠纷的制度机制,家事调解不能被限制为单纯的司法调解或非诉调解,应当是诉讼内外的各种调解主体以解决家事纠纷为目的的多样化、多层次的调解解决方式的聚合。可对家事调解分别进行广义和狭义的界定。广义的家事调解是指整个家事纠纷调解体系,既包括法院主持的司法调解,也包括其他社会组织或者人员,例如人民调解委员会、村(居)委会、宗族长辈、当事人的近亲属等主持的社会性家事调解。广义的家事调解强调司法调解与社会性调解的有机衔接和合作互动。而狭义的家事调解专指由法院所主持的针对家事纠纷进行的调解。本书所指家事调解即作广义上的理解。

二、家事调解的目的

目的即所追求的目标、想达到的境地。完善和构建家事调解制度即要首先明确家事调解的目的,其为家事调解制度的基础和最终落脚点,也是指引家事调解实践的方向和终极目标。家事调解是民事调解不可或缺的组成部分,与民事调解系特别与一般的关系,故其必然受民事调解目的的导引和拘束。同时,家事调解又有自己特殊的目的追求。

[①] 来文彬:《家事调解制度研究》,群众出版社2014年版,第3页。

（一）家事调解的一般目的

1. 解决纠纷

解纷方式的存在以矛盾纠纷或冲突的发生为基础，因此，解决纠纷是一切解纷方式所共有的最一般和直接的目的，调解包括家事调解自然概莫能外。一般认为调解程序构造包括三个要素：第一，中立第三方主持调解；第二，当事人自愿平等进行协商；第三，当事人自愿达成调解协议。与诉讼程序构造的"对抗与判定"特性相比，调解程序构造的本质是"协商与调结"。无论是要求第三方中立，还是坚持当事人意思自治，都是为了更好地解决纠纷。由此可见，构建家事调解制度的直接目的就是解决家事纠纷。

2. 实现当事人的程序自由权

程序自由权是指根据宪法和程序法的规定，当事者在民事纠纷发生后所享有的是否要求解决纠纷和选择何种方式、按照何种程序、依据何种基准解决纠纷的自由权利。[①] 从世界范围内调解制度的发展来看，调解制度之所以越来越受推崇，是因为其具有程序自由性，能够给予当事人自由选择解决纠纷的权利。调解的程序自主性体现在依法性的弱化，与审判程序相比，对程序法规则的遵循不那么严格，主要取决于当事人意愿，对实体法的遵循也只是要求不违反法律的禁止性规定。在调解运作的整个过程中，调解的启动、进行和结束无不体现着对当事人自由意志的尊重。虽然现代不少国家出于家事纠纷特殊性和家事调解解决纠纷的有效性考虑，对家事调解程序实行前置，强制启动调解程序，[②] 但是最终能否达成调解协议仍然完全由当事人自己决定，不受其他外界因素干扰。可以说，调解在致力解决纠纷的同时也在极力保证当事人的意志自由。

---

① 许少波：《法院调解的目的论》，载《法律科学（西北政法学院学报）》2007年第4期。

② 有学者提出调解程序在性质上属于非讼事件程序而非民事诉讼程序，与非讼事件程序存在同质性，适用职权主义，为强制前置调解寻求合理性。

第八章
家事调解制度

3. 追求纠纷解决效益

根据波斯纳的观点，法律程序与市场过程一样，主要是实现运行成本的最小化和收益的最大化。[①] 调解制度的设计暗含着对效益目的的追求。虽然调解也需要投入成本，包括人力、物力、财力和时间等直接成本及可能因违反法律禁止性规定而导致资源无效利用的错误成本，但是在案件事实认定、法律适用、调解书制作、调解协议履行等方面能够极大地提高效益，以最小的投入获得最大的收益。正如棚濑孝雄所指出的，只要当事人的合意这一绝对的正当化原理为保障，调解在程序的规定上就有了更大的自由，对解决方案的正确性要求也可以相对降低，从而使费用等代价的大幅度削减成为可能。[②]

（二）家事调解的特殊目的

家事调解追求的一般目的对家事调解制度体系的构建起着决定性作用，但是与一般民事调解追求的目的并无本质差别，不能体现其自身价值。只有家事调解期望达到的特殊目的，才能反映其自我存在的意义。家事纠纷具有身份性、伦理性、公益性等特点，存在血缘或亲情关系的当事人之间即便产生难以调和的矛盾，也无法轻易摆脱和割舍自然的伦理关系的束缚，仍然要面对未来的交往，而婚姻家庭的稳定又与社会秩序的稳定息息相关。因此，家事调解的特殊目的就是通过调和当事人之间显在和潜在的利益及情感冲突，促使当事人消除隔阂、恢复信任和感情，即使最终无法达成协议，也要尝试将冲突缓和到最低点，防止矛盾激化，为未来关系的良好发展奠定基础，尽可能地维护婚姻家庭的长远利益和社会稳定发展的整体利益。

---

① ［美］理查德·A·波斯纳：《法律的经济分析》，蒋兆康译，中国大百科全书出版社1997年版，第550页。
② ［日］棚濑孝雄：《纠纷的解决与审判制度》，王亚新译，中国政法大学出版社2004年版，第80页。

三、家事调解的功能

我们强调家事调解的重要性,主要原因是其富有柔性和灵活性,具有调整修复人际关系、针对性解决纠纷、调和制定法与习惯法的冲突、提高当事人履行自觉性等多项功能,更加符合家事纠纷特殊性对纠纷解决方式的独特要求,与严格的诉讼程序相比,具有明显优势。

(一)调整修复人际关系

家事调解相对于审判较为温和,非对抗性的形式更有利于化解家事纠纷,避免诉讼对抗加剧矛盾激化。在对抗性强的诉讼程序中,具有人身关系的当事人不免处在彼此的对立面,为了争夺利己的诉讼结果,双方在庭审中的攻击和防御行为,又会进一步强化对立的地位,甚至于加深裂隙。这样糟糕的人际关系并不会随着诉讼活动的结束而自然愈合,反而会延续下来,影响对生效判决的履行,也不利于未成年子女利益的保障。调解能够鼓励夫妻直接沟通,商谈关于未成年子女未来的具体安排。较之普通的民事纠纷,非对抗性对家事纠纷的解决更为重要。首先,调解的方式能让当事人双方更容易展开对话,从沉溺于过去是非对错的争论中解脱出来,面对未来生活重新调整人际关系。其次,家事调解的思路是着重考虑当事人的利益而非过错,当双方对抗严重时,还可以灵活采用"背靠背"的调解方式去解决争议事项。最后,就调解的结果而言,以双方彼此妥协让步为前提的调解,回避了输赢之争,若调解成功,则表明当事人之间的关系得到了修复,即使未能调解成功,调解过程中的协商沟通本身也是对双方矛盾关系的一种治疗和缓和。

(二)针对性解决纠纷

现实的纠纷都是带有各自特性的,但在诉讼时,由于以是否满足特定规范要件的形式被定型化处理,因此其个性就被抽象了,而在实质方面不依据规则

第八章
家事调解制度

的程序就能避免这个缺陷。① 作为审判程序之外的调解程序，在处理家事案件时能够提供针对性纠纷解决方案的优势显而易见。

不同家事纠纷的起因及争议焦点不尽相同，其牵涉的人身关系不是抽象的财产关系，所以调解在处理纠纷时可以根据个案不同的案情，作出具体的、契合的处理。如果像处理财产问题那样定型化、同质化地处理家事纠纷，可能会导致以形式上的正义掩盖实质上的非正义的不良后果。因此，对不同的案件来说，调解方式的灵活性更加能够因案制宜。比较而言，诉讼程序犹如专卖店的鞋子，流水线作业下按照固定程序生产固定的尺码，有时为了称心合脚不免要"削足适履"；调解程序犹如私人订制，根据个体案件的差异制定个性化解决方案。家事调解制度显然既能避免"无差别化"的固化审判，又能通过调解过程中的沟通更多地了解当事人双方及其未成年子女的真实想法和需求。同时，调解方案是当事人根据实际情况、自身利益而自主拟定的，能够最大限度地体现当事人心目中的公平，从而最大限度地实现家事正义。

（三）调和制定法与习惯法的冲突

制定法与习惯法的冲突在家事审判中多有发生，当家事纠纷诉诸法院时，只能以实体法规范作为最终的裁判依据。然而，习惯法作为一种内生秩序，是长期根植于社会现实生活而形成的人们会自发遵守的规范，法律作为一种外生秩序的强行介入与干预，在与习惯法发生冲突时往往得不到公众的认可，更谈不上履行。因此，一味严格地依据制定法审理家事案件，裁判效果往往难以令人满意。

例如，在一起赡养案件中，原告李某有三子二女，均已嫁娶，原告之夫已故，因李某生活不能自理且丧失劳动能力，诉至法院要求三个儿子履行赡养义务。根据当地习俗，由儿子赡养老人，出嫁女不承担轮养义务。但《中华人民

---

① ［日］小岛武司、伊藤真编：《诉讼外纠纷解决法》，丁婕译，中国政法大学出版社2005年版，第54页。

共和国婚姻法》第二十一条规定:"子女对父母有赡养扶助的义务……无劳动能力的或生活困难的父母,有要求子女付给赡养费的权利。"即各子女包括出嫁的女儿对老人都有赡养义务。此时,制定法即与习惯法发生冲突,诉讼裁判在情理法之间的衡平就变得非常困难:严格依法判决会让当事人感到不公平,结果必然是不愿履行;完全按照当地习俗进行判决又明显与法相悖。法官只能通过自由裁量权尽量寻求两者的平衡,进行局部调整,当然这种调整需要法官面临枉法裁判的追责风险,并且有可能得不到当事人的认可及实际履行。

家事调解则可以调和制定法与民俗习惯的冲突。由于调解中的合法性要求较之判决宽松许多,只要协议内容不与法律的禁止性规定相冲突,不违反公序良俗和损害第三人合法权益即可。因此,调解可以依照习惯法的方向去处理,实现情法理的衡平。以上述案件为例,调解时各子女对各自承担的义务进行比例协调,甚至按照习俗不要求出嫁女儿履行赡养义务完全没有问题。在刚性的审判程序中,制定法与习惯法冲突时只能遵从制定法。但在柔性的调解程序中,调解主持者会试图以情理、习俗打动当事人,从而缓解制定法与习惯法之间的紧张关系,并实现良性互动。

(四)提高当事人履行自觉性

无论在诉讼程序中怎样保障当事人的主体性,其在处理纠纷的实质方面,表现的都是实体法的强制性。而基于当事人合意形成解纷方案的调解程序,使得双方当事人自治解决纠纷成为可能。与法官依据证据规则判断事实不同,当事人对事实以及自己的实际诉求是充分掌握的,故通过调解促使双方当事人自治解决家事纠纷,更能达成符合双方利益和需求的解纷方案。因为自治性的调解意见是当事人在心中反复斟酌衡量提出的,就算与最终的调解方案有差距,从"别人要求我……"到"我愿意……"的模式也更容易被当事人接受。因此,当事人对基于自愿达成的调解协议的主动履行意愿,明显要强于强制性的诉讼判决。

第八章 家事调解制度

况且，与普通民事纠纷不同，部分家事案件裁判结果的履行无法一次性彻底解决，如行使探望权，支付抚养费、赡养费等。在长达几年甚至十几年的履行期中，权利方权益的实现最主要依赖义务人的自觉履行，否则仅依靠法院的生效判决及强制执行，除增加额外的诉讼成本外，还往往导致其正当权益得不到实现。譬如探望权的行使，拥有探望权的一方要求行使探望权，拥有抚养权的一方如果坚决不履行，此时要求法院强制执行可能会损害未成年人利益。而抚养、赡养纠纷中，抚养费、赡养费的支付可以强制执行，但是抚养和赡养行为如何得到保证，现阶段的执行手段还是力有不逮。而如果以调解方式解决纠纷，双方当事人就如何行使权利达成合意，义务履行也就水到渠成。

四、家事调解的类型

家事调解的具体表现形式多种多样，为更好地理解家事调解，可以对其基本类型进行简要概括。根据不同标准，可以对家事调解作如下分类：

（一）以调解的功能为标准

以功能为标准对调解进行类型划分首创于棚濑孝雄，根据其观点，家事调解可以分为判断型家事调解、交涉型家事调解、教化型家事调解和治疗型家事调解。① 判断型家事调解以发现法律上正确的解决为第一目标；交涉型家事调解重点在于当事人通过谈判以获得最有利的、成本最低的纠纷解决方案；教化型家事调解强调以伦理人情说服、教育当事人，从而彻底解决家事纠纷；治疗型家事调解主要通过心理治疗消除当事人之间的情感对立和不信任，解决冲突产生的内在根源问题，使人际关系恢复正常状态。在多数情况下，这四种类型往往是相互交错、共同作用。

---

① ［日］棚濑孝雄：《纠纷的解决与审判制度》，王亚新译，中国政法大学出版社2004年版，第52~69页。

（二）以主持调解的主体为标准

根据主持家事调解的主体不同，可以将家事调解分为法院主持的调解和法院外调解两大基本类型。根据调审关系的不同，法院主持的调解又可分为法院调解和法院附设调解。法院调解是最狭义上的类型，指"调审合一"模式下法官主持的贯穿于诉讼全过程的调解。法院附设调解制度是指在法院主导下或者法院委托、指派人员的主导下进行的，以非诉讼方式调解解决纠纷的活动。①法院附设调解从属于司法 ADR，其程序独立于诉讼程序，调解主体多元，既可以是专门的法院调解人员，也可以是法院委托、指派的有关单位和第三人等。法院外家事调解也可以分为两类：一是由行政机关主持的家事调解，主要指公安机关和政府有关部门针对家事纠纷的调解；二是社会性家事调解，主要指妇联等社会组织以及人民调解委员会、亲朋邻里等针对家事纠纷的调解。

（三）以调解的形式为标准

以调解可采取的形式为标准，可以将家事调解分为别席调解和同席调解。所谓别席调解，也就是我们通常所说的"背靠背"调解，即双方当事人分别单独面对中立的第三方调解员，陈述事实和表达内心想法；而同席调解，就是"面对面"调解，即双方当事人直接面对面进行交流讨论，形成解决纠纷合意。综合来看，别席调解和同席调解各有优劣，例如，别席调解能够减少对抗，更有利于当事人自由表达意愿，却容易加深不直接对话的当事人之间的误解；同席调解符合亲历性原则要求，可以保障程序正义和促进当事人彼此交流，作为调解的应然方式，虽然优势明显，但是在某些情况下会阻碍纠纷解决，如双方当事人对抗极为激烈而致使直接交流无法继续进行，此时别席调解就成为必要的选择。所以，在实践中，家事调解应当坚持以同席调解为主，必要时采取别席方式，甚至是两种形式交错适用，促进两种形式的有效分工。

---

① 文小庆：《论我国法院附设调解制度的构建》，载《兰州石化职业技术学院学报》2008年第3期。

第八章
家事调解制度

(四) 以调解的工作模式为标准

家事调解的工作模式,具体是指在调解家事纠纷时采用的行为方式,包含指导原则、方法及步骤。根据学术界广泛认可的家事调解工作模式,可以将家事调解分为问题解决模式、治疗模式、程序模式和转化模式。问题解决模式是家事调解最初的工作形态,帮双方当事人找到调解的重点,然后根据最有利的原则进行权利分配;治疗模式的核心理念是优先考虑当事人情绪与关系的良性互动,通过对当事人进行心理疏导和治疗,引导当事人以良性的互动方式解决利益的分配问题;程序模式是遵循严格的家事调解程序规则,提供详细的解决框架和模板,促使当事人在有限的时间内,以理性合作的态度承担个人责任,从而达成协议;转化模式是通过认同当事人的需求,并对其赋权,将调解的重点从解决问题的顺序逻辑中剥离出来,转化为当事人本身,强调当事人的自我引导。以上四种模式也是各有优劣,实践中采取何种模式取决于解决纠纷的实际需要。

(五) 以调解的效力为标准

以当事人达成的调解协议是否具有法律效力为标准,可以将家事调解分为有法律效力和没有法律效力两种类型。有法律效力是指当事人达成的调解协议具有强制执行力,如果一方当事人拒不履行协议内容,则另一方可以向法院申请强制执行。美国、日本等国家都赋予调解协议强制执行的法律效力。没有法律效力是指当事人达成的调解协议不具有法律约束力,即使一方当事人不履行协议内容,另一方也不能申请法院强制执行,只能选择启动诉讼程序。

第二节　我国现行家事调解制度的考察

我国现行家事调解制度源自以社会化力量为主，民间调解、官批民调与官府调解多元并存的传统家事调解制度，发轫于数千年前中国传统的政治、经济和文化的内生机理。但是，伴随法治化进程，现行家事调解制度中的诉讼外调解的作用被"司法一元化"弱化，而诉讼内调解又明显失范，应对快速增长且日益复杂的家事纠纷，显得捉襟见肘。

一、家事调解制度的基本现状

对家事纠纷中"家事"因素的忽视和背离，导致我国的家事调解寄居在普通民事调解中，跟随民事诉讼历经着重调解→以调解为主→能调则调→调解优先的实践和发展过程，强调正确认识司法调解与诉讼裁判不同的功能和作用。同时，在多元化纠纷解决机制逐渐成为国家整体战略的进程中，家事纠纷解决思路、方法、措施、途径也走向多元化，强调诉讼与人民调解、行政调解等的衔接，描绘出家事调解制度新样态。

（一）立法认可家事调解的特殊性

我国没有专门的家事调解制度，更没有专门的家事调解程序性规定，但在《民事诉讼法》《婚姻法》《人民调解法》等法律中有家事调解适用的专门规则。这些规则反映出立法对家事调解特殊性有一定的认识，规范着审判实践中调解的运行。第一，明确家事调解的适用对象和范围，例如，《最高人民法院关于人民法院民事调解工作若干问题的规定》第二条规定："婚姻关系、身份关系确认案件以及其他依案件性质不能进行调解的民事案件，人民法院不予调解。"第二，肯定了部分家事案件的调解先行，例如，《最高人民法院关于适用简易

第八章
家事调解制度

程序审理民事案件的若干规定》第十四条规定:"下列民事案件,人民法院在开庭审理时应当先行调解:(一)婚姻家庭纠纷和继承纠纷;……"第三,限制部分家事纠纷调解协议效力的确认,例如,《最高人民法院关于人民调解协议司法确认程序的若干规定》第四条规定:"有下列情形之一的,人民法院不予受理:……(三)确认收养关系的;(四)确认婚姻关系的。"第四,确立离婚案件当事人亲自参加调解原则,例如,《最高人民法院关于适用〈中华人民共和国民事诉讼法〉的解释》第一百四十七条第二款规定:"离婚案件当事人确因特殊情况无法出庭参加调解的,除本人不能表达意志的以外,应当出具书面意见。"

(二)法院调解是解决家事纠纷的重要方式

我国现行纠纷解决体系以法院判决和法院调解为主。针对婚姻家庭、继承等家事纠纷,更加强调充分运用调解的方法加以解决。最高人民法院发布的全国法院司法统计公报显示,2002年至2016年全国法院审理的婚姻家庭、继承纠纷一审案件的近半数系以调解结案(见表1~2),远比其他类型案件的调解率高,例如,2016年全国法院合同纠纷一审案件调解率为22.8%,权属、侵权及其他纠纷一审案件调解率为25.3%,分别比婚姻家庭、继承纠纷一审案件调解率低15.7个百分点和13.2个百分点。况且,即使判决结案的家事案件大多数也是因为先前调解无果而作出判决。由此可见,家事纠纷是法院调解最为主要的对象。司法实践中,法院对家事案件调解较为重视,案件受理后,一般在开庭前(举证期限内)就会征求当事人是否愿意调解的意见,开庭审理查清案件事实后,也会根据案件情况再进行调解,调解贯穿案件审理的始终。一般而言,法院会组织当事人及利害关系人参加调解,调解在法院的组织和控制下进行。但近年来,随着案件数量的大幅增长,法官不愿意花费较多心思和力气做调解工作,法院调解作用正在不断弱化。调解率变化趋势(见图4)反映出,虽然2002年至2016年家事纠纷法院调解率变化幅度不大，但是 2012 年至 2016 年明显呈逐年下降趋势，恰好印证了这一点。

表 1　2002 年至 2008 年全国法院审理婚姻家庭、继承纠纷一审案件情况统计表[①]

单位：件

	2002年	2003年	2004年	2005年	2006年	2007年	2008年
收案	1284415	1264037	1161370	1133333	1159826	1220772	1320364
结案	1277516	1266593	1160346	1132458	1159437	1215776	1320636
调解	550466	552005	506602	512923	533819	560830	613379
调解率	43.1%	43.6%	43.7%	45.3%	46%	46.1%	46.4%

表 2　2009 年至 2016 年全国法院审理婚姻家庭、继承纠纷一审案件情况统计表

单位：件

	2009年	2010年	2011年	2012年	2013年	2014年	2015年	2016年
收案	1379692	1423180	1593743	1686694	1651666	1635244	1758928	1735516
结案	1380762	1428340	1609801	1647464	1611903	1618904	1733299	1752052
调解	659065	698900	768238	803919	770437	724776	706628	674866
调解率	47.7%	48.9%	47.7%	48.8%	47.8%	44.8%	40.8%	38.5%

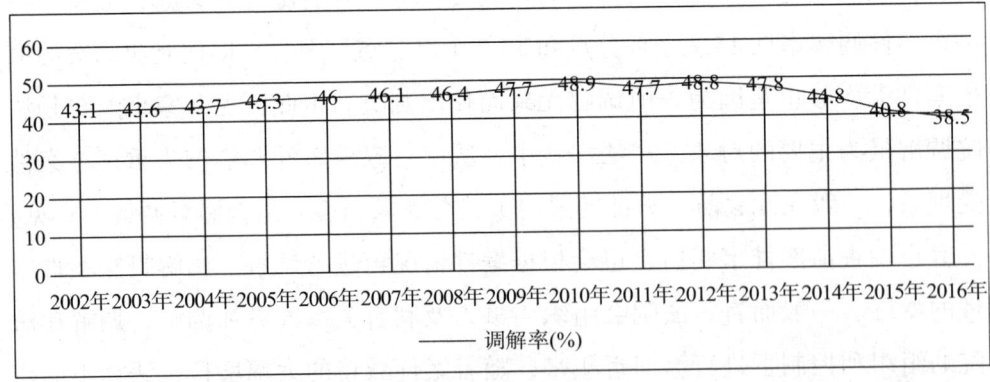

图 4　2002 年至 2016 年全国法院婚姻家庭、继承纠纷调解率变化趋势图

---

① 统计表中数据来源于最高人民法院发布的全国法院司法统计公报。

第八章
家事调解制度

(三) 以法院为主导的多元化解决机制初步形成

我国家事纠纷的解决历来是多元模式,且在历史上始终以非诉讼方式为主,但是20世纪80年代以来的司法中心主义的纠纷解决模式,以诉讼统合、替代传统的调解、行政裁决等纠纷解决方式,导致其他纠纷解决方式的衰落,诉讼急剧增加[①]。以20世纪80年代为分界岭,之前家事纠纷解决主体除法院外,还包括村(居)委会、司法所、民政离婚登记部门、妇联等社会团体、公安部门等附带解决家事纠纷的机构及亲朋邻里等。这种针对家事纠纷进行"齐抓多管"的状态,被如火如荼的民事诉讼制度改革打破,其他纠纷解决机构日渐式微,作用被弱化或取消,例如,民政部门的离婚调解功能丧失,人民调解功能衰退,妇联只被动接受投诉,公安部门原则上不介入家事纠纷。21世纪以来,为有效应对诉讼案件的不断攀升,适应社会的全面发展,诉讼外纠纷解决方式重新受到关注,开始推行多元化纠纷解决机制改革。虽然家事纠纷的特质仍未受到应有的重视,但在这场改革的洪流中,家事纠纷附随着普通民事纠纷走向"多元化"。其基本路径是:以法院为主导,推行诉调对接。主要有三种具体运作模式:第一,法院直接依托诉讼服务中心搭建诉调对接平台,设立婚姻家庭纠纷调解室,进行诉前调解;第二,法院与妇联等职能部门或调解组织建立家事纠纷诉调对接工作机制,通过委托、委派调解等方式,实现各部门的联动;第三,设立专门的婚姻家庭纠纷人民调解委员会,进行诉前、诉中调解,分流家事诉讼案件。

二、家事调解制度的主要问题

不同于我国传统以教化、规劝为主的模式,当前我国司法调解主要为裁判型、交涉型,对人际关系的调整功能显著弱化,与家事纠纷的特质不相契合,

---

① 参见范愉:《以多元化纠纷解决机制保证社会的可持续发展》,载《法律适用》2005年第2期。

且缺乏程序规范性和专业性。同时，人民调解等诉讼外调解形式附属化，未能发挥出真正作用，造成整个家事调解制度运转失灵。近年来，许多调解结案的家事纠纷出现进入强制执行或二次诉讼程序的情况，纠纷解决彻底化的效果并不理想。目前，我国家事调解制度主要存在以下问题：

（一）缺乏集中和专门的家事调解立法

前文已经提到，我国立法在一定程度上承认家事调解特殊性，但这种认可产生于对家事调解特殊性粗浅的认识，家事调解程序的独立性价值尚未得到深刻理解和充分认可，缺乏专门和集中的立法，相关规定分散在《婚姻法》《民事诉讼法》《人民调解法》等法律和有关司法解释中。这就使得家事调解制度的自足性、系统性、规范性和专业性不强。同时，非诉讼纠纷解决机制相关立法多为地方性法规、政府规章和其他规范性文件，不但效力位阶过低，限制非诉纠纷解决机制的作用发挥和发展，而且目前家事调解制度的分散性规定也存在不科学性，影响在实践中的适用。其一，先行调解的适用范围过窄。目前在开庭审理时应当先行调解的只有适用简易程序的婚姻家庭纠纷和继承纠纷，就普通程序来说，只规定离婚案件应当进行调解。而事实上，其他家事事件也具有身份性、伦理性、情感性等特点，法律不应当厚此薄彼。其二，强制调解缺乏制度保障。虽然我国对离婚案件调解也使用"应当"进行限定，但是没有体现"强制"的制度或措施，淡化了"应当"的强制意蕴。其三，无明确的程序性规定。何时启动家事调解程序，遵循怎样的流程展开调解，调解期限多长，完全由法官依职权决定，没有体现当事人的意思自治。

（二）家事纠纷司法调解实践失范

在调解协议达成的过程中，最大限度尊重双方当事人意愿，有利于调解协议的执行和纠纷的彻底解决。随着调解制度的日益受到重视，调解机制不断创新，但是实践结果与立法初衷尚存在差距。

第八章
家事调解制度

1. 部分调解流于形式

虽然现在司法审判非常重视家事案件的调解,但是受多种因素的影响,法官不愿意对调解投入过多精力,特别是对调解难度较大的案件,均有一判了之的心态①,使调解流于形式。第一,家事案件数量大幅增长的客观因素影响。近年来法院受理的家事案件数量不断攀升,法官迫于结案压力,如果当事人表示不愿调解,法官一般会立即终止调解程序,不会进一步耐心说服。第二,严格审限的制度因素影响。虽然家事审判改革正在探索弹性审限,但是尚未上升为立法,审判程序仍然必须遵循严格的审限,而家事纠纷调解往往需要花费较多的时间,引发调解时间与审限期限的剧烈冲突,法官出于对审限的顾忌,不会花费较长时间做调解工作。第三,家事案件当事人意志非自主性的因素影响。家事纠纷不仅是当事人之间的矛盾,往往还牵涉当事人各自背后的家庭,甚至是家族,当事人在调解中的意志受其他家庭或家族成员的影响,不易达成共识,法官疲于应付,则会怠于促成调解。

2. 强制调解现象多发

目前,我国的司法调解制度赋予法官裁判者与调解者的双重身份,裁判者身份的决定性与调解者身份的中立性本身就存在明显的冲突。裁判者身份具有的潜在强制力,极其容易侵犯调解者身份的中立性,为了使一方或双方当事人作出妥协,法官很容易从调解者滑向裁判者,在调解中占强制性的主导地位。如此一来,以劝压调、以判压调、以拖压调等强制调解现象的出现就无可避免。这种隐性化的强制性调解破坏调解本质需求的"合意",损害司法的权威。

3. 家事调解调查机制不完善

调解能否取得实效与当事人自身紧密相关,当事人身心状况、家庭关系、经济状况、居住环境、个人经历、教育程度等,均是影响调解结果的重要因素。从其他国家的家事调解制度来看,多数都针对家事调解设置有专门的调查官,主要负责在调解程序开始前调查、发现问题,并向调解员提交报告,以便

---

① 齐树洁主编:《东南司法评论》,厦门大学出版社2009年版,第111页。

调解员对当事人之间的纠纷和调解方向有清楚的认识。家事纠纷特殊性使得查清该类案件的事实较为困难，如果不能深入了解情况，就不能准确把握双方的矛盾焦点，导致法官无法"对症下药"或者虽然通过案件审理了解了案情，却丧失介入调解的最佳时机。目前我国没有家事调查制度，法官进行调解多根据当事人自己的陈述或举证，通常无法充分了解情况，信息沟通不畅，影响调解协议的达成。

（三）非诉讼调解的附属性显著

此处所谓的"附属性"是就非诉讼调解方式与诉讼、司法调解等其他家事纠纷解决方式的关系而言。前文已经作出论述，家事纠纷解决的合理模式应以社会化为主导。但是，目前我国绝大多数家事纠纷却是由诉讼和司法调解来解决，由社会化力量承担的非诉讼调解反而沦为"附属品"，这与家事纠纷的特性不相符。富含较多非理性因素的家事纠纷理应以排除纯粹法律理性的调解方式处理，司法的终局性决定诉讼是处理家事纠纷的最后机制，但不应成为解决家事纠纷的主导机制。就司法调解而言，即便不考虑其内在缺陷，仅囿于司法资源的有限性，就不足以承担解决家事纠纷的重任。为此，非诉讼调解方式成为有效解决家事纠纷新的选择。然而遗憾的是，无论是在指导理念上还是实际操作上，我国目前的家事调解制度都坚持以法院为主导，社会化调解力量的介入缺乏主动性，更多的是配合法院开展调解工作，为法院提供力量支持，缺乏化解纠纷的自觉性和独立性，其作用发挥有限。

（四）家事纠纷多元化解机制尚待健全

虽然经过多年的探索实践，我国的多元化纠纷解决机制得到长足发展，家事纠纷多元化解机制也基本形成，但距离建立起真正的协调联动机制仍有很长的路要走。首先，多元化纠纷解决机制的建立需要对整个社会的纠纷解决资源进行合理配置，法院是否有能力担此重任，担此重任是否科学合理，值得商

第八章
家事调解制度

权。其次,缺乏立法和理性的制度构建。目前我国的家事纠纷多元化解机制没有系统、合理的制度保障、程序规范和配套措施,主要依靠法院和其他部门及组织的实践创新进行弥补,缺乏权威性,不具普适性,与世界范围内的发展趋势相脱节。最后,受部门利益冲突影响。多元化纠纷解决机制牵涉众多部门,只有各部门有效协调配合,才能产生 1+1＞2 的效果,实践中,各部门联动主要依靠联席会议实现,缺乏规范性和稳定性。

（五）家事调解员专业性不足

目前,我国无论是诉讼调解还是诉讼外调解,都面临着调解员专业性不足的问题。就司法调解来说,法官的特长是适用法律,对"家长里短"的判断和情感关系的修复并不擅长,特别是面对需要心理咨询和干预的当事人,更是束手无策。就诉讼外调解来说,其调解人员多是村（居）委会成员或人民调解员,大多数没有经过家事纠纷调解方面的专业培训,对家事调解的认识、对调解规范的遵守、对调解技巧的掌握等能力参差不齐,主要凭借自身社会经验,利用道德规范、感化教育等达成调解目的。虽然家事调解更注重情感交流问题,德高望重的、掌握地方性知识的、富有人生阅历的长者是解决家事纠纷的合适主体[①],但是缺乏专业的婚姻家庭法律知识及家事调解知识,可能增加调解的随意性,而损害调解的公正性与合法性,埋下当事人反悔的隐患。

三、家事调解制度现状的成因

将家事调解混同于一般民事调解或局限于诉讼调解或非诉讼调解,都不能

---

① 巫若枝:《30年来我国家事纠纷解决机制的变迁及其启示——基于广东省某县与福建省厦门市五显镇实践的分析》,载《法商研究》2010年第2期。

完整展现家事调解实质的法理内核。① 我国现行的家事调解制度与家事调解的内涵本质不相契合,且弊端较多。追根究底,主要有如下几个方面的原因:

(一) 家事调解认知粗浅

我国有关调解的立法和实践对家事调解的认知尚属于"浅尝辄止",这种粗浅的认知体现在三个方面:第一,未深刻认识到家事纠纷的特殊性。与普通民事纠纷相比,家事纠纷牵涉血缘、伦理、家庭等基本社会关系。这种特殊性已超过普通民事诉讼或调解能有效处理的范畴。第二,未深刻认识到解决家事纠纷的重要性。如果说家事纠纷特殊性还不足以使家事调解获得专门化的正当性,那么解决好家事纠纷对社会发展的重要性,值得我们认真对待。家事纠纷不是单纯的法律问题,而是社会问题,不但关乎个案双方当事人的权益,而且关乎家庭和社会的健康发展。第三,未深刻认识到调解对解决家事纠纷的必要性。如果诉讼是更为合理、有效、经济的解决家事纠纷的方式,自然没有必要在此强调家事调解。然而,调解对家事纠纷解决更具优势,其非对抗性、自愿性、法律理性弱化等特点恰好符合解决家事纠纷的需要,且能够快速彻底解决潜在的所有矛盾纠纷。

(二) "司法中心主义"影响深重

"司法中心主义"是指在民事纠纷解决机制中,诉讼相对于其他纠纷解决方式而言,在整个纠纷解决机制中具有优势,占据中心地位。② 随着依法治国方略的提出,我国法治建设不断深化,与社会发展相适应的法律体系逐步完善,法院对纠纷解决获得至上权威,使得失去传统强制权威支撑的诉讼外解纷

---

① 喻芳:《我国大陆家事调解制度的理性分析与完善——与我国香港和台湾地区家事调解制度的比较》,载《宜宾学院学报》2012年第8期。
② 崔玲玲:《司法中心主义理念下的多样性纠纷解决机制》,载《天府新论》2011年第6期。

第八章 家事调解制度

机制的解纷能力不断萎缩。① 当人们对法律和司法的作用给予高度关注和推崇的时候,开始走向极端,衍生出"法律万能论"和"司法中心主义",遮蔽对其局限性的认识。尽管法律是一种必不可少的具有高度助益的社会生活制度,但是,它像其他大多数制度一样也存在一定弊端。如果我们对这些弊端不给予足够的重视或者完全视而不见,那么它们就会发展成严重的操作困难。② 具有深厚传统根基的家事调解制度在现代变得如此虚弱,"司法中心主义"难辞其咎。与普通民事纠纷相比,诉讼面对家事纠纷的局限性更为突出。当家事纠纷源源不断涌进法院,"严重的操作困难"变为现实,虽然人们已经开始反思,并考虑借助诉讼外纠纷解决机制的力量,但是"司法中心主义"的影响根深蒂固,成为阻碍家事纠纷多元化解机制发展的重要因素。

(三)调解和审判的关系定位偏差

我国学术界对调解的认识,主要有三种观点,即审判权说、处分权说、审判权与处分权结合说③。我国立法采取的是审判权说,造就了我国调审合一的程序构造,虽长久存在,却饱受争议。事实上,审判与调解原本是存在重大区别甚至本质不同的两种纠纷解决制度,并且两者间的区别即使是在法院作为调解主体的情况下也不例外。④ 将诉讼调解视为法院行使审判权的一种方式的偏差定位,使调审合一的程序构造先天不足,审判权、调解权和当事人诉权纠葛在一起,催生强制调解等问题。有学者探寻调审分离改革的法理基础,将调解

---

① 梁平:《协动主义:诉讼与诉讼外纠纷解决机制关系定位——基于人民调解的制度规范与地方实践的分析》,载《河北法学》2010年第9期。
② [美]E·博登海默:《法理学法律哲学与法律方法》,邓正来译,中国政法大学出版社2010年版,第419页。
③ 审判权说认为,法院调解是人民法院行使审判权,解决民事纠纷,结束诉讼程序的一种诉讼活动;处分权说认为,当事人达成合意行使处分权是调解的本质;审判权与处分权结合说认为,法院调解是当事人行使处分权与法院行使审判权结合的产物。参见杨小利:《我国法院调解制度若干问题研究——以日本法上的当事人合意解决纠纷机制为借鉴》,载《法律适用》2010年第10期。
④ 李浩:《调解归调解,审判归审判:民事审判中的调审分离》,载《中国法学》2013年第3期。

定义为"属于法院的照管性司法活动且以实现法和平为主要目标"[①]。在构建家事调解制度时,如何厘定家事审判与家事调解的关系,明确家事司法调解的性质,是关键性问题。

(四)忽视调解的程序正义

人们对公正的理解和对法律权威的认识首先是从程序正义开始的。当谈到调解,我们会想到其不对程序严格要求的特性,但这不代表调解没有对程序正义的需求。然而,我国法律历来重实体轻程序,对非正式的调解制度来说更是如此。长期对调解的程序正义的忽视,导致调解的非规范性和操作随意性,降低法院调解的司法权威性,使当事人对调解乃至整个司法程序失去信心,而民间调解等非诉讼调解方式更是缺乏具体制度设计和程序规定,引发公众信用危机。调解只有注入程序正义理念,才能实现自我超越。调解的程序正义要求纠纷当事人最大程度的参与性、调解员在程序中的中立性、程序设计的正当性以及充分尊重当事人的意志。

第三节 家事调解制度的域外考察

相对我国来说,域外典型国家(地区)的家事调解制度设计较为成熟和先进。虽然构建我国家事调解制度,不是对域外家事调解制度的盲目移植,但是借鉴其有效做法,仍有所裨益。

---

① 参见周翠:《调解与审判的关系:反思与重述》,载《比较法研究》2014年第1期。

第八章
家事调解制度

一、主要英美法系国家（地区）的家事调解制度

在美国，调解被广泛地应用于处理家事案件尤其是离婚案件，专业性的社会调解组织及家事调解员提供的家事调解服务在家事纠纷解决方面成效显著[①]。英国家事调解始于1971年颁行的《实践注意（离婚：调解）》，晚于美国，但随着对调解机制对家事争议有重要意义的认识的发展，将调解视为排解家事纠纷较可取的方法，而得到长足发展。

（一）社会化力量主导调解

美国认为单独依靠司法程序无法有效解决家事纠纷，因此建立法院附设调解机制。在法院附设调解程序中，家事法官不参与调解，即便是法院强制调解，也由法院委派具有资质的、受过专业训练的调解员或者咨询员协助当事人达成调解协议，若调解不成，调解员仅将调解结果移交给法官，以保证审判不受调解的影响。美国的民间调解组织极为发达，不但有社区调解、律师调解等，还有专门的营利性服务机构（如JAMS[②]），当事人会主动聘请心理学家、律师、社会学家等专业人员帮助调解，并为此支付一定的调解费用，说明公众对社会化调解的充分信任。英国的社会性家事调解也很发达，建立有专业性的社会调解机构，例如，全国家事调解协会（NFM），其调解范围由分居、婚姻纠纷，包括后续的子女抚养和财产分割逐渐扩大为关系破裂后续事宜的全面调解，并成为英国家事纠纷解决的主要形式。

[①] 来文彬：《家事调解制度研究》，群众出版社2014年版，第84页。
[②] JAMS是美国最大的一家ADR私营服务机构，成立于1979年，其工作人员均为法律专业人员，服务项目包括调解、仲裁、中立案件评估、和解会议、小型审判、简易陪审团、中立专家事实认定、私人裁判等。

（二）强制调解范围狭窄

美国大部分州都有家事强制调解的规定，但其范围比较狭窄，通常仅限于子女监护和探望权问题。与美国相比，英国的强制调解范围更窄，只适用于申请离婚法律援助的情况，虽然对子女监护和探望事宜尚未要求强制调解，但是最大程度地鼓励当事人进行调解。

（三）家事调解专业化程度较高

英美的家事调解具有较高专业性，主要体现在人员专业化、程序独立性、规范制度化等。例如，美国各州对家事调解员的资质和认可制度一般都有专门规定，调解员必须符合职业化要求，通过提高调解人员的专业性来改进家事调解服务；英国建立起调审分离的调解机制，审判前的调解由调解者主持，审判中如需再次调解，法官会安排其他调解员进行调解。

二、主要大陆法系国家（地区）的家事调解制度

相较于英美法系民事诉讼较为浓厚的当事人主义，德日等大陆法系国家的民事诉讼表现出较强的职权主义特点，对家事调解制度产生不同的影响。

德国没有专门的家事调解制度，家事调解适用《法院外争议解决促进法》《德国调解法》等法律，可以分为法院外诉前强制调解[1]和法院内审前强制和解，分别实施于家事纠纷处理的两个不同阶段。日本早就认识到家事纠纷的重要性和特殊性[2]，制定有专门的家事调解制度，由家事法院设置的家事调停委员

---

[1] 德国诉前强制调解与我国目前常用的诉前调解内涵不同，我国的诉前调解是指案件到法院后，在立案前由法院诉讼服务中心设立的人民调解等调解工作室或者立案庭法官进行的调解。德国诉前调解是指案件在进入法院前必须先经由社会机构进行调解，是社会性纠纷解决机制与诉讼程序的直接衔接。参见范愉：《纠纷解决的理论与实践》，清华大学出版社2007年版，第210页。

[2] 陈爱武：《人事诉讼程序研究》，法律出版社2008年版，第218页。

第八章
家事调解制度

会进行调解。我国台湾地区的家事调解通常由法院选任的符合条件的家事调解委员负责，法院会根据专业背景及实践经验对其分类，依据不同家事事件的特点，选任合适的调解委员担任具体案件的调解员，体现出高度的专业化。

（一）重视法院对调解的促进作用

德日及我国台湾地区家事调解制度与英美最为显著的不同，是注重发挥法院对调解的促进作用，这与职权主义密切相关。虽然德国的诉前强制调解完全交由律师、公证员等社会力量承担，但审前强制和解，却是不折不扣的"法院主导型"，法官享有很大自由裁量权。与德国相比，日本所有家事案件的调停交由家事法院负责，社区性或私立组织调解运用较少，具体调停工作主要由家事调停委员会委员和专业辅助人员承担，家事法官指定调停委员，指导和协助调停委员进行调停，必要时可要求调停委员进行事实调查，在调停不成时决定案件进入审判程序。我国台湾地区与日本类似，家事法官不参与具体调解程序，法院根据家事事件类型，聘任具有专业知识和实践经验的大学教授、律师、医师等作为调解委员进行调解。

（二）强制调解普遍适用

与英美法系国家相比，德日及我国台湾地区家事调解的强制调解适用范围极其广泛，除古典的家事非讼事件和当事人不能自由处分的家事事件外，其他几乎所有的家事案件都必须先行调解。可以说，强制前置调解已经成为家事调解的基本原则。

（三）注重当事人权益保障

在家事调解中对法院促进作用的追求，可能增加损害当事人权益的风险性。为降低这种风险，德日及我国台湾地区家事调解的制度设计都对当事人权益保护给予充分关注。例如，德国在审前和解确立辩论程序，以防止职权主义

和法官干预损害当事人的自由合意；日本家事调停委员会以合议制形式进行调解，与诉讼程序相似；我国台湾地区赋予当事人或利害关系人就家事调查官调查报告陈述意见的机会。

三、可资借鉴的经验及启示

尽管各国（地区）家事调解制度的规定不尽相同，但其制度设计的根源和核心都是家事纠纷的特殊性和重要性，这也是构建我国家事调解制度必须把握的要旨，因此，必然存在共同和有益之处，值得我们借鉴。

（一）家事调解程序地位独立

域外家事调解程序不仅是解决家事纠纷的独立程序，而且通常是启动家事诉讼的必经程序，与家事诉讼程序相互衔接，共同作用，以有效解决家事纠纷。同时，对调解的启动、调解涉及事实的调查、调解协议的达成、调解协议的效力等家事调解内容，有完备的法律规定予以规范。虽然家事调解程序的独立程度不同，例如，美国社会调解发达，审判与调解几乎是完全分离的；而日本社会资源协同配合力量不足，实行诉调的适度分离，但是家事调解程序的独立法律地位都是不容置疑的。相比较而言，我国的调解自产生以来就与诉讼程序纠缠不休，阻碍着家事调解制度的发展。

（二）重视社会性力量对家事调解的参与

家事调解并非法院的专属权力，替代性纠纷解决方式在西方国家的产生和兴盛就足以说明社会性力量对家事纠纷解决的重要作用。美国、澳大利亚等国家的家事调解组织已经走向规模化、行业化，成为家事调解的主力军。即便是强调法院在家事调解程序中促进作用的国家（地区），也很注重对社会性力量的吸收，积极调动心理学家、律师、医师等专业人士参与调解。例如，我国台

第八章
家事调解制度

湾地区在家事调解中会通过聘请专业人士为当事人提供心理辅导。

（三）调解人员发展专业化

调解人员的专业化是家事调解制度发展良好的国家的共同特征和规律。例如，澳大利亚由具有专业知识的登记官（专职律师）和调解员（社会工作者和心理学家）提供家事调解服务；法国设置有国家家事调解文凭，该文凭的获得需经过560个小时（490小时的理论培训和70小时的实践经验培训）的培训；我国台湾地区通过"法院设置家事调解委员会办法"等系列法律文件规定家事调解委员的任职资格、行为规范、考核培训等，按照具有性别平权意识、尊重多元文化观念的要求，聘任律师、医师、心理师、社会工作师或具有相关专业经历以及其他具有家事调解专业经验或丰富社会知识经验的专业人士为家事调解委员。为保障家事调解人员专业化的可持续性发展，除注重最初选任时的专业背景要求，各国（地区）对家事调解人员的培训也非常重视。例如，我国台湾地区的家事调解委员在任期内必须接受"司法院"或法院每年定期举办的至少12小时的专业课程培训。

（四）赋予调解协议强制执行的法律效力

为真正发挥调解的作用，各国（地区）都赋予家事调解协议与判决同等的强制执行效力，只是调解协议生效的条件和时间存在差异。例如，美国采取的是批准生效制，但仅限于子女抚养、监护、探望权等涉及未成年子女利益的调解协议，交由法院审查批准后生效；日本采取的是登记生效制，家事调解委员会调解达成的协议，经法院登记即产生效力。而在我国，当事人合意达成的调解协议只具有民事合同性质，如果一方不履行协议，另一方则需向法院提起民事诉讼，要求对方履行协议约定的给付义务。调解协议需通过法院确认获得强制执行力。

第四节 家事调解制度的构建

基于家事调解在定分止争中具有的优势,我们有必要在借鉴域外做法及我国各地有益尝试的基础上,构建可操作性强和适应现实需求的家事调解制度,以促进我国家事调解的规范化以及家事审判制度的完备。

一、家事调解原则

法律原则是"众多法律规则之基础或本源的综合性、稳定性的原理和准则。"[1]家事调解整体上亦需法律原则为指引,应涉及其运行方式以及规范法院与当事人行为的原则。由于家事调解和一般民事调解有所区别,因此家事调解除应当遵循一般民事调解的"自愿原则""合法原则"之外,还应当遵循某些特殊原则。

(一)调审适度分离原则

司法调解是一项极具中国特色的诉讼制度和审判权运行方式,也是经过长期司法实践证明行之有效的一种纠纷解决途径。[2]为克服"调审合一"弊端,学术界开始对现行法院调解制度进行反思,提出内部调整说、诉讼和解替代说和调审分离说[3]三种学说,且调审分离说逐渐成为学术界主流看法,同时

---

[1] 张文显:《法理学》,法律出版社1997年版,第71页。
[2] 胡道才:《调审适度分离:"调解归调解,审判归审判"的另一路径——以南京两级法院改革试点工作为研究对象》,载《当代法学》2014年第2期。
[3] 内部调整说认为,通过法院内部制度的完善,可以解决法院调解存在的问题,不需要实行调审分离;诉讼和解替代说认为,诉讼和解能够最大程度尊重当事人意愿,且与法院调解程序有相通性,可替代法院调解;调审分离说认为,调解与审判有本质差异,不宜将两者糅合,应当将调解程序与审判程序分立。

第八章
家事调解制度

衍生出调审完全分离与调审适度分离两种观点。目前，调审适度分离获得广泛支持。总体来看，调审完全分离模式最为理想，能够将法官"调解者"与"裁判者"的双重身份彻底分开，给予两种程序特别是调解程序独立发展的空间和自由，但是程序复杂，缺乏灵活性，现实操作难度较大，且不符合我国司法的实际。相比较而言，调审适度分离更具实践意义。在构建家事调解制度时，理应坚持调审的适度分离。第一，转变理念。调解作为一种调整型而非判断型程序，一切预期的制度功能都是建立在当事人真实合意的基础上。[1]调解是法官职权与当事人处分权的交汇点，但无论如何也不能推导出法官职权高于当事人处分权的结论。[2]为防止对当事人调解合意的侵蚀，充分尊重和保障当事人处分权，必须树立当事人掌握着调解程序主控权的调解理念，这是"调审适度分离"原则的基本前提。第二，坚持程序的适度分离。"调审适度分离"首先应当是审判与调解两种程序的分离，尽量减少两种程序交错的情况，不同程序主要适用于案件处理的不同阶段，遵循不同的程序规范，以实现各自的功能和价值。第三，坚持主体的适度分离。调审主体的适度分离不但能够有效保障调解自愿，而且能够在一定程度上防止法官通过调解产生预断，损害审判的中立性。

（二）调解前置原则

基于家事案件往往掺杂着当事人之间情感纠葛的特性和维护家庭社会稳定的公益性目的，家事调解作为解决家事纠纷的重要一环不可或缺，应当将调解设置为家事审判程序的前置程序，并扩大前置的适用范围。日本和我国台湾地区都坚持家事事件调解前置，例如，日本《家事事件程序法》第257条第1款、第2款规定："对于就根据第244条规定可以进行调停的事件准备提起诉讼的人，应当首先向家庭法院申请调停。对于前款的事件没有申请家事调停而

---

[1] 汤鸣：《让调解回归本位——日本家事调停制度的特色与借鉴》，载《江海学刊》2015年第5期。
[2] 姚志坚：《"调解热"与法院调解制度的现代转型》，载《法律适用》2005年第9期。

提起诉讼的场合,法院应当依职权将事件交付家事调停。但是,法院认为将事件交付调停不适当时,不在此限。"① 我国台湾地区"家事事件法"将调解程序编置于总则编之后、家事诉讼编和非讼程序编之前,既体现了调解优先的精神,也彰显了调解前置的地位和重要性,并将甲、乙、丙、戊类案件全部纳入调解前置的范围②。我国法律规定调解是离婚案件的必经程序,适用简易程序的婚姻家庭纠纷和继承纠纷在开庭审理时应当先行调解,但都不是实质意义上的前置程序。

虽然我国法律法规中并没有系统地对调解前置进行规定,但是实践中结合案件分流与调解前置进行探索,形成了初步的针对性区分先行调解方式。在立案登记制实施以来,实践中有部分法院结合案件分流,如长沙市岳麓区法院针对部分家事案件提倡诉前先行调解。家事调解的利用并不剥夺当事人的诉讼权利,③ 这反驳了强制前置调解被一部分学者认为违反当事人意思自治,与民法根本理念不符的观点。

(三)未成年人利益最大化原则

在家事调解中确立未成年人利益最大化原则的必要性在于:一方面,作为当事人的父母是成年人,能够自主明确作出判断,并表达自己的意见、争取自己的利益,而未成年子女并非完全民事行为能力人,不能作为独立的主体保护自身权益;另一方面,正常情况下,父母能够积极以监护人的身份保障未成年子女的权益,但在家事纠纷中,父母与子女有各自的独立权益,二者并不完全

---

① 《德日家事事件与非讼事件程序法典》,郝振江、赵秀举译,法律出版社2017年版,第309页。第244条规定的可调停事项为有关人事的诉讼事件及其他家庭有关的事件(别表一所列事件除外)。
② 我国台湾地区"家事事件法"第二十三条规定:"家事事件除第三条所定丁类事件外,于请求法院裁判前,应经法院调解。前项事件当事人径向法院请求裁判者,视为调解之声请。但当事人应为公示送达或于外国为送达者,不在此限。除别有规定外,当事人对丁类事件,亦得于请求法院裁判前,声请法院调解。"
③ 张晓茹:《家事裁判制度研究》,中国法制出版社2011年版,第118页。

第八章
家事调解制度

一致,甚至会发生冲突,父母一方可能会将子女的抚养权等作为和对方谈判的筹码,实难信赖其能完全从子女权益出发,作出安排决定。将未成年子女利益的最大化作为家事调解的核心追求,在国际社会受到高度重视。例如,联合国于1989年就在《儿童权利公约》中明确规定:凡与儿童相关事项,均应根据其年龄及其成熟度考虑儿童的观点;美国的《家事和离婚纠纷调解实务准则》直接将充分考虑儿童利益最大化作为有效调解的标准之一。因此,家事调解应当坚持未成年子女利益最大化原则,帮助当事人决定如何让未成年人利益最大化,尽可能减轻婚姻家庭冲突给未成年人带来的影响。

未成年人利益最大化原则应适用于家事案件各种类型之中:离婚纠纷及抚养权纠纷中,应充分尊重未成年人的意愿,考虑未成年人的利益,尤其在抚养权的归属、探视权的行使上不应将子女作为父母行使权利的对象;在抚养费的确定和给付上,调解时应对双方当事人的收入变化予以评估。在继承案件的调解中,应对子女继承权予以保护,法定继承中,除保留胎儿的应继份额以外,在同一顺位继承人之间分割遗产时,应向未成年人予以倾斜;遗嘱继承中,遗嘱人若未保留未成年子女遗产的,调解时应保留其必要份额。

(四)以平衡利益为中心原则

家事纠纷中当事人关系面向未来的长期持续性决定了家事调解程序应当与家事审判程序有所区别。家事调解与对抗制度之下所采用的裁判方式有所不同,它的重点是从互相合作的角度着眼来界定影响双方当事人的事宜,以夫妇所认为公平者为依归,考虑的要点是夫妇的利益而非权利。[①] 因此,对于当事人之间的权利义务关系没有必要完全分辨明晰。欲查明是非,势必让当事人把家庭内部的矛盾及隐私进行重现还原,无论最终纠纷是否得到解决,彼此关系都会趋向二次对抗而不是愈合恢复。以事实为基础的依法裁判,对于当事人来说未必是最好的结果。能否有效解决家事纠纷,取决于当事人是否认可和接受

---

① 香港法律改革委员会报告书《排解家庭纠纷程序》。

家事审判研究

经过调整形成的新的人际关系以及能否满足当事人的利益需求,而不是法律意义上的绝对公平正义。因此,家事调解的制度设计应当以平衡当事人实际利益为中心。我国的家事审判改革以家事纠纷的最终消解和维护婚姻家庭关系稳定为目标,为实现该目标,家事调解制度就应当以人际关系的调整与重构为宗旨,而不是以结案方式为中心。① 探求当事人之实然情况,发现当事人根本利益需求之所在,以平衡双方当事人实际利益为中心,才能实现人际关系的有效调整。

二、家事调解适用范围和限度

虽然家事调解对家事纠纷的解决具有天然优势,但是也并非所有的家事纠纷都可以适用家事调解。同时,适用家事调解也需要把握一定的限度。依据不同类型家事案件的特点,明确适用调解前置及不适用调解的家事案件以及调解限度,能够使家事调解制度更加有效地发挥作用。

(一)家事调解的适用范围

考察世界各国(地区)对家事调解的规定,在适用范围的界定上没有统一的标准。我国台湾地区规定家事案件除丁类较无诉争性的案件之外全部进行调解前置;日本在家事案件调解范围上的规定也比较宽松,明确与人事诉讼案件以及其他家庭相关的案件均应先进行调停。综合来看,除却韩国适用较为严格的限制调解原则(将类似日本的人事诉讼案件排除在调解范围之外)②,大部分国家(地区)在家事案件的处理上都强调非诉性,并将当事人不具有处分权的案件排除在强制调解适用范围之外。我国没有完整的家事调解机制,也没有对

---

① 汤鸣:《家事纠纷法院调解实证研究》,载《当代法学》2016年第1期。
② 参见陈刚、廖永安:《移植与创新:混合法制下的民事诉讼》,中国法制出版社2005年版,第295~296页。

262

第八章
家事调解制度

家事调解的适用范围作出明确规定。家事纠纷类型纷繁复杂，无法一一列举分析，出于论述的可能性和便利性，我们仅讨论不适用家事调解的案件，除此之外的其他家事案件原则上均应适用调解前置。

1. 不适用家事调解的案件

长期以来，我国家事审判改革关心的重点问题都是家事纠纷该采取调解还是判决方式结案，对根据案件性质建立调解甄别机制鲜少关注。2004年的《最高人民法院关于人民法院民事调解工作若干问题的规定》第二条规定，婚姻关系、身份关系确认案件不适用调解。2010年的《最高人民法院关于进一步贯彻"调解优先、调判结合"工作原则的若干意见》对该规定进行了重申。《民事诉讼法》第一百四十三条规定："使用特别程序、督促程度、公示催告程序的案件，婚姻等身份关系确认案件以及其他根据案件性质不能进行调解的案件，不得调解。"从上述规定可以看出，我国已经具备了初步的家事调解排除规范。但是，随着家事案件越来越复杂，其类型化越来越精细，上述粗疏的规定在指导家事调解实践时明显捉襟见肘。借鉴域外经验，我国可以将不适用家事调解的案件分为两类：一是当事人无权处分的非讼案件；二是基于社会利益、公序良俗或公平正义考虑，不适宜进行调解的案件。

（1）当事人无权处分的非讼案件

调解作为一种自律性的解纷程序，其正当性由双方当事人达成的合意所赋予。与此相对应，当事人对标的无处分权的案件，自然不能通过达成调解合意进行处置，更遑论将调解前置。日本"家事事件程序法"将非讼属性比较显著的宣告失踪、遗嘱的确认等案件排除在家事调停的范围之外；韩国《家事诉讼法》将婚姻无效、离婚无效、认领无效、确认亲子关系存否、收养无效、解除收养关系无效等公益性较强且应当秉承职权探知主义的案件，以及非对审的、原则性的非讼案件（具体包括：撤销禁治产或准禁治产宣告裁判、失踪之宣告与撤销、婚姻财产合约变更许可、监护人同意收养或同意解除收养关系的许可、决定行使亲权方法、监护人之选任与免职、家族会议成员选任、补充或免职、共同继承财产管理人选任、遗嘱查验、委托撤销遗嘱等44类案件①）排除在家事调解的范围之外；我国台湾地区"家事事件法"第二十三条明确规定，家事事件除当事人或利害关系人没有处分权的案件，如宣告死亡、监护或辅助宣告、指定监护人、选任特别代理人、认可收养或终止收养、指定遗嘱执行人、抛弃继承等事件，在请求法院裁判前，应经法院调解。

从上述国家（地区）对家事调解范畴的立法排除不难发现，对于缺乏调解基础、争议性不大或者当事人无权处分的非讼案件，各国（地区）采取的统一做法就是将此类案件排除在家事调解范畴之外。家事纠纷公益性和私益性兼具的特征与对家事调解功能的认知程度共同决定了是否存在调解空间。我国在划定家事调解范畴时，可以采用排除模式，将当事人无权处分及非讼性质较强的案件从家事调解的范围中剥离。

（2）不适宜调解的诉讼案件

除当事人不得处分的家事非讼案件外，其他当事人享有处分权的诉讼案件也并非都适宜调解。对调解程序的过度推崇也有弊端，尤其是双方当事人势力悬殊较大时，部分强势当事人可能会利用其优势条件侵害弱势当事人的权益。因此，在选择解纷方式时就应甄别当事人与案件的基本情况，对没有调解空间的案件进行排除。经过筛选，排除不适宜调解的案件，能够使调解者集中精力解决有调解希望的案件，节约司法成本。换一个角度看，及早筛除不适宜调解的案件能避免因时间拖延给当事人特别是未成年子女带来的持续伤害，最大限度地保障未成年子女的利益。

澳大利亚《家事法规则》列出了判断纠纷是否适宜以调解方式处理的考虑因素：双方当事人谈判权力的均等程度、儿童受到虐待的风险、家庭暴力的风险、双方当事人的情绪和心理状态、其中一方当事人是否借调解拖延时间或谋取其他利益、与打算进行的调解有关的其他事宜。② 我国香港特区明确规定：

---

① 韩国《家事诉讼法》第2条。

② 参见汤鸣：《比较与借鉴：家事纠纷法院调解机制研究》，法律出版社2016年版，第230页。

第八章
家事调解制度

当事人的身体机能有否因酗酒、滥用药物、精神病或精神状况不稳而受损及是否有违反协议以致影响他人对其信任的前科，也应当作为案件是否适宜调解的甄别因素；家庭暴力、有威胁性的行为并且事后不愿意进行谈判、缺乏沟通和信任、其中一方处于支配地位而造成权力失衡、其中一方不接受分居、性虐待儿童也不适宜进行调解。①

虽然各国（地区）对不适宜调解的家事案件范围规定不同，但是在考量因素上存在共识。家事调解的正当性正是基于自愿达成协议这一核心要素，若当事人达成的协议实际上不是其真实意思表示，这种自愿就只是形式上的。与此同时，调解程序对当事人权利的保障有所简化，如果不能保障其真实意思表示，反而会损害其权利。也很难想象当事人会积极履行客观上无法表达真实意思表示的调解协议，如此则无法实现家事调解制度的期待功能。鉴于此，我国家事调解对诉讼案件的排除条件可以设置为：符合当事人双方力量显著不对等、客观上无法作出真实意思表示、无完全民事行为能力等情形之一时，案件则不宜通过调解解决。

2. 家庭暴力与婚姻无效案件

（1）家庭暴力案件

家庭暴力案件可能涉及婚姻、亲子、扶养等纠纷，会对当事人的身心产生较为严重的影响，甚至会转化为刑事案件。针对家庭暴力案件是否适用调解，学术界一直存有分歧。肯定调解说认为，相对于对抗性的诉讼而言，调解更有利于协助当事人克服心理障碍，在劝阻施暴方真正作出理性决策上有着一定的优势。反对说认为，在家庭暴力案件中，实施家庭暴力的一方认为自己对另一方享有专属特权，如服务、忠诚和亲近行为等，由于双方权利地位不对等，权力失衡的情况下不宜适用家事调解，滥用权利的一方看不到自身的自私与错误，其也不会为了其他家庭成员的利益而在调解中合作。在整个调解过程中，受家庭暴力侵害的一方在面对施暴者时会因畏惧心理不敢或不能表达自己的真

---

① 参见香港法律改革委员会报告书《排解家庭纠纷程序》。

正诉求，施暴方可能会利用强势地位继续控制或强迫弱势一方接受调解协议，这对家庭暴力案件中的受害者无疑是雪上加霜，从而使家事调解的目的落空，无法真正解决问题。

最高人民法院 2008 年发布的《涉及家庭暴力婚姻案件审理指南》认可调解对解决涉及家庭婚姻暴力案件的作用。虽然这一指南饱受反对调解说的学者们诟病，但审判实践中的法官多持支持态度，认为家暴案件中的调解能够一定程度上打破当事人之间权利地位的不平衡，不经调解直接进入庭审，可能当事人的诉求更加无法得到表达，调解对审判之后弱者权益的保障甚至有一定的积极作用。针对家庭暴力案件，是否适用家事调解，各国（地区）规定也不尽相同，但是都充分尊重当事人的意愿，在其同意的前提下，经过调解员的全面分析评估后认为适宜适用家事调解的，才能启动家事调解，在此过程中必须密切关注是否有恐吓、威胁控制等情形，采取允许陪同等方式确保其适当性。一旦出现可能侵害受害方人身安全或有损公平的情况，调解人员需要立即中止或停止调解，采取积极有效的措施帮助受害方，并分析是否应当继续进行调解。所以，家庭暴力案件可以适用调解，只是应当更为慎重，需借助评估程序进行判断。

（2）婚姻无效案件

我国的法律法规和司法实践在确认婚姻无效的调解问题上采用的是两分法，即确认婚姻身份关系无效本身不能调解，但针对当事人确定婚姻无效之后产生的纠纷，如财产分割、责任承担、子女抚养等问题，则允许当事人进行和解或者通过法院、其他机构进行调解。对确认婚姻无效案件不适用调解主要是基于社会公序良俗和法律强制性规定的考虑，能够打击违法婚姻，也能够提高审结效率。但是，对上述问题也有学者认为，以婚姻无效可能涉及第三人与社会公平利益就将其归入法定强制范畴，绝对排除当事人意思是值得商榷的[①]，就婚姻无效案件强制性排除调解并不一定有利于案件的解决。事实上，若双方

---

① 来文彬：《家事调解制度研究》，群众出版社 2014 年版，第 22 页。

第八章
家事调解制度

当事人自愿就婚姻无效问题达成共识，以调解方式结案并不违反司法的公正价值，也符合效率原则。同时，法院可以对当事人达成的调解协议予以确认和审核，最终以民事调解书方式予以表达，同样能够满足司法宣告无效的要求。①因此，没有必要在法律中明文强制确认婚姻无效案件禁止调解。

（二）家事调解的实然限度

1. 司法有限性对家事调解的限制

我们必须承认，调解仅是众多解纷方式中的一种，并不是解决所有纠纷的灵丹妙药，尤其是当纠纷产生的根源超出司法权能时，调解的作用是极其有限和低效的。民众普遍对"司法是解决纠纷的最后一道防线"存在误解，认为所有纠纷无论产生根源是什么，最后都应由法院来解决。这使得很多可以通过其他更为合理、有效方式解决的纠纷未经任何过滤就涌入法院，对法院调解的过高期待和对调解方式解决纠纷的过高要求，容易诱发调解行为的失范。这正是20世纪80年代提出调解复兴的过程中，最终造成"调解失灵"局面的根本原因。实践中，对于那些在司法权能限度之外的纠纷，调解得当虽能在一定程度上缓和矛盾，但无法真正解决问题。尤其是遇到源于社会问题的尖锐矛盾，当事人情绪强烈对抗，法院根本不具备解决问题的相应权能和资源，调解无法从根源上彻底解决纠纷。因此，司法自身的有限性会限制调解作用的发挥，这是客观现实。

2. 案件类型内在差异对家事调解的限制

不同案件类型对家事调解的适应性也不相同，适合以调解还是判决结案的规律往往有迹可循，对调解的偏好也有内在规律。以抚养类案件为例，抚养费追索只涉及金钱给付，一般情况下，当事人为了尽快解决纠纷都愿意妥协和让步。相对来说，抚养权案件具有极强的人身属性，对未成年子女血缘亲情的无法割舍常常使双方当事人处在绝对的对立面，矛盾无法调和。再以继承案件为

---

① 蒋月：《婚姻家庭法前言导论》，科学出版社2007年版，第352页。

例,虽然当事人是基于特殊的身份关系获得继承遗产的资格,但是这种特殊关系的亲缘属性没有其他家事案件强。因此,继承案件的调解特点与一般民事案件存在一定相似性,其调解难度和实效与涉及财产数额、当事人人数、权利义务关系明确度等成正比。由此来看,不同案件类型因牵涉的身份关系不同,导致当事人对调解所抱持的心理态度不同,进而在客观上限制调解作用的发挥。忽视不同案件类型之间的差异,过度强调调解结案,有时是事倍功半的,即使促使当事人暂时性达成调解,也会在履行时遭到抵制,损害司法公信力。

综上所述,在重视调解对家事纠纷解决优势性的同时,也应当正确对待司法有限性和案件类型内在差异对调解作用的客观限制,灵活适用法院调解,真正做到让行政的归行政、调解的归调解、审判的归审判。

三、家事调解委员会的设立

根据"调审适度分离"原则,法院附设调解模式可以较好地实现程序和主体的适度分离,同时能够在司法资源有限的情况下,实现司法公正与社会治理的良性互动,是家事调解制度改革较为理想的模式。近年来,部分家事审判改革试点法院积极探索法院附设家事调解方式,分流了大量的家事案件,减轻了法院负担,尤其是在离婚、赡养、抚养等案件分流中发挥了重要作用,取得明显成效。

根据《最高人民法院关于进一步深化家事审判方式和工作机制改革的意见(试行)》,各地各级法院可以设立家事调解委员会。在法院附设家事调解模式下,设立家事调解委员会具有重要意义。组建相对独立运作的家事调解委员会[①]不以家事法院(法庭)的实现为必要条件[②],可操作性强且节约司法成本,

---

[①] 此处所称的家事调解委员会与日本家事调停委员会的内涵有本质差别。日本的家事调停委员会由法官一人和家事调停委员两人以上组成,是调解主持者,直接组织调停,功能类似于合议庭。而我们所称的家事调解委员会是一种机构,具体调解工作由家事调解员主持进行。

[②] 参见张晓茹:《家事裁判制度研究》,中国法制出版社2011年版,第128页。

第八章
家事调解制度

不但能够避免"调审合一"模式固有的弊端,提高家事调解质效,而且能够最大程度地调动和整合社会调解力量,延伸家事司法的触角,实现家事审判的社会功能。

(一)家事调解委员会的性质

前文已经提到,设立家事调解委员会的主要目的是弥补家事审判在社会功能发挥上的不足,通过借助社会多方力量对家事审判的社会功能进行扩展。所以,家事调解委员会需要广泛吸收党政机关、事业单位、社会组织、人民团体等作为成员单位合作建立,并建立特邀调解组织和特邀调解员名册。其实质上是法院开展家事案件分流的具体操作平台。这就决定了家事调解委员会虽然受法院领导,但是其地位和性质与法院内设庭(室)有根本区别,只能是一个无独立编制的松散性机构。

(二)家事调解委员会的主要职能

家事调解委员会专职负责家事调解工作。具体职能主要包括:

指定调解主持者。调解主持者,由家事调解委员会根据各个家事案件的性质,指定具备解决该纠纷专门知识或经验的法院专职调解人员和家事调解员担任。家事调解一般可由法院专职调解人员和调解员共同主持,这样既可以发挥联合调解的优势,又可以在必要时由调解员辅助法院专职调解人员调查案件事实;特别情况下,也可由法院专职调解人员或家事调解员独立主持调解。需要强调的是,对调解主持者的确定,应当充分听取当事人的意见,如果当事人对家事调解委员会指定的调解主持者表示异议,或者双方合意从家事调解员名册中选择有其他人员的,家事调解委员会应当另行指定或者根据当事人合意进行指定。这不但契合调解"当事人意思自治"精神,而且有利于最终达成调解协议。

选任、管理、培训家事调解员。家事调解委员会应当主要通过公开选聘的形式对家事调解员予以选任，同时建立名册和信息库；定期对家事调解员进行评价和鉴定，推动调解员管理规范化、制度化；组织举办调解业务讲习会、座谈会等培训活动，提高家事调解员的业务技能。

指导基层调解组织的家事调解工作。家事调解最理想的状态是尽可能向诉前延伸，将家事纠纷彻底阻却在司法大门之外。因此，家事调解委员会应当加强与基层调解组织的联系，指导和协助基层调解组织及早地介入家事纠纷调解，争取将矛盾化解在基层。

（三）家事调解委员会的主要人员构成

家事调解较为复杂，其对调解人员的角色有多重定位，譬如教育者、协调者、谈判专家等，需要用调解人员自身的专业知识、心理学知识、谈判沟通技巧、人文关怀去理解并说服当事人，因而对调解人员的素质和专业性要求较高。

1. 法院专职调解人员

主体分离是调审适度分离的一个重要方面，为减少法官同时作为裁判者与调解者可能对调解产生的影响，应当选任擅长家事调解的法官和审判辅助人员专司家事调解工作。退居二线的资深法官大多专业知识扎实，阅历丰富，深谙社会学与家庭伦理知识，可择优吸纳，补充调解力量。法院专职调解人员与家事调解员联合调解时，调解程序的指挥权由法院专职调解人员掌握，在征求家事调解员意见建议的基础上，可就事实和证据调查、心理诊断和治疗、相互关联数起纠纷合并调解等事项进行决定。

2. 家事调解员

家事调解员在帮助当事人冷静思考问题、促进各方沟通对话、缓和对抗情绪、自主解决纠纷等方面具有重要作用。法院应当根据实际需要，公开选聘或者从家事调解委员会成员单位推荐的人选中择优选任符合家事调解员资格的人员为家事调解员，建立专业高效的调解团队。

第八章 家事调解制度

家事调解员应当具备相应资格，其基本要求主要包括：①品行良好；②对调解工作富有热情；③生活较为安定且有充足时间从事调解工作；④身心健康；⑤具有丰富的社会知识和经验，善于处理家事纠纷，有较强的劝解和说服能力；⑥有法学、心理学、社会学、教育学等方面的知识；⑦有家事调解经验，且接受过家事调解技能培训。

家事调解员必须以中立的方式主持调解，对"当事人自治"有充分了解，耐心听取双方当事人意见，促使其真诚、充分沟通对话，帮助双方找到都能接受的解决方案，最大限度保护未成年子女利益，推动家事调解程序顺利进行。

第五节 家事调解的具体程序

家事调解的本质是达成合意解决纠纷，我们应当注重调解从传统的谅解型到公平型重心的转变，这就有必要牺牲一部分调解的灵活性来换取调解的程序化和制度化。① 无论是以人民调解为代表的诉讼外调解还是法院调解，都必须有明确的调解理念和专业的调解内容，并最终形成体系化的程序设置②。

一、家事调解程序的启动

虽然各国都肯定调解对于解决家事纠纷的特殊价值和与诉讼相比的优先性，但就家事调解程序的启动却有不同的选择。综合比较而言，大致有两种模式：强制调解与鼓励调解。

从比较法的角度来看，选择强制调解抑或是鼓励调解与各国（地区）对家

---

① 王建勋：《关于调解制度的思考》，载《法商研究》1996年第6期。
② 来文彬：《家事调解：理论与实务》，群众出版社2017年版，第98页。

事调解的定位密不可分。如果将家事调解定位于"自律与他律的协同",则调解者的能动性更强,会选择强制调解;定位于"完全自律地解决纷争",则更强调当事人的自愿与自决,会选择鼓励调解。因此,大陆法系国家(地区)多实行强制调解,将家事调解作为诉前的必经程序,除了不适合调解的特定案件外,一律实行调解前置。英美法系国家(地区)多实行鼓励调解,依当事人申请启动调解程序。但涉及未成年子女的案件,出于保护儿童利益的考虑,采取强制调解,兼顾调解程序启动的自愿性和对特殊利益的保护。我国对部分家事案件采取的是强制调解模式,2002年颁行的《关于适用简易程序审理民事案件的若干规定》第十四条明确要求对适用简易程序审理的婚姻家庭纠纷和继承纠纷,人民法院在开庭审理时应当先行调解。该规定进一步扩大了强制调解的家事案件范围。当然,即便家事调解程序前置强制当事人参与调解程序,当事人仍然有权利根据自己意愿自由选择启动法院或者法院外调解程序。

二、家事调解程序的转换与衔接

在以调解前置为原则的前提下,必须充分考虑未达成调解而转入诉讼程序时的转换问题,即前置调解程序与诉讼程序如何衔接,否则调解前置将失去意义。作为前置程序,家事调解的一般流程为:若达成调解,可根据当事人的申请,由法院确认调解协议效力;若未达成调解,则案件转入家事审判程序,由家事法官开庭审理。对前置调解与诉讼程序之间的转换和衔接,应强调以下几点:

(一)当事人无须另行提出起诉申请

调解不成时,当事人是否需要另行提出起诉申请取决于对调解与诉讼关系的理解,是将两者作为连续性的,解决一起纠纷的程序中的一个环节,还是将两者作为独立的程序来看待。日本的家事调停程序虽然理论上有连续说和独立

第八章 家事调解制度

说两种对立的观点,但现行法将调停申请视为起诉申请。我国台湾地区"家事事件法"明确规定:"当事人两造于调解期日到场而调解不成立者,法院得依一造当事人之声请,按该事件应适用之程序,命即进行裁判程序,并视为自声请调解时已请求裁判……"。① 我国可参照借鉴,调解不成应直接移交审判程序,无须当事人另行申请。理由如下:

首先,我国的家事前置调解是附设于法院的调解,因此,调解与诉讼是解决纷争中的两个前后相继的环节。对当事人来说,其是向法院请求救济而提出诉讼,调解是诉讼必经的一项前置性程序而已。提出家事调解申请的实质,是将纠纷交付于法院寻求救济,如无调解的前置性规定,当事人提出的就是起诉,而不是调解申请了。

其次,选择附设于法院的家事调解模式,就是为了实现调解与诉讼程序的无缝衔接,保证调解程序规范化的同时,节约当事人的诉讼成本和时间损耗。如果调解不成,还需当事人另行起诉,则与程序设置的理念相悖。

最后,将调解申请视为起诉申请,有利于激励当事人重视和接受家事调解程序,也是对强制调解限制当事人程序启动的自愿性的一种补充和平衡。

(二)当事人可合意选择适用简易程序

德国2009年将家事事件全面非讼化,适用裁定程序。我国台湾地区针对未达成调解的情况,规定双方当事人可以合意选择裁定程序,以节省当事人和法院的人力、物力、财力等投入成本。两者相比较,我国台湾地区的规定更有利于保障当事人权利,赋予当事人选择权,可以平衡实体利益与程序利益。即使不承认当事人得任意地以合意就权利义务关系为处分,但亦应正视调解程序所具有之降低争议及缩减争点之机能,并尊重当事人之意愿,设计有与裁判程序之衔接转换制度。② 通常情况下,经过调解,纠纷的诉争性都会有一定程度

---

① 我国台湾地区"家事事件法"第三十一条。
② 沈冠伶:《家事程序之新变革》,元照出版公司2015年版,第14页。

减弱，案件争点也会更加清晰。为快速解决纠纷，减轻当事人和法院负担，若双方当事人达成合意，愿意放弃其部分程序权利，理应尊重其处分权，由调解程序直接转入简易程序。根据我国《民事诉讼法》第一百五十七条第二款规定，当事人双方是可以约定适用简易程序的。所以说，设置未达成调解向简易程序的转换程序，也是符合民事诉讼法精神的。应注意的是，为保障当事人程序权利，即使适用简易程序，必要时法官仍应依职权调查事实和证据，也要注意听取当事人及利害关系人的陈述和辩论意见。

（三）调解程序中事实和证据的效力不能在诉讼程序中直接认定

调解中发现的事实和证据，一般都具有较强的隐私性。家事调解的目的是对人际关系进行调整，不可避免地会接触到当事人隐私。只有保障当事人对调解程序的信赖，才能使其愿意接受调解。如果允许调解中发现的事实和证据直接作为诉讼裁判的基础，则当事人会因为担心隐私被泄露、调解员收集到对自己不利的证据而刻意隐瞒某些事实，进而影响调解结果。因此，前置调解程序中发现的事实和证据在转入后续的诉讼程序中的效力不能当然得到确认，不能直接作为裁判的基础，甚至不能作为证据提交法庭。但家事调查员调查所得资料或者涉及维护公共利益、保护未成年子女利益等公益事项时，应不受限制。同时，也应当尊重当事人的处分权，如果双方当事人对调解程序中作出的陈述或让步达成合意，可以作为诉讼程序的证据并直接认定而不进行质证，但涉及损害公共利益、侵害他人合法权益等情况的除外。

（四）诉讼中仍应允许调解

对于前置强制调解不成，进入审判程序的家事案件，是否还有必要允许调解？家事纠纷的解决追求感情之修复、关系之稳定，调解具有无可比拟的优越性，即使在前置调解程序中未达成合意而不得不转入审判程序，家事法官也不应完全排除调解的适用。其一，法院调解是我国的司法传统，根据我国《民

第八章
家事调解制度

事诉讼法》的规定,也是法定结案方式之一。构建家事调解制度是为了弥补法院调解资源的不足和专业化解决纠纷的欠缺,同时也是为了满足解纷体系多元化要求。禁止诉讼中调解,不但违反《民事诉讼法》现行规定,也违背制度设置的初衷。其二,调解作为解决家事纠纷的一种解纷方式,旨在缓解冲突、消除矛盾。不论当事人在任何诉讼阶段达成调解,与调解的目标都是一致的。明知当事人有达成调解的意愿和可能,却机械地只能判决不能调解,显然不利于纠纷的真正解决。但需注意的是,为避免调解程序重复造成的不经济和时间拖延,诉讼中的调解应当受到一定限制,除双方当事人有进行调解的合意或者确有调解必要,家事法官原则上不应再进行调解,这也符合"调审适度分离"的要求。

诉讼中的法官调解与诉前的前置调解有明显区别。一方面,地位和作用不同。诉前的家事调解是家事调解活动的主导,家事纠纷的调解主要依赖其完成;而诉讼中的法官或人民陪审员调解只是认为必要时的补充行为,并非每个案件都要经过法院调解。这是因为在诉前家事调解中,帮助当事人缓冲情绪、有效沟通等环节已经完成,无需再次重复。虽然当时没有产生最终达成调解协议的结果,但调解过程中的所有努力都是有影响的。当诉讼中具备调解条件时,只需完成最终的结果即可。所以,诉讼中仅应根据案件进展情况进行必要调解,而以审判工作为主。另一方面,调解主体不同。家事调解主要由特别选聘并经过专门培训的家事调解员主持,调解需根据特定的工作模式和工作方法进行;而诉讼中的调解由家事法官或人民陪审员主持,在尊重家事纠纷特殊性的前提下,遵循法院调解的一般规则,这是由诉讼中调解的补充性地位决定的。

三、家事调解的流程

对于家事调解的一般流程,可分为以下四个阶段:

第一阶段：申请调解。就家事纠纷准备提起诉讼的当事人必须首先向法院提出家事调解申请，如果没有申请调解而直接提起诉讼，且不属于"当事人不得处分的非讼案件"和"不适合调解解决的诉讼案件"等不宜调解的案件，则法院直接将当事人的起诉申请视为家事调解申请，依职权交付给家事调解委员会进行调解。

第二阶段：调解评估与分案。对于进入前置调解程序的案件，由家事调解委员会对案件的调解适应性进行评估，通过书面审查，筛选出明显不适合调解的案件，直接移交家事法庭或家事审判团队。对于适合调解的案件，进一步根据案件类型和当事人情况，指定法院专职调解人员和家事调解员分别或共同进行调解。

第三阶段：实质调解。调解人员分到案件后，首先约请当事人面谈，详细说明调解的程序与规则以及注意事项，使当事人充分认识家事调解制度与调解人员角色。调解阶段包括了解案件情况与评估、界定调解主要议题与方向、当事人陈述、冲突处理、调解方案讨论与磋商等主要环节，必要时调解人员可以分别单独约见各方当事人，促进调解的继续进行。调解人员应当积极开展调解活动，根据案件需要主动调查取证或根据家事调查员的事实调查报告进行调解。在掌握基本事实的基础上，协助当事人尽早达成合意，以节约成本、减轻解纷过程对当事人及未成年子女情绪、心理的影响。调解成功，可由当事人申请法院对调解协议效力进行确认；调解失败，视为自申请调解时已起诉而直接移交审判程序。

第四阶段：转入审判程序。家事法官接到家事调解委员会移送的案件后，应及时开庭审理，无需在庭前再次调解。开庭后，根据案件情况的变化和当事人的具体情况，可根据双方当事人的申请或在必要时进行调解，否则应当根据事实和证据作出裁判。家事法官调解应严格保持中立，依法进行特定事项的职权调查，调解成立则根据调解协议制作调解书，调解不成立则继续进行审判。

四、家事调解的结果与救济

家事调解的结果无外乎两种，即达成调解协议或未达成调解协议。达成调解协议的情况下，当事人可以在调解人员的帮助和指导下起草调解协议，委托有律师的，也可以由律师负责起草协议。调解协议内容不能违反国家法律、行政法规的禁止性规定，必须是当事人的真实意思表示。有关调解协议的效力问题，一直受到普遍关注，当家事调解成为前置程序时，该问题则更为重要。有人建议通过立法赋予诉讼上和解协议与判决同样的法律效力，即一经达成就具有强制执行效力。这样虽然可以更好地保障调解结果，但是家事调解协议往往涉及身份关系的变更以及未成年人利益保护等重要事项，还是应当保持慎重，通过司法确认赋予其强制执行力是适宜和有效的。司法确认只对协议的合法性进行审查，只要不违反法律禁止性规定，且没有侵犯国家、公共和他人利益，其效力就可得到确认。经过确认的调解协议具有与判决同等的效力，双方当事人必须履行，不能反悔，在不涉及合法性和真实性问题时，当事人也不能另行起诉，一方拒绝履行，则另一方可申请法院强制执行。如果一方当事人有证据证明调解过程中存在欺诈、胁迫以及违反诚信义务的情形，或者调解人员有不当行为，则可以起诉，要求法院确认协议无效并对该案件进行审理。未达成调解协议或者在协议效力被确认前，有当事人反悔，而没有达成新的调解协议，则直接转入审判程序。

第六节　家事纠纷的多元化解机制

多元化纠纷解决机制是指在一个社会中各种纠纷解决方式、程序或制度

（包括诉讼和非诉讼两大类）共同存在、相互协调所构成的纠纷解决系统。① 其强调诉讼与非诉讼纠纷解决方式的协调和互补发展，主要任务是整合纠纷解决资源。建立符合我国法治和社会发展需要的具有中国特色的多元化纠纷解决机制，已经成为我国司法改革和国家治理的重要内容。关乎社会基本秩序稳定的家事纠纷，其内在属性决定只有非对抗性、私密性、情感修复性的方式，才能有效化解纠纷。面对烦琐庞杂的家事纠纷，仅凭"势单力薄"的诉讼和法院调解显然是不够的。为此，建立契合家事纠纷特点的多元化解机制尤为重要和迫切。

一、构建家事纠纷多元化解机制的意义

范愉教授认为，司法改革与非诉讼程序的互动协调已成为时代潮流，形成了司法与 ADR 共同构成的多元化纠纷解决机制。② 但是我们之所以强调构建体系化的家事纠纷多元化解机制，不是为了迎合潮流，也不仅仅是看到多元化纠纷解决机制对纠纷解的巨大潜能，而是因为家事纠纷的特性决定了必须依靠多元化纠纷解决机制。

（一）家事纠纷非法律性要求纠纷解决方式的非正式性

家事纠纷具有法律与伦理的双重特点，不仅是法律意义上的争议，更是伦理意义上的行为。这种伦理性导致家事纠纷带有情感色彩及道德的评价或预判，为表面上的法律纠纷的解决埋下情感纠葛等非合理要素。③ 解决非合理的因素，适用合理的一般基准即纯粹的法律理性，并不适当。许多冲突和争议并

---

① 范愉：《当代世界多元化纠纷解决机制的发展与启示》，载《中国应用法学》2017年第3期。
② 范愉：《纠纷解决的理论与实践》，清华大学出版社2007年版，第21页。
③ 日本学者我妻荣将家事纠纷的特征概括为财产关系的合理性和身份关系的非合理性。他认为家事纠纷背后潜藏着复杂的人际关系，表面上是财产分割、养育费等支付金钱的请求，其根本则是夫妻间、亲族间情感上、心理上的纠葛。

第八章
家事调解制度

不涉及法律问题,完全能够通过某种非正式的方式,在不危及社会和平的情况下得到解决。[①]家事纠纷的这种非法律性要求纠纷解决方式的非正式性予以匹配。与司法裁判"分清是非"的处理方式相比,多元化纠纷解决机制充分调动社会力量,运用伦理道德、风俗习惯等,着力修复感情、消除对立、实现和解的非正式性,正好符合家事纠纷非法律性的需求。

(二)家事纠纷类型多元要求纠纷解决方式多元

家事纠纷复杂多元,既有身份关系纠纷,又有附随身份关系的财产关系纠纷,还涉及未成年人利益保护等社会公益性问题的处理。纠纷本身的多元性,衍生出纠纷解决方式的多元化。例如,为保护身份关系中的情感利益,家事案件处理呈现出明显的非诉化倾向,调解等柔性的非诉讼手段被大量运用。再比如,将家事诉讼事件与非讼事件在区分的基础上,不断进行融合,交错适用诉讼法理与非讼法理以更好地解决纠纷。家事纠纷的这种多元性,概括性地表现为诉讼与非诉的双重性。所以,构建将诉讼与非诉纠纷解决方式有机协调起来的多元化解机制以解决家事纠纷就成为必然。无论是诉讼内还是诉讼外,非正式纠纷解决机制在基层社会治理,以及协调国家法与民间习惯的过渡作用,都是司法和诉讼不可替代的。[②]

(三)现行机制无法满足解决家事纠纷的需要

考察我国婚姻家庭纠纷解决机制的现状,其本身已经是非常复杂的系统,不但包括司法以及民政等行政部门的正式纠纷解决机制,还包括法院外非诉讼调解、当事人协商、第三方调停等非正式纠纷解决机制。也就是说,是涵盖公

[①] [英]彼得·斯坦、约翰·香德:《西方社会的法律价值》,王献玉译,中国人民公安大学出版社1990年版,第42页。转引自缪文升:《关于家事纠纷多元化解决机制的路径选择》,载《学术交流》2009年第2期。

[②] 喻芳:《我国家事纠纷多元化解决机制的评析与构建》,载《成都大学学报(社科版)》2010年第2期。

力救济、社会救济和私力救济的多元纠纷解决机制。但是，作为完整的纠纷解决系统，还有很多不足，例如，没有体现解决家事纠纷的特殊性和针对性，尚未形成有机协调的纠纷解决联动机制，非诉与诉讼的衔接机制缺位等。这些缺陷影响着社会化力量借助多元化纠纷解决机制解决家事纠纷作用的发挥，最终还是将大量家事纠纷推向司法程序。一个趋于和谐的社会、一个成熟的法治社会，应当为不同类型的社会矛盾纠纷提供相应解决渠道，相互补充、相互协调。司法不能解决所有的纠纷，也不能把所有的纠纷都引向司法机关，而应当建立健全多元化的纠纷解决机制。① 因此，以家事纠纷特殊性为基点、以建立非诉讼程序与诉讼程序联动机制为重点，构建家事纠纷多元化解机制，才符合有效解决家事纠纷的现实需要。

二、家事纠纷多元化解机制的特殊要求

30年来中国家事纠纷解决机制的变迁可以归结为"中国"与"家事"因素的重视和回归。② 所谓"家事"因素，就是我们不断强调的家事关系的情感性、伦理性和公益性等特殊性，其对家事纠纷多元化解机制的构建提出一定要求。

（一）树立"治疗型"纠纷解决理念

以对抗制诉讼为主导的传统纠纷解决机制的目的，更多的在于对权利的救济和对过错者的惩罚。③ 而家事纠纷的内在属性，决定着纠纷的解决不在于明确过错方与无过错方，也不在于界定清楚双方当事人的权利义务关系。强调以调解等非诉讼方式解决家事纠纷的最根本目的是给予当事人情感和心理上的安

---

① 公丕祥：《健全多元化矛盾纠纷解决机制》，载《江苏法制报》，2008年3月11日。
② 巫若枝：《30年来我国家事纠纷解决机制的变迁及其启示——基于广东省某县与福建省厦门市五显镇实践的分析》，载《法商研究》2010年第2期。
③ 杨冰：《从理念转变到多元协作——略论美国家事纠纷解决机制新发展》，载《河北法学》2011年第12期。

第八章
家事调解制度

慰和治疗，最大程度地缓和当事人之间的情感对立，即便最终无法达成解决纠纷的合意，也能够让当事人更好地面对未来的生活，并有可能恢复或者重建一定范围内的婚姻家庭关系。所以，在家事纠纷多元化解机制中，任何类型的纠纷解决方式，都应当坚持向前看的"治疗型"纠纷解决理念，这与一般的财产关系纠纷的解决显然是不同的。

（二）重视民间法的规范作用

国家法在任何社会里都不是唯一和全部的法律。[①] 相对国家法来说，民间法在家事纠纷处理方面更具优势。首先，家事纠纷往往产生于情感问题。国家法注重和追求的是法律秩序，其价值取向是维护法律权利。而民间法注重和追求的是道德和人伦的礼法秩序，通过教化以平息纷争，并重新恢复秩序，与解决家事纠纷的需求不谋而合。其次，民间法是由风俗习惯长期发展而逐步制度化的规范。就情感修复和彻底化解纠纷而言，道德规范、自治规范、村规民约、民族习惯等民间法更容易被认同和接受。最后，民间法是解决纠纷者主要运用的规则工具，即使其对国家法的理解和运用并不专业，也能够凭借生活经验、人生阅历以及掌握的地方性知识，运用民间法解决家事矛盾。因此，有效发挥家事纠纷多元化解机制的作用需将民间法的运用放在重要位置。

（三）充分关注程序正义

在我国，与诉讼程序相比，调解的程序性和规范性都比较弱。但这并不意味着，在家事纠纷多元化解机制中，可以忽略程序正义的价值。哈贝马斯认为，诉讼与调解之间的对接要点主要包括：参与其中的主体必须是理性的、其过程必须满足一定的条件及交往目的是达成共识等方面。[②] 家事纠纷多元化解机制中的程序正义要求，解决纠纷者应保持超然和中立的态度，各方当事人

[①] 参见梁治平：《清代习惯法：社会与国家》，中国政法大学出版社1996年版，第35页。
[②] 缪文升：《关于家事纠纷多元化解决机制的路径选择》，载《学术交流》2009年第2期。

能够以平等的地位参与沟通。同时，家事纠纷的各方在现实中并非势均力敌，儿童、妇女和老人往往处于弱势地位。所以，在程序平等的基础上，应当对弱势一方进行差别对待，特别是要追求未成年人利益最大化，保障当事人的对等性。

三、家事纠纷多元化解机制的建构路径

多元化纠纷解决机制在解决家事纠纷方面具有的独特优势，已经被世界范围内的实践所证明。我国应加快推进家事纠纷解决机制改革，建立起系统、协调、运转有效的家事纠纷多元化解机制，真正发挥非诉方式和社会化力量在预防和解决家事纠纷中的重要作用。非诉讼纠纷解决方式主要包括和解、调解、仲裁等。我国《仲裁法》明确规定，婚姻、收养、监护、扶养、继承纠纷不能仲裁，①而和解方式完全自发且不可控，因此家事纠纷的非诉讼解决方式主要是法院外调解。

（一）明确非诉调解的法律地位

为尽量阻断家事纠纷进入诉讼程序的通道，增强非诉调解的活力和主动性，而不仅是在立案关口以法院附设调解的方式进行强制调解和应急性案件分流，应充分借鉴我国传统和现代世界各国（地区）的家事调解经验，以立法方式确立非诉调解的法律地位，赋予其与法院附设前置调解同等的效力，即诉前基层调解组织已经调解过的，视为已经经过前置程序。具体而言，如果家事纠纷当事人未经诉前调解即向法院提起诉讼的，法院直接视起诉申请为调解申请，根据案件实际情况，告知当事人可以向有管辖权的人民调解组织、社会团体或政府部门提出调解申请，启动诉前调解程序或者直接向法院附设的家事调解委员会提出调解申请；当事人根据自身情况和意愿选择向基层调解组织提出

---

① 《仲裁法》第三条。

第八章
家事调解制度

申请的,若调解未果,调解组织应当向当事人出具未达成调解的书面文件,当事人可凭借该书面文件向法院提起诉讼,直接进入诉讼程序。而在立案前已经过调解组织处理的家事纠纷,当事人需在起诉时提供相关证明材料,直接进入审判程序,以避免程序重复。立法对非诉调解效力的认可,能够增强当事人对非诉调解的信任,引导当事人在发生家事纠纷时首先寻求非诉调解的救济。

(二)搭建多元的家事纠纷非诉解决平台

为有效解决纠纷,世界各国(地区)一般在法院外都设立有协助机构,如社会福利组织、婚姻介绍所等。我国法院外处理家事纠纷的组织机构主要有人民调解委员会、司法所、民政局、妇联等。建立家事纠纷多元化解机制,需要充分整合这些资源。

1. 家事纠纷调解中心

目前,我国缺乏专门机构从事家事纠纷的非诉调解工作。人民调解委员会制度虽然备受诟病,但是其渊源于中华民族的文化传统,且有广泛群众基础,能够"立足基层,体察民情,联系百姓",[①] 理应成为家事纠纷多元化解机制的基础和中坚力量。同时,村(居)委会作为最基层的群众自治组织,是家事纠纷发生、发现以及解决的第一平台。家事纠纷多元化解机制的构建应当成为村(居)委会组织建设的重要内容。因此,基于充分利用现有制度资源和社会资源的考虑,可在村(居)委会人民调解委员会设置家事纠纷调解中心,专门负责家事纠纷调解,形成辐射至每一个家庭的每一个人的调解服务网。除最基础的调解功能外,可借鉴澳大利亚以社区为单位设立"家庭关系中心"的经验,将调解中心功能向前延伸至家事纠纷预防,向后延伸至家事案件的回访及帮扶,提供家事咨询、情感指导、婚姻家庭法律宣传等服务,可与法院联动,参与判决不准离婚、调解和好、抚养、赡养、探望权等案件的回访及帮扶,防止家事矛盾的发生和激化,维护婚姻家庭和社会的稳定。

---

① 陶舒亚:《论人民调解制度》,载《现代法学》1999年第3期。

2. 乡（镇）司法所的司法调解中心

司法所和人民法庭、公安派出所共同构成我国乡镇一级的政法体系，是我国基层司法体制的重要组成部分，在转型时期的中国纠纷解决机制中处于核心地位，其核心职能是解决纠纷。① 因此，司法所对家事纠纷解决的作用应当受到重视。经过村（居）委会人民调解委员会设置的家事纠纷调解中心过滤，大部分简单的家事纠纷都能够被解决。所以，司法调解中心可以只受理复杂的或者跨村的家事纠纷。调解不成的，告知当事人到法院起诉。通常情况下，与一般的民间调解不同，司法调解中心的调解较为规范，更容易获得当事人信赖。

3. 县（区）民政局和妇联

民政局与妇联都曾对家事纠纷的解决发挥过重大作用，其解纷作用和能力的衰弱令人惋惜。搭建多元的家事纠纷非诉调解平台，民政局和妇联不可或缺。两者可评估当地家事纠纷的实际情况，根据需要建立专门的家事纠纷调解机构。随着多元化纠纷解决机制改革的推进，实践中已经有很多成熟的做法。例如，有些地方的民政局成立"婚姻家庭辅导室"，对办理结婚登记的夫妻进行婚姻指导，对办理离婚登记的夫妻进行危机干预；有些地方的妇联将人民调解工作引入婚姻家庭纠纷调解机制，成立婚姻家庭纠纷人民调解委员会，提供维权咨询服务，预防和制止家庭暴力等。需要注意的是，与村（居）委会人民调解委员会的家事纠纷调解中心和司法所的司法调解中心相比，民政局与妇联调解的范围有限，民政部门主要针对的是离婚纠纷以及附带的夫妻财产分割、未成年子女抚养等纠纷，妇联主要解决以妇女、儿童为主的婚姻家庭、劳动保障、财产权益、家庭暴力等纠纷，其关注的重心是妇女和儿童的生存发展。

4. 公证机构

可以说，将公证纳入家事纠纷多元化解机制是一种新尝试。实践中，部分地区的公证机构设立"家事法律服务中心"，为离婚后财产纠纷、夫妻财产约

---

① 牛文欢：《司法所纠纷解决的困境及解决路径》，载《湖北民族学院学报（哲学社会科学版）》2015年第1期。

第八章 家事调解制度

定纠纷、分家析产纠纷、法定继承纠纷、遗嘱继承纠纷等提供调解及公证服务,值得借鉴和推广。公证调解作为公证机构在家事领域的衍生服务,借助于公证具有的监督、证明、沟通、服务的职能优势和法定效力优势,以及公证员的中立性身份,能够有效化解家事纠纷。

(三)规范家事纠纷非诉调解程序

在社会治理实践中,非诉调解的调解率不高,公信力不强,这与其程序不规范性、调解过程随意性有直接关系,当事人的程序利益无法得到有效保障。因此,在构建独立的家事调解程序时,应将家事纠纷多元化解机制纳入其中,对家事纠纷的特殊调解规则和方式、调解期限以及与法院审判、调解程序的衔接进行规定,其他一般性程序可准用民事诉讼法或人民调解法的相关规定。

非诉调解必须给予当事人权利足够的尊重。首先,要保障当事人的"自愿"。虽然调解启动是强制的,但是当事人对调解员、调解协议的达成等享有完全选择权。如果调解不成,当事人的诉权也不受限制。其次,要保障当事人的知情权。调解员应当在调解前告知当事人调解的性质、效力、步骤以及当事人权利义务、权利救济方式等。再次,要保障当事人的陈述权。调解员应保持中立地位,给予当事人充分陈述案件情况和自己意见的机会。最后,还应当保护当事人的隐私权。这是调解员应尽的义务。

(四)增强家事调解员的专业性

调解员自身具备的经验、知识及品格与调解有直接关系。为有效解决纠纷,即使是非正式的诉讼外调解,也要求调解员具有一定的专业性,而具有伦理性、情感性、公益性的家事纠纷,对调解专业性的要求更高。我国应当提高家事调解员准入门槛,对调解员任职资格作出统一要求和规定,从具有法学、社会学、心理学、教育学等知识背景,具有法律或者婚姻家庭咨询工作经历,具备丰富调解经验,对当地道德风俗较为了解,品格良好的人中选任。对于尚不具备选任专业素质较强的家事调解员的边远地区或农村,可通过加强专业化的培训,提高其调解能力。待时机成熟,可以实施统一的家事调解员资格考试,并定期进行资格评审。同时,建立家事调解员惩戒制度,违反调解规则且情节较为严重,影响调解协议合法性、真实性的,取消其调解员资格。

（五）改革家事审判程序

虽然家事纠纷首先不是法律问题,法律人（律师、法官等）必须将其在纠纷解决中的主导地位让与非法律专业人士,这样才符合家事纠纷的自身属性[①],但是家事审判作为解决家事纠纷的"最后一道防线"以及多元化纠纷解决机制的一个重要组成部分,其作用仍然是不能被忽视的。由于我国民事诉讼理论对家事纠纷的特殊性以及普通民事诉讼程序解决家事纠纷的局限性的认识不够,导致独立、系统的家事审判程序长期缺位。因此,必须对家事审判程序进行改革,建立起不同于普通民事诉讼程序的程序规则体系,以满足处理家事案件的特殊需要,对此,有专章论述,此处不再详述。

---

① 杨冰:《从理念转变到多元协作——略论美国家事纠纷解决机制新发展》,载《河北法学》2011年第12期。

第九章
家事审判程序

我国没有独立的家事审判程序,《民事诉讼法》也没有对家事审判程序规则进行集中、系统的规定。但是,家事纠纷具备不同于一般民事纠纷的特点,具有显著的身份性、伦理性和情感性。同时,随着家庭型态、婚姻家庭关系和社会环境的变迁和发展,现行的民事诉讼程序已经不能满足家事案件对审判程序的要求,影响家事审判维护家庭关系稳定功能的发挥。家事审判程序存在的不足,已经影响制约了家事审判专业化发展。在以审判为中心诉讼制度改革背景下,探索符合家事纠纷自身特点的专门化程序,对推动家事审判具有重要意义。

各国对家事审判程序法律的称谓多种多样,有的称为"家事事件程序法",有的称为"家事事件法",有的称为"家事诉讼法",都隶属婚姻家庭诉讼或者身份关系诉讼范畴,只是具体的范围不同。综合来看,目前我国学者对家事审判程序内涵和外延的界定,尚未形成统一的观点,主要有最广义、广义、狭义和最狭义四种不同认识。[1] 其中,广义说将家事审判程序的适用范围限定在涉婚姻家庭的身份、财产及非讼纠纷。本书所指的家事审判程序即为广义范围上

---

[1] 参见齐树洁、邹郁卓:《我国家事诉讼特别程序的构建》,载《厦门大学学报(哲学社会科学版)》2014年第2期。

的理解。也就是说,家事审判程序包括家事诉讼程序和家事非讼程序,可适用于涉及婚姻家庭身份关系和基于身份关系发生的财产关系的所有诉讼案件以及非讼案件。这是由身份关系和与之相牵连的财产关系的不可割裂性、诉讼裁判与非讼裁判关系的并生共存性决定的。

第一节　我国家事审判程序的现状及反思

家事审判程序作为特殊的民事审判程序,不但蕴含着与一般民事诉讼程序不同的理论基础和价值,而且本身也具有丰富的实践价值。当其他国家(地区)已经有较为成熟和完善的家事审判程序时,我国的家事审判程序发展仍处在起步阶段,无论是理论研究、立法,还是司法实践,都明显滞后,忽视了家事案件的特殊性对正义、效率等程序价值的不同需求,值得深入研究。

一、我国家事审判程序的现状

我国没有对家事审判程序作单独立法,制度设计长期缺位。家事诉讼是关于"家庭身份关系"而不是关于"财产契约关系"的诉讼程序。[1] 随着理论界和实务界逐渐认识到家事纠纷存在特殊性,与普通民事纠纷有所差异,开始加强对家事审判程序的理论研究和改革探索。

(一)理论研究层面

虽然我国没有独立的家事审判程序法和专门的家事审判程序规则,但理论界对家事审判程序的研究从未止步,从鲜少有人关注到成为炙手可热的研究对

---

[1] 张伟主编:《家事法学》,法律出版社2016年版,第282页。

第九章
家事审判程序

象,家事审判程序的理论研究逐步深化。

研究起步阶段(20世纪八九十年代)。有人认为,理论界对家事审判的研究始于20世纪80年代对日本家事审判制度的介绍。[①] 最早的理论研究成果主要有:1990年,李杰在《中国法学》发表《完善我国身份关系诉讼制度的构想》,首次提出"身份关系诉讼"的说法并就身份关系诉讼有关问题进行论述;1991年,江伟、王强义在《中国社会科学》发表《完善我国民事诉讼立法的若干理论问题》,从人事诉讼特殊性分析,提出要建立完善的特别程序体系,就应当将人事诉讼程序在特别程序一章中单独规定出来;1999年,赵钢、刘学在在《中外法学》发表《试论民事诉讼中的自认》,提到大陆法系国家人事诉讼程序不适用自认的规定;1993年,王强义著《民事诉讼特别程序研究》,对人事诉讼程序进行详细介绍,首次提出建立家事法庭的建议。可以看出,该阶段学者对家事审判的关注度不高,专门研究家事审判程序的专著和论文很少,且主要集中于对人事诉讼的基本概念、适用范围、特点等基础性理论进行研究和介绍。

研究发展阶段(21世纪以来)。该阶段是家事审判研究的快速发展期,尤其是家事审判程序受到理论界高度重视。郭美松、刘敏、陈爱武、张晓茹等大批学者投身家事审判研究,形成丰富的研究成果,尤其是出现大量专著,例如,郭美松翻译的《日本人事诉讼法》、张晓茹的《家事裁判制度研究》、来文彬的《家事调解制度研究》、陈爱武的《人事诉讼程序研究》和《家事法院制度研究》以及与刘敏共同完成的《〈中华人民共和国家事诉讼法〉建议稿及立法理由书》等,还有傅郁林的《家事诉讼特别程序研究》、王礼仁的《设立人事诉讼制度之我见》、孟涛的《日本人事诉讼法的改革方向——兼谈家事审判制度的发展规律》、陈刚和赵信会的《英国家事诉讼制度》、王韵洁的《台湾"家事事件法"及其启示》等。该阶段的研究范围不断拓展,主要集中在域外家事审判制度比较以及家事审判机构设置、家事审判程序和家事调解制度构建

[①] 李纳:《近年我国家事审判制度改革研究综述》,载《司法改革论评》2016年第1期。

等具体问题，同时将视角转向家事审判实践，出现一些实证性研究成果。可以说，推动家事审判程序的发展和完善已经成为理论界和实务界的共同期待和努力方向。

（二）法律规定层面

我们说我国没有家事审判法，仅指独立、完整、系统和成文的家事审判程序法典。我国现行法认可家事审判程序的特殊性，且制定有适用于家事案件审理的特殊程序性规则，涉及家事审判的当事人、管辖、起诉、调解、不公开审理、证据等多个方面。所以说，我国有实质意义上的家事审判法。以相关法律文本为分析对象，家事审判程序规定主要呈现四个特点：

1. 缺乏专门性和系统性

从整体分布情况来看，条文碎片化。我国家事审判程序的特殊性规范在《民事诉讼法》及其司法解释、《婚姻法》及其司法解释、《收养法》《关于民事诉讼证据的若干规定》《反家暴法》《婚姻登记条例》等规定中都能找到。例如，《民事诉讼法》的第三十三条第三项及其司法解释的第九、十条以及第十二至十七条，分别对继承遗产、追索赡养费、抚养费、不服指定监护或者变更监护关系、夫妻一方或双方离开住所地超过一年起诉离婚、涉外离婚等案件的管辖问题作出规定；《婚姻法》第三十二规定离婚案件应先行调解；《婚姻法解释一》第七条规定申请宣告婚姻无效的主体，包括婚姻当事人及利害关系人；《婚姻登记条例》第九条赋予婚姻登记机关撤销胁迫结婚的权力；《反家暴法》第二十条对证明家暴事实的证据作出规定。

从体系结构来看，缺失家事非讼程序。我国没有统一规范的非讼程序制度，更不用说独立的家事非讼程序，非讼程序以民事特别程序的名义规定在民事诉讼法中。我国适用特别程序的有选民资格、宣告失踪、宣告死亡、认定公民无民事行为能力、限制民事行为能力、认定财产无主、确认调解协议、实现担保物权等 8 类案件，其中涉及身份关系的 4 类，范围狭窄。

第九章
家事审判程序

从具体内容来看,主要集中于离婚诉讼。目前,除个别法条明确适用于婚姻家庭纠纷或涉及身份关系纠纷的,例如,《适用简易程序审理民事案件的若干规定》第十四条规定,对婚姻家庭纠纷和继承纠纷,人民法院在开庭审理时应当先行调解;根据《民事诉讼法》第六十四条及其司法解释第九十六条的规定,涉及身份关系的案件,法院认为审理案件需要的,应当依职权调查收集证据;《民事诉讼法》司法解释第九十二条第二款对涉及身份关系的自认进行明确限制,大部分规定都只适用于离婚诉讼,涉及亲子关系诉讼以及收养关系诉讼的规定较少。

2. 部分规定缺乏可操作性

虽然现行法律法规对家事审判程序有一定的规定,但是部分规定表述简单、模糊,反倒给司法实践造成一定程度的阻碍,被理论界和实务界所诟病。例如,《婚姻法解释三》第八条规定:"无民事行为能力人的配偶有虐待、遗弃等严重损害无民事行为能力一方的人身权利或者财产权益行为,其他有监护资格的人可以依照特别程序要求变更监护关系。"该法条所指的"特别程序"就会让人产生疑惑而无所适从,是不是指《民事诉讼法》第十五章规定的特别程序?如果是,特别程序中又没有明确规定适用于变更监护权案件;如果不是,那么又该适用什么样的特别程序?这就造成法律适用上的困难。直到修订的民事案件案由规定将申请变更监护人纳入适用特殊程序案件的案由,才使这个问题明朗化。婚姻无效案件也面临类似的尴尬情况。

3. 效力位阶较低

承载家事审判程序性规定的既有法律,又有司法解释,还有行政法规,且主要集中于司法解释。司法解释是司法机关对法律、法规(法令)的进一步明确界限或作的补充规定。虽然全国人大赋予司法机关司法解释权,司法解释也具有普遍效力,但是其效力相对较低,不能与上位法即宪法和法律相冲突。司法解释的功能主要是弥补法律的不完善之处,多数情况是"头痛医头,脚痛医脚",这就决定了司法解释中有关家事审判程序的规定是零散的,不能有效实现家事审判程序的功能和价值。

4. 与家事实体法杂糅

实体法主要规定具体权利义务内容或者法律保护的具体情况，程序法则主要规定行使实体法所需要遵循的程序，包括管辖范围、审判程序、证据、执行、诉讼费用等制度。一般情况下，成文法国家都是针对实体法和程序法分别立法，虽然两者存在相互兼容和杂糅的情况。例如，法国有关家事审判程序规定就主要体现在《民法典》和《民事诉讼法》中，但这并非一般形态。我国家事审判程序的规定主要融合在婚姻、收养、继承等家事实体法之中，随着家事实体法的修正及有关司法解释的出台，不断得到补充完善。正所谓"入乡随俗"，寄予家事实体法篱下之程序性规范，只能遵循实体法整体的内部逻辑和价值追求，迎合实体法内容的合理表达，使其受到限制。

（三）实践探索层面

面对家事纠纷大幅增长和处理难度系数越来越高的现实状况，为妥善化解家事纠纷，促进家庭关系修复，实务界积极回应，正视家事身份关系与财产契约关系的差异性，开展家事审判改革。20世纪90年代，部分地区的法院就开始开展家事审判改革试点。2016年，由最高人民法院主导的、大规模的、统一的、为期两年的家事审判改革试点工作在118家基层法院正式启动，探索符合家事纠纷解决规律、有利于家庭建设的审判方式和工作机制，构建家事特别审判程序系重点内容。这些有益探索为我国家事审判程序的完善积累了丰厚的实践经验。

1. 关于一般性程序规则的探索

试点法院对家事审判程序一般性规则的探索，主要集中在三个方面：其一，贯彻调解优先原则，试行调解前置制度，完善多元化纠纷解决机制；其二，创新家事审判证据规则，加强法官职权干预，当事人凭自身能力无法举证且可能影响重要事实认定的，法院得依职权调查收集证据；其三，强调当事人

第九章
家事审判程序

亲自到庭原则,力争实现纠纷彻底化解;其四,坚持未成年人利益最大化原则,关注未成年人的情感、抚养、财产利益等问题。例如,广东高院于2010年出台《广东法院家事审判工作规程(试行)》,对家事审判的指导原则、受案范围、审判组织、证据规则、立案审查、诉前调解、开庭审理、人身安全保护裁定、诉讼调解、心理疏导、案后跟踪、回访及帮扶等作出规定,其中第二十六条规定:"对于当事人的财产状况、当事人之间的身份关系以及一方当事人转移、变卖、隐匿财产或者与他人同居、重婚等重要案件事实,当事人举证困难又影响案件审理结果的,人民法院可以根据当事人提供的线索,依职权向有关金融机构、医疗机构和村(居)委会调取证据,或者通过走访群众来查清案件事实。"这就体现了证据调查的职权探知主义。

2. 关于特别程序制度的探索

除一般性程序规则,各试点法院还积极探索符合家事纠纷处理需要的特别程序制度,主要有设置离婚冷静期、推行离婚财产申报、出具离婚证明书、聘任家事调查员开展家事调查、进行心理干预和案件回访等。例如,法院可根据当事人申请,出具仅记载必要证明信息的离婚证明书,效力与离婚证等同,以有效保护当事人隐私。

二、对我国家事审判程序的反思

据不完全统计,目前我国的家事案件数量占全部民事案件的四分之一甚至三分之一,并呈现出案件增幅快、适用法律难、审理难度大的特点。最高法院规定的民事案件案由中,仅涉及婚姻家庭、继承纠纷的就达20多个,还不包括适用特别程序的申请确定监护人等案件案由,足见家事关系之复杂。我们不能否认有关家事审判程序的现行特殊性规范和改革实践探索,对填补缺失独立的家事审判程序法具有积极意义,但是也不得不承认现行规定的弊端和实践探索的局限性。

（一）功能维度：妨碍家事纠纷全面妥善解决

依据一般民事诉讼程序审理家事案件，无法实现家事纠纷解决的特殊化、专业化和精准化，法官一般一判了之，较少花费精力关注当事人的心理创伤、情感治愈和关系修复等问题。而这些问题往往会引起较为严重的后果，甚至转化为刑事犯罪。比如，双方当事人如果达成离婚协议，法官就会根据财产型案件的审判定势思维，将案件争点转向夫妻财产分割和子女抚养，而忽略当事人离婚的真实原因以及可能给未成年子女带来的心灵伤害，更不会对婚姻是否真正死亡进行判断。这些问题没有得到全面妥当的考虑和处理，容易造成婚姻家庭的不稳定，影响未成年人成长甚至出现违法犯罪行为。出现这些情况的重要原因就在于，我国没有相对独立的、专门的处理家事纠纷的审判程序。

（二）制度维度：影响家事审判专业化进程

家事纠纷的特殊性得世界之公认，与之相适应，大多数国家都对家事审判程序作出专门规定。但我国家事审判程序只能"借道"民事诉讼程序，不但混淆家事案件与其他财产类民商事案件之间存在的差异性，忽视家事纠纷身份、伦理、情感属性的特殊需求，而且违背不同性质的案件应当适用不同诉讼程序进行审理的基本法理，阻碍家事审判专业化发展。家事审判专业化主要涉及两个方面，即审判机构及人员专业化和审判程序专业化。随着经济社会的发展和法治进步，法律体系日益完备、法律门类日益齐全、矛盾纠纷日益多元，审判的专业化和精细化建设成为回应现实需要的必然选择。家事审判机构及人员专业化的主要目的是培养和形成对家事审判具有丰富经验的相对稳定的法官群体，以提升家事审判质效，有效保护家事案件当事人合法权益。而家事审判程序专业化是家事审判专业化的基础性要素，最能体现家事审判的特殊性地位和价值，如果只有审判机构及人员的专业化，家事审判专业化最终难免落于窠臼。

第九章
家事审判程序

（三）程序维度：严重滞后于现实发展

其一，与家事实体法及家事审判实践脱节。面对越来越复杂的家事纠纷，特别是新类型案件的涌现，现行法律左支右绌。比如，除婚姻、收养、继承等传统家事案件之外，近年来有关亲子关系的案件数量不断增加，出现亲子关系确认之诉。亲子确认之诉即指确认生父母与非婚生子女之间的亲子关系的诉讼。①《婚姻法解释三》第二条规定："夫妻一方向人民法院起诉请求确认亲子关系不存在，并已提供必要证据予以证明，另一方没有相反证据又拒绝做亲子鉴定的，人民法院可以推定请求确认亲子关系不存在一方的主张成立。当事人一方起诉请求确认亲子关系，并提供必要证据予以证明，另一方没有相反证据又拒绝做亲子鉴定的，人民法院可以推定请求确认亲子关系一方的主张成立。"除却亲子关系是否可依推定方式确定不论，该内容虽然弥补了我国没有亲子关系诉讼规定的缺憾，但只明确了亲子关系诉讼证据的推定规则，没有对可否强制进行亲子鉴定、未经对方同意私自进行的亲子鉴定报告可否作为非法证据予以排除等争议较大的问题进行规定，给亲子关系案件的审理带来困难。与此同时，随着试管婴儿技术的发展，亲子关系产生形式已超越传统认知。一种新的只知其母，不知其父，甚至连母也不知的人工生育方式出现导致新的亲子关系出现，对传统亲子关系提出挑战。②很明显，现有的家事审判程序规范与家事实体法不相匹配，已经不能满足审判实践的需要。

其二，家事非讼程序的缺失，无法满足审判实践对多元家事审判程序的需求。司法性质的二元论指出，司法权既包括争讼裁判也包括非讼裁判权。非讼裁判权不仅是民事审判权的组成部分，也是民事审判权项下一种相对独立的权利。③目前，"诉讼非讼化"现象在世界各国发展迅速，早已突破古典非讼事件

---

① 李丹宇：《我国民事诉讼法应增设亲子确认之诉特别程序》，载《学术交流》1999年第2期。
② 于静：《比较家庭法》，人民出版社2006年版，第162页。
③ 赵蕾：《非讼程序论》，中国政法大学出版社2013年版，第20页。

的界限。而我国多数应当或可以通过非讼程序（特别程序）解决的家事案件要么被完全排除在外，只能选择适用普通程序，似有"程序绑架"之嫌，例如确认亲子关系案件，要么于法无据，只能通过法律解释的方式进行修补，以获得适用特别程序的正当性，例如人身安全保护令案件。① 家事非讼程序的缺失和不完善，不但抹杀家事非讼案件对法院职权介入和程序快捷的特殊需求，容易激化家事案件大幅增长与司法有限性之间的矛盾，而且制约我国民事程序制度的发展格局，更与世界非讼程序发展的趋势不相契合。

（四）实践维度：突破现行法律制度难度大

家事审判改革中，虽然各试点法院较为注重对家事审判特别程序的探索，根据自身实际，纷纷试行冷静期、家事调查、离婚财产申报等制度，制定相关的规范性文件，但是在现行法律规定框架内，诸多法律上的障碍使部分法院心存顾忌，对探索创新保持谨慎态度，不敢进行大刀阔斧的改革。例如，设置离婚冷静期实际压缩审判时限，损害当事人的程序权利，如果不计入审限，又不属于法定不计审限的情形，法官也不能裁定中止诉讼，与现行法律规定产生冲突。再如，家事调查报告能否作为法定证据使用，其证据效力如何认定；家事案件调解前置程序是否违反立案登记制等问题。这些使法院束手束脚，其改革举措大多是"表层作业"，无法逾越实践探索与现行法律制度之间的鸿沟。即便最高人民法院出台的《关于进一步深化家事审判方式和工作机制改革的意见（试行）》对部分试点改革成果进行了固定，对某些问题进行了明确，例如，提出离婚冷静期不能超过三个月，但是其效力较低，在审判实践中的适用效果仍然受限。

---

① 2016年6月，最高人民法院就北京市高级人民法院请示的关于人身安全保护令案件相关程序问题作出了批复（法释〔2016〕15号），明确人身安全保护令案件可以比照特别程序进行审理。

第九章
家事审判程序

第二节 家事审判程序的域外考察

婚姻家庭关系在社会关系中居基础地位。从世界范围看，20世纪以来，基于维护婚姻家庭和社会秩序稳定的需要，各国尤其是发达国家（地区）纷纷建立起独立、专业、完备的家事审判程序。通过对比，考察各国家事审判程序，可以发现其变迁过程、主要内容、发展趋势等，提取于我们有益的重要经验，以达学习借鉴之用。

一、域外各国（地区）家事审判程序比较

由于经济社会发展水平、历史文化、风俗习惯、家庭伦理道德观念等存在显著差异，各国的家事审判程序也有较大不同，但都蕴含着同质的民事诉讼程序的基本法理，反映着民事诉讼程序专业化、类型化、精细化的发展趋势。而且德国、日本以及我国台湾地区在近几年都进行了大幅度的家事程序变革，充实完善家事程序法律，以满足现代多元化的家庭、社会需求，对我国家事审判程序的完善和立法具有重要借鉴意义。

（一）德国：从民事诉讼法的家庭事件程序编到家事事件及非讼事件程序法

伴随着婚姻家庭实体法的完善以及非讼程序的发展，德国的家事审判程序完成由民事诉讼法的家庭事件程序专编到独立的《家事事件及非讼事件程序法》的转变。该法整合原非讼事件程序法、民事诉讼法等法典中的有关家庭事件程序的规范，实现家事事件全面非讼化的同时，与其他非讼事件合并立法。德国《家事事件及非讼事件程序法》除继受保持原《非讼事件程序法》中的职权主义、不公开审理等非讼程序的核心性要素以外，为更好地适应"诉讼非讼化"发展，保持诉讼程序与非讼程序融合的稳定和平衡，兼顾保障当事人程序

主体地位和非讼程序的灵活性，主要在关系人①程序权利保障、职权主义适用限度等方面扩充内容。这是德国家事审判程序的重要发展。

其一，注重对关系人听审请求权的保障。听审请求权是民事诉讼中当事人应当享有的一项基本程序权利，是指法院在对一个人的权利、义务、责任进行判定的时候，他有就案件的事实、证据材料及法律问题向法院充分发表自己的意见和主张并以此影响法院的审判程序及其结果的权利。②其包括受通知权、知悉权、到场权、陈述权、证明权、突袭性裁判禁止请求权、意见受尊重权等一系列子权利。③德国《家事事件及非讼事件程序法》第37条第2款是保障听审请求权的基础性条款，规定：法院作出不利于一方参加人的裁判时，对于形成裁判基础的事实和证据调查结果，应当事前听取他的意见。④此外，还对关系人的记录阅览权、法院的法律观点提示义务、听审请求权救济等作出了详细规定。

其二，强调职权主义适用的限度。非讼程序与诉讼程序中的职权主义存在明显"度"的差别，而被非讼化处理的家事诉讼事件与真正的非讼事件并不完全相同，为尽量降低职权主义可能给关系人权利造成损害的风险，《家事事件及非讼事件程序法》在明确关系人有协助查明案件事实的义务⑤的同时，对法院依职权进行证据调查也作出了一定的限制。如该法第30条第3款规定："法院希望主要以某一事实的确认作为裁判基础但一方参加人对该事实的正确性明确提出异议时，法院应当对这一主张事实的真实性进行《民事诉讼法》规定方

---

① 为体现非讼程序的非两造对抗程序构造，德国设置与诉讼程序中"当事人"概念相对应的"关系人"概念。关系人分为基于法律规定提起非讼事件的关系人和追加关系人。追加关系人又可分为因程序而使其权利遭受直接影响而必须依职权或者申请追加的关系人和法院可以依职权或者申请追加的关系人。参见郝振江、赵秀举译：《德日家事事件与非讼事件程序法典》，法律出版社2017年版，第14~15页。
② 刘敏：《论民事诉讼当事人听审请求权》，载《法律科学（西北政法大学学报）》2008年第6期。
③ 任凡：《德国民事听审请求权及其借鉴》，载《西部法学评论》2011年第4期。
④ 郝振江、赵秀举译：《德日家事事件与非讼事件程序法典》，法律出版社2017年版，第33页。
⑤ 德国《家事事件及非讼事件程序法》第27条第1款。

第九章
家事审判程序

式的证据调查。"① 除此之外，该法分则中也有不少控制职权主义限度的条款。

（二）日本：独立的人事诉讼法和家事事件程序法

日本家事审判程序单独立法起步较早，先后于1898年、1947年颁布《人事诉讼程序法》和《家事审判法》。后将《人事诉讼程序法》修订为《人事诉讼法》。2013年施行的《家事事件程序法》，是对《家事审判法》的全面修订，主要完善两个方面：其一，淡化非讼程序的职权主义色彩；其二，加强当事人的程序权利保障。这是现代非讼程序秉持的理念和发展的方向。所以说，《家事事件程序法》标志着日本的家事非讼程序开始迈向现代化。相较于其他国家而言，日本的家事审判程序比较具有特色。

其一，对身份事件和其他家事事件及非讼事件采取双轨规范模式，进行分别立法。目前，日本并行《家事事件程序法》和《人事诉讼法》，除身份事件外，其他类型的家事事件及非讼事件适用《家事事件程序法》，属坚持职权探知主义基本法则的家事非讼程序；而身份事件适用《人事诉讼法》，包括婚姻关系事件、亲子关系事件、收养事件和其他身份关系的形成或存否确认事件，属家事诉讼程序。而有关身份能力的案件，例如监护人选任，以及因身份关系产生的财产关系案件，例如夫妻财产分割，都不在人事诉讼的范围之内。只有法律上明确规定的案件才属于人事诉讼，否则即使涉及家庭关系，也不属于人事诉讼范畴。"而未列入人事诉讼范围的这些案件中，既有基于人身保护法的子女移交请求案件、姘居关系解除或婚约不履行之损害赔偿请求案件、夫妻间的交易请求权主张等普通民事诉讼案件，也有像抚养费请求案件等不作为诉讼案件而作为家事审判案件加以审判的案件。"② 虽然身份事件和其他家事事件及非讼事件由两部法律规范，但是其管辖权统归家事法院。

其二，坚持家事调停前置。除失踪宣告及撤销、亲权丧失的宣告及撤销等

---

① 《德日家事事件与非讼事件程序法典》，郝振江、赵秀举译，法律出版社2017年版，第30~31页。
② ［日］松本博之：《日本人事诉讼法》，郭美松译，厦门大学出版社2012年版，第13页。

不能进行调停的事件，其他关于人事和家庭的一般案件都适用家事调停。此处所称"家庭"之外延较为宽泛，还涉及家族生活稳定之维持，这表明家事调停的案件范围是大于身份事件和家事事件的，诸如亲属间金钱支付等一般民事诉讼案件，也能够成为家事调停的对象。为解决当事人就非家庭案件提起家事调停的问题，日本明确了各法院之间的案件移送制度。日本家事调停的典型特点是调停前置且遵循不公开原则，除特殊情况，如果当事人在提起诉讼前，没有向家事法院申请调停，则无法启动诉讼程序。

（三）我国台湾地区：调解、诉讼、非讼程序三合为一

我国台湾地区的旧家事程序法繁杂分散，既有民事诉讼法专编和非讼事件法分别规定的人事诉讼程序和家事非讼程序，又有调解程序，还有适用于身份关系派生出的财产关系诉讼的普通民事诉讼程序。为方便程序适用，契合婚姻家庭和社会环境的变化发展，2012年颁布实施"家事事件法"，对家事审判程序进行了全面的改革。第一，三程序合一立法。将家事诉讼程序、家事调解程序及家事非讼程序分为三编进行规定，既统一于一部法律之中，又相互独立。这是我国台湾地区的独有特色。第二，将家事事件类型化处理。"'家事事件法'以事件类型的诉争性强弱、当事人处分权宽窄、法院职权裁量程度大小为标准，将所有家事事件划分为甲、乙、丙、丁、戊五类。"① 这种划分标准与其三程序合一的立法方式相符合，有利于程序适用。事件的诉争性不同，适用的程序则不同；适用的程序不同，当事人处分权和法院职权裁量程度的大小就不同。第三，坚持统合处理原则。根据规定，不但适用相同程序的数起家事诉讼事件或者家事非讼事件可以合并审理，即使是分别适用诉讼程序和非讼程序的家事诉讼事件和家事非讼事件也可以合并审理，超越了传统的程序理论，打破了诉讼与非讼的明显界限。同时，在审判实践中，对法官交错适用诉讼法理与

---

① 蒋月、冯源：《台湾家事审判制度的改革及其启示——以"家事事件法"为中心》，载《厦门大学学报（哲学社会科学版）》2014年第5期。

第九章
家事审判程序

非讼法理的能力提出要求。第四，注重弱势群体利益的保障。设立社工人员陪同、程序监理人、限制接受医学检验等制度，保障未成年人、无程序能力人等弱势群体的利益，通过地方政府和社会力量的介入，协调个人权利与社会利益之间的冲突。

（四）英美：当事人主义一定程度的弱化

在英美法系国家，身份关系案件的核心是离婚案件，适用特别程序审理。英国虽然是判例法国家，但是在婚姻家庭方面颁布了诸多成文法律法规，其家事审判程序最突出的特点是注重未成年子女利益保护，例如，要求法院作出离婚判决前应当考量是否已经对未成年子女今后的生活进行了合理安排，如果诉讼涉及未成年子女权益，法院有责任为未成年子女设立监护人或诉讼代理人，并应以未成年子女利益最大化为原则。美国没有专门的家事审判程序规定，有关内容主要体现在家庭法中，并且每个州都有自己的家庭法典，对家事案件进行特殊规范。ADR机制发端于美国，在美国发展也较快。因此，替代性措施在美国家事案件解决中应用非常普遍，而且进行家事调解的职业调解人大多数都具有心理学方面的专业知识。学者们普遍认为美国这种做法更有利于从根源上解决问题，维护婚姻家庭长期稳定。英国也很重视和解程序运用。20世纪60年代以来，英国家庭法逐步认可、支持和解程序，和解如今已成为英国家事诉讼程序的重要内容。[①] 无论是出于保护未成年人利益的考虑而要求作为国家公权力的审判权介入，还是对调解、庭外和解等替代性措施表现出的热衷，都表明奉行较为彻底的当事人主义的英美法系国家的法官对家事案件的解决越来越积极，不再固守消极居中裁判的角色地位，家事审判中的当事人主义表现出一定程度的弱化。

综合来看，纵然各国的家事审判程序存在明显不同，但共性也是可观的，其基本价值内核也是相同的，这反映出家事审判程序发展的世界性趋势。

---

① 蒋月：《家事审判制：家事诉讼程序与家事法庭》，载《甘肃政法学院学报》2008年第1期。

第一，承认并重视家事审判程序的独立性价值。基于婚姻家庭关系在整个社会秩序中的基石地位以及家事纠纷的特殊性，现代各国普遍承认家事审判程序的独立性价值，选择将家事审判程序从普通民事诉讼程序中剥离出来，给予能够彰显其特殊性应有的仪式感。但对家事审判程序独立的强调，并不是强调其独立本身，更深层次的意义在于强调家事审判程序具有不同于普通民事诉讼程序的独立价值。我国对家事审判程序的独立性价值和家事纠纷的特殊性的认识和重视显然还不够充分，这也是影响我国家事审判发展的重要内在因素。

第二，强调调解方式的应用。对抗和辩论有利于发现事实，同时也会产生最直接和激烈的冲突。对因临时性、偶然性社会关系引发的纠纷，尽快解决问题、消除矛盾以阻断这种短期性社会关系的发展是首要的；对长期性、稳定性家庭关系引发的家事纠纷，解决问题的最终落脚点应当是在家庭内部进行关系的再调整。但家事案件当事人在法庭上面对面的直接对抗，需再次面对在婚姻家庭生活中受到的创伤和常年积累的矛盾，不利于纠纷的解决。正是为了促进家庭的稳定和发展，无论是大陆法系国家还是英美法系国家，都非常重视具备柔和属性的调解对家事纠纷解决的作用。但是，两大法系国家重视调解的初衷存在差异，比如美国发展 ADR 机制的主要目的是缓解司法资源有限性与案件大幅增长之间的矛盾，家事调解的主要目的亦是如此，故当事人对是否进行调解具有较大的自主选择权。相对而言，大陆法系的家事调解制度设计根植于家事纠纷的情感性、伦理性、公益性等特殊属性，因此，日本和我国台湾地区强调调解前置，当事人不能随意选择是否调解。

第三，追求法院职权介入与当事人程序权利保障之间的平衡。一般来说，通过司法审判解决民事纠纷，应当对充分尊重当事人处分权保持足够的清醒。家事纠纷涉及家庭和社会稳定以及未成年人利益保护等公益性色彩，使国家介入对家事纠纷解决进行合理和适度的干预获得正当性，为职权探知主义在家事审判程序中的生长创造条件。职权探知主义强调"法院不限于当事人主张的事

第九章 家事审判程序

实和提供的证据的范围,依职权主动收集事实和调取证据"。[1]虽然英美法系国家也认识到家事纠纷的特殊性,但是基于当事人主义传统和对个人自由权利的高度尊重,至今其家事审判仍然坚持当事人主义。可是,不少人对这种情况进行反思并提出当事人主义不利于修复家庭关系,不符合解决家事纠纷的需要。故而,这些国家也开始对当事人主义进行一定程度的限制,并不完全禁止法院对家事案件处理的职权介入,只是介入程度相对有限。近年来,在大陆法系国家(地区)的家事审判改革中,家事非讼程序的适用范围得到扩展,而当事人程序权利保障也成为修法的重点。这说明,在推行职权探知主义成为家事审判程序发展大方向的同时,并不意味着对当事人程序权利保障的牺牲和放弃,建立两者之间的协调关系应当是构建家事审判程序的关键。

二、对我国家事审判程序完善的有益借鉴

其他国家尤其是大陆法系国家(地区)的家事审判程序有着较长的发展历史,并历经多次改革,无论是对家事审判程序的认识和理解,还是具体的程序设计都值得我们借鉴和学习。

(一)家事审判程序应当独立

制定独立的、专门的家事审判程序法,不仅是世界多数国家(地区)的选择,也已经成为当前我国理论界和实务界的主流看法。直接出台家事审判法应当尽快提上日程。

一是家事审判程序独立成法的时机已基本成熟。从世界范围来考察,除采不成文法传统的判例法国家,大陆法系的典型代表德国、日本以及韩国、我国台湾地区等国家和地区都颁布了单独的家事程序法,虽然在诉讼与非讼的关系处理上存在差异,但都肯定家事程序法的独立地位。特别是首创民事诉讼法

---

[1] 陈浩:《再论民事诉讼证明责任的转移》,载《政法论丛》2011年第4期。

专编规定家事程序的编写体例的德国,基于家事法的发展和变革,推进家事审判程序改革,最终摒弃原有立法模式,颁布独立的《家事事件及非讼事件程序法》,即使其将家事事件全面非讼化的做法是否适合我国情况值得斟酌,我们也不能否认这是一种发展和进步。可以说,家事审判程序独立成法已经成为大陆法系国家家事审判发展的必然趋势,各国现行的有益经验做法能够为我们提供足够丰富的学习借鉴素材。逆潮流而上,并非明智之举。从我国实际来考察,前文已谈到,理论界和实务界对家事审判程序完善的迫切性产生前所未有的共鸣,已经取得丰富的理论研究成果和实践探索经验。在可资借鉴经验丰富和我国家事审判理论和实践基础成熟的现实条件下,直接制定独立的家事审判程序法无疑是可行的。

二是现实需要的迫切性。近年来,我国的家事案件大幅增长,处理难度也越来越大,与家事审判程序法律规范之间的矛盾愈发尖锐,不但制约家事审判发展,而且为家庭和社会稳定埋下隐患。而仅修改《民事诉讼法》,补充家事审判相关内容,无法满足这种迫切需要。从价值层面来看,修改《民事诉讼法》只是过渡性的措施,增加实现独立成法的不必要环节,提高时间成本。而非完全性剥离,也会降低家事审判程序独立性的价值。从技术层面来看,实现可能性较小。我国《民事诉讼法》于1991年通过,2007年第一次修正,2012年进行第二次修正,2015年出台实施了新的司法解释。法之稳定性是法律的基本属性之一,作为基本法的《民事诉讼法》更应如此。短期内再次进行大规模修正,会破坏法的稳定性,是不现实的,也是不科学的。从内容层面看,完整的家事审判程序一般包括家事诉讼程序、家事非讼程序和专门的家事调解程序,而《民事诉讼法》专编的容积与家事审判程序丰富多元的内容不相匹配,最大限度容纳家事程序的特殊性规则,将会破坏《民事诉讼法》体系的均衡性和逻辑性,而如果不作全面规定,又会降低其适用价值。

三是独立成法有利于法律适用。虽然我们不能否认家事审判程序只是民事诉讼程序的一种特殊程序的事实,除仅适用于家事案件的特殊规定外,家事审

第九章
家事审判程序

判仍然需要遵循《民事诉讼法》的相关规定，但是家事审判程序所包含的内容足以自成体系，其适用案件范围、基本原则、管辖、当事人、起诉、程序规则、证据规则等都具有特殊性，独立成法不仅有利于一窥全貌而充分理解程序之整体运行，法律适用简单快捷，而且能够较好地体现家事审判程序与普通民事诉讼程序特殊与一般的关系。对家事案件和其他一般民事案件共同适用的规定，只需设定指向准确的准用性规则。

此外，还需要考虑家事非讼程序的问题。目前，对于家事非讼程序，大陆法系国家要么单独成法，例如，日本《家事事件程序法》的适用范围是除身份事件外的其他家庭事件和非讼事件，其遵循现代化的非讼程序理念，注重对当事人权利和程序正义的保障；要么与家事诉讼程序合并，如德国和我国台湾地区，虽然两者都致力于用一部法律囊括所有家事事件，但却存在实质性差别。德国是全面非讼化，即模糊诉讼程序与非讼程序的区别，对家事事件一律适用裁定，例外情况则比照民事诉讼程序。实际上，德国的《家事事件及非讼事件程序法》不是纯粹的家事程序法，本质是非讼程序法，还包含着商事、社团事件等其他非讼事件，家事事件只是作为非讼事件的最重要组成部分被特别强调。而我国台湾地区模式仍然坚持家事诉讼程序与非讼程序的区分，"家事事件法"在第三编和第四编分别规定了家事诉讼程序和家事非讼程序，并基于一定标准对家事事件进行了类型化，分别适用不同程序，且坚持统合处理的原则。综合来看，我国暂不具备全面非讼化的土壤和条件。日本的两分法，具有逻辑清晰顺畅、程序纹路清晰的优点，但是在我国尚未实现家事审判程序独立立法的情况下，直接出台两部法律不够现实。因此，我国台湾地区统合中的程序区分模式更适合我们参考借鉴和移植。

家事案件的特殊性、复杂性和多元性，提醒我们在程序适用上应当保持开阔的思维，打破单一程序的桎梏，不但要考虑身份事件，还要考虑以身份事件为基础引发的家事财产型事件及非讼事件；不但要有家事诉讼程序，还要有家事非讼程序、家事调解程序、家事保全程序及家事执行程序。我们的家事审判程序应当是兼备综合性和区分性特点，由相互关联的、符合逻辑顺序的各个子程序组成的系统的程序体系。

(二) 回归职权探知主义

关于我国的民事诉讼模式，存在不同认识和看法，目前理论界主要有"混合主义"民事诉讼模式定位论、① 亚职权主义诉讼模式定位论、② 职权主义模式定位论③和民事诉讼模式过渡阶段论④ 等几种主要观点。继而又演化出关于我国民事诉讼模式转化向度的几种学说。⑤但无论这些观点有何不同，都不否认我国民事诉讼一直是在限制法院职权的同时不断扩大当事人的诉讼权利，从我国民事诉讼模式变迁和民事审判方式改革历程来看，也是如此。在这样的背景下，在家事审判程序中强调职权探知主义容易让人产生误解，认为是民事诉讼制度的倒退，答案当然是否定的。根据职权主义理论，法官在职权主义中的作用是有所区分的，分为职权进行主义和职权探知主义，前者是指法官依职权指挥运作诉讼程序，后者是指法官依职权收集证据和调查事实。在家事审判程序中，更多强调的是职权探知主义，即法官可依职权主动收集证据和调查事实，这主要是因为家事案件当事人及其利害关系人之间一般具有紧密而复杂的亲缘关系，许多关键性事实具有较强的隐蔽性，例如，真正的离婚原因、是否实施家

---

① 即结合当事人主义和职权主义为一体。参见田平安：《我国民事诉讼模式构筑初探》，载《中外法学》1999年第5期。

② 即表现出弱化法院职权、强化当事人作用的趋势，与绝对职权主义有所区别。参见张卫平：《大陆法系民事诉讼与英美法系民事诉讼——两种诉讼体制的比较分析（上）》，载《法学评论》1996年第4期。

③ 即认为虽然我国在不断弱化法院对诉讼程序的职权干预，但民事诉讼模式没有发生根本性变化。参见罗云飞：《民事诉讼模式的转换与处分原则的完善》，载《当代法学》2002年第12期。

④ 该观点认为法院仍享有相当大的职权，而当事人的程序主体地位也没有真正确立起来，至多停留在由"权力型模式"向"权利型模式"的转型过程中。参见汪汉斌：《权力与权利的配置：民事诉讼模式的新视角》，载《江苏社会科学》2002年第5期。

⑤ 参见韩波：《民事诉讼模式论：争鸣与选择》，载《当代法学》2009年第5期。

第九章 家事审判程序

庭暴力等，当事人收集证据比较困难。职权探知可以弥补当事人举证能力的不足。而家事审判程序的启动、继续等事项仍主要由当事人决定，法官需要充分尊重其处分权。同时，职权探知能有效消除当事人主义直接对抗特点给家事纠纷解决带来的不利影响。因此，在家事审判程序中坚持职权探知主义是有效解决家事纠纷的必然选择。当然，职权探知主义的回归也是有限的。

（三）充分发挥调解之作用

调解制度根源于我国"以和为贵"的传统文化习惯和社会伦理道德，天生带有"中国特色"的烙印，从古至今都在纠纷解决机制中居于重要地位。我国目前的调解制度是集合人民调解、司法调解、行政调解、仲裁等多种形式共同作用的完整体系。但对家事案件，目前只有离婚案件和适用简易程序的婚姻家庭纠纷及继承纠纷适用强制性调解，其他类型案件仍旧采取自愿调解原则，这无疑会影响调解制度在家事审判程序中作用的发挥，限制调解对家事纠纷解决的优势。而审判实践中，面对案件压力，多数法官没有精力也不愿意花费过多的时间对家事案件进行调解，一般都是象征性询问当事人是否愿意调解，如果当事人不同意调解，则直接进入审判程序。情理法交织的家事案件，必须充分发挥调解的作用，才能更好地修复当事人的关系和情感，维护婚姻家庭以及社会的稳定。

第三节　我国家事诉讼程序的完善

我国目前的《民事诉讼法》《民诉意见》《简易程序规定》《婚姻法》及其司法解释以及部分婚姻家庭实体法等法律，对家事案件的管辖、起诉与受理、审判程序等内容进行了一定的规定。在家事审判程序立法时应当以此为基础，进一步整合优化相关规定，同时对尚属空白的内容进行填补，对基本原则、适用范围、管辖等一般性内容以及诉讼程序、非讼程序、调解程序、执行程序等进行系统性规定。囿于内容庞杂，不宜一一赘述，加之家事调解制度、家事非讼程序、家事执行制度在本书中独立成章，本章节仅就完善家事诉讼程序的重点和特殊内容进行论述。

一、家事诉讼管辖制度的完善

目前，我国的家事案件管辖适用民事诉讼一般地域管辖的"原告就被告"原则，没有充分考虑未成年人利益保护等家事审判的实际，需要予以修正，应当根据不同案件类型的特点设置管辖权，没有特别规定的，准用民事诉讼法有关管辖的规定。

婚姻案件的管辖。德国《家事事件及非讼事件程序法》第一百二十二条就婚姻事件地域管辖进行了规定：法院按照下列顺序行使专属管辖权：（1）与夫妻双方共同的全部未成年子女居住的夫妻一方的经常居住地的法院；（2）与夫妻双方共同的部分未成年子女居住的夫妻一方的经常居住地的法院，但以共同的未成年子女在夫妻另一方处无经常居住地为限；（3）夫妻双方最后的共同的经常居住地法院，但以在程序发生诉讼系属时夫妻一方在其辖区还有经常居住地为限；（4）被申请人经常居住地的法院；（5）申请人经常居住地的法院；（6）柏林申恩贝格初级法院。① 可以看出，未成年人利益保护是其配置婚姻案件管辖权的重要考量因素。我国台湾地区的婚姻事件管辖法院为：夫妻之住所地法院、夫妻经常共同居所地法院、诉之原因事实发生之夫或妻居所地法院。② 现实生活中，因为婚姻关系的缔结，夫妻往往会拥有共同的住所地和经常居住地，不适宜根据原、被告进行区分。同时，考虑到对未成年人利益的保护，我

---

① 《德日家事事件与非讼事件程序法典》，郝振江、赵秀举译，法律出版社2017年版，第60页。
② 参见我国台湾地区"家事事件法"第五十二条。

第九章
家事审判程序

国可规定由夫妻共同的住所地或者经常居住地的法院管辖,没有共同住所地或者经常居住地的,由与未成年子女居住一方的住所地或者经常居住地的法院管辖。不能按照上述情况确定管辖的,则按照民事诉讼一般地域管辖原则确定。

亲子关系案件的管辖。多数国家(地区)的亲子关系事件都由子女住所地法院专属管辖。例如,德国规定,对确定是否存在亲子关系等血缘关系事件,由子女经常居住地的法院专属管辖,德国法院根据子女经常居住地无管辖权的,以母亲的经常居住地为准,其他情况下以父亲的经常居住地为准;[1] 我国台湾地区规定亲子关系事件由下列法院专属管辖:子女或养子女住所地的法院、父、母、养父或养母住所地的法院,有未成年子女或养子女为被告时,由其住所地法院专属管辖。[2] 我国也应当以子女住所地法院管辖为原则,在母亲提起相关诉讼时,也可以由母亲住所地法院管辖。这样既能够有效保护未成年子女利益,也便于法院了解案件情况和调查证据。

收养案件的管辖。德国的收养儿童、代为收养儿童、解除收养关系事件由收养人或一方收养人经常居住地的法院专属管辖,根据收养人或一方收养人经常居住地无管辖权时,以儿童的经常居住地为准,不存在以上管辖权时,由柏林申恩贝格初级法院管辖。[3] 我国台湾地区的认可收养子女事件由收养人或被收养人住所地法院专属管辖,认可终止收养事件、许可终止收养事件及宣告终止收养事件由养子女住所地法院专属管辖。[4] 我国可借鉴台湾地区的做法,对确认收养关系的案件由收养人或被收养人住所地法院管辖,对解除收养关系的案件由养子女住所地管辖。相对于确认收养关系,解除收养关系可能会减损养子女的利益,尤其对未成年的被收养人可能造成严重影响,由养子女住所地的法院管辖,有助于了解被收养人的真实生活状况以作出公正裁判。

---

[1] 《德日家事事件与非讼事件程序法典》,参见郝振江、赵秀举译,法律出版社2017年版,第76页。
[2] 参见我国台湾地区"家事事件法"第六十一条。
[3] 参见《德日家事事件与非讼事件程序法典》,郝振江、赵秀举译,法律出版社2017年版,第79~80页。
[4] 参见我国台湾地区"家事事件法"第一百一十四条。

二、家事诉讼当事人制度的完善

在家事诉讼程序中,当事人制度的完善主要涉及身份关系确认或形成之诉的当事人适格问题。当事人适格亦称正当当事人,是指对于具体的诉讼行为作为当事人起诉或应诉的资格。[①] 传统当事人理论所采用的是"直接利害关系原则",只有民事权益被侵犯或发生争议的利害关系人才能成为民事诉讼当事人,除此之外的人不能成为该案的当事人。[②] 传统当事人适格理论要求的"直接利害关系"将当事人限制在狭小的范围内,忽略越来越受重视的公益性因素。随着经济社会和现代法治的进步以及环境权诉讼、消费者诉讼等公益诉讼的产生和快速发展,理论界和实务界对传统当事人适格理论提出质疑并尝试突破。前文已提到,为使身份关系对多数人保持一致性和安定性,有关身份关系的确认或形成判决一般都有对世效力。如果对当事人是否适格采取过于严格的判断标准,那么判决效力可能及于的利害关系人无法参与程序,就会引发关于同一争点的反复诉讼,增加程序的不经济性。所以,在家事诉讼中,对当事人适格与否可放宽要求,除法律明文规定或权利主体进行授权外,对本诉讼具有诉之利益的第三人可视为当事人适格。事实上,我国司法解释已经对某些家事案件当事人适格有所突破,例如规定婚姻无效之诉的主体是婚姻当事人及利害关系人,利害关系人包括当事人的近亲属和对婚姻家庭制度有保护、监管职责的基层组织。

(一)婚姻无效之诉的当事人适格

如前所述,通过《婚姻法》司法解释的补充完善,我国对婚姻无效之诉的当事人适格问题有了较为明确的规定。婚姻无效主要是基于欠缺公益要件的考

[①] 田平安:《民事诉讼法原理》,厦门大学出版社2005年版,第86页。
[②] 郭美松:《人事诉讼中传统当事人适格理论之嬗变——兼析检察官以当事人身份参与人事诉讼》,载《西南民族大学学报》(人文社科版)2009年第6期。

第九章
家事审判程序

虑，与可撤销婚姻具有明显区别，其所涉及的应保护利害关系人范围相对广泛。因此，需对适格当事人进行扩张，即除婚姻当事人之外，近亲属和基层组织等利害关系人也可以提起婚姻无效之诉。但是，民事诉讼法上所指的近亲属包括配偶、父母、子女、兄弟姐妹、祖父母、外祖父母、孙子女、外孙子女，其范围较广，为充分尊重当事人的个人生活，对利害关系人的范围也应当进行一定限制，而不宜扩张。我国现行法已经注意到了这个问题，针对重婚、未到法定婚龄、有禁止结婚的亲属关系、婚前患有医学上认为不应当结婚的疾病且婚后尚未治愈4种婚姻无效类型分别对近亲属范围作了不同规定。

需要强调的是对基层组织如何确定。因为重婚行为严重违反一夫一妻制的婚姻法基本原则和社会伦理道德，而当事人的近亲属一般不愿意作为申请人提起婚姻无效之诉，所以将其适格当事人扩张至基层组织是必要和合理的。我国民事诉讼法第四十八条规定，公民、法人和其他组织可以作为民事诉讼当事人，没有"基层组织"概念。而我国宪法规定，城市和农村居民按居住地区设立的居民委员会或者村民委员会是基层群众自治性组织，①所以一般认为城市基层组织为社区居民委员会，农村基层组织为村民委员会。居民委员会和村民委员会虽然不是法人，但是其民事主体资格是被承认的，建议将基层组织进一步明确为当事人住所地的居民委员会和村民委员会。

（二）收养关系确认和解除的当事人适格

关于收养关系确认之诉。我国《收养法》未对确认收养关系诉讼的原告作出明确规定，只于第二十五条第二款规定，收养行为被法院确认无效的，从行为开始时起就没有法律效力。在审判实践中，一般情况下是以送养人、收养人和被收养人为适格原告。但确认身份关系存在与否，不仅会对身份关系的当事人产生影响，也可能对第三人法律上的权利义务产生影响。例如，根据《收养法》有关规定，收养关系无效则养子女与养父母及其他近亲属之间的权利义务

---

① 参见《宪法》第一百一十一条。

即行消除，与生父母及其他近亲属间的权利义务关系自行恢复（成年养子女与生父母及其他近亲属间的权利义务关系是否恢复，可协商确定，不必然恢复），此种情况下，确认收养关系存在与否的影响就扩大至养父母的近亲属以及生父母及其近亲属。再比如，收养关系存在与否将决定被收养人是否是收养人的继承人而得以参与遗产分配，继而影响收养人生子女的继承权。所以，为保障第三人利益，避免因身份关系确认导致相关法律关系不确定，应将收养关系确认之诉的适格原告适当扩大至第三人。但是，第三人需对身份关系的确认具有法律上的利益，也就是说，原告权利或法律上的身份地位因身份关系纠纷产生不确定危险，而危险有必要以确认判决的方式进行排除。有关确认收养之诉的适格被告，可参考婚姻无效之诉，一般情况下以收养人和被收养人为共同被告，一方死亡的，以生存方为被告，双方均死亡的，可以不列被告。

关于收养关系解除之诉。根据《收养法》第二十六条第二款、第二十七条和第三十条第二款的规定，可以提起解除收养关系诉讼的适格原告，包括送养人、收养人、成年养子女和生父母。可见，我国现行法没有赋予未成年被收养人收养关系解除权。但实际生活中，收养人虐待、遗弃等严重侵害未成年被收养人的情况并不少见，而送养人一般不在身边，无法真实了解被收养人的生活情况，不能及时解除收养关系。为切实保护未成年被收养人权益，在现行法律制度下，可考虑将被收养人住所地的居民委员会、村民委员会、学校、未成年人保护组织、民政部门等纳入解除收养关系之诉的适格原告范围。诉权是当事人请求人民法院行使审判权，以保护其财产权和人身权的基本权利，包括程序意义上的和实体意义上的诉权两个方面。[1] 虽然未成年人不是完全的民事行为能力人，但是自然人自出生就具有完全的民事权利能力，作为独立、自由的个体，理所当然地享有就自身利益受到侵害提出实体请求的权利，也就是实体意义上的诉权。所以，从长远来看，应当将未成年被收养人纳入解除收养关系适格原告范围，赋予其收养关系解除权，明确规定其具有当事人能力，同时通过

---

[1] 常怡主编：《民事诉讼法学》，中国政法大学出版社1999年版，第155页。

第九章
家事审判程序

程序辅助的形式补足其欠缺的诉讼行为能力。根据未成年人利益最大化以及国家亲权和共同保护原则，欧美国家设立独立代表人或诉讼监护人制度，代表未成年人意志参加诉讼，维护未成年人权益；日本《家事事件程序法》有程序代理人制度，帮助未成年人直接参与诉讼程序。这些做法都值得我们学习借鉴。关于解除收养关系的适格被告，我国《民事诉讼法》第一百五十一条第四项规定，解除收养关系案件的一方当事人死亡的，终结诉讼。

（三）亲子关系确认之诉的当事人适格

我国法律对亲子关系诉讼规定较少，关于适格原告，司法实践较为混乱，祖父母、外祖父母、父母、子女提起诉讼的情况都存在。根据《婚姻法解释三》的规定，对否认亲子关系和确认亲子关系两种情况的适格原告进行了区分：否认亲子关系存在的，由"夫妻一方"提起诉讼；确认亲子关系的，由"当事人一方"提起诉讼。如何理解"夫妻一方"和"当事人一方"？亲子关系以真实血缘关系为基础，但是为保持亲子关系安定性，保障未成年子女生活和情感利益，否认亲子关系存在的诉讼主体范围不宜过宽，所以"夫妻一方"应仅限于夫或妻。亲子关系纠纷通常伴随抚养费的追索，确认亲子关系有助于保护未成年子女的合法权益，适格原告范围可适度扩大，所以对"当事人一方"应理解为夫或妻及其近亲属。同时，子女对确认亲子关系存否的诉讼具有直接诉之利益，子女当然具有适格原告资格，子女属未成年人或丧失行为能力的成年人的，由其法定代理人代理诉讼。在完善立法时，应根据诉讼类型作出明确规定。至于确认亲子关系之诉的适格被告问题，子女之生父为被告，但生父死亡的，不宜直接规定终结诉讼，因为可能涉及继承等问题，而牵涉到对亲子身份关系存否具有法律上利益的第三人，所以可明确为：在父亲死亡时，由父亲的直系血亲卑亲属、父母或兄弟姐妹作为被告；没有上述血亲的，可以不列被告。①

---

① 陈爱武：《确认生父之诉若干问题研究》，载《河北法学》2008年第12期。

三、家事诉讼程序权利保障制度的完善

程序正义的基本要求是保障当事人在裁决作出前能够陈述意见和进行辩论。家事纠纷的特殊性,要求法院注重依职权查明事实和证据,但不应忽略对当事人作为程序主体的权利保障,这在德国、日本以及我国台湾地区的家事审判改革中普遍受到重视。我国家事审判程序立法也应注重对当事人程序权利的保障,避免职权主义的滥用。

(一)当事人及利害关系人程序权利的保障

为避免当事人进行证据突袭,英美法系国家通常实行证据开示制度,《关于民事诉讼证据的若干规定》规定了举证期限和庭前交换制度。但除了当事人证据突袭,现实中也可能出现法官裁判突袭的情况。所谓突袭性裁判,即法官根据当事人未主张的事实、未提出的理由或未辩论的意见,而作出超出当事人可意料范围的裁判。包括事实认定的突袭与法律适用的突袭。[①] 在坚持职权探知原则的家事诉讼中,突袭性裁判发生的概率相对较高,更加容易侵害当事人的程序权利,危害司法的公平正义。为避免突袭性裁判,使当事人能够充分利用程序法上的权利进行攻击和防御,各国都要求听取当事人意见陈述和辩解,特别是在法官行使职权探知职能时。例如,我国台湾地区"家事事件法"第十条规定:"法院审理家事事件认有必要时,得斟酌当事人所未提出之事实,并依职权调查证据。但法律别有规定者,不在此限……第一项情形,法院应使当事人或关系人有辩论或陈述意见之机会。"我国家事诉讼程序也应注意在行必要之职权探知时对当事人程序权利的保障,应当要求法官听取当事人的陈述意见和辩解,可在作出一般性规定的同时就特定情形进行具体规定。概括来讲,主要可包括三种情形:一是对当事人未提出的事实进行斟酌或依职权调查证据

[①] 杨严炎:《论民事诉讼突袭性裁判的防止:以现代庭审理论的应用为中心》,载《中国法学》2016年第4期。

第九章 家事审判程序

时;二是委托家事调查员就特定事项进行调查前;三是就当事人未提出的事项作出裁判前。

家事案件多涉及身份关系,法院裁判具有对世性。为尽量维持法院裁判对身份关系确认的结果,法院应当通知有法律上利害关系的第三人参与程序或者依其申请允许其参与程序,并尽量保障其权利,从而使裁判对第三人产生效力,获得正当性和稳定性。例如,我国台湾地区"家事事件法"第四十条第一项规定:"第三条所定甲类或乙类家事诉讼之结果,于第三人有法律上利害关系者,法院应于事实审言词辩论终结前相当时期,将诉讼事件及进行程度,以书面通知已知悉之该第三人,并将判决书送达之。"此外,也应当给予有法律上利害关系的第三人陈述意见或进行辩论的机会。例如,德国规定,如果法院没有给予利害关系人对相关事实证据发表陈述意见的机会,则不能基于该事实证据作出对利害关系人不利的裁判。随着我国家事诉讼程序的不断完善,将对家事法官提出更高的要求,不但要树立起酌采职权探知的理念,还要注重对当事人及利害关系人权利的保障。具体操作层面,可设定准用规则,准用民事诉讼法相关规定。

(二)法官释明权的运用

在坚持酌采职权探知主义原则的情况下,强调法官释明权的运用,是保障当事人及利害关系人程序权利的重要要求和途径。所谓法官释明权,是指在民事诉讼中,法官以询问、告知等方式,指导当事人进行诉讼,使当事人在事实主张、举证责任、诉讼请求等方面对其不知晓、陈述不明确、举证不充分或者处置不当的事项加以说明、补充或修正的职权。[①] 当事人能够就所主张的事实和证据进行充分陈述和辩论的基础是对程序整体运行规则有足够认识。为使当事人对程序进行、对方当事人陈述以及作为裁判基础的证据资料有充分认识,法官除了听取当事人的意见陈述和辩论外,还需要积极行使释明权,确保程序

---

① 梁书文主编:《关于〈民事诉讼证据的若干规定〉新解释》,人民法院出版社 2006 年版,第370页。

有效运转。例如，我国台湾地区规定法官自得运用程序指挥为必要之阐明，促使当事人或关系人为必要之声明，补充事实上或法律上之陈述，以保护当事人程序及实体利益。我国家事诉讼程序法应当对法官释明权的运用予以考虑，作出相应的规定，特别是有关确认身份关系的案件，在特殊情况下应向妇女、老人、未成年人等弱势群体倾斜，加强释明力度。

(三) 未成年人程序权利的保障

根据我国《民法总则》的规定，年满八周岁的未成年人为限制民事行为能力人。虽然未成年人不具备完全的民事行为能力，但是针对可能影响其家庭、身份关系的事件，理应赋予其诉讼程序能力，这也是各国通行做法，建议我国家事审判程序法明确规定未成年人具有程序能力。同时，参考借鉴德国、日本以及我国台湾地区的程序辅助制度，① 为未成年人设立程序辅助人，协助未成年人参与程序、表达意愿、行使权利。程序辅助人应坚持未成年人利益最大化原则，加强与其父母、亲属、学校等人员和机构的联系，了解未成年人的心理状况和情感需求，及时疏导其情绪、矫正其心理；根据诉讼需要，可收集有利于未成年人的证据，保障其权利。程序辅助人的选任可依利害关系人申请或法院依职权两种方式启动，主要适用以下三种情形：一是法定代理人利益与未成年人利益产生冲突，代理人存在侵害未成年人利益的可能；二是法定代理人怠于行使代理权、不能行使代理权或行使代理权存在困难，使未成年人利益有受到损害危险的；三是具有保护未成年人利益的必要性。也就是说，一般情况下未成年人的诉讼行为由其法定代理人代理行使，程序辅助人制度只有在法定代理制度出现特殊情况而不能有效运转时，才能补位。法院应当从具备法学、社会学、教育学、心理学等专业知识的人员中选任程序辅助人，其怠于履行辅助职责或者有严重侵害未成年人合法权益行为的，法院可依职权或利害关系人申

---

① 程序辅助制度的目的是弥补未成年人诉讼行为能力的不足，德国和日本称为程序辅佐人制度，我国台湾地区称为程序监理人制度，虽然各国称谓不同，但是基本职能和运作模式相似。

第九章 家事审判程序

请,撤销其辅助资格或变更程序辅助人。此处所指的"利害关系人"的范围,可参照可提出撤销监护人资格申请的有关人员或者组织。

四、家事诉讼证据制度的完善

证据是诉讼的核心和司法公正的基础,证明是诉讼的主线。[①] 家事纠纷的特殊性对家事诉讼证据制度也有较大影响。家庭成员之间的亲密和信任关系,造成当事人通常缺乏留存证据的意识,且纠纷多发生在私密和封闭的家庭内部空间圈,这就决定了采用一般民事诉讼的证据收集和运用规则及举证责任分配规则,不利于查明家事案件事实。制定符合家事诉讼要求的证据规则体系,是完善家事诉讼程序的重点。

(一)调查取证中的职权探知主义适用

2015年施行的《民事诉讼法司法解释》第九十四、九十六条采取列举方式,对法院依职权调查取证的范围进行限定,包括依当事人申请和直接依职权两种类型,前者包括证据由国家有关部门保存,涉及国家秘密、商业隐私或者个人隐私,因客观原因不能收集的其他证据等3种情形,后者包括涉及可能损害国家利益、社会利益的,涉及身份关系的,涉及公益诉讼的,当事人有恶意串通损害他人合法权益可能的,涉及程序事项的等5种情形。将涉及身份关系的证据纳入法院得依职权调查的范围是立法的进步,符合家事诉讼程序对职权探知主义的要求。但是"人民法院认为审理需要的证据""涉及身份关系的"的表述较为笼统,为法院预留较大的自由裁量空间,在遵循职权探知原则的家事诉讼中,可能造成法院职权的过度扩张而损害当事人的权利。因此,针对家事诉讼,应对法院依职权进行调查取证作特别规定,可从以下三个方面进

[①] 参见肖晗:《民事诉讼法修改应确立诚实信用原则——以证据收集中的诚实信用原则为例》,载《怀化学院学报》2012年第7期。

行完善。

其一，明确"何为需要"，即确定法院依职权介入调查取证的程度和层次。我们一直强调法院职权探知的限度，在举证制度中也应当如此，无论当事人的举证能力多么薄弱，都不能完全摆脱举证责任的束缚和规制，法院依职权调查取证只具有辅助性作用，立法和审判实践都必须对此有充分认识。简单来说，可分为三个层次：当事人充分举证层次，即当事人的举证足以使法官形成内心确信并作出公正裁判，法官没有依职权介入之必要，应受到完全限制；法官引导举证层次，即当事人的举证虽然不足以使法官形成内心确信，仍存在某些疑点，但是法官已经对案件基本事实有所认识，且双方当事人没有很大争议，法官应当首选向当事人释明，引导其进一步补充证据，如果仍然无法形成心证，法官可依职权调查取证；依职权调查取证层次，即当事人无法完成举证或举证完成度较低，且争议较大，为追求家事诉讼实质正义，法官应依职权调查取证。

其二，明确法院可就当事人未提出的事实依职权调查取证。一般来讲，法官依职权调查取证必须围绕当事人提出的诉讼请求和待证事实。而在家事诉讼中，法院可针对当事人未提出的事实依职权调查证据，获得多数大陆法系国家家事程序法的支持和确认。法官权力的扩张并不一定与当事人的保障冲突，相反，它将强化程序公正和判决的确定性。① 我国也应当作出相应规定，具体可参照我国台湾地区模式，包括：涉及家庭暴力或可能危害未成年子女利益、侵害当事人或利害关系人人格利益、当事人自认或达成合意的事实明显不符合案件真实、显失公平等情形。② 当然，在此种情况下，法官应当听取当事人及利害关系人的意见陈述和辩解。

其三，扩大法院依当事人申请调查取证的范围。家事诉讼当事人可以申请

---

① 郭美松：《论人事诉讼中辩论主义与职权探知主义的协同模式》，载《甘肃政法学院学报》2010年第5期。

② 参见我国台湾地区"家事事件法"第十条。

第九章 家事审判程序

法院调查取证的情况主要集中在涉个人隐私或者因客观原因无法自行收集,因此,对"个人隐私"与"因客观原因不能自行收集"的含义和范围不宜从严把握。年满八周岁的未成年人属限制民事行为能力人,虽然不是成年人,但已经具有一定的认知和判断力,直接身处家庭关系之中,具备见证隐蔽的案件事实的条件。家事案件中的证人与当事人一般有较为紧密的日常往来,为保持未来关系的稳定和融洽,一般不愿意作证,当事人收集不到相关证据。为查明案件事实,建议将未成年子女和不愿意出庭作证的证人的证言纳入"涉及个人隐私的"或"当事人及其诉讼代理人因客观原因不能自行收集的其他证据"的范畴,为法院依当事人申请调查取证提供支持。而且,对未成年子女的证言不应限制过严,只要能够与其他证据相互印证,即可作为证据,并确认其效力。

(二)注重举证规则释明

当事人的诉讼能力是所有民事诉讼的关键问题,家事诉讼更是如此。多数家事案件当事人的诉讼能力偏低,而家事纠纷的隐私性和身份性又导致证据收集难、采纳难。因此,法院应当积极做好释明工作,告知当事人举证责任分配原则、收集证据的方向和合法方法、如何进一步补充完善证据等,使当事人对举证规则有充分的认识,指导程序有序运行。同时,应兼顾双方当事人的利益平衡。家事诉讼双方当事人在经济能力等方面往往存在不均衡性,而受害方一般又是妇女、老人、未成年人等弱势群体,他们容易因不能及时有效地提出有利证据而承担较高的败诉风险。所以,法官在案件审理过程中应当在释明权运用上表现出一定程度的倾斜,就证明对象、证据种类及相关事实的证明程度等进行详细的释明。必要时,得依职权调查证据和事实,以弥补弱势一方举证能力上的不足。

(三)调整特殊案件证明规则

证明标准问题。一般认为,我国的民事诉讼采用的是高度盖然性的"明显优势证据"证明标准。也就是说，当事人的证明应当达到使法官对待证事实形成"内心确信"的高度盖然性程度。案件类型的多元化决定证明标准不应当"一刀切"，理应就一般案件的证明标准与特殊案件的证明标准进行科学区分。对于一些特殊的或特定案件事实应当根据法律规定或诉讼的需要提高证明标准到"排除合理怀疑""内心确信"或降低证明标准到"盖然性占优势"。① 而家事纠纷的特殊性决定了家事案件的证明标准不宜完全适用普通民商事案件的证明标准。家事纠纷具有隐私性，囿于当事人调查手段和能力的局限性，证据存在收集难、认定难、证明力低等问题，采用绝对的高度盖然性证明标准，受害人将承担较大的败诉风险，不但有失公允，而且违背弱势群体利益保护原则。况且，家事案件裁判不是简单的你输我赢，也不是绝对的黑白分明，过高的证明标准并不利于纠纷的解决。建议规定涉及家庭暴力、夫妻共同财产认定等特殊情况的家事案件采用盖然性的"优势证明标准"。

举证规则问题。我国现行法没有对家事诉讼的特殊举证规则进行规定，而是遵循"谁主张、谁举证"和举证不能者承担不利后果的一般民事诉讼举证规则，不能有效保证实体公正。根据《关于民事诉讼证据的若干规定》第七条规定，法院可以根据公平原则和诚实信用原则在当事人之间分配举证责任。也就是说，就家事案件的特殊性，法官可以根据自由裁量权分配举证责任，但这同时也会带来裁判的不确定性和同案不同判的问题。对此，就家庭暴力、重婚、与他人同居等案件，可明确规定举证责任转移规则。以家庭暴力案件为例，假如受害人可以提供证据证明其所受伤害的事实是被告所为，即发生举证责任的转移，被告需证明没有实施家暴行为，否则承担不利后果。对举证责任转移应当保持慎重，采取列举方式，严格限定举证责任转移适用的范围。另外要注意的是，处于举证弱势的当事人仍需提供基本证据，例如前面提及的，受家暴方应提供自己受到伤害的证据，且达到优势证明标准，使法官相信发生了家暴的

---

① 霍守明：《试论我国民事诉讼"明显优势证据"证明标准》，载《贵州工业大学学报（社会科学版）》2005年第5期。

第九章
家事审判程序

事实，才能发生举证责任转移。

（四）证据失权的限制适用

举证时限制度能有效防止诉讼拖延和证据突袭，督促当事人积极、及时提供证据。根据《关于民事诉讼证据的若干规定》第三十四条规定，当事人在举证期限内不提交证据，视为放弃举证权利，逾期提交的证据材料，法院审理时将不组织质证，失去证据资格，这就是所谓的证据失权。同时，法律也作出了例外规定，例如，对方当事人同意质证则不会发生失权。对家事诉讼来说，纠纷能否有效解决直接影响着家庭社会的稳定，更加注重追求实体正义，举证至关重要。因此，证据失权制度在家事诉讼中应当受到一定限制，当事人在裁判作出前提交的，并且对案件关键事实有重要影响的证据，应当认定其具有证据资格。当然，为公平起见，也应当给予对方当事人提供反证的时间。

家事审判研究

第十章
家事非讼程序

根据非讼程序理论,非讼事件包括民事非讼事件、登记事件、家事非讼事件、商事事件等多种类型。其中,家事事件占据非讼事件的核心地位。非讼程序适宜解决不宜采用对抗制模式解决的民事纠纷,这与家事纠纷特殊性对程序的要求不谋而合。适用或者部分适用非讼原理,已经成为家事审判程序发展的共同趋势。[①] 在我们对家事审判程序进行有别于一般民事诉讼的特殊考量时,设立家事非讼程序无法回避。具有简便、快捷特性,并强调法院职权介入的家事非讼程序的构建,对我国家事审判程序的系统性和完整性具有重要的现实意义。

第一节 家事非讼程序的界定

非讼程序作为大陆法系在法典化过程中基于体系化的需求将各类非讼事件审理程序聚合在一起而形成的概念,它既包括各类非讼事件共通的审理程序,

---

① 参见刘敏:《21世纪全球家事诉讼法的发展趋势》,载《中国应用法学》2017年第5期。

第十章
家事非讼程序

也包括适用于各类非讼事件的特殊审理程序。① 家事非讼程序不仅是非讼程序重要的组成部分,也是家事审判程序不可或缺的组成部分。

一、非讼程序与特别程序的关系

在我国,非讼程序只是一个学理性概念和称谓,在立法和司法实践中是将其纳入特别程序之中,发挥类似功能。那么,非讼程序与特别程序的内涵是否等同?两者是何关系?立法和司法实践应继续维持特别程序的现状,还是建立非讼程序体系?这些问题直接关系着隶属于非讼程序的家事非讼程序能否从理论的空中楼阁变为真切的立法规范和司法应用。

有关特别程序的范畴,从学理上来看,我国理论界主要有以下三种观点:其一认为特别程序适用于非民事权益争议案件;其二认为特别程序应当符合三项标准,即案件是否为非讼案件、诉讼标的是否特殊、是否与通常程序有重大不同的专门简易程序;其三认为特别程序的适用范围应以民事案件的非讼性质为确定标准。② 这些观点虽然存在一定差异,但非讼程序都在特别程序的范畴之内;从立法来看,我国《民事诉讼法》规定适用特别程序的案件有选民资格案件、宣告失踪或死亡案件、认定公民无民事行为能力或限制行为能力案件、认定财产无主案件、确认调解协议案件以及实现担保物权案件,除选民资格案件③外,均不涉及民事权益争议,属真正的非讼事件。基于立法规定,有些学者认为我国关于特别程序的规定就是非讼事件审理程序的规定,将特别程序与非讼程序等同。这种解读虽然不存在逻辑障碍,但"特别程序"无法替代"非讼程序"。其一,"特别程序"这一用语比较宽泛、模糊,不但不能表达出适用特别程序案件的非讼性,而且会造成理解混乱。所谓"特别",即指与众不

---

① 郝振江:《中国非讼程序年度观察报告(2016)》,载《当代法学》2017年第4期。
② 参见章武生:《非讼程序的反思与重构》,载《中国法学》2011年第3期。
③ 有学者认为选民资格案件本不应当规定在《民事诉讼法》中,应将其纳入行政诉讼。

同，那么具有特殊性的简易程序，尤其是属非讼程序的督促程序和公示催告程序独立成章，与普通程序、特别程序并列存在，就不能不说是矛盾的。其二，诉讼程序与非讼程序是民事审判程序最基本的分类，[①] 而不是诉讼程序与特别程序。民事审判程序分类，主要有实质和形式两种分类标准。实质标准是根据审理事件的性质分类，即判断事件是否涉及民事权益争议，是诉讼事件还是非讼事件，划分为诉讼程序和非讼程序，[②] 也就是传统的程序二元论。形式标准是根据审理的方式、形式分类，即审理程序是否采用通常的完整的程式流程，划分为普通程序、简易程序和略式程序。前者是最为根本的标准。其三，我国有关特别程序的立法主要借鉴苏联民事诉讼的相关规定，与现在的国际通行做法不同。在大陆法系国家（地区），非讼程序是民事程序法的基本组成部分，有着与诉讼程序不同的程序设计，发挥着重要功能，远非我国特别程序制度所能够比拟。

以"特别程序"取代或囊括"非讼程序"，不但挤压非讼程序在我国理论和实践中的发展空间，而且使得诉讼程序与特别程序是民事诉讼程序分类标准的误解始终无法真正得到消除。为促进我国民事诉讼程序理论的完善，使之与民商事实体法发展相适应，有效发挥民事司法功能，非讼程序的独立和体系构建已经成为重要且不可避免的问题。

二、家事非讼程序的内涵和特点

从非讼程序的历史嬗变过程来看，非讼程序起源于古罗马法，并且根据民

[①] 这是我国学术界的主流观点。但是在德国、日本，有关非讼程序的性质是审判权还是司法行政权存在争议。我国有学者提出：没有争议性的非讼事项之审理程序不具审判程序的性质，应归入司法行政范畴，仅少数具有争议性的非讼事项才具有审判性质，是否具有审判性质应当根据具体非讼事项来判断。参见庞小菊：《司法体制改革背景下的诉讼分流——以非讼程序的诉讼分流功能为视角》，载《清华法学》2016年第5期。

[②] 廖中洪：《制定单行〈民事非讼程序法〉的建议与思考》，载《现代法学》2007年第3期。

第十章
家事非讼程序

商事纠纷的多元化和复杂化发展以及国家公权力对私权关系一定程度干预的正当性,非讼程序被大陆法系国家普遍继受和发展,并在不少国家实现法典化。家事非讼程序作为非讼程序重要的子种类,也不断发展和完善。

一般来说,审理家事非讼事件的程序就是家事非讼程序,不涉及民事权利义务的争议。但是,随着家事非讼程序功能的扩展,其内涵也必然发生变化。民事纠纷形态的多样化及数量的不断增加,不断暴露出诉讼程序在纠纷解决以及应对社会对司法的需求等方面存在的自身难以克服的弊端。于是对部分具有诉讼特性的事件采用非讼法理进行处理的做法开始出现,并且此类事件逐步增多。① 这种现象被称为诉讼事件的非讼化,指法院在诉讼程序中处理争讼事件时采用职权探知主义、书面主义、不公开主义、简易主义等非讼法理,以达到裁判简速、合目的和展望性之宗旨所为之活动。② 在家事审判领域,这种表现更为突出,例如,德国将家事事件全面非讼化。所以,现代家事非讼程序的内涵与传统相比,包含的元素更为丰富,不能简单地将之与职权主义、书面审理、不公开审理对应和等同。因此,可将家事非讼程序定义为:法院通过行使非讼裁判权,适用非讼程序法理,审理家事非讼事件及非讼化家事事件的程序。

为更好地理解和把握家事非讼程序的特点,需借助与家事诉讼程序的比较。当事人主义、辩论原则、严格证明,基本能够表达出家事诉讼程序的特点。与之相比,家事非讼程序往往被冠之以职权探知主义、直接言词原则受限、自由证明等标签。两者的主要区别在:

---

① 各国对非讼程序的扩展存在不同看法,例如,德国和日本相对较为积极,而法国一直将非讼程序调整对象限定于不存在任何争议的非讼事件。我国有学者认为对非讼程序扩展,应把握尺度,以避免重返近代之前职权主义危险。参见郝振江:《非讼程序研究》,法律出版社2017年版,第20~27页。

② 孙永军:《诉讼事件非讼化:含义、法理基础与界限》,载《甘肃政法学院学报》2009年第5期。

（一）适用的案件范围不同

具有讼争性的家事纠纷适用家事诉讼程序，而家事非讼程序适用对象一般是不具有争议性的事件，但部分非讼化处理的事件也被纳入非讼程序适用范围。参考德国、日本及我国台湾地区最新有关家事事件与非讼事件程序的规定，虽然对家事诉讼事件与非讼事件进行分类采取的标准和方式以及"诉讼事件非讼化"处理程度不同，但都坚持对家事诉讼与家事非讼事件进行区别，只是诉讼与非讼的界限越来越模糊，"有无争议"的主要区分标准被逐步淡化。

（二）遵循的基本原则不同

一般情况下，家事诉讼程序采用必要言词原则，而家事非讼程序采用非必要言词原则，这主要取决于两种程序在构造设置方面存在的差异。家事诉讼程序采双方当事人对立构造，法院作出的生效判决会对当事人产生既判力，为保障当事人实体法上的权利，应当给予当事人充分发表意见、陈述和辩论的机会，所以采用必要的言词原则。而在家事非讼程序中，一般通过书面审理即可，利害关系人没有必要言词原则的保障。基于家事纠纷公益性特点，家事诉讼程序适用的程序法理游走于诉讼法理与非讼法理之间，其具体的偏向度取决于具体的事件类型。例如，针对涉财产关系家事事件，家事诉讼程序完全适用处分原则，而与身份有关的事件，当事人的处分权则会受到限制。同时，虽然说辩论主义是诉讼程序的典型特点，但是针对不同的家事事件，可能适用辩论主义原则，也可能适用不同程度的职权探知原则。与之相比，家事非讼程序适用职权探知原则，虽然从德国和日本非讼程序的现代新发展来看，都对利害关系人的程序保障制度进行了强化和充实，但是为避免非讼程序滑向诉讼程序，从而降低非讼程序的价值，这些强化和充实仅仅停留在最低限度的程序性权利保障上，与家事诉讼程序中最大程度保障当事人程序权利有明显差别。职权主

第十章
家事非讼程序

义下保持最低限度程序保障可以视为非讼程序应对现代变化的一种变容。①

（三）纠纷的主要解决方式不同

家事纠纷并非纯粹的经济利益纠纷，基本都涉及情感纠葛。因此，在家事诉讼程序中，具有情感修复优势的调解格外被重视，这也是在家事诉讼程序中强调调解前置的重要原因。而家事非讼事件一般不具有讼争性，主要是法院根据申请对某些事实或权益进行确认，基本没有调解适用的空间，一般以司法审判的方式解决。但如前文所述，部分具有讼争性的案件也被纳入非讼程序适用范畴，涉及此类案件时，家事调解仍有适用余地，且适用性较强，也应当采用调解前置的做法。例如，我国台湾地区"家事事件法"规定，丁类事件为真正的非讼事件，不适用调解程序，而被纳入非讼程序的戊类事件，为具有一定讼争性的非讼事件，于请求法院裁判前，应经法院调解。②因此，在处理家事非讼事件时，应当注意进行分类考量，调解程序适用受到一定的限制。

（四）程序构造的基本模式不同

家事诉讼事件因当事人之间发生涉身份的权利义务关系争议而产生，在法律关系中存在对立的双方当事人，是一种对抗与判定的构造，而"对抗"是任何类型诉讼机制必备的要素。在家事诉讼中，双方当事人通过在庭审中进行进攻和防御，获得在最终的裁判结果中的优势地位。比较来说，非讼程序的基本模式被确定为"协同与裁定"。所谓"协同"是指法官职权主义与关系人听审权的权衡，强调的是法院与当事人之间的一种相互协同的作用关系。③"协同"并未改变非讼程序强调依职权裁判的特性，只是为了避免职权主义对当事人权

---

① 郝振江：《非讼程序研究》，法律出版社2017年版，第69页。
② 参见我国台湾地区"家事事件法"第二十三条。
③ 参见赵蕾：《诉讼与非讼的再区分——以诉讼与非讼基本模式的差异为研究进路》，载《比较法研究》2012年第4期。

利的过分干预。虽然诉讼程序与非讼程序在基本模式上存在的差别很细微,但是能够将诉讼与非讼区别开来,使得两者适用于不同的家事事件类型,发挥各自不同的功能。

三、家事非讼程序的价值

家事诉讼程序与家事非讼程序犹如车之两轮、鸟之两翼,共同组成狭义上的家事审判程序。两者为解决不同类型的家事纠纷而存在,价值追求与程序着眼点都有所不同。在家事审判制度改革的大背景下,深刻认识家事非讼程序的价值,是构建家事非讼程序制度的前提和基础。

(一)促进家事纠纷的高效解决

民事诉讼程序的多元化,是指针对不同的案件适用不同的程序,案件和程序应当始终相适应。[①]家事案件的性质复杂、类型多样,不同情况下对程序的需求不同。相对来说,诉讼程序更注重公正,非讼程序更注重效率。身份关系因系建立于男女之间婚姻及亲属间血统社会自然之事实关系,它不仅涉及当事人私益更涉及国家和社会公益。[②]家事纠纷具有情感性、公益性等特点,且往往涉及未成年人、妇女及老年人的权益保护问题,需要国家权力介入加以特殊保护。强调当庭对抗和法官居中裁判的诉讼程序并不适合所有类型的家事案件。虽然家事纠纷的处理重在家庭关系的修复、公益的维护,诉讼效率的问题不是其关注的首要问题,[③]但是部分家事案件的处理对简便、迅捷、经济性有较高要求。这些都与家事非讼程序的内在性质相吻合。建立完善的家事非讼程

[①] 姜丽萍:《试论民事诉讼程序设计的多元化——兼论宪法诉讼的程序选择》,载《中国律师和法学家》2007年第5期。

[②] 范愉:《非诉讼纠纷解决机制研究》,中国人民大学出版社2000年版,第208~209页。

[③] 孙永军:《论非讼法理在家事诉讼中的适用》,载《青海社会科学》2014年第4期。

第十章 家事非讼程序

序，契合司法程序类型化、专业化以及程序精细分流的要求，能够高效解决家事纠纷，以尽快稳定婚姻家庭关系。这是家事非讼程序最直接的价值体现。当然，随着"诉讼事件非讼化"趋势的发展，诉讼事件与非讼事件的区分变得越来越模糊，尤其是在家事领域，诉讼事件向非讼事件的流动和转化越来越普遍，在家事诉讼中交错适用诉讼法理与非讼法理的合理性逐渐被重视和认可。

（二）填补家事诉讼程序体系的缺陷

根据程序保障论的观点，程序体系与结构的完美设置能够实现司法资源配置的最优化，满足程序主体利益需求的最大化，以便获得最大的社会效益和经济效益。① 司法资源配置应当遵循兼顾私益纠纷解决与社会公益维护而进行相对均衡分配的原则，程序分类是配置司法资源的重要手段，能够使每种程序实现各自价值。在民事司法程序类型化、体系化建构中，通过对审判程序进行诉讼程序与非讼程序的分类，形成纠纷解决与纠纷预防② 机制并存、对抗性与非对抗性程序各就其位的格局，具有重要的现实意义。从司法审判制度的整体角度来看，应当建立非讼程序；从家事审判制度的个体角度来看，也应当建立家事非讼程序。考察家事审判程序，在世界范围内，虽然家事审判专业化实现程度有高低，但是大多数国家都针对不同类型的家事案件设置不同的审判程序。建立家事非讼程序将是家事审判的结构性改革，能够推动或实现整个家事审判程序制度体系妥善地兼顾和平衡多元价值诉求。

（三）推动家事实体法的完善

程序法与实体法是辩证关系，就性质而言，程序法是实体法的助法，但例

---

① 鹿义胜：《民事诉讼审判程序设置研究——以建构非讼程序为视角》，载《河南工程学院学报（社会科学版）》2014年第4期。

② 非讼程序具有纠纷预防功能，通过法院行使审判权确定法律事实，恢复可能或者即将失衡的权利义务结构体系，创设、变更、终止一定的私权关系，疏减讼源。参见杨荣馨：《民事诉讼原理》，法律出版社2003年版，第651~652页。

外情况，程序法也可以发挥对实体法的填补性功能。随着家事实体法的不断完善，特别是我国民法典制定进程的加快，基于民法典的体系性和逻辑性，大量程序性规则，特别是非讼事件程序，无法在民法典中进行规定。缺失家事非讼程序的规定必然导致家事非讼程序与诉讼程序之间的逆流现象，即非讼事件被转化为诉讼事件并适用家事诉讼程序来处理，这不利于家事实体法目的和价值的实现。所以说，建立家事非讼程序不但可以弥补家事诉讼程序的不足，而且符合家事实体法的要求。

第二节　我国家事非讼程序的现状考察

家事诉讼程序与家事非讼程序是家事审判程序的两大基本形态，家事非讼程序专门针对家事非讼事件而设，具有独立的意义和功能。当前，我国没有针对家事纠纷的特殊性构建独立的家事非讼程序，影响和制约着我国家事审判制度的发展，亟待进一步完善。

一、我国家事非讼程序的不足

与家事诉讼程序相比，我国家事非讼程序更加散乱且几乎是空白的。除适用特别程序的几类案件有具体的程序规则设置外，其他的家事非讼案件要么实体法只规定由法院管辖，却没有明晰的程序规范可以遵循，例如，《继承法》规定"遗嘱继承或遗赠附有义务的，继承人或者受遗赠人应当履行义务。没有正当理由不履行义务的，经有关部门或者个人请求，人民法院可以取消他接受遗产的权利"，但是法院应当按照什么样的程序来审理取消接受遗产权利的案件，相关法律却没有规定，造成适用特别程序没有依据，而适用普通民事诉讼

第十章
家事非讼程序

程序又不妥当的两难境地；要么就直接脱离司法权的范围，由有关政府部门通过行使行政权进行管理，例如，《收养法》规定："收养应当向县级以上人民政府行政部门登记。收养关系自登记时起成立。"根据我国家事非讼程序存在的状态可以看出，家事非讼程序存在如下不足：

第一，家事非讼程序附属性突出。抛开没有具体程序规则可遵循的家事非讼事件不谈，即使是被纳入特别程序予以规定，也是被视为民事诉讼程序的相对次要程序，具有附属性，没有独立的地位和价值。其附属性表现为形式性和实质性两个方面。形式性附属是指（家事）非讼程序未单独成法，依附《民事诉讼法》存在。实质性附属是指非讼程序与普通民事诉讼程序的同质性。判断某一审判程序是否具有独立性，主要应当考虑它是否有独立的审理原则和制度。[1] 我国特别程序与普通民事诉讼程序的不同点主要是一审终审、独任审判、30天短审限等，而这些特点都不是审理的原则和制度，所以只要是不与这些特殊点冲突的普通程序的审理原则和制度均可以被适用于特别程序。可以说，特别程序只是普通程序的另一种简化存在。

第二，现行特别程序弊端明显。（1）"一般规定"的适用呈僵化状态。我国《民事诉讼法》第十五章特别程序中规定的"一般规定"只适用于该章所明确规定的案件，而其他法律中规定和涉及的非讼事件不能适用。这种封闭性是导致司法实践中大量非讼事件诉讼化[2]的主要因素，增加司法和社会的管理成本。（2）适用范围有限。有关特别程序的范畴，我国民事诉讼理论和立法采用的都是狭义概念。但是，随着民事实体法的不断完善，特别是诉讼事件非讼化的情况日渐普遍，会产生越来越多需要运用非讼程序法理来解决问题的案件类型，现行规定显然已经不能满足法律调整社会关系的现实需要。（3）适用规则

---

[1] 郝振江：《论我国非讼程序的完善——聚焦于民诉法特别程序的"一般规定"》，载《华东政法大学学报》2012年第4期。

[2] 指运用诉讼程序审理性质上为非讼事件的事件。郝振江：《论我国非讼程序的完善——聚焦于民诉法特别程序的"一般规定"》，载《华东政法大学学报》2012年第4期。

简单。与其他国家立法相比,我国对特别程序规则的规定比较简单,多则4个条文,少则2个条文,且主要是对案件管辖和判决的作出、撤销进行规范。

第三,程序功能容积偏小。在大陆法系国家(地区)非讼程序的功能是丰富和多元的,除了监护、确认、证明和许可等基本功能外,还具有纠纷解决的扩展功能,因纳入部分具有讼争性的诉讼事件而成为一种重要的纠纷解决方式。而我国民事诉讼理论和立法均坚持非讼程序的主要功能是对法律事实或法律关系的确认,①功能过于单一,因此,非讼程序一直不受重视。

二、我国家事非讼程序现状的成因分析

我国的民商事立法主要是借鉴大陆法系国家的立法而逐步完善和发展起来的,但对非讼程序的态度和做法,特别是针对占非讼事件大部分的家事非讼事件,与大陆法系国家的诉讼事件非讼化趋势明显不同,表现为非讼事件诉讼化。长期以来,家事非讼程序被边缘化。以下原因值得关注:

(一)行政权对私法领域的介入过于深入

民法贯彻的私法自治原则,排斥行政权对私法领域的干涉,为防止行政权的过度扩张,行政权对私法领域的介入被限制在法定的范围内。与此同时,更为公正、中立和消极的司法权被选中来行使监护、确认、证明、许可等本应由行政权行使的权限。但是,我国历来重视行政权对私法领域的管理,行政管理权受到的限制比较小,由法院运用司法权中的非讼裁判权对私法领域进行事前监护的功能长期被忽视。

(二)司法权的纠纷预防功能被忽略

司法权一直被视为社会纠纷解决的最后一道防线。随着经济社会的发展,

---

① 参见江伟:《民事诉讼法》,高等教育出版社2007年版,第392页。

第十章
家事非讼程序

民事案件数量急速增长，以诉讼程序改革为核心的民事审判方式改革持续推进，但其根本目的是如何更快、更好地解决涌入法院的案件，司法权对纠纷的预防功能一直被忽略。所以，作为司法权提前介入市民生活，预防纠纷发生的手段和载体的非讼程序自然也不会受到重视。非讼程序之所以起源于古老的罗马法，就是因为早在罗马法时期，精于法律之道的罗马人从作为法律原材料的细碎规则中提炼出原则并精心构筑了司法体系，他们认识到，对于法院的职能范围，除了争讼裁判之外，尚有监护性、参与性介入私人生活方面的内容。①

（三）司法能动性作用被排斥

司法权应具有消极性和能动性两个特点，这两者分别体现在司法权的诉讼裁判权与非讼裁判权的区分上。②对我国来说，以法官自由裁量权为核心的司法能动是西方"舶来品"，且是极具争议的司法理念和原则。出于对司法能动究竟是对自由的保障还是安全的威胁的担忧和不确定，司法能动性一直受到排斥，司法的消极性被过度强调。正因如此，很多应借助司法能动形成的权利或确认事件被交由民事主体自由处理。当发生争议时就会直接转变成诉讼事件，并最终通过诉讼程序解决。

（四）家事审判的特殊性未得到充分认识

一直以来，在我国，无论是理论界还是实务界，家事审判的特殊性和重要性都未被充分认识。随着离婚率持续增高、家庭弱势群体尤其是未成年人的利益保障不到位等社会问题频发，家事审判理论研究以及家事审判方式和工作机制改革才开始在近几年受到重视。在民事审判制度对家事纠纷特殊性的认识不足的情况下，独立的、体系化的家事审判程序不可能被建立，更遑论尚未被正式接纳和明确的家事非讼程序。

---

① 赵蕾：《非讼程序：预防和化解社会纠纷的程序创新》，载《山东警察学院学报》2015年第1期。
② 郝振江：《论非讼程序在我国的重构》，载《法学家》2011年第4期。

第三节 重构我国家事非讼程序的设想

发展非讼程序符合程序多元、对称原理,以及采用灵活、弹性方式解决客观性纠纷的现实需要。目前,我国家事非讼程序需要系统化的重构,具体设想如下:

一、立法体例选择

家事非讼程序立法在主要大陆法系国家以及我国台湾地区表现各不相同:德国以《家事事件及非讼事件程序法》同时就家事事件和其他非讼事件进行规定,家庭事件中的程序、照管事件与收容事件中的程序以及遗产事件与分割事件中的程序分别列为一编;法国没有单独的非讼程序法典,各类非讼事件包括家事非讼事件的审理程序都集中规定在民事诉讼法典中,且非讼事件范围受到严格限定;日本对一般非讼事件和家事非讼事件分别立法,前者适用《非讼事件程序法》,后者适用《家事事件程序法》;我国台湾地区在"家事事件法"中同时以单编对家事诉讼程序与家事非讼程序进行规定。整体来看,日本的家事非讼程序立法完全独立,德国和我国台湾地区的立法相对独立;德国虽然突出家事事件,但是立法基准是整个非讼程序的体系性,而我国台湾地区更偏向的是整个家事审判程序的逻辑性和完整性。我国现有立法体例与法国最为相似,但从长远角度来说,应当追求家事审判程序的独立和专业化。在缺乏非讼程序法的现实背景下,参考我国台湾地区的体例更为可取且具操作性,即家事非讼程序单独成编,纳入家事程序法。

具体编写可采通常的总分体例,即先设定通则,再就类型化的家事非讼事件分章进行规定。通则应包括家事非讼程序的适用范围,基本原则和制度,管辖,主体,程序的启动、中止、合并与分立、转换,关系人的程序权利保障,

第十章
家事非讼程序

证据制度，裁判的形式、效力等内容。分则的每章应根据每种类型家事非讼事件的特殊性，就不具有共通性的特殊规则作出规定。

二、增设基本原则

基本原则是程序最本质的特征，是其成为独立程序制度的象征。一般认为，家事非讼程序具有以下基本原则：

1. 职权探知原则

基于家事纠纷的特殊性，无论家事诉讼程序还是非讼程序均坚持职权探知原则，只是职权探知的"度"有不同表现。"诉讼非讼化"模糊诉讼与非讼的界限，造成家事诉讼案件与非讼案件较难进行明确区分。但一般来说，家事非讼事件除具有一般家事案件的特点外，具有更为浓厚的公益性，诉争性相对较弱，对程序效率的要求更为迫切，所以一般规定法院应当依职权调查事实和证据，根据申请人的申请，确认、变更法律关系。并且法院对非讼程序的开启和终结享有最终的决定权，申请人的申请需经法院审查。而在家事诉讼程序中，法院依职权调查事实、证据，特别是针对当事人没有提出的事实，得为必要而行之。也就是，与非讼相比，家事诉讼中的职权探知受限较多。但也不可否认，在非讼程序的现代化发展过程中，随着诉讼事件非讼化的开展，传统的典型非讼程序具有的职权裁量特性在家事非讼程序中必须进行改造，以适应非讼程序的新发展。通过综合运用诉讼法理和非讼法理，保持法院职权行使与关系人程序权利保障的平衡，以便获得正当化的非讼裁判。所以，强调职权探知原则的重点并不是纯粹地追求当事人对抗的弱化和法院职权的强化，更重要的是二者间的协作和配合。

2. 不公开审理原则

公开审理是法院裁判取得认可和权威的重要途径，但为保护公民的家庭隐私，无论是家事诉讼程序还是非讼程序都应以不公开审理为原则，以公开审理为例外，前文已作论述。但非讼化诉讼事件的加入，使家事非讼事件在何种情况下应行公开审理，成为学者探讨的对象。其主要原因是，担忧在职权主义限制当事人权利的情况下，如果再不公开审理，则裁判正确性和效力正当性无法保障。这种担忧不无道理。因此，对于非讼化的真正诉争事件，特别是裁判实质确定力得到肯定的事件，出于当事人程序权利以及裁判正当性保障的考虑，应当作为例外，进行公开审理，但需在法典中予以明确规定。同时，通过"当事人申请"的方式对家庭隐私进行保护。

3. 书面审理与言词审理相结合原则

从最传统的非讼事件范畴来讲，家事非讼事件一般没有民事权益争议，法院通过书面审理，即可作出裁判。但是，最好的裁判应当尽量兼顾公正与效率，二者不可偏废。因此，即使在面对真正的家事非讼事件时特别强调书面审理原则的适用，也不意味着对言词审理的完全排斥，只是与诉讼程序中的言词审理原则不同。法院可以根据个案情况要求关系人以书面或言词的形式陈述意见，甚至在某些特殊情况下，法院必须听取关系人的陈述，以保障关系人权利和查明事实。而对被非讼化处理的家事诉讼事件来说，当事人两造对立和权利义务争议仍是现实存在的客观事实，法官只有通过言词审理，听取诉讼参与人的陈述和辩论，才能真正形成内心确信，作出公正裁判。因此，在家事非讼程序中应当坚持书面审理与言词审理相结合的原则。可以预见，随着"诉讼事件非讼化"现象的不断发展，言词审理相关规则在家事非讼程序中的适用将越来越重要和普遍。

4. 关系人基本程序权利保障原则

程序保障属于一个普遍性概念，是任何程序内主体均应享有的权利。家事非讼程序也不例外。但是，程序保障在家事非讼程序中有一定的限制，没有必要也不能与诉讼程序相同，否则将与诉讼程序无异。世界范围内的家事审判改革，虽然都正朝着诉讼事件非讼化和加强关系人程序权利保障的方向发展，但是在程序权利保障上始终保持着一定的克制。家事非讼程序对关系人程序权利保障应维持在较低限度，主要包括关系人听审权和证明权保障。

关系人的听审权。随着宪法性权利的可诉性逐步成为各国共识，合法听审权成为当事人一项重要基本权利，用合法听审权限制非讼程序中的职权主义成为改革非讼事件法的重要内容。具体来说，听审权一般应包括关系人的陈述权，即拥有针对构成裁判基础的事实进行充分陈述的机会；关系人的认识权，即拥有充分了解、认识程序如何进行、他方陈述等的机会。法院不仅要被动听取关系人的陈述，还要主动地进行释明和审酌。听审权保障主体不限于申请人和相对人，也应当包括利害关系人。但每个主体与案件的利害关系程度不同，应对关系人进行区分，并进行不同程度的保障。

关系人的证明权。家事非讼程序采职权探知主义，但这并不影响赋予关系人证明权的正当性，特别是在真正的诉争事件中，关系人证明权的保障是正当化非讼化处理的结果的应有之义。家事非讼事件类型较多，在事证调查方面，法院可根据具体事件的特性就采严格证明还是自由证明适当裁量。法院在裁量前应当听取关系人的陈述。古典的非讼事件可采自由证明方式，而真正的诉争事件，关系人对权利义务关系有争执，如果待认定的事实对裁判有重要影响，则应采严格证明方式。

三、确定适用范围

非讼程序功能的扩展，使非讼事件范围不断扩大，因而表现出极大的不确定性。为更好地解决纠纷，有必要对家事非讼事件进行类型化处理，这是构建家事非讼程序必须首先解决的问题。

就家事非讼事件的范围而言，各国（地区）的分类和规定各不相同，这与各国的国情、法治程度、经济文化条件等方面的不同有很大关系。德国作为家事事件全面非讼化的先驱者，将家事事件分为一般家庭事件和婚姻事件及家庭争讼事件两大基本类型，这种区分的重点是在维持非讼程序不采用对立结构的基础上，区分出有必要采用对立结构的事件；日本《家事事件程序法》规定的家事事件包括成年监护、保佐、辅助、不在者财产管理的处分、宣告失踪、婚姻、亲子、亲权、未成年监护、扶养、遗产分割等27类事件，以分别纳入别表一或别表二进行区分，其依据为是否适用调停，纳入别表二的事件可调停；我国台湾地区将家事非讼事件分为丁类和戊类，其区分标准为是否具有讼争性，丁类事件包括宣告死亡、失踪人财产管理等13类，不具讼争性；戊类事件包括指定夫妻住所、报告夫妻财产状况、给付家庭生活费用等13类，具有一定讼争性，当事人或利害关系人具有一定处分权。

借鉴其他国家和地区的规定，为迎合家事事件非讼化趋势，我国对家事非讼程序适用范围的界定应当保持开放性，在保留传统的、真正的家事非讼事件的同时，有必要将部分可非讼化的家事诉讼事件纳入其中。诉讼法理与非讼法理交错适用理论，为诉讼事件非讼化提供支撑。确定可非讼化处理的事件范围，关键是把握非讼化的界限。考量非讼化界限，日本新堂幸司教授认为应当衡量法官裁量权适用的空间和当事人的对立程度，只有法官具有较高的裁量性，同时当事人对立性高的事件，才有可能被非讼化处理，此外还应考虑是否需要迅速解决、是否具有较强的公益性等因素。[①] 我国台湾地区邱联恭教授认为诉讼事件非讼化的限度是不轻易剥夺当事人应受程序保障的权利。至于哪些程序保障内容可以剥夺，而哪些不能剥夺，我国有学者提出从现代法治国家当事人程序主体性的理念出发，从法院处理纠纷的各种程序中抽出程序保障的共同性要求，即保障当事人尊严的必备要素，就是诉讼事件非讼化底线。[②] 但以技术化手段对家事诉讼案件进行非讼化处理，其讼争性仍然是真实存在的。为避免非讼化处理对程序保障的损害，各国立法对"可非讼化"都保持着审慎的态度，通过赋予利害关系人程序选择权或者强调言词辩论等加以平衡，这也是

---

① 参见王祥远:《诉讼事件非讼化之浅析》，载《政法学刊》2007年第4期。
② 参见孙永军:《诉讼事件非讼化:含义、法理基础与界限》，载《甘肃政法学院学报》2009年第5期。

第十章
家事非讼程序

世界家事非讼程序的发展潮流。这种理念在我国构建家事非讼程序时应当借鉴和学习，兼顾关系人程序利益和实体利益的双重保护。综合来看，我国家事非讼程序适用范围应当包括真正的非讼事件和非讼化诉讼事件两大基本类型，具体是：

1. 真正的非讼事件

主要指现行民事诉讼法中规定的特别程序案件，包括宣告失踪以及宣告死亡案件（申请宣告公民失踪、申请撤销宣告失踪，申请为失踪人财产指定、变更代管人，申请宣告公民死亡，申请撤销宣告公民死亡），认定公民无民事行为能力、限制民事行为能力的案件（申请宣告公民无民事行为能力、申请宣告公民限制民事行为能力、申请宣告公民恢复限制民事行为能力、申请宣告公民恢复完全民事行为能力），监护权案件（包括申请确定监护人、申请变更监护人、申请撤销监护人资格）。此外，还应当将人身安全保护令申请案件纳入该类型。基于我国情况，通常认为的典型的古典非讼事件，例如，收养许可和夫妻财产登记事件以及继承事件（包括限定继承申报、抛弃继承、无人承认继承、申请指定遗嘱执行人、遗书审查等），我国没有明确规定，前者牵涉司法权与行政权的配置问题，后者牵涉相关实体法和程序法的不完善。

2. 可非讼化的诉讼事件

粗略来说，家事事件可以分为身份关系事件和与身份关系相牵连的财产关系事件。就非讼化处理而言，对两种类型案件的要求有所不同。身份关系涉及当事人的重大权益，并且有权利义务关系争议，在对其判定是否可非讼化处理的时候，应当更加慎重。

（1）涉财产关系事件

家事事件中，除夫妻财产分割及有关损害赔偿等，涉财产关系事件主要是抚养费、赡养费、扶养费追索以及家庭生活费用给付请求。该类型事件的当事人就抚养、赡养等具体内容、方法、金额等存在争议，其本质是诉争性事件。但是，法院在处理该类事件时，基于家事事件伦理性和公益性，需着重考虑对弱势群体利益的保护，并对相关的人际关系进行调整，除需要查明案件事实，掌握当事人的经济收入、支付能力、教育程度等情况，以便作出展望性裁决外，还需要迅速作出裁决，以给予申请人及时的救助和生活保障。这显然与一般财产型纠纷的处理不同，需适用家事非讼程序进行处理，而多数国家也都将该类事件列为非讼事件。因此，可考虑对该类事件进行非讼化处理。

（2）身份关系事件

婚姻关系事件。婚姻关系事件主要包括离婚之诉、婚姻无效和撤销之诉。但基于纠纷牵连性和统合处理的必要性、便利性、经济性考虑，夫妻财产分割、子女抚养权确定与抚养费支付等事件作为离婚后续（附随）事件，一般也被纳入婚姻关系事件。此类型事件中，除已论述过的抚养费支付事件，请求确认婚姻无效事件的非讼特点较为突出。虽然《婚姻法》没有明确规定婚姻无效案件应当适用何种程序，但通过法律条款分析，可以找到蛛丝马迹。《婚姻法解释一》第九条第一款规定宣告婚姻无效的案件是一审终审，即是根据婚姻无效案件的非讼性，确认应当作为非讼案件，比照适用《民事诉讼法》关于特别程序的规定进行审理。最高人民法院在《婚姻法司法解释（二）的理解与适用》中也明确提出：赞同"宣告婚姻无效程序属于民事诉讼特别程序"的观点。将宣告婚姻无效案件视为非讼案件并比照适用民事诉讼特别程序处理，是司法实务中的主导观念和做法。所以，应当将确认婚姻无效事件纳入非讼化处理的范畴。

亲子关系事件。亲子关系事件，包括亲子事件、收养事件及停止亲权事件。就亲子事件而言，主要是否认婚生子女和认领非婚生子女。亲子确认程序应当按照非讼程序予以救济，原因是：确认是否存在亲子关系本质上是事实确认问题，要么存在亲子关系，要么不存在亲子关系，不是民事权益争议问题，却能产生相应法律后果；具有较强公益性，亲子关系确认结果不仅关系当事人之间的私益而且涉及第三人利益；对法院职权探知主义有较高要求，不能完全遵循谁主张，谁举证，如果不能证明存在亲子关系就必然败诉的裁判思路；需

第十章
家事非讼程序

迅速处理以稳定亲子关系,亲子关系较长时间处于不确定状态将给未成年子女的生活、心理等带来严重影响。就收养事件而言,与其相关的非讼事件主要包括确认收养关系和解除收养关系,作为继续性法律关系,在其存续期间需要法院代表国家履行监护职责,及时结合各种情况变化对收养关系进行调整。就停止亲权事件而言,我国没有专门的亲权规定,而是适用亲权与监护权混同的大监护制度,但是亲权与监护权有严格的区分且各具独立性价值。亲权基于亲子血缘关系产生且该法律关系的内核逐步转化为父母对子女的监护照顾义务,法律对其限制较少,而监护因监护人与被监护人的亲疏远近不同受到不同程度的限制。随着社会的发展以及最大限度保障未成年子女利益的需要,我国应当借助编纂民法典的契机规定亲权制度,同时改造现行的监护制度,使得在未成年人保护方面,监护回归到亲权的补充制度的角色,并以非讼程序处理停止亲权事件。

扶养事件。亲属是共同生活体,相互之间理应彼此扶助,给予不能维持生活者以必要的支持和供给。根据我国现行法的有关规定,扶养主要是指夫妻间扶养和亲属间扶养,诸如扶养请求、请求减轻或免除扶养义务、变更扶养关系等事件都可以适用非讼程序予以处理。

继承事件。目前,我国的继承案件均是按照普通民事诉讼程序审理,没有特殊规则。大陆法系国家以及我国台湾地区一般都将继承事件纳入非讼程序,在非讼事件法中对继承事件都有详细规定,在我国建构继承非讼程序时可资借鉴。

探望权事件。探望权源于亲权,是连接婚姻制度和亲权制度的纽带,不但不同于一般的民事案件,也不同于一般的家事案件。针对具体的探望规则,虽然当事人之间可能存在强烈的争执,但是该类案件更注重的是保护未成年子女的利益,为避免给亲子关系带来重大影响,在程序适用上更加强调裁判的合目的性、妥当性、便捷性,这都与非讼程序的特点和功能相契合。因此,可将探望权事件进行非讼化处理。

四、裁判效力及变更

有关家事非讼程序的终结方式，各国虽有不同，但都采取非判决方式。我国民事诉讼法对非讼程序规定了判决和裁定两种裁判方式，裁判方式不统一。裁定可以处理部分实体问题，判决也可以一审终审，例如小额诉讼，两者都不违背法理，但是以"裁定"统一非讼程序裁判更为适宜。

（一）裁定的生效

有关家事非讼裁定的生效时点，德国对不同案件类型赋予不同的生效时点，我国台湾地区则以裁定是否得为抗告来区分生效时点。但是，家事非讼事件的种类繁多，即使是可以上诉的裁定，也不必然都要在具备形式上确定力的时候才发生效力。例如，失踪人财产管理人的选任，需要迅速调整或形成一定法律关系，即使允许上诉，也应在裁判送达时就发生效力，否则失踪人的权益可能因未被予以及时的保护和救济而受损。如此来看，我国台湾地区的区别方法有待商榷，德国根据事件类型作出区别更为可取。具体应基于家事事件的特性及对程序的需求，对是优先追求快捷的裁判还是慎重的裁判进行判断。优先追求快捷的裁判的非讼裁定，一般适用于真正的非讼事件，应当在送达或对外宣告时发生效力；优先追求慎重的裁判的非讼裁定多涉及身份关系的确定或变动，对当事人的权益影响较大，一般适用于非讼化的诉争事件，应当在具备形式确定力的时候发生效力。

（二）裁定的既判力

"司法裁判必须具有既判力"应当是一种具有超越地域、时代或体制的普遍存在。我国虽然在民事诉讼法中没有规定既判力，但在理论和实践中对其都是认可的，只不过局限于诉讼判决。而非讼裁定是否具有既判力，仍存在争议。非讼程序强调的是国家基于保护社会公益目的对私法领域的积极介入，需

第十章 家事非讼程序

要适时根据情势变更调整其监护行为。也就是说，裁判对法律关系的稳定并不是非讼程序首要追求的。所以，原则上不应赋予非讼裁定以既判力，但又不能一概而论。一般而言，针对真正的家事非讼事件作出的裁定不具有既判力，例如，被宣告失踪、宣告死亡的公民重新出现，经本人或者利害关系人申请，人民法院应当作出新裁定，撤销原裁定；针对非讼化处理的家事诉讼事件作出的裁定，非讼化不应当是改变其本身的既判力的原因，当然也存在例外情况，例如，有关确定子女抚养费的判决生效后，一方可因物价上涨、生活条件变化等因素要求变更抚养费。本质上看，是否赋予非讼裁定既判力主要取决于如何在裁判的"稳定性"与"合目的性"之间进行权衡和取舍，并不仅仅与是真正的非讼事件还是非讼化的诉讼事件相关联，有个案探讨之必要。

（三）裁定的可变更性

稳定性是生效裁判的内在属性。就判决而言，再审这种非通常救济方式是打破其稳定的主要途径。非讼程序主要的价值追求是简便、快捷，如果通过严格、烦琐、狭隘的再审程序对关系人权益进行救济，则与非讼程序的价值追求相悖。为此，大陆法系国家及地区为非讼程序建立起裁判变更制度。裁判变更程序是指非讼裁判生效后原审法院认为该裁判不当或裁判基础发生变化时，可依申请变更或撤销该裁判的一种程序。这在我国现行民事诉讼法特别程序的规定中也有体现。在重构我国家事非讼程序时，应将其作为一种基本制度予以确立。为家事非讼裁定设置相对宽松的变更程序，不是对裁判稳定性的放弃，否则可能因裁判的随意变更而增加当事人诉累、浪费司法资源，更有甚者会损害司法的权威。因此，在适用变更程序时需附加条件。

适用范围受限。并非所有家事非讼裁定都可以适用裁判变更程序，各国都有裁判变更限制适用规定。例如，德国《家事事件及非讼事件程序法》第48条第3款规定"作出裁定追认或者拒绝追认法律行为时，若追认或者拒绝追认已经对第三人生效，则不得恢复原状，不得提起第44条的责问，不得变更裁判或者再审。"日本《家事事件程序法》规定，仅因申请而作出审判的场合下驳回申请的审判和可以提出即时抗告的审判，家庭法院不能作出取消或者变更。我国台湾地区"家事事件法"规定，法院认为其所为裁定不当或裁定确定后发生情势变更，法院得撤销或变更之，赋予法官较大职权。事实上，裁判是否可以变更是裁判稳定性与利害关系人或第三人权益保护间的博弈。在限制裁判变更程序适用时，至少要把握两点：第一，第三人已经对生效裁判产生信赖利益，此时维护裁判稳定性更为重要；第二，如果有上诉等其他救济方式，则不能适用裁判变更程序。

程序的启动。裁判变更程序应由法院依职权启动，还是依关系人申请启动，取决于关系人对程序标的是否有处分权。虽然非讼程序更为强调职权主义，但是若关系人对程序标的有处分权且其处分行为并没有损害社会公益，即使法院认为裁定不当或裁定基础发生变化而需要变更裁定，也不能依职权启动变更程序，是否申请启动变更程序应交由关系人自由处分。这也说明，家事非讼程序中的职权主义也是受限制的。而当事人处分权受到限制，需要法院主动保护，且裁定不当或情势变更损害关系人利益的情况下，法院能且应当主动依职权变更裁定。当然，无论由谁启动变更程序，变更与否的决定权都在法院。

第十一章
家事审判特别制度

第十一章
家事审判特别制度

家事纠纷具有显著的人身性、伦理性、隐私性、公益性等特征,因此家事诉讼制度与一般民事诉讼制度相比,具有一定的特殊性与偏好性,其追求的不仅仅是案件本身的实体公正和程序正当,更侧重于对家庭和谐和社会秩序的维护,这就决定了家事诉讼制度在法律规范方面必须设定一些不同于一般民事诉讼制度的特别规定。

第一节 家事调查员制度

家事调查员制度是指法院依职权指派家事调查员对家事纠纷的相关事实进行调查,形成的调查结果可以作为裁判依据的制度。[①] 最高人民法院2018年7月18日发布的《关于进一步深化家事审判方式和工作机制改革的意见(试行)》对家事调查员制度作出了规定。家事纠纷不但法律关系纷繁复杂,而且往往涉及社会公共利益问题,仅凭法官的力量很难查清家事纠纷发生的原因,

---

① 李鹤贤、刘志强:《完善家事审判工作的三个关键制度》,载《人民司法》2016年第34期。

还原事实真相,因此,有必要设立家事调查员制度,由家事调查员协助法官对案件事实进行探明。

一、在家事审判中引入家事调查员的必要性

建立家事调查员制度是家事纠纷特殊性的必然要求。在处理家事案件过程中,设置专门的家事调查员全面了解当事人的婚姻家庭状况,对家事纠纷事实进行更为清晰、准确、全面的探知,以便人民法院对家事案件作出公正处理是十分必要的。

(一)有利于更好地实现家事审判的实质正义

实质正义是正义的终极状态,即传统价值观的"善有善报,恶有恶报",也是对利益最公正的分配。普通民事诉讼理念根源于民事契约的自由、平等、私权自治等精神,表现为当事人主义的诉讼原则。法官在诉讼中遵循"不告不理"的原则,裁判不能超出当事人主张的范围,尽可能减少司法对民事活动的干预。而家事纠纷具有社会公益性,家事纠纷的处理不但影响到特定家庭的健康幸福,也影响到整个社会的稳定和谐,涉及妇女、老人、未成年人等弱势群体的保护,建立家事调查员制度不但能够更好地保护当事人双方的利益,而且能够更好地保护社会公共利益和第三人的合法权益。

(二)有利于修复家庭关系和维护社会稳定

很多家事案件的当事人并非真正期待家庭关系的破裂,而是寻求一个解决纠纷、恢复家庭关系的途径,因此家事审判并不是要得出一个权利义务分明的裁判结果,而是需要对人际关系进行调整,重建稳定的家庭关系。因此,家事调查员能够更好地查清当事人的个人基本情况、家庭情况、夫妻关系、财产状况、居住环境、工作情况、子女抚养现状、父母以及其他老人的赡养情况

第十一章
家事审判特别制度

等,从而挖掘出家事纠纷的深层次矛盾和根源,使法官在处理家事案件时,选择对家庭关系伤害较小、有利于家庭关系、感情复原的纠纷解决方式,从而更好地治疗家庭中长期存在的痼疾,疏通异常的亲情关系,恢复正常和谐的家庭氛围。

(三)有利于解决家事纠纷证据收集难和事实查明难问题

家事纠纷具有隐秘性、伦理性、复杂性的特征,其中往往存在大量的个人隐私和家庭的共同隐私,如家庭生活细节,内部矛盾、情感纠葛等,大部分当事人不愿意将这些隐私公之于众,认为如果家庭隐私暴露,将不利于家庭成员之间的关系在纠纷之后的恢复、影响未成年子女的心理健康、降低家庭成员在社会上的评价,因此许多家事案件存在证据收集难、案件事实查明难的问题。家事调查员的特点决定其能够以当事人更容易接受的方式了解当事人的情感,全面掌握当事人的真实婚姻家庭状况,他们对家事纠纷事实的探知更加准确和全面,有利于家事纠纷的公正处理。

二、家事调查员的主要职能

家事调查员应当在家事案件处理过程中,利用相关专业知识和业务技能,对家事案件中的有关事实或特定事项进行调查,收集家事案件事实的相关信息和资料,并向法院提出调查报告,具体主要包括探查、修复和保护三种职能。

(一)探查职能

家事案件从法律适用的角度上看一般并不复杂,难点在于家事纠纷背后的复杂成因难以查明。家庭矛盾的引发往往是由许多琐事共同作用的结果,从证据角度上看,当事人很难举证证明,并且举证质证的过程也经常会演变为当事人之间的互相指责,很可能会导致矛盾的进一步激化。俗话说:"清官难断家务事。"法官即使想运用职权主动查明案件事实,在家事案件数量庞大、法院案多人少的大背景下,也常常有心无力。家事调查员的首要职能就是协助法官查明家事纠纷发生的原因,以及当事人之间情感或利益矛盾的核心。只有明确症结,随后的调解和裁判才能对症下药。

(二)修复职能

家事调查员在家事纠纷的处理过程中可以发挥重要的修复职能,促使当事人消除对立情绪,提供各种促使双方和好的机会和依据。尤其是在离婚纠纷中,家事调查员能够在区分婚姻危机和婚姻死亡上发挥重要作用,通过家事调查员的调查,在明确婚姻的实际状态后,对于尚有挽救余地的婚姻要想尽办法挽救。家事调查员在调查过程中应尽力发现对于挽救婚姻有意义的事实,缓和当事人之间针锋相对的关系,为调解及后续工作提供依据。只有这样,法院对于婚姻的各种修复措施才能真正起到作用,也更能得到当事人的认可。另外,家事调查员也是调解的重要力量。一方面,家事调查员可以利用其专业能力,帮助当事人打开心结,提高沟通的有效性。另一方面,家事调查员在调查过程中,以客观中立的身份全方位地了解了当事人之间的关系,也获得了当事人的信任,其参加调解工作能在很大程度上提高调解的成功率。

(三)保护职能

依法保障未成年人、妇女和老年人等弱势群体的合法权益,是我国家事审判方式改革的目标之一,① 也是世界公认的家事事件处理的原则,我国台湾地区"家事事件法"就在第一条中明确规定了"维护人格尊严、保障性别地位平等、谋求未成年子女最佳利益"的立法目的。现在我国婚姻家庭案件的处理中,对于未成年人的保护不足,无论立法还是实践都存在父母本位倾向,儿童作为家庭成员往往被无端卷入纠纷,不但要承受家庭关系改变所带来的伤害,而且其

---

① 杜万华:《当前民商事审判的九个重点问题》,载《法律适用》2016年第7期。

第十一章
家事审判特别制度

利益常被成人忽视、牺牲甚至利用。① 因此,在家事诉讼中设置家事调查员,可以帮助法官运用职权,全面了解未成年人的心理状态、性格、成长环境、生活条件等,保障未成年人利益在成人的纠纷中不受损害,帮助未成年人选择更有利于自己成长生活的环境。另外,在离婚案件、赡养案件、子女抚养案件中,普遍存在弱势一方举证能力差、举证困难的问题,家事调查员制度是保护这一群体合法权益的有力手段。

三、家事调查员的法律地位

自家事审判改革工作开展以来,全国已有百余家法院开始推广家事调查员制度。从各地法院的情况看,现有的家事调查员制度绝大多数脱胎于多元化纠纷解决机制,即从共青团、关工委、街道办事处、妇联、工会、司法局、教育局、高校等部门临时聘任家事调查员,家事调查员接受法院的委托调查相关事项。只有少数法院采取向社会公开招聘或从法官助理和书记员中选任的方式,将家事调查员实际纳入法院管理,前者如徐州市贾汪区法院,后者如山东即墨市法院。因此,从法律性质上看,委托调查人员仍是我国家事调查员制度的主流。临时聘任的家事调查员之所以被大多数法院青睐,确有其天然优势:基层工作经验丰富,了解群众工作的诀窍,有长期与法院合作的背景,了解民事审判工作的基本原则与程序。但是,这种选用外聘式的家事调查员并不是长久之计。首先,由于人员来源庞杂,加大了法院的管理难度,一旦出现徇私枉法等行为,法院除了取消其调查员资格,没有更有效的惩处措施。其次,从需求上看,未来家事调查员可能将担负繁重的调查工作,外聘人员不能全力以赴。第三,仅仅通过签署保密协议的方式,不能切实保障当事人的隐私权,对调查员缺乏更有力的制度和法律制约。

《最高人民法院关于进一步深化家事审判方式和工作机制改革的意见(试

---

① 陈爱武:《家事诉讼与儿童利益保护》,载《北方法学》2016年第6期。

行)》对家事调查员的法律地位作出了相应的规定,人民法院应当建立家事调查员名册,家事调查员由司法行政、教育部门、妇联、共青团、社区等单位及基层群众组织推荐,由人民法院选任。与内地不同,在我国台湾地区规定家事调查官是法院的正式司法人员,享有单独的服务序列和法定的职业保障,是法官处理家事案件时的辅助人。① 日本更是早在1951年就设置了家事调查官,其同样是法院的正式工作人员,是家事法院的一种特殊职位。因此,从长远来看,建立专业化、职业化的家事调查员队伍更能适应发展需要。我国法院应设立专门的家事调查员职位,通过统一招考的方式,提供正式编制,保证调查员的职业权益,吸引具备相关知识的人才加入家事调查员的队伍。同时,明确家事调查员的地位和职能,并注意区分其与家事法官、法官助理、书记员等的职责范围,发挥各自的职能优势,相互配合,形成合力,确保家事调查员制度真正发挥效能。

四、家事调查员的选任资格

家事调查员的素质和能力在很大程度上影响着家事调查员制度作用的发挥,因此应当严格规范家事调查员的选任资格和条件,确保进入家事调查员队伍的人员能够胜任家事调查工作的需要。为了适应家事调查的特殊性,在家事调查员的选任上应当作出特殊要求。无论是日本还是我国台湾地区,均要求家事调查官拥有专业的知识,如心理学、教育学、社会学、经济学、医学等,但不要求是法律专业人士。我国试点法院对家事调查员的能力要求主要集中在以下三个方面:一是法律背景,包括从事法律工作或法律专业毕业;二是基层工作经验;三是具有适宜处理家事纠纷的专业背景。结合《最高人民法院关于进一步深化家事审判方式和工作机制改革的意见(试行)》的相关规定,综合域内域外司法实践的情况,家事调查员应当满足如下条件:

---

① 胡夏冰:《台湾地区的家事调查官制度》,载《人民法院报》2017年3月17日。

第十一章
家事审判特别制度

1. 已婚,且年满 30 周岁。没有婚姻经历的青年,很难发现婚姻家庭出现问题的深层次原因,也很难与当事人或被调查人员产生共鸣,深入交流困难。

2. 有相关的专业知识。特别是心理学、教育学、社会学方面的知识,而是否拥有法律背景并不必需。家事调查员主要负责事实调查,在法律知识方面不需要太专业,可以在入职后专门培训。

3. 熟悉婚姻家庭关系特点,善于处理家事纠纷,有一定的调查技能,有较强的沟通协调能力,了解当地的风土人情,具有丰富的社会知识和经验。

为了适应不断增长的案件需要,面对家事调查员亟待补充的现实,将来可以适当放宽家事调查员的选任要求,特别是年龄上的限制,年轻人生活经验不足的缺陷可以通过培训或实践予以补足。

五、家事调查的内容

家事调查应全面、客观、真实地反映被调查家事案件当事人的相关情况。家事调查报告应当有必要的组成部分,包括需调查的事项、调查方法、调查结论、原因分析和建议。《最高人民法院关于进一步深化家事审判方式和工作机制改革的意见(试行)》第 21 条规定了家事调查的四个具体事项,但是较为笼统,可操作性不强,家事调查的具体内容不可能穷尽其描述,但是可以从不同角度分类界定。

(一)根据当事人参与度强弱的不同分类。一是当事人未提出,但法官认为与案件审理有关的事实。例如,在离婚诉讼中,一方虽口头上坚持夫妻感情并未破裂,不同意离婚,但法官通过观察其实际行动,得出相反结论的,法官就有理由要求家事调查员开展行动,调查该当事人有无转移、隐匿财产的动向,或者是否存在其他法庭上未陈述之事实。二是当事人提供的证据不足以证明的事实。家事案件具有私密性和隐匿性,常常涉及当事人最不愿为人知的生活状态,[①] 或者当事人受经济条件、文化素质限制难以提供证据。例如,有些遭受家庭暴力的妇女,为了颜面忍气吞声,在离婚时难以拿出有力的证据证明家庭暴力事实的存在。

(二)根据事实法律性质的不同分类。一是法律要件事实。二是其他影响法官自由心证的事实。在离婚纠纷中,前者包括夫妻感情是否破裂,子女抚养、抚养费支付,夫妻共同财产共同债务等。后者包括夫妻离婚的根本原因,夫妻双方的实际相处情况,是否有和好可能,子女主要由谁抚养,子女更愿意跟谁生活,夫妻双方各自的经济条件,当事人的性格,周围人对其的评价,受教育情况,生活经历,工作情况,与家庭成员之间的关系等。

(三)根据所保护利益的不同分类。分为保护婚姻家庭稳定性的事实,保护未成年人、妇女和老年人等弱势群体合法权益的事实等。特别是在保护未成年人的合法权益方面,家事调查员制度的作用尤为明显。虽然我国《婚姻法》规定,在离婚诉讼中,应当听取10岁以上未成年人的意见。但是,实际上即使是10岁以上的未成年人,其真实意愿也很容易被家长左右。有些家长为了自身利益在孩子面前大打出手,甚至直接向儿童施压。儿童表达能力差,思维能力不足,在紧张的环境中,许多孩子难以作出对自身成长有利的决定。为此,家事调查员可通过与孩子闲聊的方式,了解其性格、成长环境、与父母的关系、健康状况、心理状态等。家事调查员还可以走访邻居、学校,对孩子的成长做出全面评估。

另外,家事调查员数量有限,不可能在所有的婚姻家庭纠纷中担负调查任务。并且,从法院的内部责任划分上看,除了家事调查员,法官以及法官助理都有调查的能力和义务。因此,在确定家事调查员的调查内容时可遵循两个步骤。一是未能达成内心确认。法官综合全案情况,对事实的认定仍无法达成内心确认的,家事调查员可以开展调查。二是相关事实的调查需要运用家事调查员的专业知识。如日本离婚诉讼的财产分割中,通常不会选择由家事调查官开

[①] 曹思婕:《我国家事审判改革路径之探析》,载《法学论坛》2016年第5期。

第十一章
家事审判特别制度

展调查,而是通过委托调查,对关系人的财产状况和收入状况调查取证。①

六、家事调查报告的形式和效力

家事调查员完成调查工作后,应当向人民法院出具书面调查报告,调查报告应当包括人民法院委托调查的所有事项,可以包括家事调查员的分析和建议。家事调查报告一般应采用书面形式,可以作为人民法院审理家事案件时的参考。

(一)家事调查报告的形式

对于家事调查报告的形式,域外一些国家和地区对此有相关的规定。我国台湾地区"家事事件法"第十八条规定,家事调查员进行调查后,应向法庭提交调查报告。日本《人事诉讼法》第34条第3项规定,家事调查官应将调查结果以书面或口头形式向法院报告,第4项规定家事调查官可在报告中附上自己对案件的意见。从域外的司法实践看,大多数国家要求必须提交书面调查报告。日本家事调查官口头报告后,需要书记官整理成书面材料。而日本的书记官与我国的书记员存在根本区别,其是可以分担法官审判权的"高级助手",要经过严格的选拔、考试和研修。② 我国的书记员常常是临时聘用的,并未经过高水平的培训,且流动性大。因此,为了更客观真实地反映调查情况,我国应选择书面形式确定调查内容。

---

① [日]松本博之:《日本人事诉讼法》,郭美松译,厦门大学出版社2012年版,第272页。委托调查指法院可以将必要的调查委托给官厅、公署及其他认为适当的机构,或者要求银行、信托公司及其他机构或人提供关于关系人的存款、信托财产、收入及其他事项的必要报告。

② 傅郁林:《以职能权责界定为基础的审判人员分类改革》,载《现代法学》2015年第4期。

(二)家事调查报告的效力

《最高人民法院关于进一步深化家事审判方式和工作机制改革的意见(试行)》在第 24 条规定,其可以作为人民法院审理案件时的参考,但对于家事调查报告的效力并未予以明确。目前各地法院的做法不一,有些法院将家事调查报告作为证据使用。但是,也有学者对家事调查报告的证据能力提出了质疑。原因在于,家事调查报告并不属于任何一种我国民事诉讼法规定的法定证据形式,既不符合书证的特点,不属于直接证据,也不符合证人证言的特点,根据调查对象和调查方法的不同,家事调查报告在形成过程中可以包含多种证据形式。笔者认为,家事调查员是家事法官的辅助人,家事调查报告是家事调查员就某一事项的调查结论,从本质上说,家事调查报告的性质更类似于法律文书。虽然家事调查报告不是证据,但附于家事调查报告之后的调查笔录以及其他材料在性质上应当属于法院依职权调取的证据。

七、当事人的权利救济途径

关于对家事调查报告的当事人权利救济途径,日本与我国台湾地区的做法大致相同,均赋予了当事人在知晓家事调查报告内容的基础上陈述意见和反驳的权利。我国台湾地区还规定了审判长或法官认为如有必要,可以命令家事调查官到场陈述意见。我国在司法解释中也明确规定了就法院依职权调取的证据,应当当庭听取当事人的意见。

司法实践中,有的法院规定各方当事人要对家事报告的内容进行质证。但是,质证并不应当适用于依职权调取的证据。随着我国诉讼体制改革的深入,职权主义不断弱化,当事人主义不断加强,法律明确质证已经成为证据材料转化为证据的必经程序,[①] 民事诉讼法中更是要求证人应当出庭接受质证,书面证

---

① 李浩:《民事证据制度的再修订》,载《中外法学》2013 年第 1 期。

第十一章
家事审判特别制度

人证言在一般情况下不被认可。而调查笔录在本质上就属于书面证人证言，如果当事人对家事调查员的调查笔录进行质证，要求证人出庭，那无疑是与家事诉讼职权主义诉讼模式的严重冲突，让每一个接受询问的证人出庭，其工作量之庞大、效率之低下、成本之高昂，将肯定导致家事调查员制度丧失价值。这再一次强调了在我国建立家事诉讼特别程序的必要性，配以专门的证据制度，以避免出现将普通民事诉讼的审理惯性思维用于家事诉讼。仅允许当事人陈述意见与反驳，虽然表面上限制了当事人的诉讼权益，但是，在职权主义模式下，理应对当事人主义作出限制，这样才能保证家事调查的权威性，提高诉讼效率。

另外，日本与我国台湾地区还规定了不允许当事人或利害关系人知晓家事调查报告内容的情形。其立法宗旨在于保护未成年人的合法权益，以及当事人或第三人不因私生活的曝光，对其名誉和正常的生产生活造成重大影响。如在离婚纠纷中，家事调查员查明夫妻双方的婚生子与男方并无血缘关系，在这种情况下，如果允许男方查看家事调查报告的内容，将使子女遭受沦为私生子的风险，这对未成年的成长极为不利，在这种情况下，人民法院可以拒绝当事人提出的要求知悉这部分的具体内容的请求。

第二节　家事陪审制度

人民陪审制度是我国的一项基本诉讼制度。这项制度自建立之日至今，对于促进民主司法、公正司法起到了不可忽视的作用。在家事案件中，由职业法官和来源于普通社会民众的家事陪审员组成的合议庭，能够结合职业法官和社会公众的认知优势，既有利于拓宽人民群众有序参与司法的渠道，也有利于促进家事审判的公正性。

一、陪审制度在家事审判中的特殊价值

人民陪审员制度是我国的一项基本司法制度，它是从社会大众中吸收非职业法官与职业法官一同审理案件的制度。人民陪审员参与案件审理，已成为人民群众参与国家事务管理的重要途径。在家事审判中注重通过人民陪审员参与纠纷化解，更具有亲和力，更有利于化解婚姻家庭矛盾纠纷，审结案件也具有更好的法律效果和社会效果。

（一）有助于更好地发现家事案件真相

早在我国西周时期的"三刺"制度，就是在案件事实存疑或刑罚裁量存在争议的情况下问之于"万民"，以求案件公正处理。无论在任何时期，吸引普通社会公众参加审判均有其合理意义。家事纠纷的特点决定了纠纷发生后，法官往往只能通过证据间接了解案情，但一定生活群体中的普通公众很可能了解掌握案件的原委，听取更多公众的意见有助于发现案件背后隐藏的真相。当今社会条件下，尽管社会流动加剧，尽管我们的社会已向"陌生人社会"有所迈进，但是社会结构并没有发生质的变化。对于因婚姻家庭矛盾引发的案件，听取群众的意见仍然有助于发现案件真相。

（二）能够与家事法官实现优势互补

在家事案件中，由于涉及家庭矛盾，还有大量处于"中间地带"的案件，不仅没有客观不变证据和直接证据，而且间接证据之间可能也或多或少存在一些矛盾。受限于人类目前科技水平，裁判者无法穿越时光回到过去对已经发生的案件看个究竟。家事案件事实作为已经发生的历史事件，裁判在有限的时间、空间内，只能在一堆杂乱无章甚至充满对立和矛盾的证据之间进行审查、分析、取舍、判断，以探求已经成为历史的案件事实。因此，家事案件的事实认定很多时候是个经验判断问题，作为裁判者的家事法官受限于社会阅历、社

第十一章 家事审判特别制度

会经验,很容易产生认识上的偏差导致事实认定错误。普通的社会公众,其法律知识可能不如职业法官,但是其生活经验、社会经验以及其他方面的知识可能要比职业法官丰富。在家事案件中适用人民陪审员制度一定程度上有利于发挥普通民众在案件事实认定方面的补充功能,促进案件公正审理。

(三)有助于使案件处理更加合情合理

由于家事纠纷的特殊性,在家事案件审判过程中,法官对各方当事人权利义务的裁量要更多地考虑社会公众认知的因素。尽管陪审员不一定都接受过系统的法学高等教育,但能够发挥自身身处基层一线、生活经验丰富的先天优势,并且借助其具有的社会阅历及由此形成的大众性思维,为家事法官提供有益的经验和帮助,有利于家事案件处理得更为公正、合理,提升司法裁判的认可度和公信力。

二、家事陪审员选任机制和陪审模式

家事陪审员的素质和能力在很大程度上影响着家事陪审制度作用的发挥,应当严格规范家事陪审员的选任机制,确保进入家事陪审员队伍的人员能够胜任家事陪审工作的需要。同时应当立足我国家事审判实际情况,不断总结家事陪审的实践经验,构建科学合理的陪审模式,实现家事陪审制度的统一化、规范化、法律化,促进家事纠纷得到公正、高效处理。

(一)选任机制

2018年4月27日起施行的我国《人民陪审员法》第九、十、十一和十九条对人民陪审员的选任机制作出了较为明确的规定。鉴于家事案件的特殊性,对家事陪审员的选任,应在坚持随机选取的基础上,探索定向分类随机抽选的选任机制。同时,我们强调陪审员选任的大众化和随机化,并不是将那些既了

解法律知识又具有专门知识的人才拒之门外。①家事陪审员的选任要充分考虑家事纠纷的人身性、伦理性等特点,以及家事审判工作的特殊性对家事陪审员提出的要求,合理选择家事陪审员选任方式,并加强家事陪审员信息库建设,从而使选任的陪审员能够适应家事案件陪审工作的特殊要求。

(二)陪审模式

《人民陪审员法》第十四条对人民陪审员参审的模式作出了规定,陪审员既可与法官组成三人合议庭,也可由法官三人与陪审员四人组成七人合议庭,但对陪审模式,尤其是"3+4"的大合议庭陪审模式如何具体适用并未作出明确规定。近年来,全国各省市法院都对陪审制度改革,尤其是大合议庭陪审模式改革进行了探索,我国的大合议庭陪审模式,既不同于西方完全由陪审团认定案件事实的情况,也不同于我国台湾地区观审团不享有表决权的情况,而是由人民陪审员和法官按照多数人意见,共同对案件事实认定负责。鉴于采取"3+4"的大合议庭陪审模式的司法成本较高,目前可以在普通案件中适用一般的陪审员与法官的三人合议庭陪审模式,在社会广泛关注以及影响较大、疑难复杂等家事案件中适用"3+4"的大合议庭陪审模式,这样既能够灵活适应审理家事案件的特殊需要,又能够兼顾办案效率和办案成本。

三、家事陪审员事实审机制

《人民陪审员法》对人民陪审员的参审职权进行了调整,从原来的对案件事实认定和法律适用一并进行审理,调整为主要对案件事实认定进行审理。②

---

① 汪晕:《选任人民陪审员应兼顾大众化和专业化》,载《人民法院报》2015年8月19日。
② 《人民陪审员法》第二十一条规定,人民陪审员参加三人合议庭审判案件,对事实认定、法律适用,独立发表意见,行使表决权。第二十二条规定,人民陪审员参加七人合议庭审判案件,对事实认定,独立发表意见,并与法官共同表决;对法律适用,可以发表意见,但不参加表决。

第十一章 家事审判特别制度

要使家事陪审员真正在家事案件中充分发挥应有的职能作用，就必须明确家事陪审员在家事案件的参审过程中的各项权利义务，并完善家事案件事实审的具体规则和程序。

（一）明确家事陪审员对事实问题审理的具体权利。一是明确家事陪审员可以根据审判工作的需要，进行庭前阅卷，并享有参加庭前会议的权利。二是明确家事陪审员有权参与勘验物证或者现场，可以参与相关证据的调查和搜集，并发表意见建议。三是家事陪审员有权参与家事案件的调解工作，并发表自己的看法和意见。四是家事陪审员应当全程参与家事案件的合议庭评议，就案件的事实认定问题率先、独立发表个人意见，并参与表决。五是家事陪审员有权对法官撰写出的裁判文书文稿中涉及案件事实认定部分的具体内容进行查看和审核。

（二）完善家事案件事实审规则和程序。明确庭前准备、庭审、合议各个环节家事法官及陪审员的具体职责和工作要求，通过庭前准备会议、引入事实问题清单和家事法官指引等几项制度，将案件需认定的事实问题逐一列明，家事法官就相关法律规定和证据规则向陪审员作具体指引，引导家事陪审员参与法庭调查和事实认定。在合议程序方面，表决、合议程序应当先由家事陪审员独立发表个人的意见，然后再由家事法官发表个人意见；家事陪审员可先从年轻的家事陪审员按照年龄结构依次进行；家事法官先从职级最低的法官开始。

（三）赋予家事陪审员认定事实的法律约束力。考虑到家事案件的特殊性，在条件成熟的情况下，可以考虑将家事案件事实认定权主要交由家事陪审员行使，由家事陪审员负责案件的事实认定问题，而家事法官主要负责案件的法律适用问题。为了消解社会对司法公正的怀疑，树立陪审制度权威和公信，家事陪审员认定的案件事实法官必须尊重。法官如果认为家事陪审员对案件事实作出的认定存在明显错误，或者违反证据规则，可能导致适用法律错误或者造成错案的，可以要求家事陪审员重新复议，但不得直接变更家事陪审员认定的案件事实。二审法院原则上也不得随意更改家事陪审员认定的案件事实，二审法院如果认为案件事实确有错误,可以将案件发回原审法院重审。原审法院应当另行挑选家事陪审员审理案件事实问题。

(四)完善法官对家事陪审员指引制度。当前人民陪审员的整体法律素质不高,在此背景下推行家事陪审员事实审改革,加强法官对家事陪审员的指引工作尤为重要。《人民陪审员法》第二十条规定了法官对人民陪审员的指引、提示义务,[①]但规定的较为笼统,实践中应将其进一步细化。应规定在开庭审理过程中,家事法官有义务对家事陪审员的发问及追问进行建议性引导;在合议庭对家事案件进行评议前,法官应当梳理、归纳案件事实的争议焦点问题,必要时通过问题清单形式归纳,并将这些需要评议的争议焦点告知家事陪审员,在不影响陪审员独立判断案件事实的前提下,主动向陪审员解释证据规则、相关法律法规、诉讼程序、庭审纪律等问题,引导家事陪审员围绕案件的事实认定问题独立发表个人意见。

四、事实认定重大分歧救济程序

在家事案件审理中,评议事实问题时,可能会出现陪审员与法官意见不一致的情况。对这种情况,在兼顾公平和效率的考量下,应当根据产生分歧的事实认定类型不同设置不同的救济程序。如果产生分歧的事实认定关系案件定性关键和法律适用,可重新选取家事陪审员组成合议庭,具体程序考虑如下:

分组评议时,家事陪审员组自主推选主持人,由主持人按照案件问题列表范围引导陪审员围绕案件事实进行评议,在评议中每个家事陪审员要释明认定结果与认定依据的因果关系,杜绝形式附和。对事实问题存在多个争议点的,要采取分项评议、逐一表决的方式,一步一步完善关键事实环节,最终形成规

[①] 《人民陪审员法》第二十条规定,审判长应当履行与案件审判相关的指引、提示义务,但不得妨碍人民陪审员对案件的独立判断。合议庭评议案件,审判长应当对本案中涉及的事实认定、证据规则、法律规定等事项及应当注意的问题,向人民陪审员进行必要的解释和说明。

范的案件事实表述,进行家事陪审员组全体表决,形成多数意见。

在法官组也采取类似的评议、表决方式,形成意见后,两组进行比较,如果意见一致则认定为案件事实;如果意见有分歧,则重新选取家事陪审员组成合议庭,召开全体合议庭成员会议,围绕案件问题列表范围(着重描述第一次合议产生重大分歧的问题),先由家事陪审员,再由法官阐述各自意见,最终全体成员表决形成多数意见认定为案件事实,若仍然不能形成多数意见,此时可以提交专业法官会议进行讨论。

如果产生分歧的事实认定不影响案件定性和正确适用法律,无须重新选取家事陪审员组成合议庭,可以直接进行二次表决,梳理具体分歧点,召开全体合议庭成员会议,家事陪审员、法官先后阐释各自意见,最终全体成员表决形成多数意见认定为案件事实,这样一方面可避免案件久拖不决,另一方面双方经过各自独立讨论,均形成了较为独立的认知意见,在此情形下,法官意见对家事陪审员意见的影响力大大降低,经过沟通消除认知盲点的效果能够最大体现,保障家事案件事实认定与客观事实的吻合性。值得注意的是,在遵循多数决原则情况下,少数家事陪审员和法官的意见应当明确记录在案。

第三节 反家暴人身安全保护令制度

据调查,我国有大约 30% 的家庭存在不同程度的暴力伤害。家暴给家庭带来伤害的同时,也产生极其负面的社会影响。为了有效地预防和制止家庭暴力,保护妇女、儿童、老年人及其他家庭成员的合法权益,有必要在家事案件中推行人身安全保护令制度,以司法手段治理家庭中的暴力违法行为,保障弱势群体的人身安全及合法权益。

一、人身安全保护令的适用条件

人身安全保护令，也称为反家暴禁止令，是一种民事强制措施，是人民法院为了保护家庭暴力受害人及其子女和特定亲属的人身安全、确保婚姻案件诉讼程序的正常进行而作出的民事裁定。① 人身安全保护令的出发点在于保护与救济受到家庭暴力侵害的弱势群体，这也是人民法院处理家事纠纷所遵循的基本原则和理念。结合我国《反家庭暴力法》《婚姻法》《妇女权益保障法》和最高人民法院《涉及家庭暴力婚姻案件审理指南》等规定，人身安全保护令的适用应注意以下几个方面：

（一）申请种类

根据《反家庭暴力法》第二十八条规定，人身安全保护令可以分为两种：一是普通人身安全保护令，即在非紧急情况下，人民法院应当在受理申请后的72小时内作出人身安全保护令或者驳回申请；二是紧急人身安全保护令，即在紧急情况下，人民法院应当在受理申请后的24小时内作出人身安全保护令或者驳回申请。

（二）申请条件

人身安全保护令可以不依附于其他诉讼而单独向人民法院申请，只要当事人因遭受家庭暴力或者面临家庭暴力的现实危险时，就可以向人民法院单独提起申请人身安全保护令的诉讼。

（三）申请主体

人身安全保护令的申请主体较为宽泛，除本人外，对于无民事行为能力人、限制民事行为能力人，或者因受到强制、威吓等原因无法申请人身安全保

---

① 胡昌娟：《论离婚中的人身保全》，载《法制与社会》2015年第15期。

护令的，其近亲属、公安机关、妇女联合会、居民委员会、村民委员会、救助管理机构均可以代为申请。

（四）保护时效

根据《反家庭暴力法》第三十条规定，人身安全保护令的有效期自人民法院作出裁定之日起不超过六个月，但在期限届满前，如果家庭暴力的情形仍然存在或已然消失的，人民法院可以根据申请人的申请撤销、变更或者延长人身安全保护令的期限。

二、建立人身安全保护令听证制度

公开是对裁判理性最好的促进手段和检验方式，能够倒逼人民法院充分注重案件质量，且由公开而生成的社会验证体系，能够促使法院在复查过程中及时发现和纠正生效裁判错误，避免纠错时的遮掩。[①] 同时，也可以通过公开示证、释法析理，帮助当事人消除误解和疑虑，增进对法律的正确认知，提升司法效能。人身安全保护令作为一项诉讼制度，也应遵循公平和公开原则，为此可以在作出人身安全保护令之前设置听证程序。虽然《反家庭暴力法》规定了申请人和被申请人对人民法院作出的人身安全保护令不服的，可以申请复议，但同时也规定了人身安全保护令在复议期间不停止执行。相比申请复议这一后置程序，人民法院在作出裁定前，如果可以通知各方当事人核实情况，对受害人提交的家暴证据发表意见，那么，这将更有利于人民法院查清家暴事实，防止人身安全保护令的不当使用。同时，公开性理念的内涵包括了对听证过程公开和结果公开的必然要求。因此，人身安全保护令听证制度实践中应当明确，在举行听证三日或五日前发布听证公告，告知听证的具体时间和地点，为申诉

---

① 龙宗智：《"内忧外患"中的审判公开——主要从刑事诉讼的视角分析》，载《当代法学》2013年第6期。

人及其他参加主体留下充足的准备时间。

三、建立人身安全保护令回访制度

家庭暴力作为一种特殊和复杂的社会现象,单靠人身保护令是远远不够的,必须多管齐下,构建包括人身安全保护令回访制度等一系列配套措施和机制。在家事案件中涉及的婚姻家庭关系具有未来延续性和周期性的特点。"对于解决争执发生后仍继续打交道的当事人之间的争执——雇主与雇员、房主与房客、夫妻、邻里及其他人之间的争执,对抗式程序是一种拙劣的方法。"[1] 普通的民事纠纷,双方当事人在诉讼中往往采取激烈的对抗式诉辩,尽可能维护自身利益,诉讼结束后可以老死不相往来,但家事纠纷经过司法裁决,尤其是作出人身安全保护令后,由于涉及未来的生活和情感问题,如果不考虑纠纷处理结果的未来延续性,将不利于构建长远和谐的家庭关系。因此,应当建立人身安全保护令回访制度,人民法院作出人身安全保护令的裁定后,要由家事法官或家事调查员等定期对当事人进行回访,进行回访时不仅需要回访人身保护令的执行情况,还应当回访人身安全保护令作出后的实际效果,加害人有无违反人身安全保护令的行为等内容,并对受害人心灵进行抚慰,并根据回访情况制定个案回访档案,确保实时记录、全程跟踪。

此外,鉴于大部分家暴受害者不愿自揭家丑,不愿麻烦他人,往往在无法忍受家暴的情况下会选择离婚,因此应当将人身安全保护令的宣传教育纳入普法工作的范围,教育公民正确认识、理解和适用人身安全保护令,增强妇女、儿童、老年人等弱势群体的自我保护意识,鼓励人们遭受家庭暴力时,及时通过正当的法律途径寻求救济。

---

[1] [美]迈克尔·D·贝勒斯:《法律的原则——一个规范的分析》,张文显等译,中国大百科全书出版社1996年版,第42页。

第十一章
家事审判特别制度

第四节　离婚财产适时强制申报制度

财产分割是家事纠纷的主要纷争之一。近年来，随着经济社会发展和人们物质生活水平的提高，传统家庭财产的构成出现了较大的变化。除存款、房屋、车辆外，还出现了股权、票据、保险利益、知识产权等财产形式，与之相对应的，家事纠纷涉及的财产金额标的越来越大，种类越来越多。目前，我国的财产登记制度还不够完善，信用制度尚不够透明，导致在家事案件特别是离婚案件中，经常存在处于经济强势地位的一方通过隐匿、虚报家庭财产等方式损害弱势一方合法权益的情况，进一步加大了纠纷的处理难度。为保障离婚案件中财产分配的公平公正，促进诚信诉讼，提高司法效率，应当在离婚案件中设置财产适时强制申报制度。

一、离婚财产适时强制申报制度的法律依据

离婚财产适时强制申报制度，是指在离婚诉讼过程中，涉及夫妻共同财产分割的，双方当事人都应对自己名下的个人财产和属于夫妻关系存续期间形成的夫妻共同财产的部分，如实地向人民法院申报，如果当事人进行不实申报，将承担不利的法律后果的制度。《最高人民法院关于进一步深化家事审判方式和工作机制改革的意见（试行）》第44条[①]对离婚财产申报作出了相关规定，

[①] 《最高人民法院关于进一步深化家事审判方式和工作机制改革的意见（试行）》第44条规定，对于涉及财产分割问题的离婚纠纷案件，人民法院在向当事人送达受理案件通知书和应诉通知书时，应当同时送达《家事案件当事人财产申报表》。当事人应当在举证期限届满前填写《家事案件当事人财产申报表》，全面、准确地申报夫妻共同财产和个人财产的有关状况。人民法院应当明确告知当事人不如实申报财产应承担的法律后果。对于拒不申报或故意不如实申报财产的当事人，除在分割夫妻共同财产时可依法对其少分或者不分外，还可对当事人予以训诫；情形严重者，可记入社会征信系统或从业诚信记录；构成妨碍民事诉讼的，可以采取罚款、拘留等强制措施。

但规定较为原则和笼统。而《民事诉讼法》和《婚姻法》虽然没有关于这方面的直接规定，但设立离婚财产强制申报制度与其立法本意和初衷是相契合的。

我国《婚姻法》规定，夫妻双方有互相忠诚的义务。这种互相忠诚不仅指身体上和情感上的忠诚，还包括对个人财产和共有财产相互公开的忠诚，这也是推行离婚财产适时强制申报制度的初衷。同时，根据《婚姻法》第四十七条规定，①在法院要求当事人如实申报财产时，当事人有虚报瞒报行为的，可视为其有隐藏、转移财产的故意，在分割共同财产时，可以少分或不分。

我国《民事诉讼法》规定，当事人对自己提出的主张，有责任提供证据。当事人及其诉讼代理人因客观原因不能自行收集的证据，或者人民法院认为审理案件需要的证据，人民法院应当调查收集。根据上述规定，离婚案件的当事人有责任证明自己的观点，如果一方当事人认为对方可能隐匿了财产，则需要举证加以说明，那么个人财产情况的说明当然作为一项证据材料，至于能否产生证据效力，则由人民法院裁定。一方当事人列举其财产情况，却不代表对方会加以认可，所以也应允许对方说明其财产情况。②

二、离婚财产适时强制申报的原则

在家事审判中建立离婚财产适时强制申报制度，能够有效减少因财产分割问题引发的上诉和二次诉讼可能性，节约当事人的诉讼成本及法院的司法资源。离婚财产申报应遵循强制申报、适时申报和如实申报三项原则。离婚的当事双方必须在指定的时期内作好财产申报，并保证不隐瞒和谎报财产。

---

① 《婚姻法》第四十七条规定：离婚时，一方隐藏、转移、变卖、毁损夫妻共同财产，或伪造债务企图侵占另一方财产的，分割夫妻共同财产时，对隐藏、转移、变卖、毁损夫妻共同财产或伪造债务的一方，可以少分或不分；离婚后，另一方发现有上述行为的，可以向人民法院提起诉讼，请求再次分割夫妻共同财产。

② 李鹤贤、刘志强：《完善家事审判工作的三个关键制度》，载《人民司法》2016年第34期。

第十一章
家事审判特别制度

（一）强制申报原则

离婚诉讼中，如果涉及夫妻共同财产分割的，人民法院在立案和送达传票环节向当事人送达《家事案件当事人财产申报表》，要求当事人如实填写财产状况，固定争议财产范围，明确告知不实申报财产的诉讼风险，夫妻双方当事人都必须根据人民法院的要求，填报家事案件当事人财产申报表。

（二）适时申报原则

离婚诉讼中有相当一部分案件尤其是首次起诉离婚的案件，当事人基于种种考虑并没有在起诉离婚的同时，提出分割共同财产的请求。如果一律要求当事人在开庭前强制申报，可能强化了双方对财产的争执，导致矛盾激化，失去原本可能和好的机会。有鉴于此，对于强制财产申报的时限可以灵活处理，实行适时强制申报制度，即不要求当事人在起诉或答辩同时立即申报财产，而是根据双方提出的具体诉讼请求和案件审理进程，适时要求双方申报，既提高了司法效率，又不人为扩大和激化双方矛盾。

（三）如实申报原则

在涉及分割夫妻共同财产的离婚诉讼中，双方当事人必须如实、全面地申报自己名下的个人财产和属于夫妻关系存续期间形成的夫妻共同财产，不得隐瞒、谎报、假报。如果任意一方不履行申报义务或履行申报义务不符合法律规定的，将承担相应的不利法律后果。

三、离婚财产适时强制申报的范围

离婚案件财产申报应当包括婚前、婚后的个人财产及双方婚姻关系中的共同财产及财产的重大变动情况。具体的申报范围包括以下几个方面：

1. 夫妻个人财产；

2. 夫妻共同财产：（1）现金或存款；（2）股票、基金等有价证券；（3）房屋；（4）土地使用权；（5）车辆；（6）财产保险；（7）人身保险；（8）贵重物品；（9）个人财产投资收益情况；（10）住房补贴及住房公积金情况；（11）其他财产和权利。

3. 夫妻共同债务。

4. 离婚诉讼之前近3年以来的财产重大增减或者变动的情况。

四、违反的法律后果

离婚诉讼中进行财产强制申报时，人民法院应当依法向双方当事人释明不履行申报义务的法律后果，在立案和送达传票环节向当事人送达家事案件当事人财产申报表，并要求双方当事人签署如实申报财产保证书，承诺对自己名下的个人财产、属于夫妻关系存续期间形成的夫妻共同财产以及近年来的财产重大增减或者变动情况如实进行申报，如果申报不实，则承担相应的责任。

人民法院对于双方当事人根据家事案件当事人财产申报表申报的财产，应当组织对方当事人进行核对，如果双方当事人对于对方申报的财产均无异议的，则法官在核实财产归属后，可以直接依据财产申报的情况进行直接判决；对于双方当事人对申报财产有争议的部分，则应当作为案件的争议焦点和法庭调查的重点，引导双方当事人围绕争议焦点提交相关证据、发表自己的意见、陈述理由，由法官再进一步查实后进行判决。

人民法院对夫妻双方当事人提交的家事案件当事人财产申报表的情况进行审查，如果发现一方当事人不提交财产申报表、提交的财产申报表不完整或者提交虚假财产申报表时，可以进行如下处理：1. 对于一方当事人不提交财产申报表的，则推定另一方当事人关于对方财产情况说法是成立的。2. 对于当事人延迟财产申报、申报财产不完整，浪费司法资源的，则应当多承担相应的诉讼

第十一章 家事审判特别制度

费。3. 对于当事人故意欺瞒财产、漏报财产的，在本次离婚诉讼或之后的离婚后夫妻共同财产分割诉讼中，对其进行不分或者少分夫妻共同财产。4. 对于当事人故意虚假申报财产，可以对其进行训诫；情形严重者，可记入社会征信系统或从业诚信记录；构成妨碍民事诉讼的，可以采取罚款、拘留等强制措施。

通过离婚财产适时强制申报制度，人民法院可以更好地查明离婚案件的夫妻财产范围，有效避免了处于经济强势地位的一方通过隐匿、虚报家庭财产等方式损害弱势一方合法权益的情况，减少了双方当事人因夫妻财产分割问题可能提起上诉和引发再次诉讼可能，既避免人为扩大和激化双方矛盾，节约了当事人的诉讼成本，促使当事人诚实信用地进行诉讼，也节约了司法资源，提高了司法效率。

第五节　离婚冷静期制度

美国著名法学家理查德·波斯纳指出："当离婚变得越来越容易时，人们对于婚姻的忠诚度也会随之降低，婚前没有耐心寻找适合自己的伴侣，婚后也不愿意花费足够的精力来维系彼此间的感情，从而增加了离婚的随意性。"[1] 近年来，随着我国社会观念的转变，家庭聚合力减弱，离婚率不断上升，其中通过诉讼途径解决的比率也愈见攀升。但司法实践表明，目前人民法院受理的离婚案件中，有相当一部分都具有一定的冲动性。对于许多离婚案件的当事人，如果给予一定的冷静期，再辅以正确有效的处理方法，他们仍有和好的可能，这些婚姻都有被挽救的可能。有鉴于此，离婚冷静期制度的建立就显得十分必要。

---

[1] ［美］理查德·A·波斯纳：《性与理性》，苏力译，中国政法大学出版社 2002 年版，第 329 页。

一、设立离婚冷静期制度的必要性

美国芝加哥大学曾发表一份调查报告，调查发现离婚不代表会快乐，反而努力维系婚姻可望在五年后生活变得愉快。调查员对5232名要求离婚的人士首次访问，五年后再访问那些没有离婚的，发现其中感到快乐的人数比例要高于离婚后感到快乐的比例。没有离婚的夫妇比以前感到愉快的原因，是以往摩擦的根源如金钱、心情沮丧、不忠等问题，已随时间过去而消退。有部分人经亲属或辅导员帮助，甚至以离婚威胁伴侣从而令夫妻关系得以好转；亦有些虽然婚姻生活平淡，但各自找到令自己生活愉快的方法。另外，根据相关研究显示，即便那些人真的离婚了，也会带来许多新的烦恼，比如孩子教养问题和对新确定婚姻关系不稳定性的担心等。报告主要撰写人社会学家韦特说："今次研究结果显示，离婚的好处往往被过分夸大。"①

目前，我国的离婚纠纷产生的原因有很大一部分存在冲动的因素，如家庭遇到经济困难，婚前缺乏了解或婚后不注重培养感情，夫妻双方缺乏理解沟通，因家庭琐事产生矛盾，司法实践中甚至有因举行婚礼、操办婚宴产生争议，一气之下仪式还未完成就起诉要求离婚的，这些离婚的原因都存在一定的冲动性，如果给予一定的冷静时间思考，许多人就反悔了。实行离婚冷静期制度，可以让一时冲动的当事人情绪冷静下来，以便作出更加理智的决定。另外，中国有句老话叫"劝婚不劝离"，离婚冷静期制度也符合中国传统的社会道德伦理，可以使婚姻更加成熟、更加稳定。

二、设立离婚冷静期制度的原则

家事审判的基本定位是要维护婚姻家庭的稳定，借助审判修复婚姻家庭关

---

① 参见《离婚不比勉强共处好》，载《苹果日报》2002年7月13日；《时间流逝冲突消减 专家：勿轻言离婚》，载《大公报》2002年7月13日。

第十一章
家事审判特别制度

系。人民法院审理离婚案件，经双方当事人同意，可以设置冷静期。在冷静期内，人民法院可以根据案件情况开展调解、家事调查、心理疏导等工作。离婚冷静期是针对不同的家事案件的需求来设定的，其适用应遵循保护婚姻双向自由、反对冲动离婚和追求离婚伤害最小等原则。

（一）保护婚姻双向自由原则

婚姻自由包括结婚自由和离婚自由两个方面，离婚自由是婚姻本质的要求，是婚姻自由的必然要求。[①] 婚姻自由也是受到法律约束的，维护婚姻家庭稳定，并不等于不准离婚，而是人民法院不能随意、在未对危机婚姻进行救治的情况下，轻易地判决离婚。设立离婚冷静期制度是在遵循法律制度的前提下为了挽救尚未完全死亡的婚姻而做出的努力，而绝不是否定婚姻自由原则。

（二）反对冲动离婚原则

离婚自由是相对的，但是离婚自由要受到法律限制，是在法律范围内的自由。离婚自由要受社会正义限制，是在不损害社会正义条件下的自由。实际上，目前我国的大多数婚姻都具有较强的稳定性，即使在出现经常吵架、动武、威胁离婚或感情淡漠、破裂的不和谐之音时，法律仍要对这一自由进行限制和规制，应当制定一些特别制度、采取一些专门措施，比如离婚冷静期制度等，积极促使尚有挽救余地的婚姻复活。

（三）追求离婚伤害最小原则

世界各国都有关于减轻离婚副效果的规定。如规定结婚没有达到一定时间不准离婚、为离婚设置困难条款等。离婚应当兼顾各方利益，不能因离婚伤害子女、伤害他方、伤害社会，设立离婚冷静期制度也受这一原则的指引，有助于双方冷静思考，平复情绪，缓和矛盾，对于尚有挽救余地的婚姻，经过冷

---

① 参见张杰：《婚姻家庭法学（上册·教材）》，南海出版公司2003年版。

静期可能和好,即使婚姻关系破裂已无可挽回的夫妻,赋予一定的冷静思考时间,也可能会使双方从纠缠婚姻破裂的细节中解脱出来,心平气和地达成双方都能接受的离婚协议。

三、合理设置离婚冷静期的时间

司法实践中对离婚冷静期已经进行了大量的探索,关于冷静期的时间设置主要有三种做法:一是设置15天冷静期。武汉市硚口区法院设置了15天冷静期,即对离婚案件,在立案后15天以内,法官只能劝和,哪怕双方当事人均同意离婚也不得出具离婚调解书,以避免冲动型离婚。二是1~3个月冷静期。广东省英德市法院设置1~3个月调解冷静期,调解冷静期作为前置程序,不计入审限。三是3~6个月冷静期。江苏徐州市贾汪区法院针对不同类型的离婚诉讼,给予诉讼期内3~6个月的感情冷静期,即开庭后3~6个月内暂缓判决。人民法院仅做心理疏导和调解工作,引导当事人在6个月感情冷静期内自我反省、自我调整、自我改变。

《最高人民法院关于进一步深化家事审判方式和工作机制改革的意见(试行)》第40条规定,人民法院审理离婚案件,经双方当事人同意,可以设置不超过3个月的冷静期。根据各地法院探索的做法,离婚案件应当适当放宽婚姻家庭案件的审限限制,综合考虑多种因素设立弹性的冷静期,时间不宜过长,也不宜过短,具体在1到3个月之间。

首先,根据婚姻状况,将离婚案件分为冲动型离婚、危机型离婚和死亡型离婚,救治婚姻家庭,首先要判断婚姻是否死亡。如果婚姻确实已经死亡,人民法院应当保护当事人的离婚自由。但是,如果当事人婚姻并未死亡,只是出现危机,就应当积极救治。因此,对于冲动型离婚、危机型离婚分别给予从长到短时间不等的冷静期,对于死亡型离婚可以不给予冷静期。

其次,根据双方婚姻存续时间的长短,对结婚时间1年以下的、1年至3

第十一章 家事审判特别制度

年的、3 年至 10 年的和 10 年以上的，分别给予从长到短时间不等的冷静期。

最后，根据双方有无子女，对有需要抚养的未成年婚生子女的，有已成年无需抚养婚生子女的，没有婚生子女的，分别给予从长到短时间不等冷静期。

四、完善离婚冷静期的辅助制度

离婚冷静期制度的适用还需要弹性审限制度、心理疏导制度等予以配合，对于离婚案件的审理要适当放宽审限限制，为彻底化解家庭纠纷和修复家庭成员心理创伤提供条件，另外还要引入心理疏导制度，在诉讼的各个阶段有针对性地为家事案件当事人提供心理咨询和情感疏导服务，最大限度地维护婚姻家庭稳定。

（一）弹性审限制度

不同类型的案件，难易程度不同，诉讼活动的复杂程度和诉讼周期不同。对于家事案件尤其是离婚案件而言，法官需要花更多的时间和精力去缓和当事人情绪。人民法院对于离婚案件的审理要适当放宽审限限制，为彻底化解家庭纠纷和修复家庭成员心理创伤提供条件。经咨询调解，在当事人双方都同意的情况下，设置离婚冷静期，双方签订夫妻和好协议，制定夫妻和好计划。设置冷静期的离婚案件，冷静期作为前置程序，不计入审限。冷静期过后，如果双方当事人仍未调解一致，应恢复审理，处理离婚与子女抚养、财产分割等事宜，原告无需重新起诉。

（二）心理疏导制度

在离婚纠纷案件审理过程中，一些当事人存在着报复、鱼死网破等各种心理隐患，需要贯彻治疗性司法理念，对其加以引导解开心结，审理此类案件时不能只注重财产分割、审限内审结等问题，应先进行心理干预和心理疏导。可以与妇联、心理咨询机构等合作，建立互动机制，对需要进行心理疏导的案件，法院向其发出心理疏导工作联系函后，由该机构派出心理咨询师进行心理疏导，或者由法院选聘具有丰富化解婚姻家庭关系方面心理问题的心理咨询师、婚姻家庭咨询师等为离婚案件情感导师，有针对性地为家事案件当事人提供心理咨询和情感疏导服务。

第六节　家事公益诉讼制度

公益和私益是相对的，但是公益又与个人利益密切相关，任何侵犯社会公共利益的行为最终都会损害个人利益。所以，公益诉讼不仅限于对公共利益的保护，还可以是为了个人的利益，只要诉讼本身具有社会公共利益保护的属性即可。因此，在部分具有保护社会公共利益性质的家事案件中，设立公益诉讼制度是合理的。

一、设立家事公益诉讼制度的必要性

家事诉讼不仅涉及当事人自身的利益，更关乎家庭的和睦，以及社会秩序的稳定和道德规范的维护。在家事案件中对一些特殊群体的权益保护属于社会利益的范畴，对家事纠纷处理具有显著的公益性，必须由国家以公益诉讼等特殊方式加以保护。随着时代的进步、国家监护制度的完善，建立家事公益诉讼制度，更好地保障家事纠纷中弱势群体的合法权益势在必行。

（一）由家事纠纷的特殊性决定

由于家事事件主要涉及婚姻、家庭、赡养、抚养等关系，在许多纠纷中可

第十一章
家事审判特别制度

能存在限制民事行为能力人或者无民事行为能力人,他们在家庭社会中的地位偏低,一旦遇到家庭暴力或者被遗弃,根本毫无反抗能力和诉讼能力,未成年人、老人等长期受到监护人的虐待的新闻屡见报端,有些人是因为受到暴力威胁等不敢、不能行使自己的诉讼权益。而且大部分弱势群体维权意识、法律知识较为薄弱,在受到侵害后不懂得保存证据,在诉讼过程中处于弱势地位。众所周知,家庭的环境具有封闭性,加害方实施的伤害行为比外人更加具有便利性和隐秘性,在现行法律体系下,即使其他人或者组织知道存在虐待等行为也会因为家庭内部问题无法插手。比如南京两女童饿死家中的案件,如果当时有单位或组织提起公益诉讼剥夺其父母的监护权,或许悲剧就不会发生。有学者就指出,身份关系具有强烈的公益性,它在性质上不容私人"自治",国家应当干预或介入该类纠纷的解决。①

(二)维护家庭社会和谐稳定的现实需求

我国传统的家庭关系是以亲情为主,如果子女起诉父母,则为不孝。父母起诉子女,则为不慈。在这种社会传统文化的影响下,父母、子女在受到家人的伤害时,往往选择忍气吞声。而家事公益诉讼并非以家庭成员为原告,而是以机关、组织或个人为原告。这种制度设计具有两方面的优势:一是不激化家庭原有的矛盾,可以尽力维护以后的家庭关系。二是可以维护受害者的合法权益,避免再次受到伤害。这样就在情与法之间找到一个平衡点,既维护了受害者的合法权益,也避免了家庭成员关系的进一步恶化。

(三)能够形成有法律拘束力的长效机制

在家事纠纷中,受到伤害的一般都是妇女、儿童和老人,他们本身在家庭中都处于弱势地位,遇到虐待、遗弃的时候自身缺少维权意识,特别在农村这

---

① 赵卿、李庆:《未成年人检察公益诉讼制度构建研究——以全国首例民政部门申请撤销监护权案为例》,载《青少年犯罪问题》2015年第5期。

种现象更为普遍。如果没有组织和个人站出来依法维护其权利,他们的生存状态堪忧。如果设立了家事公益诉讼制度,那么在法律层面可以借助外力对施行伤害者予以威慑,让其不敢再轻易对弱势成员进行虐待或者其他伤害。这样不仅让他们施暴时有所顾忌,更能够防患于未然,并形成一种具有约束力的长效机制。

二、设立家事公益诉讼制度的可行性

目前,我国法律对民事公益诉讼进行了规定,但是家事案件是否囊括在内尚未明确。不过根据域外的相关经验以及我国的立法和司法实践来看,家事案件公益诉讼有其可行性。

(一)域外有相关制度可资借鉴

从国际角度来看,从古罗马法中继受并发展起来的英国衡平法中关于"国家是少年儿童最高监护人"的原理认为,当未成年人的合法权益被侵害时,当未成年人本身缺乏自我保护能力或其监护人对其保护不力时,国家和社会就有权力加以干涉。① 由此发展出西方国家许多有关家事公益诉讼的相关制度和规定,比如,美国一些州规定了监护人实施暴力、虐待、遗弃的强制起诉制度,即当执法人员发现或有足够理由相信监护人对被监护人实施了暴力、虐待、遗弃等行为时,必须逮捕其监护人,并提出监护权剥夺的诉讼。② 挪威建立了无条件司法起诉制度,如果发现未成年人受到父母的虐待,公诉机关不需经过受

---

① 赵卿、李庆:《未成年人检察公益诉讼制度构建研究——以全国首例民政部门申请撤销监护权案为例》,载《青少年犯罪问题》2015年第5期。
② 张步峰:《公法视野下流浪儿童监护权的转移》,载《河南省政法管理干部学院学报》2007年第6期。

虐待子女的同意,即可针对其父母直接提起诉讼。① 法国《民法典》规定了检察机关可以向法院提起变更亲权、撤销亲权、排除或撤销监护的诉讼。② 日本检察机关参与私人利益诉讼较多,在家事方面主要包括:不合法婚姻的撤销请求权、亲权丧失的宣告请求权、遗产管理处分请求权和遗产管理人制作财产目录请求权、监护人解任请求权等。③ 由此可见,在国外,为维护社会和个人合法权益,国家公权力可以介入家事事件并提起必要的诉讼。

(二)现行立法已有所涉及

《民事诉讼法》第五十五条④确立了我国的民事公益诉讼制度,条文以概括加列举的方式规定了公益诉讼的受案范围。对此,有学者认为:"尽管民事诉讼法采取的是列举式规定,一般而言,不排除具体的相关实体法可以将列举之外的其他侵害社会公共利益的行为纳入民事公益诉讼范畴。其实,在民事诉讼法修改建议稿中,就提出将公益诉讼作为民事诉讼法的基本原则,并进一步细化了在特别制度中引入公益诉讼制度。"⑤ 而最高人民法院的意见是:"可以提起民事公益诉讼的案件包括但不限于'污染环境''侵害众多消费者合法权益'两类案件,公益诉讼的适用范围还可以根据实践的发展稳步拓展。"《民法总则》

---

① 宜梦洁:《未成年人保护新途径——未成年人保护公益诉讼制度》,载《湖北经济学院学报(人文社会科学版)》2015年第8期。
② 《法国民法典》,马育民译,北京大学出版社1982年版。
③ 任允正、刘兆兴:《司法制度比较研究》,中国社会科学出版社1996年版。
④ 《民事诉讼法》第五十五条规定,对污染环境、侵害众多消费者合法权益等损害社会公共利益的行为,法律规定的机关和有关组织可以向人民法院提起诉讼。人民检察院在履行职责中发现破坏生态环境和资源保护、食品药品安全领域侵害众多消费者合法权益等损害社会公共利益的行为,在没有前款规定的机关和组织或者前款规定的机关和组织不提起诉讼的情况下,可以向人民法院提起诉讼。前款规定的机关或者组织提起诉讼的,人民检察院可以支持起诉。
⑤ 姜伟等:《〈中华人民共和国民事诉讼法〉修改建议稿(第三稿)及立法理由》,人民法院出版社2005年版。

第三十六条①规定了可以撤销监护人的三种情形,该条款其实也具有公益诉讼的性质。这说明我国立法在家事案件公益诉讼方面已经有所涉及。

(三)实践中进行了一定的探索

在司法实践中,已有关于家事公益诉讼的案例。比如在2015年江苏徐州铜山区的一起申请撤销父母监护权案件中,未成年受害人被其生父强奸,其母对此不管不问,随后该地区检察院向当地民政部门发送检察建议,督促其提起公益诉讼,最后未成年受害人的父母被剥夺监护权。再如2017年四川省泸州市纳溪区妇联因未成年人父母未履行抚养义务,以原告身份代未成年人提起诉讼,督促其父母履行监护职责,并得到法院的支持。

综上所述,无论是基于理论层面还是基于现实中的实践基础,将家事案件列为公益诉讼受理对象都是可行的。

三、家事公益诉讼制度的适用范围

在司法实践中,将家事案件列为公益诉讼的难点在于如何对私权与公权进行区分,如果稍微不注意,公权力就会越界,出现滥用公权力侵犯私人权益的情形。

(一)适用对象方面

在家事案件中,公益诉讼保护的弱势群体可分为以下两类:一是无民事行为能力人或限制民事行为能力人,其中主要是未成年人和智力存在问题的人。

---

① 《民法总则》第三十六条规定,监护人有下列情形之一的,人民法院根据有关个人或者组织的申请,撤销其监护人资格,安排必要的临时监护措施,并按照最有利于被监护人的原则依法指定监护人:(一)实施严重损害被监护人身心健康行为的;(二)怠于履行监护职责,或者无法履行监护职责并且拒绝将监护职责部分或者全部委托给他人,导致被监护人处于危困状态的;(三)实施严重侵害被监护人合法权益的其他行为的。

二是具有民事行为能力但是受到胁迫想起诉而不能的人,其中主要包括老人、妇女和残疾人等。

(二)适用案件方面

家事公益诉讼主要涉及与家庭相关的身份关系和部分财产类案件,具体包括以下类型:一是剥夺监护权类的案件;二是因胁迫而不敢、不能起诉离婚的案件;三是怠于行使追索赡养费或抚养费的权利,损害老人或未成年人利益的案件;四是长期虐待、暴力伤害可能严重伤害身体健康的案件;五是遗弃父母或未成年子女的案件等。

(三)具体程度方面

家事公益诉讼应该着重对弱势群体的身体健康、基本生活或者生命威胁进行诉讼性质的保护,因为家事案件涉及的不仅仅是法律,更多的是亲情的维护,如果公益性质的权利过度运用,必然会撕裂家庭中本就脆弱的关系。故在家事公益诉讼案件的把握上,应该偏于谨慎,除非存在亲情无法修复或者已经撕裂殆尽的情形,法律规定的主体才可以启动公益诉讼。比如存在长期虐待、暴力伤害或者遗弃的情形,并造成或者可能造成身体健康的伤害或者死亡的,民政部门或者相关组织可以启动公益诉讼程序,其他过失的伤害、轻微的伤害或者属于家庭内部一般矛盾的,不宜启动该程序。在具体程度上可以参照《关于依法处理监护人侵害未成年人权益行为若干问题的意见》第35条的规定。

(四)是否征求受害者同意方面

对于无民事行为能力人,只要政府机构或者其他组织根据法律的规定认定存在启动公益诉讼的情形,就可以直接启动;对于限制民事行为能力人,因为其自身具备一定的民事行为能力,可以表达出自己的想法,所以在启动家事公益诉讼之前,有关部门应当征求限制民事行为能力人本人的意见;对于具有完全民事行为能力人，在启动家事公益诉讼程序之前，有关部门应当征求其本人同意。

四、提起家事公益诉讼的主体

在公益诉讼领域，原告主体适格与否不同于普通诉讼的直接利害关系原则，它是以是否具有法律拟制人格为标准的。所谓公益权利主体的拟制人格，就是通过法律的形式，赋予公益权利主体以法律的人格，由该主体作为具有拟制人格的公益权利主体的代表，以国家或自己的名义提起公益诉讼，诉讼的结果由公益权利主体来承担。① 对提起公益诉讼的主体，我国《民事诉讼法》第五十五条规定的是"法律规定的机关和有关组织"，但是没有对其进行更加细化的规定。我国《民法总则》第三十六条规定，提起撤销监护权申请的有关个人或者组织包括：其他依法具有监护资格的人、居民委员会、村民委员会、学校、医疗机构、妇女联合会、残疾人联合会、未成年人保护组织、依法设立的老年人组织、民政部门等。综合上述规定，对家事案件公益诉讼的主体而言，应当分为机关、其他组织和个人。

（一）机关

机关一般分为主管机关和监督机关，对家事案件而言，主管机关为各级民政部门，监督机关为检察机关。

1. 民政部门

各级政府的民政部门作为社会救助与福利服务的主管部门，本身就负有对家事纠纷中受到伤害的弱势群体进行救助的义务。我国《民法总则》第三十六条第三款规定，个人和民政部门以外的组织未及时向人民法院申请撤销监护人资格的，民政部门应当向人民法院申请。可见，民政部门毫无疑问具有提起家

---

① 李建省、鹿伟玲：《论反家庭暴力之公益诉讼——从李某杀夫案谈起》，载《金田》2013年第6期。

第十一章 家事审判特别制度

事公益诉讼的主体资格。

2. 检察机关

党的十八届四中全会通过的《中共中央关于全面推进依法治国若干重大问题决定》中明确指出，探索建立检察机关提起公益诉讼制度。习总书记也在该决定的说明中提到，这项改革可以从建立督促起诉制度、完善检察建议工作机制等入手。检察机关在家事公益诉讼中的作用可以分为两个方面，一是督促起诉，对于相关职能部门未履行职责或者怠于履行职责时，检察机关可以通过发送检察建议等方式督促其提起家事公益诉讼。二是自行起诉。即检察机关依照法律规定，对相关职能部门不采纳检察建议的情形可以自行提起公益诉讼。在立法方面，2015年7月1日最高人民检察院印发的《检察机关提起公益诉讼试点方案》，提出在北京、江苏、山东、广东等13个省市全面探索推行检察机关提起公益诉讼制度。[1] 家事案件公益诉讼虽未被明确纳入试点案件范围，但其却提供了一个可供参考的模式，对家事案件公益诉讼的主体构建具有启发意义。

（二）其他组织

村民委员会和居民委员会是我国公民自我管理、自我教育、自我服务的基层群众性自治组织，[2] 也是处理家事纠纷的最基层组织。因为离家庭关系最为接近，最能了解情况，所以赋予其作为家事公益诉讼的主体资格是最合适的。残疾人联合会、妇女联合会和未成年人保护组织是专门针对残疾人、妇女和未成年人保护的组织，学校、医疗机构等是未成年人或受害者的临时看护或治疗机构，可以接触到家事案件受害者，这些组织或机构被赋予家事公益诉讼主体资格，能够更好地接触到家事案件受害者的信息，为其提供更加全面的保护。

---

[1] 张艳蕊：《通过试点构建合理的公益诉讼制度》，载《行政管理改革》2016年第1期。
[2] 王辉：《乡镇政府对村民委员会指导权的法学透视》，载《廊坊师范学院学报（社会科学版）》2016年第2期。

（三）个人

公益诉讼的目的是维护公益，有时与私人利益毫无关系。按照公共选择理论，每个人都是理性的，对于个人之外的大多数人的利益提出请求，容易出现主张者缺位问题。① 而在家事事件中，身份关系往往带有较强的隐私性，机关或者其他组织很难在第一时间察觉，所以规定个人具有家事公益诉讼主体资格是十分有必要的。我国《民法总则》第三十六条中作出了对其他监护人可以提起申请的规定，虽然公益诉讼的原告资格没有突破"直接利害关系人"的限制，但是已经扩大了《民事诉讼法》所规定的范围，这对于家事案件公益诉讼来讲，无疑具有十分重要的现实意义。而在除了监护权的其他家事案件，比如因暴力威胁不敢起诉离婚的案件，受害者父母也可以被赋予提起家事公益诉讼的主体资格。

第七节　家事心理疏导制度

心理疏导是指运用心理学的方法，对于心理出现问题的人给予心理帮助的过程。家事案件心理疏导制度则是采用心理咨询、心理矫正等心理学相关方法，找准当事人心理状态，② 有针对性地对其心理进行调节，帮助其疏解心理症结，促进其心理朝良好方向转变，以便更好地对家事案件进行审理的制度。

---

① 唐贤兴、齐嘉霖：《合作、冲突的解决与公共利益的实现——对政府与公众关系变化的一个考察》，载《复旦政治学评论》2014年第1期。

② 赵广静：《探索建立涉案未成年人心理疏导制度》，载《法制与社会》2011年第32期。

第十一章
家事审判特别制度

一、家事心理疏导制度的价值

心理疏导制度在司法实践中的效果显著，对于舒缓当事人情绪，让当事人解开心结以及查清案件事实，真正实现案结事了具有重要的价值和意义。

（一）有利于舒缓当事人情绪

家事纠纷具有很强的身份性，往往涉及血缘、婚姻等关系，许多案件的当事人在参加诉讼时情绪激动，从立案到庭审乃至进行宣判时，都在不断地对案件事实及过程进行复述、辩论，其心理状态往往存在紧张、恐惧、焦虑等各种情绪。尤其是在一些离婚案件中，当事人长期受到压抑的情绪会突然爆发，形成剧烈的情感波动，如果不及时进行心理疏导，很可能导致当事人受到二次伤害。所以，在案件审理过程中引入心理疏导机制有利于缓解当事人的情绪，对案件的顺利审理有十分重要的作用。

（二）有利于查清案件事实

由于家事案件涉及的时间跨度大、事件庞杂，枝节甚多，加之家庭关系具有很强的私密性和亲密性，当事人往往很少提供有力的书面证据，为法院查清家事案件的事实提供了许多障碍。如在离婚纠纷中，一些当事人故意歪曲事实，对对方的观点一律否认，有时由于缺少直接的书面证据，对方又予以否认，法院很难对对方的观点进行认定。而对当事人进行心理疏导，可以纾解当事人心理中的对抗情绪，有利于让其对案件事实进行真实的陈述，以方便法院能够查清案件的事实。

（三）有利于实现案结事了

在家事审判中引入心理疏导机制，由心理咨询师或者家事法官对当事人进行全程的心理治疗和疏导，让其放下心理上的重担，了解家庭矛盾的根源，并认识到自身存在的问题，缓解与对方的关系，有利于真正做到案结事了。

二、家事心理疏导制度的原则

家事案件具有私密性和个性化的特点，在具体疏导过程中需要遵循保密性原则、全程化原则和个性化原则。

（一）保密性原则

因为家事案件一般涉及的都是家庭内部的事情，涉及家庭成员的生活轨迹、成长经历、情感过程等很多不宜公开的个人隐私信息。在对当事人进行心理疏导时，要充分照顾当事人的感情和心理状态，尊重其人格尊严，保护其隐私。

（二）全程化原则

根据案件和当事人的实际情况进行评估，如果认为有必要进行全程心理疏导，那么从当事人申请开始就需要心理咨询人员介入，无论是调解、立案、庭审还是宣判，甚至是回访阶段，进行全程心理疏导；同时，在案件审理过程中，如果临时发现当事人需要心理疏导的情况，也可以有针对性地及时介入开展心理疏导工作。

（三）个性化原则

心理疏导主要包括心理咨询、心理健康考察和心理测评等工作，并做出心理评估报告。因为每个人的心理素质、文化背景、成长经历、性格特征都不同，在对当事人进行心理疏导时，要认真了解其家庭背景、个人性格及生活习惯等，因人而异，制定个性化、有针对性的具体心理疏导方案，以利于取得最佳的效果。

第十一章
家事审判特别制度

三、家事心理疏导制度的主体和对象

家事心理疏导制度最重要的就是疏导主体和疏导对象,疏导主体需要具备一定的专业知识,可以有针对性的、全程参与心理疏导工作;疏导对象则是指需要得到心理疏导帮助的人。

(一)心理疏导的主体

进行心理疏导工作需要具备一定的心理学、社会学等综合知识,因此需要专业的心理咨询机构或者心理咨询师参与。对此,实践中已经进行了一定的探索,如长沙岳麓区法院引入湖南省心理咨询协会和部分高校的心理学专家为当事人提供心理咨询服务,安阳中院委托具有心理咨询资质的人民陪审员或志愿者对当事人进行心理干预和心理疏导。虽然这些法院心理疏导的主体参与形式不同,不过都需要具有心理学的专业知识,能够最大程度地实现心理疏导效果。

要实现家事案件心理疏导的制度化和常态化。从目前的情况来看,因为从事家事案件审判、调解工作的人员取得心理咨询师资格的人不多,所以要积极借助外界的力量,选聘或者引入社会中心理咨询师来从事家事纠纷的心理疏导工作;从长远的角度来看,要建立各地的心理疏导人员库。各地法院要牵头对于具备心理咨询师资格的教授、心理咨询师、人民陪审员等人员的资料进行收集,建立心理疏导人员库,在家事纠纷的当事人需要心理疏导时,通过随机抽取的方式对心理疏导人员进行挑选。同时,家事法官、家事调查员和家事调解员等也要掌握一定的心理学知识,逐步取得心理咨询师资格,以便更好地解决家事纠纷。

(二)心理疏导的对象

因为资源有限,很难做到每个家事纠纷都进行心理疏导。对于一些简单的、无太多争议的家事案件，可以直接进行调解或者判决。对于一些情绪波动较大、未成年子女有反常行为或遭受较长时间家庭暴力、存在心理阴影等需要心理援助的家事案件当事人及未成年人，及时开启心理疏导服务。其中，对于在家庭中处于弱势的妇女、老人、儿童等有需要的当事人、近亲属及其诉讼代理人也可主动向法院申请心理疏导服务。

四、家事心理疏导制度的程序

目前对于家事心理疏导制度的程序各地法院并不统一，但是根据具体的诉讼环节，概括起来一般分为启动程序、庭前心理疏导程序、庭审中心理疏导程序和庭审后心理疏导程序。

（一）启动程序

心理疏导程序的启动可以分为两种。一种是依职权启动。家事法官或者家事调解员在发现当事人需要进行心理疏导时，可以依职权启动该程序，由心理咨询师介入，进行心理疏导工作。第二种是依申请启动。在家事纠纷中，如果一方当事人觉得自己或者对方需要心理疏导时，可以主动向人民法院提出申请，人民法院经过审查后，认为确实需要的，依法核准由心理咨询师介入对其进行心理疏导。

（二）庭前心理疏导程序

一是引入社会调查机制。心理咨询师可以根据家事调查员的调查报告，对心理疏导对象的成长经历、家庭背景、性格特征等进行一定程度的了解。如果有必要可以自行调查，同时可以对心理疏导对象身边的朋友、亲属进行走访调查。二是通过交流，进行心理疏导。心理疏导人员根据了解的情况，查阅卷宗等资料，并会见当事人，在和其进行交流沟通过程中，充分利用聆听、区分、

第十一章
家事审判特别制度

提问、反映和引导心理疏导五步手法进行心理疏导,帮助其消除激动情绪,卸下心理负担。三是制作心理测评报告。心理咨询师在与当事人交流后,对其心理状态进行测评,制作心理测评报告,并将其提交法官,作为法官庭审之前的参考。

(三)庭审中心理疏导程序

心理咨询师可以根据当事人的情况选择是否旁听庭审,如果进行旁听,遇到当事人情绪激动或者达到一定程度时,可以申请休庭,由心理咨询师对当事人及时进行心理疏导。如果未旁听,当事人如果情绪波动达到一定程度,法官可以宣布休庭并要求心理咨询师对其进行心理疏导。在心理疏导后出具心理测评报告,交给法官进行查阅。

(四)庭审后心理疏导程序

在庭审结束后,可以根据当事人的心理状态进行心理疏导,并确定是否应当回访、回访时间及回访内容等。同时,对心理疏导的当事人建立心理咨询档案,档案材料由心理咨询师整理后交给法官附卷。

五、家事心理测评表的运用

心理咨询师对当事人进行心理疏导后,应当制作心理测评表,交给法官,以便于法官在各个阶段能掌握当事人之间的矛盾点及心理状态。常用的心理测评表主要包括人格、智力、心理健康、心理状态、人力资源、婚姻心理、老年人心理、学生心理、儿童心理等不同种类,在上述种类下面还分为不同的测量表可以测试不同的心理状态。司法实践中,已经有部分法院开始注重心理测评工作,比如江苏省盐城市中级人民法院在处理婚姻纠纷时,首创了360°夫妻感情测评表,分别从婚姻背景、感情基础、危机分析、诊断修复四大方面入

手，设定了婚姻死亡、重度危机、轻度危机、离婚冲动和正常五个测评区间。①自360°夫妻感情测评表全面推行以来，该市两级法院离婚案件调解率同比上升了近5个百分点。②对于专业心理咨询师提交的心理测评表，法官可以根据测评表的情形对当事人开展调解和审判工作，如有必要，可以在裁判文书的说理部分引用心理测评表中的内容。

另外，应当设置专门的家事心理咨询室。首先，在整体布置上应当采取家庭式的布置，设置沙发座椅、茶几书柜等，色调偏暖，给人温馨和安静的气氛，以缓解当事人的紧张心理，减少其抵触情绪。其次，要设置心理咨询专用的器具和沙盘等，以便于心理疏导员的工作。最后，要设置心理减压专区、哺乳区和半开放式的儿童托管区，布置游乐设施等，让其从心理疏导室的布置上感受到家庭的氛围。

---

① 江苏省盐城市中级人民法院在处理婚姻纠纷时，首创了360°夫妻感情测评表，分别从婚姻背景、感情基础、危机分析、诊断修复四大方面入手，涵盖地域、学历层次、相识方式、恋爱时间、与长辈关系、有无家庭暴力、对子女抚养态度等60个二级项目，分为0分、1分、2分三档分值，以基准得分和系数得分计算出最终的加权得分。分数按照由低到高，设定了婚姻死亡、重度危机、轻度危机、离婚冲动和正常五个测评区间。
② 郭华炜、周陈华：《盐城：测评表量化夫妻感情"亲疏冷暖"》，载《人民法院报》2017年11月13日。

第十二章
家事案件执行制度

第十二章
家事案件执行制度

家事纠纷的基础是身份关系，与其他民事纠纷相比，更多地涉及婚姻、血缘和伦理。因此，家事案件执行不仅要追求个案的顺利执结，还要兼顾案件背后的亲情血缘、身份以及人格关系的修复和维持。目前，理论界对家事案件执行的研究较少，缺乏相对统一的理论指导和制度设计，难以有效应对司法实践中的执行难题。有鉴于此，立足我国国情和司法实践，明晰家事案件执行的理念和原则，重构家事案件执行的方式和体系，对于化解家事执行难，实现司法公正，进而维护家庭和社会稳定具有重要意义。

第一节　家事案件执行的特殊性

虽然从总体上讲，家事执行属于民事执行的一部分，但是家事案件的特点决定了该类案件的执行必然不同于一般民事案件的执行，具有鲜明的特殊性。要想解决家事案件执行中存在的问题，必须对其特殊性有科学合理的认识和定位。

一、家事案件执行功能的特殊性

一个家事案件所反映出的矛盾纠纷,不但能够辐射影响到数个家庭,而且潜在地对社会整体的伦理道德、传统美德、公序良俗等产生影响。基于此,家事执行并非单纯追求通过强制执行为债权人实现某项财产或利益,更重要的是顾及当事人间情感和良好关系的维持以及未来发展。这与普通民事案件执行仅要求实现判决书所确定的权利显然是不同的。所以说,在解决个案纠纷一般性问题以满足当事人债权需求的基础之上,家事案件执行还应当有效发挥以下特殊的功能:一是重建受损的情感关系和家庭关系。家事审判强调对情感修复的价值追求,就家事案件执行来说,为确保纠纷的彻底解决,也不能忽略情感关系的修复,应帮助和引导当事人克服心理障碍、梳理情绪以主动履行法律文书确定的义务,重建和谐家庭关系。二是注重维护未成年子女的身心健康。子女利益考量在家事执行阶段仍是重点和核心。在家事案件执行中,涉及抚养权和探望权纠纷的执行问题是重点也是难点,集中体现着家事案件执行与一般民事案件执行的不同,更需秉持"未成年人利益最大化"的原则,在致力满足权利人的权利需求的同时,突出未成年子女利益的保护,综合考量未成年子女年龄、意愿、执行的迫切性等因素,确定符合未成年子女最大利益的执行方法。

二、家事案件执行标的的特殊性

执行标的,简而言之,即在执行程序中具有给付内容的法律文书所确定的给付内容,具体是指债务人用以履行义务的资料,包括债务人所有或有权处分

第十二章
家事案件执行制度

的物或行为以及特殊情况下的人身。① 家事案件是特定主体间基于血缘、亲情、婚姻、身份等关系以及这些关系的相互交织而发生矛盾纠纷，使上述关系发生非常态变化而出现在诉讼领域内的案件，其裁判结果包含着大量的行为惩戒、关系解除等非财产性给付内容。这导致与一般民事案件执行标的的内容多为被执行人的财产相比，家事案件执行标的的内容更加多样和复杂，除一般的财产执行外，例如，赡养费、抚养费、扶养费追索以及财产分割、遗产继承等，还包括行为和人身的执行，前者如探望权的执行，后者不仅针对人之自由，更涉及直接对人之身体的执行，而直接对人之身体的执行仅在家事案件执行中可能出现，且仅存在于离婚案件中需将未成年子女交给取得抚养权方的情况下。即便是更具普遍性的财产执行，也是基于身份关系发生的特殊财产交付，需考量家庭成员间和谐关系的维护等多重因素，与一般债权债务的实现并不相同。

三、家事案件执行方式的特殊性

对于一般的民事案件，执行方式更加灵活多样，且以强制执行为主。虽然家事案件因为与家庭、婚姻以及子女成长交织纠缠，更加纷繁复杂，但是与人身、身份的牵连关系，却使家事案件的执行方式相对单一，特别是强制执行方式受到严格限制。以赡养、扶养、分家析产等财产型家事案件为例，如果采取强制执行措施，大部分案件能够顺利执结，但是可能导致因国家强制力量的介入而彻底割裂和阻断当事人间血缘关系的严重后果，所以执行法官必须考虑当事人间的血缘关系，优先甚至只能采取"软性"的说服教育方式，尽量避免罚款、拘留、追究拒执罪刑事责任等强制措施的适用，以防止激化各主体间的矛

---

① 关于人身能否成为执行标的，在我国存在争议，大多数学者持否定观点，也有学者持肯定观点。各国虽然对人身执行进行严格限制，但是并非完全排斥，人身在特殊情况下可以作为执行标的。需强调的是，将人身作为执行标的，并不是直接用被执行人的人身清偿债务，而是通过对被执行人人身自由一定程度的限制来惩戒其拒不履行法院裁判的行为，直接将人身作为执行标的的仅限于交付未成年子女。

盾。非财产型家事案件的执行方式则更为单一，例如，针对交付子女与探望权的实现，几乎没有直接强制措施的适用空间，强制执行会给未成年子女造成心理伤害，这与"未成年人利益最大保护"原则相悖，所以世界各国对纯粹身份型家事案件的直接强制执行都保持极为克制的态度，即使是允许直接强制执行的国家也非常慎重，会通过严格程序，在确保裁判履行的同时，保护未成年子女不会因直接强制执行而遭受到身体、心理或精神伤害，并降低当事人双方的冲突对立情绪，例如，我国台湾地区针对交付子女与子女会面交往执行就规定有初期准备评估阶段、促进对话（关系重建）阶段、建立共识阶段（暂时替代方案）、二次评估阶段等特别操作程序，并要求在直接强制执行前，拟定安全执行计划。[1] 由此可见，非强制性是家事案件执行方式的典型特征，这是由家事案件的本质属性所决定的。

四、家事案件执行期限的特殊性

家事案件的执行程序耗时较长，需要投入的精力也远远多于其他类型案件，执行时间呈现出反复性、周期性的特点。一般民事案件执行，通常是一次性执行完毕。而多数家事案件裁判结果确定的给付内容本身就具有分阶段和分时间节点的特性，并非一次性完全给付，使得执行终结需要多次、反复执行。以抚养费类案件的执行为例，支付子女抚养费的履行周期一般到未成年子女年满18周岁，根据子女的成长过程、教育、医疗等实际情况，还随时可能出现追加执行内容的情况，所以虽然执行标的是明确具体的，但是执行需分时间段进行，一个案件可能出现数十次的执行申请。赡养费类案件类似，同样明显地反映出这个特质。再如，涉探望权案件，根据法律规定，未获得抚养权的父或母一方有探望子女的权利，如果判决每月探望子女一次，而对方不予协助，则要实现探望权，探望一方需每月申请法院强制执行。这种反复性给家事案件执

---

[1] 参见姜世明：《家事事件法论》，元照出版有限公司2016年版，第474～478页。

第十二章
家事案件执行制度

行带来较大的困难和不确定性。

第二节 家事案件执行难的表现

执行难是我国经济转型时期出现的一种独特的社会现象和法律现象,尽管从中央到地方、从理论界到实务界都十分关注这一问题,但至今尚无良药根治。① 家事案件作为一类特殊的民事案件,其执行更是"难上加难",不仅直接导致当事人及社会公众质疑和责难法院执行工作,而且阻碍申请人的家庭生活稳定以及各种关系的修复和发展,破坏家庭细胞,进而影响社会和谐。

一、家事案件执行难的总体表现

家事案件执行难表现形式是多种多样的,从宏观上看,主要表现在以下两个方面:

(一)执行和解难度较大

家事纠纷的特殊性是所有家事审判和执行问题产生的根源,决定了家事案件执行应当以和解手段为主、强制手段为辅,同时也是家事纠纷的特殊性使家事案件执行的和解难度增大,导致家事案件执行处于矛盾的两难境地。一般民商事纠纷的当事人间是陌生人关系,出于尽快案结事了和彻底解除临时性陌生人关系的考虑,大多数当事人能够理性地接受和解。而家事案件执行当事人间具有特殊的亲情或血缘关系,纠纷背后是复杂的感情问题。一般来说,进入诉讼程序的家事案件的当事人都心存恨意或不满,其诉求并非解决表面的纠纷本

---

① 陈爱武:《论家事案件之执行》,载《河北法学》2006年第1期。

身，更多的是寻求情感宣泄，进入执行阶段更是情绪和矛盾深重对立。所以，被执行人拒不配合执行且不愿沟通和解的情况在家事案件执行中比较常见，特别是涉及抚养权、探望权等直接与无可替代的未成年子女相关的执行，当事人双方更是互不相让，甚至一方会采取将未成年子女藏匿等极端手段，更降低执行和解可能性。同时，家事案件执行需要执行法官付出更多精力，只有充分进行心理疏导、说服教育、调解等，才能最大程度促成和解。然而，面对案件执结压力等现实情况，多数执行法官"心有余而力不足"，也成为阻碍家事案件执行的重要因素。

（二）强制措施适用难度较大

根据执行行为能否直接实现执行依据所确定的内容，可以分为直接执行措施、间接执行措施和代执行措施。① 我国民事诉讼法明确规定，对于拒不履行人民法院已经发生法律效力的判决、裁定的，可以采用罚款、拘留等强制措施，也可以对其采取或者通知有关单位协助采取限制出境、在征信系统记录、通过媒体发布不履行义务信息等其他措施。虽然家事案件本身的特殊性使家事案件执行对强制性产生一定程度的排斥，但是其震慑性对案件执结具有重要的促进作用，在特定情况下比说服教育更具实效。因此，对强制措施的态度应是合理适用，而非一味回避。但在家事案件执行实践中，适用上述强制措施却受到多重因素的影响：首先，目前对家事执行是否应当适用强制措施，以及可以适用强制措施的种类方面的认识，法院存在较大分歧，针对具有较强人身性案件的执行，法律也采取较为保守的态度，例如，我国《婚姻法解释一》第三十二条规定："婚姻法第四十八条关于对拒不执行有关探望子女等判决和裁定的，由人民法院依法强制执行的规定，是指对拒不履行协助另一方行使探望权的有关个人和单位采取拘留、罚款等强制措施，不能对子女的人身、探望行为进行强制执行。"其次，家事案件进入执行程序后，如果采取强制措施，容

---

① 张卫平：《民事诉讼法》，法律出版社2016年版，第511页。

第十二章
家事案件执行制度

易激化矛盾,所以执行法官存在疑虑,往往主动规避强制措施的适用,过度依赖调解。再次,缺乏统一的强制措施适用标准,在何种情况下应当适用何种强制措施,没有明确规定。例如,对拒不执行抚养权判决的被执行人能否纳入信用惩戒机制,虽然司法解释没有规定,但是根据《最高人民法院关于公布失信被执行人名单信息的若干规定》属于可纳入信用惩戒机制的范畴。但各地法院囿于对信用惩戒在人身权执行中威慑效力的质疑,较少采用该强制措施。[①] 最后,受情感因素影响,部分申请执行人自身不希望法院采取过于强硬的执行措施。这在赡养、扶养等案件中表现较为明显。

二、家事案件执行难的具体表现

不同类型家事案件执行难的表现也不同,与人身性强弱直接相关。相对来说,具有较强人身性的探望权、交出未成年子女等案件执行难度更大,下面分述之。

(一)财产权利型案件

家事案件中的财产型案件的执行标的较为简单,一般为财物或财产权利,基本可按照通常的执行方式,径行强制执行。但其与一般的金钱债权又有所不同,例如,有维持家庭成员间和谐关系的必要、因多属小额定期债权而对程序简化有较高要求、抚养费等费用是债权人赖以维持基本生活所需等,因此,此类案件执行也存在较大困难。

1. 抚养费、赡养费、扶养费案件

"三费"案件的执行标的是被执行人的给付行为,顺利执结此类案件面对着种种难题。一是被执行人自始至终没有给付意愿,甚至会采取各种手段逃避执行。该类案件的执行标的数额一般不大,最终却进入执行程序,表明并不是

---

① 刘征峰:《我国抚养权执行的困境、成因和出路》,载《江汉学术》2016年第4期。

简单的金钱问题,背后隐藏的其他因素导致被执行人抵触情绪强烈。二是法院采取强制措施后,虽然能够促使被执行人完成给付,但会对当事人间的关系造成严重破坏。三是该类案件是典型的需长期执行案件,有的可能长达十几年,当事人间血缘关系的不可逆性与情感的可逆性的叠加效应,增加合理执行难度。四是申请执行人超越金钱的需求对执行提出更高要求,例如,赡养费案件中对老人的精神慰藉及抚养费案件中对子女的教育、性格培养、生活照顾等。五是"三费"给付目的是保障申请执行人的基本生活,基本是最低标准,不宜通过降低标准以达成和解的方式完成执行。

2. 继承案件

继承案件的权利义务关系较为明确,其执行最主要的难题是遗产容易被转移或隐匿。法院通过裁判对被继承人遗留的遗产重新确定归属和进行分割,但在进入诉讼程序前,遗产往往被控制在某个继承人手中,该继承人具有有利的转移或隐匿遗产的条件,导致执行不到任何财产。此外,房屋遗产的不可分割性,容易引起居住权和继承权间的新矛盾,使执行更加困难。

3. 分家析产案件

分家析产案件的产生是社会细胞正常分化的结果。该类案件的执行没有其他家事案件执行存在困难大,一般情况下可通过各项手段进行执行,也不会产生过多的负面效应。其执行难题主要有:其一,对等性义务的存在给执行造成阻力,分家析产背后还牵涉着抚养、赡养等问题,简单对该类案件进行执行,容易引发其他纠纷;其二,分家析产的非均衡性决定着执行容易陷入困境,在实践中,即使法官综合考量各种因素,进行最为合理的分配,也无法实现完全平均,因此在执行阶段,有些家庭成员将积怨归结于分家不公而阻碍法院执行。

(二)人身权利型案件

在家事案件中,典型的人身型案件主要是探望权和强制交出子女两类。该

第十二章
家事案件执行制度

两类案件因为具有极强的人身性,体现出与一般民事案件的极大不同,在案件执行中面临的问题也更为复杂。

1. 强制交出子女案件

强制交出子女案件是家事案件中最难执行的案件,子女作为独立生命个体和父母对子女情感的双重不可替代性,以及其他案外人的介入等多重因素,使执行法官面对该类案件束手无策。一是被执行人对执行的强烈抗拒。首先,父母对子女血缘和情感的无法割舍性,使得被执行人不可能轻易让渡抚养权。其次,经过离婚诉讼并进入执行阶段,离婚当事人双方通常会产生更深的怨恨和敌意,对对方极为不信任和排斥。再次,申请执行人和被执行人离婚后,还可能存在夫妻财产分割不彻底等问题,产生新的纠纷,加剧双方矛盾。最后,被执行人通过变更抚养权恶意阻碍抚养权执行。由于变更抚养权不适用"一事不再理"原则,理论上当事人可以多次提起诉讼要求变更抚养权,这样一来,抚养权变更诉讼就成为阻止法院执行的工具。二是子女祖父母、外祖父母等案外人的干扰。我国隔代抚养未成年子女的情况非常普遍,未成年子女通常与其祖父母、外祖父母等有很深厚的感情。在该类案件的执行中,案外人的态度和意见不但会对被执行人产生直接影响,甚至会直接参与对执行的阻挠,而法院又不便对其采取强制措施,因此,让执行更加为难。三是子女本身的不配合。进入执行程序的强制交出子女案件的被执行人一般是长期与子女共同居住的一方,子女对其更为依赖,根本不愿意跟随申请执行人一方生活。四是执行手段严重受限。前文已有论述,我国不允许直接对人身进行执行,所以不能对未成年子女人身采取任何强制措施,加之未成年人心智不成熟,感情脆弱,不当执行措施会给其造成严重影响。在强制措施不能用,间接执行和说服教育的效果又完全取决于被执行人心态的情况下,强制交出子女的执行几乎没有任何有效手段。

2. 探望权案件

探望权是基于亲情或血缘关系而衍生的家庭情结。[①] 探望权案件的执行与

---

① 倪正茂:《生命法学探析》,法律出版社2005年版,第5页。

强制交出子女案件类似,也会面临被执行人阻碍、案外人干扰以及未成年人自我的感情需求和选择等现实困境。尤其是该类案件的反复性特性决定着难以持续实现。① 探望权执行案件与其他民事案件的区别在于,很难通过在法院作出的生效裁判中详细记载执行的地点、时间、方式等进行解决。② 同时,探望一次或数次后可能产生新的矛盾纠纷,影响探望权的继续实现,而无法采取强制手段是探望权案件执行的最根本困难,例如,在被执行人躲避执行或拒绝提供未成年子女下落的情况下,如果采取罚款或拘留作为被执行人的父或母一方等间接措施,可能直接影响未成年子女的生活,而执行员、法警直接参与的强制执行又可能对子女心理产生不利影响,甚至有的申请执行人利用探望机会强行带走未成年子女,制造实际控制子女的事实,以便达到争夺抚养权的目的。

第三节 家事执行困境的原因分析

家事案件的执行不仅关乎个案的执结,还牵扯到案件背后的婚姻、血缘、身份和人格等关系,更为深远地影响到家庭和社会关系。由于家事案件包含着

---

① 倪春南、闵振华:《探望权执行中的问题及对策》,载《人民司法》2002年第9期。

② "如另一执行案件,民事判决书对行使探望权的具体时间规定得非常详尽,其中的一项内容为'每月原告可将孩子接走共同生活两天,具体时间在每月的第二个星期六上午九时至第二天下午四时,被告予以协助'。虽然裁判文书规定的内容详尽且可操作,但权利人每次行使权利时,都受到相对人不同程度的阻挠,以至于不得不申请法院强制执行。在执行过程中,被执行人表示愿意履行义务,但一再要求只能按判决书确定的时间履行自己的义务,不同意与申请人就探望时间及其他细节达成和解协议。由于规定的时间是周末休息日,被执行人坚持在周末履行义务,其规避法院工作人员的监督和执行的意图非常明显。这说明,在裁判中作出细化的规定自然可以明确争议事项的解决方法,但却无法兼顾现实可能出现的变动情况、也容易束缚住执行部门的执行行动,导致案件的处理陷入非常被动的境地。"参见项旭峰:《关于探望权案件审理与执行情况的调研》,载《法制博览》2015年第11期。

第十二章
家事案件执行制度

错综复杂的关系因素,因此与其他普通民事案件相比难度更高,造成这种困难的原因不是某一个因素导致的,而是多重因素叠加所致。

一、立法上没有体现家事执行的特殊性

目前,我国法律对家事案件执行没有系统的特殊规定,实践中仍然采用一般民事案件执行的法律规定和执行程序,于是家事案件执行难似乎成了命中注定之事。① 因为我国现行立法没有体现出家事案件执行特殊的执行原则、执行程序、执行期限、执行措施,导致这类案件的执结难度很大,即使执结也往往案结事不了。一是缺乏特殊的家事执行启动程序。一般来说,民事案件执行有两个启动程序,即:裁判生效后由当事人在两年内向法院提起强制执行申请;特殊案件的裁判生效后由审判庭直接移交执行部门。家事案件执行的申请人往往是弱势群体,采用第一种方式会加重其负担,不利于对其进行保护,但是如果大幅度、机械地启动第二种方式可能会造成对当事人诉权的强制剥夺,甚至进一步激化双方的矛盾。二是缺乏特殊的家事执行措施规定。执行标的的特殊性决定了,在家事案件的执行中普通民事强制执行措施必须少用慎用,而目前立法上缺乏对家事执行特殊强制措施的规定,不能适应家事执行的实践需要。三是缺乏特殊的家事执行期限规定。家事案件执行周期较长、次数较多,采用一般民事案件的执行期限规定明显不能适应该类案件的实际需要,实践中家事执行法官囿于审限,有时只能草率结案,效果不佳。

二、家事执行缺乏有效的手段和方式

关于家事执行的类型划分,目前学术界没有统一的方法,但不管如何对其进行区分,从基本层面上大多反映出亲缘关系、亲戚关系、婚姻关系、财产关

---

① 陈爱武:《论家事案件之执行》,载《河北法学》2006年第1期。

系、身份关系及上述关系的杂糅关系。尤其是对于涉及非财产型家事案件的执行，更不同于一般意义上案件的执行。这类案件的执行除了以金钱或其他物品为标的外，应当考量对矛盾纠纷所引起的婚姻、血缘等关系的非正常"断裂"进行修复，因此，该类案件的执行标的具有复杂性和多样性特点。

对于一般的执行案件，权利义务界定较为清晰，而且在执行过程中双方当事人具有较大的协商空间，因此执行方式比较容易变通，可以是疏导的方式，也可以是强制的措施。对于家事案件的执行，由于其是在血缘、亲缘、财产、身份等关系的断裂背景下产生，必须考量上述关系和执行的后果，执行方式受到很大限制。对于财产型的家事案件来说，虽然其执行标的是较为固定的，但是考量到执行标的的广延性特质，在执行方式上与其他民事案件是不同的。例如，对抚养费和赡养费的执行，执行法官不得不考虑当事人之间的血缘关系，在执行方式上通常采取以疏导为主，惩戒性方式为辅，罚款、拘留、追究拒不执行判决裁定犯罪等强制措施在这个领域适用空间不是很大。如果采用普通民事强制执行措施，部分案件虽然能够顺利执行，但是却更易激化各方主体之间的矛盾纠纷。这些方式只是以法律的强制功能彻底阻断了当事人之间的血缘关系。对于涉及探望权和强制交出子女等非财产型家事案件来说，其执行方式相比财产型家事案件更为匮乏，采取强制执行手段的空间更小。

三、家事执行机构人员混同于普通民事执行

目前，大多数法院没有设置统一的家事执行庭，家事案件没有和其他民事案件进行区分，执行法官也混同于一般执行人员，这些执行法官大多不具备家事理论专业知识，不具备专业的心理疏导技能，不能很好地适应家事案件执行需要。同时，由于家事案件的特殊性，执行部门必须与审判部门有效沟通掌控案件矛盾症结，才能找到破解案件的有效执行思路和方法。目前，在实践中对于家事案件的执行仍然采用独立模式，执行部门没有通过审判部门获得案件的

第十二章
家事案件执行制度

相应信息，而是根据裁判书所载明的内容机械执行，遂造成执行资源不能有效整合，不利于案件的妥善执行。

四、家事执行救济机制不够规范

由于家事案件执行的标的不同于其他民事案件以金钱为载体，还包括其他更为广泛的内容。加之，家事执行义务人普遍履行能力相对较低，许多家事执行的义务人采取种种手段来转移、隐藏财产，导致该类案件的履行产生较强的非控性。因此，用一般案件的标准来考量家事案件执行救济并不科学。具体而言，当前家事执行救济失范性表现在以下几个方面：一是救济内容不规范。在家事执行多维度标的存在前提下，目前的救济内容一般是以少量的金钱为内容，这种救济很难达到救济的真实效果。二是救济对象确定不规范。由于血缘关系和亲戚关系的非常态断裂，通常每个案件都会产生一个或多个弱势人员。这些弱势群体本身在家庭或亲戚关系扭曲状态下受到伤害，而执行不能将对他们进行二次伤害，因此在确定救济对象时范围往往过于狭窄。三是救济程序不规范。司法实践中对家事执行中的弱势群体进行救济是随机的、个案的，缺乏一套规范性的程序。

第四节　家事案件执行制度的域外考察

"他山之石可以攻玉。"对域外的家事案件执行法律和制度进行梳理，探寻各国家事案件执行改革的趋势和走向，可以对我国家事案件执行制度的改革和创新有所借鉴。

一、德国

德国法律在家事案件执行中遵循未成年人利益最大保护原则,尤其是对于探望权的执行问题作出了较为细致的规定。① 德国《民法典》规定了不享有照顾子女权利的父母可以拥有与子女交往的权利,该权利的具体内容及行使方式由家庭法院来决定。德国的交往权制度规定了交往权可以在第三人的监督下进行,这样能够保证交往的顺利进行。

在探望权行使过程当中,德国采取了第三人在场的形式保护未成年子女的利益,即探望支援制度。该制度主要应用在父母之间有激烈冲突、父母子女存在不安情绪或父母长期未探望子女等情况下,第三人通常是少年局的职员,有时也可以指定承担未成年人保护职责的机关或团体,以起到及时、顺利地保证探望权得到行使的作用。对于抚养子女一方阻碍另一方行使探望权的,德国的《家事事件及非讼事件程序法》规定了探望交流保护人制度,此时,法律考虑的重点从未成年人的福祉利益转移到了阻碍行使探望权这一事件本身上来。少年局作为法院指定的探望交流保护人,在行使照护权的同时,也发挥着要求一方交出子女,确定探望内容事宜等作用。若无法行使探望权对未成年子女成长不利,法院亦可限时剥夺抚养人的照护权,将子女交由另一方抚养。

德国在探望权方面采取的强制措施同样适用于抚养子女一方和行使探望权一方,罚金是较为常用的做法。德国立法上规定的罚金数额最高不得超过2万5000欧元,在司法实践中一般处以500欧元以下罚款。对于采取罚金制裁后仍不执行探望权判决的情况,法院便会考虑采取拘留措施。

二、日本

日本历来非常重视家事案件的执行。1898年的《人事诉讼程序法》、1947

---

① 德国的探望权一般被称为"交往权"。

第十二章
家事案件执行制度

年的《家事审判法》都对家事案件执行的特殊程序作出了相应的规定。2004年,日本实施了新修订的《人事诉讼法》,其中第十章确保履行与强制执行规定了专门针对家事案件执行事项的"履行确保"制度。

一是调查履行情况后作出劝告。《人事诉讼法》规定:"当权利者提出申请时,作出该裁判的家事法院在调查义务履行情况的基础上,对义务人可进行义务履行劝告。"[①] 负有支付抚养费义务的一方在法院作出生效判决后,拒不履行或消极履行支付抚养费义务的,接受抚养费一方可向作出一审判决的家事法院提出申请,法院可先对支付抚养费一方的履行情况、不履行的原因展开调查,之后对支付抚养费一方进行劝告,一审法院也可以委托其他家事法院调查、劝告。需要注意的是该劝告并不产生法律效力,且只能在权利人申请的情况下才能实施。

二是履行债务的命令。这种情况适用于在支付金钱或其他财产上怠慢的当事人,且仅限于支付金钱及其他财产。《人事诉讼法》第39条规定:"当出现怠慢履行以金钱支付及其他财产上给付为目的的义务情形时,可根据权利人的申请,作出该裁判的家庭法院认为合适的,可命令义务人限期履行义务。"[②] 履行债务命令的期限不可延迟,在该命令作出后,履行义务人若无故仍然拒不履行或消极履行支付义务,则需承担法律责任,通常为罚款。需要注意的是,罚款不能抵消相应的债务数额。

三是债务的强制执行。在家事案件中,债务一般指的是以支付抚养费等为主的金钱债务。当负有支付抚养费等义务的人不履行判决及命令支付抚养费等时,权利人可据判决申请民事强制执行、扣押工资等方式来实现债权。2009年,日本再次修改《民事执行法》,规定不履行抚养费给付义务超过2次,法

---

① 日本《人事诉讼法》(2003年109号法律公布,2004年4月1日施行)第38条第1项。
② 日本《人事诉讼法》(2003年109号法律公布,2004年4月1日施行)第39条第1项。

院可依债权人申请直接执行义务人的工资。①虽然法律对强制执行有着时间限制，但基于抚养费对于维持债权人生活的特殊性和重要性，新修法律对此作了及时履行的规定。在强制执行工资债权时，通常不超过工资的四分之三，特殊情况下可以扣押工资的二分之一。②

三、法国

法国在家事案件的执行上没有制定专门的法律法规，特殊制度也不多。法院在探望权的强制措施方面较为柔和，《民法典》中未提及关于探望权方面的惩罚性规定。针对探望权纠纷，法国主要依靠家事法官的力量调处矛盾，家事法官可以委派他人进行社会调查，采取各种措施确保探望权的顺利实现。在保障生活费债权方面设置了"特别程序"。这些"特别程序"主要指的是：与收取生活费相关的一系列程序，如直接支付程序、公法途径程序、家庭补助金管理处的收取程序。③生活费的适用范围较为狭窄，包括父母对子女的抚养费义务、离婚后的经济补偿义务及其他以直系血亲与姻亲关系为基础的抚养金给付义务。

四、韩国

韩国家事法律对离婚后的探望权和抚养权方面的执行内容作了详细的规定。韩国对探望权的规定，更侧重于强制执行之前的准备措施。对于探望权的执行方式主要有法院的事前处分、灵活运用法院的探望权室执行以及法院的强

---

① 陶建国、常艺：《日本未成年子女抚养费审理及强制执行制度》，载《中国青年社会科学》2016年第5期。
② 参见[日]松本博之：《日本人事诉讼法》，郭美松译，厦门大学出版社2012年版，第234页。
③ 参见陈爱武：《论家事案件之执行》，载《河北法学》2006年第1期。

第十二章
家事案件执行制度

制执行。① 探望室在相当程度上避免了父母双方因选择探望地点而产生的争议和纠纷,在相对独立的环境下实施探望行为,保证探望权人权利的实现。对抚养一方无正当理由阻碍对方行使探望权的,韩国规定了相应的强制措施,家事法院督促抚养一方,消除妨碍因素;若抚养一方拒绝履行或消极对抗,在探望权人提出申请或依职权的情况下,家事法院、调解委员会将会对阻碍者作出罚款决定。在抚养费的履行方面,2008年,首尔家庭法院颁布实施了抚养费的计算标准,标准规定了抚养费的最低限额,在此前提下,按照支付抚养费一方工资的百分之三十计算,收入过高可降低,但不得低于规定的最低限额。②在确保抚养费按时支付方面,韩国采取了强制保障和强制执行两种方式,相互配合。

一是在强制保障方面,韩国的《家事诉讼法》规定了支付令制度,若负有支付抚养费义务的一方怠于履行支付义务,"法院根据当事人的申请依法要求债务人限期履行抚养费支付义务"。③ 在此之前,法院会先详细调查履行义务人的具体情况,并告知其必须履行支付义务和拒不履行的法律后果(罚款或三十日拘留)。此外,韩国还就抚养费履行规定了担保制度和一次性支付制度,前提是债权人须向法院提出申请,保证书到不动产均可作为担保物。若支付义务人拒不提供担保,则会面临罚金处罚;在此前提下,法院会根据当事人的申请发出一次性支付令,此时支付义务人若再次逾期拒不支付,则会面临被拘留三十日的处罚。虽然支付令的相关制度对支付义务人规定了惩罚措施,但未规定在惩罚措施完毕之后,当事人仍不履行义务的应对方法。

二是在强制执行方面,韩国规定抚养费调解书可作为当事人向法院申请强制执行的依据。同时,还规定了抚养费来源支付制度。该制度适用的范围是支付义务人两次以上无故不履行支付义务的情形,并且此时支付义务人债务的一

---

① 林志荣:《探望权强制执行研究》,西南政法大学2015年硕士论文。
② 参见玄哲国:《中韩两国离婚后子女抚养制度比较研究》,延边大学2015年硕士论文。
③ 韩国《家事诉讼法》第64条。

部分转由次债务人（即对支付抚养费义务人负有财产支付义务者）承担，且该责任具有强制执行性。若该次债务人自接受抚养费来源支付令后仍无故不履行债务，法院可对其课以罚金，以保障被抚养人的权益。

五、美国

美国在家事案件执行中非常注重保障未成年人权益，在这方面作了诸多规定，如探视令、居住令、禁止行动令等。比如，在保障探望权的实现方面，美国法律赋予子女向法院请求与父母会面的权利，佐治亚州规定了14岁以上的子女可以向法院要求拒绝非监护方行使探望权；①有些州法律还对同胞兄弟姐妹行使探望权作了相关规定，如加利福尼亚州规定了法院可以赋予任何对子女有利的人以探望权。②此外，为了保障家事案件的顺利执行，美国法律规定了藐视法庭诉讼、强制执行探望权诉讼、变更监护权诉讼、行为金钱处罚等多项制度。

一是对妨碍行使探望权的处罚。对于监护方妨碍对方行使探望权的，通常情况下，探望权人可以通过只支付抚养费，而不支付生活费的方式要求对方停止妨害。在相关法律制度上，各州有着相应的规定，如纽约州家庭法中明确规定，根据法院判决取得生活费和抚养费的监护父母一方，不正当地干涉或拒绝判决规定的探望权时，可以酌情决定中止支付或取消探视权被干涉或拒绝期间增加的欠款；艾奥瓦州对监护方错误阻止对方行使探望权作了更为严格的法律责任规定，探望权所有人可以向法院提起民事诉讼，以侵权之名要求对方金钱赔偿。③对于行使探望权一方拒不探望的，阿拉斯加法律规定对没有任何理由

---

① 赵雨：《探望权纠纷解决制度研究》，河北大学2017年硕士论文。
② 刘大庆：《完善我国探视权制度的法律思考》，载《辽宁教育学院学报》2003年第3期。
③ 赵雨：《探望权纠纷解决制度研究》，河北大学2017年硕士论文。

第十二章
家事案件执行制度

拒不执行探望判决的一方每次赔偿对方 200 美元;①伊利诺伊州规定,监护方无故阻碍另一方依法探望的,法院可修改并列举探望时间并将先前被耽搁的探望时间作出弥补,在一些情况下,法院可以将探望行为置于第三人或公立机构的监督之下,确保探望权的正常行使。

二是藐视法庭罪的适用。为了限制直接抚养子女一方的实际掌控权利,减少对探望权一方的不利影响,美国法院在作出监护权处理时,会签发命令,规定直接抚养子女一方不得任意迁徙住址,应提前得到原审法院的准许。若违背了这一规定,将被按照藐视法庭罪追究责任。在具体的案例中,申请人的迁徙申请被法庭拒绝的情况也不在少数。

三是扩大父母的抚养义务。在离婚后子女的抚养问题上,美国将父母对子女的抚养义务扩大到了极致,不仅着重父母离婚后未成年子女可能获得的生活条件,还考虑离婚前子女的生活水平。除此之外,美国还注重充分利用网络等先进的技术,积极采取一系列有效的措施,向支付抚养费的一方收取抚养费。②

六、英国

英国近年的家事司法改革极为强调对未成年人利益的保护,在有关探望权的行使上,未成年子女的要求通常被作为法庭规定探望权事宜的根据。英国法律还制定了监督探视令和无监督探视令制度,该制度适用于探望虽然符合未成年人最大利益,但存在某些不安因素,如家暴、虐待等事由的情况。③为了平衡探望权人与未成年人之间的利益,法院通常会将探望行为置于合适人的监督之下。对于抚养一方妨碍、阻止探望权一方探望子女的,按照传统,抚养一方会被按照藐视法庭罪论处。由于许多危害未成年人的家事事件频繁出现,法院

---

① 陈爱武:《论家事案件之执行》,载《河北法学》2006 年第 1 期。
② 张梅:《论离婚父母对未成年子女抚养问题的处理》,西南政法大学 2006 年硕士论文。
③ 参见陈历幸:《论英国法对儿童的"探视令"及启示》,载《当代青年研究》2008 年第 9 期。

不再一味地强调探望权一方行使法定权利的人权，而是更多地考虑抚养一方阻止对方行使探望权的缘由，若经查证存在探望不利于未成年子女健康成长的情由，法庭会对此慎重考虑。

七、澳大利亚

澳大利亚修改后的家庭法进一步完善了关于家事案件的执行程序，并对家事案件可以采取的强制执行措施作出了相应规定。在探望权方面，澳大利亚规定了"交往令"制度，并赋予其可以强制执行的效力，"交往令"的执行分为三个阶段：第一阶段为事前告知阶段，即法院在作出探望权判决后，会告知当事人双方交往的强制执行力及不履行的相应惩罚；第二阶段为补偿救济阶段，当事人初次不履行交往令规定的内容时，法院可依职权要求当事人参加相关课程学习或增加交往时间；第三阶段为处罚惩戒阶段，该阶段适用的情况较为严重，即当事人多次不遵守交往令的规定时，法院可以对违反者处以罚金或监禁等形式的处罚。

在抚养费的保障履行方面，"法律规定了离婚父母对子女的监护及给付抚养费都应该本着首先考虑子女福利的原则"。[①] 除了考虑未成年子女最大利益，还要考虑父母的相关情况。在抚养费的数额上，澳大利亚完全排除了父母意愿的参与，而采用以子女出生时间为参考的法院确定和儿童抚养代理机构确定这两种方式。在强制执行抚养费上，澳大利亚主要依靠儿童抚养代理机构向税收部门查询抚养费义务方的相关信息，直接收取抚养费，经过必要程序后交给抚养权利人。[②]

[①] 陈苇：《外国婚姻家庭法比较研究》，群众出版社2006年版，第437页。
[②] 参见陈苇、王鹃：《澳大利亚儿童权益保护立法评介及其对我国立法的启示——以家庭法和子女抚养(评估)法为研究对象》，载《甘肃政法学院学报》2007年第3期。

第十二章
家事案件执行制度

八、我国台湾地区

我国台湾地区制定的"家事事件法"为处理家事纠纷提供了完备的法律依据,为解决执行方面的问题又制定了"强制执行法",其中包括交付子女与子女会面交往之执行,抚养费、家庭生活费、赡养费等的执行程序和办法。[①]

一是在涉及子女的探望、交往方面,我国台湾地区规定了直接强制和间接强制两种方式。[②] 通常法院会倾向于适用间接强制的方式,如处以罚款或管收,若再不履行仍可以处以以上惩罚;只有在不履行情况恶劣的条件下,法院才会采取直接强制的方式,即强制交付子女。在采取这种方法的情况下,法院将不会通知当事人执行的时间,同时还会请有关机关帮助执行。

二是在抚养费的执行方面,我国台湾地区也规定了直接强制和间接强制两种执行方式。[③] 直接强制即当支付义务人到期未履行支付义务时,抚养权人可向法院申请强制执行即扣押支付义务人财产。需要注意的是,该扣押实施后,财产并非一次性全部付给抚养权人,仍是按照判决内容,分期取得。间接强制主要指强制金制度,"因权利人此项请求既属赖以维生之必要费用,法院自得于裁判时衡量双方之经济能力与实际需要,酌定义务人逾期不履行之效果,而于必要时,对义务人预定课予加给金额之间接强制方式,借以督促义务人确实履行……执行法院得依债权人之声请,以裁定命债务人应遵期履行,并命其于未遵期履行时,给付强制金予债权人"。[④]

---

① 参见李太正:《家事事件法之理论与实务》,元照出版有限公司2014年版,第391页。
② 参见李太正:《家事事件法之理论与实务》,元照出版有限公司2014年版,第399页。
③ 参见李太正:《家事事件法之理论与实务》,元照出版有限公司2014年版,第396页。
④ 参见李太正:《家事事件法之理论与实务》,元照出版有限公司2014年版,第396页。

第五节　我国家事执行制度的基本目标和基本原则

执行难现象不仅存在于普通民事案件，在家事案件中也较为普遍。家事案件的执行不仅仅涉及案件表面的法律关系，还关系到案件背后的亲情、血缘、身份、人格等关系，如果处理不好，很容易影响到整个社会秩序的稳定。破解家事案件执行难首先要确立家事执行的基本目标和原则。

一、家事案件执行的基本目标

家事纠纷不同于普通民事纠纷，其自身的特殊性决定了家事执行还应当有更高的价值目标。家事执行不仅关乎个案纠纷的解决，还涉及家庭关系的修复和社会关系的稳定，所以应树立个案、家庭和社会本位的递进式目标。

（一）总体目标

家事纠纷是基于婚姻、家庭、亲子等特殊身份关系而引起的纠纷，这决定了其与一般民事案件的执行相比，有自身的特殊性。在一般民事案件的执行中，人民法院可以综合采用各种执行手段，必要时可以采取各种强制措施，但是在家事案件执行中，如果机械地参照普通民事案件的强制执行措施，可能会破坏家庭关系，影响社会稳定。采取法律规定的常规民事执行方法和手段，虽然可以确保司法效率，但很难取得良好的社会效果。在当前我国社会保障机制还不健全的情况下，解决家事案件执行难题的总体目标应当是实现司法效率与社会效果的有机统一。

（二）具体目标

为了实现家事执行司法效率与社会效果的有机统一，对家事案件执行的具

第十二章
家事案件执行制度

体目标必须从个案本位到家庭本位再到社会本位来描绘。

1. 个案本位

解决矛盾纠纷是家事审判的基本功能，也是家事执行的基本目标。家事案件类型众多，而且与其他民事案件相比具有不同的特质，就个案而言，每一个家事案件具有不同的特质。如对抚养权案件来说，这类案件往往和其他案件相交织，既要通盘考虑矛盾纠纷的症结所在，也要考虑对等性义务，注重在保护未成年人权益优先原则下解决其他问题；对涉及探望权的执行时，必须少用慎用强制手段，减少未成年子女受到的伤害，要充分尊重他们的意愿来确定探望权的实现方式、方法和时间、空间，同时要把握案件的长期性、阶段性和反复性特征，确保个案顺利执结。①

2. 家庭本位

家庭是社会的细胞，家庭的和谐稳定关乎社会的和谐稳定。从家庭角度考量家事案件执行效果是一个更高层次的问题。② 在婚姻和血缘关系范畴内产生的矛盾纠纷容易暂时或永久地打破平衡，不仅造成线性的，甚至产生辐射性关系，对这个家庭甚至是家族产生重大影响。家事案件执行过程中，如何修复这种断裂的婚姻关系、血缘关系和其他关系是执行法官应当追求的高层次目标。只有把家事案件的执行放在家庭本位和具有婚姻关系纽带的新旧家庭成员之间的关系上来解决案件，才能够修复因婚姻的断裂所产生的相关联的矛盾纠纷，实现家庭本位的目标价值。

3. 社会本位

社会目标是家事案件执行的最高层次目标，它是建立在解决个案纠纷、修复家庭关系的基础上，否则是一座空中楼阁。具体来说，应包含以下三个方

---

① 杨亚:《中国探望权制度及其完善——以"儿童利益最大化"原则为视角》，载《社会纵横》2013年第3期。

② 孟宪范:《家庭：百年来的三次冲击对我们的选择》，载《清华大学学报(哲学社会科学版)》2008年第3期。

面：一是弘扬传统美德、家庭道德，引领社会风尚。尊老爱幼、邻里和睦、家和万事兴等这些看似陈旧，但是它们支撑着我国社会变迁发展的始终，没有这些传统的东西，整个社会将是一盘散沙。① 家事案件执行的最高目标层次就是要通过个案解决和家庭关系修复来弘扬传统美德、家庭道德，引领社会风尚。二是矫正价值观念，引导社会舆论。家事案件执行要通过个案来疏导、教育那些价值观念扭曲，理想信念缺失的被执行人，同时采取一定的措施对这些行为人进行惩戒，净化社会风气，引导社会舆论。三是有效帮扶弱势群体，体现社会关爱。家事案件中存在大量的弱势群体，如未成年人在离婚案件中往往会受到一定程度的伤害，在诉讼过程中，由于这些未成年人存在年龄或其他方面障碍，常常是以隐性的方式出现，即使自己是诉讼主体通常也由其他人进行代理。家事案件执行追求的最高位目标就是要以社会和国家责任来托起弱势群体，保障他们健康快乐生活。

二、家事案件执行遵循的基本原则

家事案件执行中，不仅要注重案件的执结，还需要保障未成年人的合法权益，慎用少用强制措施，尽可能实现家庭关系的缓和与修复。

（一）未成年人利益最大化原则

未成年人利益最大化目前已经成为世界各国普遍遵循的理念和原则。家事执行不仅涉及当事人本人，还常常涉及当事人之外的未成年子女。未成年子女虽然不是家事纠纷的直接当事人，但作为重要的利害关系人，往往处于被动接受地位。在家事案件执行中，在当事人的个人利益和未成年子女利益发生冲突时，常常会忽视对未成年子女利益的保护。其实，与成年人相比，未成年子女非常欠缺在社会上的生存能力和在生活上的自理能力，在家事执行中应从保护

---

① 史小禹：《道德冷漠分层及特性研究》，载《法制与社会》2015年第34期。

第十二章
家事案件执行制度

弱势群体的角度出发,确立未成年人利益最大化原则,在涉及未成年子女的问题时,充分考虑未成年人自身意愿,把未成年人利益放在优先考虑的地位,采取最有利于未成年子女的执行措施,更有效地保护其合法权益。

(二)慎用少用强制措施原则

家事案件的特殊性决定了在其执行过程中必须慎用少用强制措施。对于财产型案件的家事执行来说,从表面反映的是财产交付,但这类标的大多表现为替代性义务,它是发生在血缘、婚姻、人格关系背景下的特殊的财产交付。这种交付不同于一般的民事债权债务的实现,而是一种被动的变通履行方式,采用强制措施不一定产生良好的效果。对于非财产型案件的家事执行来说,这类案件背后往往包含着潜在的对等给付义务,或者说是法定的、传统的、不能否定的义务,执行遇到困难的原因往往是涉及血缘、婚姻、隔代亲等关系人的阻挠,如果过于倚重强制措施,可能会激化矛盾,恶化婚姻、家庭或者亲属之间的关系,同时可能对子女心理产生不利影响。[①] 当然,对于家事案件执行"慎用""少用"强制措施,并不是绝对不能采用强制手段,而是强调要把强制措施作为穷尽其他手段后的最终手段和威慑力量。[②]

(三)注重发挥复合功能原则

在家事执行时不能将其与普通财产纠纷执行的处理模式混同,还应当高度关注家事纠纷中各方当事人包括未成年子女的情感上、心理上的需要。人民法院在家事执行的功能和价值追求上要逐步向调整、修复、救治复合功能转变,形成法律关系调整、社会关系修复、心理创伤救治等多重功能复合的价值追求,既注重反映当事人基本利益诉求、社会基本价值追求,同时以心理干预治疗机制为当事人提供最佳帮助模式,帮助其在经历婚姻家庭危机后以最快速

---

① 张志彦、张静:《论家事案件的执行》,载《山东商业职业技术学院学报》2013年第6期。
② 陈爱武:《论家事案件之执行》,载《河北法学》2006年第1期。

度、最佳效果恢复，及时以健康心态回归社会，并贯彻治疗性司法理念，最大限度平复因婚姻家庭危机形成的心灵创伤。

第六节　重构家事案件执行制度的多维设计

家事案件执行难系由多重因素导致，当前，必须从立法、体制机制、机构人员、救济程序等多个方面进行完善，构建科学合理的家事案件执行制度体系。

一、完善家事案件执行立法

立法层面的探索是解决家事案件执行难题的首要基本问题。我国现行的民事案件执行立法已经不能适应家事案件执行的现实需要，尤其是部分执行措施和惩罚性规定与家事案件的特殊性不相适应，这种张力与冲突不但不利于案件执结，而且会引发新的矛盾。当前，只有先对家事案件执行进行立法总体设计，才能进一步推进其他方面的革新。鉴于我国目前没有独立的民事强制执行法，应当在制定家事诉讼程序法时，以专章规定家事案件执行程序，重视和尊重家事案件执行的不同特质，对现行规定进行完善，实现立法的针对性、完整性和有效性。具体来说：

（一）明确家事案件移送执行程序

当前司法实践中，执行程序的启动以当事人向法院申请执行为主，移送执行的情形很少。但是，对家事案件而言，保护弱势群体利益以维护家庭社会稳定是重要的价值追求，为避免弱势群体自身权益受到损害，对具有执行内容，

第十二章
家事案件执行制度

而履行期限届满且债务人到期没有主动履行生效裁判文书的赡养费、抚养费、扶养费等需迫切得到执行的案件,在事先征得债权人同意的情况下,裁判法官应当主动移送执行部门,债权人无须另行申请执行。此外,还应明确移送执行的期间,建议为二年,与申请执行期间一致,以保护当事人的合法权益。

(二)确立体系化、多样化的强制执行措施

我们强调家事案件执行应坚持慎用少用强制措施的原则,但仍应建立完备的强制措施体系,以保障执行效果。具体来说,家事案件中涉财产执行与涉人身执行的强制措施有所不同。就涉财产执行来说,可采取劝告、直接强制措施和间接强制措施,在劝告被执行人主动履行未果时,可直接采取查封、扣押、冻结、划扣等措施,如果没有发现可供执行的财产,对拒不执行的被执行人则可以通过采取发布限制消费令、纳入失信被执行人名单以及训诫、罚款、拘留、追究拒执罪等间接强制措施,给被执行人施加压力,迫使其履行债务。就涉人身执行来说,即探望权、强制交出子女案件,首先劝告被执行人自愿履行,不愿履行的,通过训诫、罚款、信用惩戒等间接强制措施敦促履行,仍不履行的,可借鉴我国台湾地区的经验,采取直接强制措施,但须提前评估。

(三)设置合理的执行期限

一般民事案件中,执行结案的期限为立案后 6 个月,终本执行期限为 3 个月。但是,家事案件中部分案件的执行是一个长期、复杂且可能反复的过程,例如,"三费"追索和探望权案件,通常的执行期限显然不够。有鉴于此,可将该类型案件的执行期限适当延长,并增强其灵活性。具体来说,一次执行后并不立即结案,而由执行法官对被执行人进行一定时间的观察,然后根据被执行人的表现再作出相应处理。

(四)界定家事执行终结标准

执行标的为财产的家事案件的执行终结可按照一般民事执行的终结标准进行。而属于"不可替代的行为"的探望权和抚养权执行的终结有其独特性,应当设定比一般民事案件执行更为严格的终结标准,以避免出现执行人员以"被执行人不愿意配合,不能直接强制"的理由随意终结案件。具体来说,探望权和抚养权执行程序终结的主要情形有:1. 申请人撤销申请;2. 据以执行的法律文书被撤销;3. 父母共同居住生活或复婚;4. 申请执行人或未成年子女死亡;5. 抚养权变更等。综合来看,应采取列举式加概括式的方式对家事执行终结标准进行界定。

二、建立家事执行的特殊性制度

化解家事执行的困境,必须从司法层面建立一系列特殊制度来化解矛盾纠纷,维护家庭和谐和保障未成年人的合法权益。

(一)对于财产权利型案件,建立预执行和金钱寄托制度

1. 建立家事案件预执行制度

家事案件预执行制度就是对于家事案件,裁判法官可以采取主动保全措施或由执行机构采取紧急保全措施来储备弱势群体一定时期的生活、学习、医疗等基本需要的制度。预执行制度的核心是解决家事案件中弱势群体的基本需要,条件是处于裁判过程中的家事案件存在一定的弱势人员,而且裁判结果对这些人员有不利影响,而这种"保全"不同于一般民事案件的保全,在这种案件中,为弱势群体预先保障一定量的金钱,不论案件的结果如何对诉讼当事人不会产生实质的损害,方式是审理法官主动采取保全或执行法官提前介入进行财产保全,这些保全措施不需要提供相应的担保。家事案件设立预执行制度有

第十二章
家事案件执行制度

其特殊的原因,一方面家事案件经历裁判过程,在没有疏导成功的前提下进行的裁判结果加剧了各方的矛盾,不利于后期的执行工作;另一方面是家事案件中存在一定的弱势群体,这些群体随时面临生活陷入困境。为了避免这种现象发生,有必要设立家事案件预执行制度。

2. 建立金钱寄托制度

家事案件中涉及弱势群体的案件较多,可以借鉴日本的金钱寄托程序。结合我国国情,家事案件中存在涉及弱势群体权益的情形下,当案件进入执行程序后,法官首先关注的是案件的解决,往往忽视对弱势群体的帮扶。对于家事案件,尤其是涉及未成年子女等弱势群体权益的案件,应当考虑到案件的执行对弱势群体当下及今后生活的重要影响,对案件的主体的权益作出一定的限制,让他们首先保障不影响家庭中弱势群体的基本生活,责令他们向弱势群体所在地法院缴纳一定的金钱或其他保障弱势群体生活必须的条件,这是强制的。如果当事人撤诉或案件没有作出对弱势群体生活造成实质影响的裁判,将这些金钱返还或解除其限制条件。这一做法既可以保障金钱给付义务的履行,又保全了当事人的人格尊严,最大可能地避免激化家庭矛盾,修复家庭关系。

(二)对于人身权利型案件,探索灵活多元的执行方式

1. 完善多元化探望权行使制度

一般来说,探望的方式分为探望式和逗留式两种。在确定探望权行使方式时,应贯彻未成年利益最大化原则,合理地确定具体时间、地点和方式等。如对学龄前的幼年子女,采用探望式的方式较为适宜,地点可以安排在家里;对学龄后至10岁以下的子女,采用逗留式的方式较为适宜,时间上可以安排在周末或者寒、暑假,地点可以较为灵活;对10岁至18岁的子女,行使探望权时,应当征求子女本人的意见。目前,上海法院已经在司法实践中对此进行了一定的探索。《上海法院审理未成年人探望权纠纷案件的意见(试行)》第十一条第二款规定,双方当事人无法达成协议的,人民法院应当听取十周岁以

上未成年人对探望方式、时间等的意愿,并结合当事人的实际情况,未成年人的年龄、学习情况、生活规律、身体状况等依法确定。

2.扩大探望权主体的范围

探望权是一项双向的权利,仅规定父母对子女的探望权,不符合未成年人利益最大化原则的要求。对未成年子女要求主动探望父母的权利也应加以保障。尤其是实践中一些父母没有行为能力、无法承担探望义务的,法律应当赋予子女行使探望父母的权利。① 此外,探望权的主体范围也应当扩大到第三人,包括祖父母、外祖父母以及子女依赖的其他关系密切的人,在探望的时间和方式上,也应充分考虑未成年子女的愿望。对此,以美国为代表的一些国家对祖父母、外祖父母的隔代探望权在立法上作出了规定,② 我国一些地方法院也进行了一些实践探索,2016年江苏法院家事审判十大典型案例中有过类似的案例。③

---

① 景春兰:《未成年子女作为探望权主体之伦理考察》,载《东莞理工学院学报》2010年第6期。
② 1995年,美国统一法律委员会起草了《州际儿童探视法》,意味着祖父母的探视权被美国法律认可。《州际儿童探视法》的出台推动了各州的相应立法发展,美国各州综合考虑家庭结构变化的现实,同时坚持子女最大利益原则,通过制定法形式赋予了祖父母的探视权。参见浦纯钰:《论隔代探望权的法律性质及立法构思——以江苏首例'隔代探望权'案为视角》,载《中华女子学院学报》2016年第6期。
③ 基本案情:王老夫妇的女儿王某婚后生育一子小周。王老夫妇在小周婴幼儿阶段、上幼儿园期间以及王某患病期间,对小周都进行了抚养照顾。不幸的是王某于2013年4月5日因病去世。此后,小周随其父亲周某与爷爷奶奶共同生活。王老夫妇多次欲探望外孙,均遭周某拒绝。王老夫妇迫于无奈诉至法院,请求法院判令准予其对外孙小周行使探望权。苏州虎丘法院判决认为:根据我国现行《婚姻法》,虽然外祖父母不在探望权主体范围内,但正常的亲属之间往来,有利于未成年人感受亲情的温暖和良好品行的培养,有利于弥补单亲家庭子女父(母)爱的缺失,利于未成年人利益最大化。王老夫妇与小周具有亲缘关系,且王老夫妇曾抚养和照顾小周,将对女儿的思念寄托于外孙身上符合情理。若不允许王老夫妇探望外孙,会对已年逾花甲的他们造成极大的心理伤害,同时也有悖于中华民族的传统美德和公序良俗。故从有利于未成年人身心健康成长的角度出发,综合我国法律规定之内在要求、中华民族文化传统等因素,判决王老夫妇每月可探望小周一次至其十八周岁止,周某给予必要协助。具体参见:江苏省高级人民法院:《2016年江苏法院家事审判十大典型案例》。

第十二章
家事案件执行制度

3. 建立未成年人轮流抚养制度

家庭环境、父母亲的亲情是影响未成年人健康成长的重要因素。根据目前的司法解释规定,除非双方调解同意共同抚养、轮流抚养,否则法院根据父母的权利义务为本位原则,一般是将抚养权判给其中一方,即"单亲抚养"。这种判决在实践中往往容易出现争夺藏匿小孩、拒付抚养费等激化矛盾的情形,既不利于矛盾的化解,也不利于小孩的健康成长。目前,在发达国家和地区的判例中,"轮流抚养""共同抚养"已经成为一种趋势。广东法院已经在此方面进行大胆创新,尝试建立未成年人轮流抚养制度,在抚养案件中体现司法的柔性和情感治愈性。江门市蓬江区法院也在这方面作出了有益的探索和尝试,在具体的抚养案件中,若同住在一座城市的父母双方的抚养条件、经济水平大致相同,基于"未成年人利益的最大化"原则,根据具体案情作出共同抚养或轮流抚养的判决,以维护父母子女之间的亲密关系,降低离婚对子女的伤害,而且双方分担监护实质上也可以减轻单方照顾子女的负担。

(三)变通执行强制措施,设立行为罚制度

一般的民事强制措施对于家事案件来说很难奏效,而且容易产生不利后果,但是,如果没有了强制惩罚手段,家事案件同样也得不到顺利执行,这样就有悖于强制执行的功能价值。因为亲权是建立在父母对子女的法律和道德义务上,它无法单独存在,因此法律禁止放弃亲权的行为。① 在这种情况下,有必要对执行措施进行变通。② 设置行为惩戒制度,具体包括以下几个方面:一是对于抚养费、探望权、受探望权和家暴类案件来说,对于不履行法院判决义务的被执行人,出现一定的情节时,法院可以在其所在单位、所居住小区、交际圈等范围内,把其行为进行特定范围的公开,通过行为惩戒、信誉惩戒、单

---

① 江平:《民法学》,中国政法大学出版社2000年版,第304页。
② 张志彦:《论家事案件的执行》,载《山东商业职业技术学院报》2013年第6期。

位惩戒手段,敦促其履行法定义务。①二是被惩戒主体在一定期限不履行义务的,将其纳入失信黑名单,对其生活、出行、商业活动给予限制。三是如果父母双方都不履行抚养义务的,根据情况指定有抚养条件的亲戚或民间机构来抚养,费用全部由父母共同承担。四是将精神损害赔偿制度纳入探望权案件执行中,精神损害赔偿既可以补偿探望权人不能行使探望权所受到的伤害,也可约束抚养人履行协助义务。精神损害赔偿的数额根据当事人的态度、阻抗程度和探望的受阻次数等情节来决定。但是,对这种精神损害赔偿必须符合最高法院司法解释的相关规定,在司法实践中严格掌握。

同时,可以将恶意阻碍探望权行使规定为变更抚养权的法定事由。如果发现一方确实存在多次以非正当事由恶意阻碍另一方行使探望权的情况,且情节严重的,对方可以要求法院变更抚养权,法院应当予以支持。

(四)将冷静期制度扩展到家事执行程序

在离婚案件中通常采用冷静期制度有很大的作用,把这一制度引入到家事执行的起始阶段同样有其独特的价值。家事执行阶段的冷静期制度是为了执行法官给各方进行心理疏导留有时间。对普通的民事案件的执行,速度越快执行效果越好,然而,在家事范畴内矛盾纠纷大多存在矛盾的突发期、上升期、激化期、消退期和平复期等期间。创设家事执行冷静期制度是为了恰当地把握矛盾的各个发展期特征,根据实际情况对矛盾各方进行心理疏导,从家庭本位到社会本位进行迁移,尽量把握案件的全貌,在此基础上对症下药,在矛盾纠纷的消退期和平复期里将案件处理好,最终达到法律效果和社会效果的有机统一。

(五)建立亲子关系报告和定期回访制度

出于保护未成年人的身心健康和成长环境,对涉及未成年子女抚养权、探

---

① 这里可以借鉴美国的法律,对探视权的实现采取强制执行和行为罚等措施。

第十二章
家事案件执行制度

望权等执行案件,可以设立亲子关系报告和定期回访制度。定期回访制度适用于各类矛盾纠纷解决方面。就家事案件,尤其是涉子女权益执行案件而言,定期访具有更为特殊的要求,具体言之:一是被回访的主体具有特定性,即离婚案件中的未成年子女;二是被回访的内容具有多样性,主要包括他们的生活、学习、就业、医疗等方面;三是回访的空间具有多维性,主要包括在家庭、学校、医院、社区等空间;四是回访的方式具有多样性,包括电话回访、信件回访、亲自回访和委托回访等方式。尤其是对于一方当事人对抚养权、探望权的执行有异议时,法院可以委托家事调查员等对未成年子女与其父母的生活状况进行调查,或委托家事调解中心的心理咨询师对当事人及其子女进行心理测验,就未成年子女的生活和心理健康现状形成调查或测验报告。

三、优化家事案件执行机构和人员

目前,我国没有专门的家事案件执行机构和人员,这对解决执行难题是较大的障碍。而在域外,家事案件执行一般由专门的家事法院等机构负责,这样更为契合家事案件特殊性的要求。

(一)建立专门的执行机构

用发展的眼光看,家事案件执行机构应当设立在独立的家事法院,但在现阶段,可以先在各级法院的执行局内部设立专门的执行机构,相对管辖人口较少、案件量不大的基层法院,可以仅设立家事案件执行工作室。该机构专门承担家事案件的执行、心理疏导、回访帮教等工作,心理疏导和回访帮教是家事案件执行不可或缺的重要内容。在设立专门机构进行执行的同时,再划分执行小组各自负责类型化案件的执行。这样既有利于根据家事案件的不同特质采取相应的执行方式,又有利于总结执行经验,破解执行难题。

（二）培育专业的执行人员

建立了专门的家事案件执行机构，其承担的工作内容就更为广泛，因此，必须配备各种专门的人员。主要包括：一是执行法官，主要负责案件的执行程序推进、执行实施等工作，需注意的是，应配备一定数量的女性执行人员；二是心理疏导人员，可从具备法律、心理学或教育学等专业知识背景，并有相关实践经验的人中选任参与执行工作，帮助解开当事人间的矛盾症结；三是回访帮教人员，可以是专门的执行人员或心理疏导人员，也可以是具有社会工作能力和实践经历的爱心人士，主要职责是对家事案件中的弱势群体进行帮扶；四是财产调查员，为给执行法官减负，可将执行案件财产调查中的部分具体工作，例如，到被执行人住所地实地走访调查财产及收入情况，对外委托给财产调查员进行，财产调查员可由家事调查员同时兼任，以便审执更好地衔接。

四、完善家事案件执行救助制度

执行救助制度是指法院在案件执行中，对被执行人确无能力履行生效裁判文书确定的给付义务，而申请执行人因无法执行遭受侵害且不能维持最低生活标准或因部分或全部丧失劳动力而缺乏必要的生活及医疗费用，根据申请执行人的申请，由法院予以救济、补助的制度。① 在实践中，有相当一部分的家事执行案件无法兑现或很难兑现，为保护家事案件中的弱势群体，完善执行救助制度具有重要意义。

（一）设立救助基金

没有可靠、稳定的经费保障，执行救助就无从谈起。我国目前的司法救助资金来源主要是政府财政拨款，缺乏社会组织和个人等社会力量的参与。为拓

---

① 王珑赢：《浅析刑事附带民事案件的实质执行难问题》，载《法制与社会》2010年第35期。

第十二章
家事案件执行制度

宽救助基金来源渠道，应采用开放式、多元化筹措模式，可以通过财政拨付专项资金，根据各地财政状况和各级法院家事案件执行所需救助的实际情况，建立稳定的财政投入并纳入财政预算；同时也应鼓励社会组织和个人进行捐款和捐赠。

（二）成立救助机构

建立由党委政法委牵头，人民法院、财政部门及其他有关部门组成的救助委员会，负责执行救助基金管理、执行救助政策制定等事项。救助委员会在人民法院下设办公室，具体负责救助申请受理、裁决和救助基金发放等工作。

（三）确定救助原则

救助要遵循三大原则：一是补充性原则，即执行申请人只有在被执行人确无履行能力，并已穷尽执行手段，导致执行不能，且无法通过其他途径获取救助时，才能获得司法救助；二是公开性原则，执行救助的范围、条件、对象等应当向社会公开；三是及时性原则，即执行救助资金的审批、发放等程序要及时，以保障申请执行人的基本生活。

（四）明确救助对象

家事案件执行救助对象主要包括：（1）因财产权利受到损害，生活确有严重困难的；（2）因追索赡养费、扶养费和抚养费，申请执行人基本生活以及学习确有严重困难的；（3）部分或全部丧失劳动能力，生活确有严重困难的；（4）因生活窘迫，无力承担医疗等费用的。经过人民法院执行并穷尽执行措施后，其权利仍不能实现的，可予以救助。

（五）确立救助标准和内容

对符合救助条件的家事案件，应当按照生效裁判文书未执行到位金额来确定一定的救助比例，同时限定每起案件的最高救助限额，最高救助限额按照当地生活水平及执行救助基金的保障情况予以确定。需强调的是，家事案件执行救助不能仅以金钱进行衡量，必要时，应当针对心灵受到创伤的申请执行人进行心理层面的救助，例如，家暴案件、探望权及强制交出子女未能实现案件的申请执行人。

（六）完善救助程序

救助程序应分三个阶段：一是启动阶段，可设置申请人申请或法院依职权两种启动方式，由符合救助条件的申请执行人或其亲属向救助工作办公室提出申请，填写救助申请表，并提交住所地或者经常居住地基层组织出具的关于其生活确有困难的证明或执行法官直接提出意见提交救助工作办公室；二是审批阶段，救助申请由救助工作办公室进行审核，救助工作办公室经过审查，认为确实符合救助条件的，依法决定予以救助，提出救助意见和具体救助数额，并将决定及时告知申请人，审批时间以1至2个月为宜；三是发放阶段，救助工作办公室应在作出救助决定后五个工作日内将救助资金发放给申请人。

第十三章 我国家事审判程序立法完善构想

第十三章
我国家事审判程序立法完善构想

当前,我国正处在从政策实施型司法向回应型司法的转型过程中,司法结构和模式的转型呼唤程序自治性、程序主体性的制度构建,呼唤程序规则的独立性和经由程序的正当化机制回归。[①] 我国家事审判立法的独立性和专业性不足,没有体现家事诉讼的特殊性,与程序自治性、独立性的要求和司法实践的需求存在较大差距。随着我国司法责任制改革的不断深入,家事审判面临着一系列新情况和新挑战,对家事审判程序进行全面改造和完善,以立法的形式回应司法,解决家事审判的现实困境,巩固司法改革成果,指明家事审判改革的发展方向,已经成为当前的紧迫任务。

第一节 我国家事审判程序立法完善的总体思路

通过对世界各国家事审判程序立法共同特点和发展趋势的考察,立足于我

---

① 肖建国:《回应型司法下的程序选择与程序分类——民事诉讼程序建构与立法的理论反思》,载《中国人民大学学报》2012年第4期。

国基本国情和司法实践，对家事审判程序的立法完善提出以下构想。

一、制定一部独立的家事诉讼法

我国家事审判制度存在的诸多弊端，很大程度上与目前的家事诉讼法律立法形式有关。我国没有专门的家事诉讼法，对家事案件的处理一直适用民事诉讼法的规定。2012年、2017年，我国对《民事诉讼法》进行了修订，但并未对家事诉讼制度进行系统化完善。在司法实践中，通常都是由审理普通民事案件的法官按照普通民事诉讼程序审理婚姻、继承等涉及身份关系的家事案件。虽然我国对处理家事案件的程序规则也有一些特殊规定，但这些规定散见于《民事诉讼法》《婚姻法》《继承法》等法律和相关司法解释之中，极不完善，远远不能满足家事审判实践的需要。

目前，我国理论界和司法实务界关于家事程序立法的形式主要存在两种观点：一是将家事审判程序增设于民事诉讼法；[1] 二是将家事审判程序独立为部门法。[2] 我们认为，将家事诉讼法作为民事诉讼法之外的独立诉讼法更为适宜。从世界各国和地区的家事诉讼立法情况看，无论是英美法系还是大陆法系国家都呈现出独立化、专门化的趋势。尤其是近年来，许多国家和地区纷纷加速推进家事审判立法的独立化进程，如日本、德国、我国台湾地区等，都出台了专门的家事审判程序法，家事立法的独立化已成为世界家事诉讼改革的共同趋势。同时，我国的家事审判改革已经取得丰富的理论研究成果和实践探索经验，在可资借鉴经验丰富和我国家事审判理论和实践基础成熟的现实条件下，我国应采取独立部门法的形式，制定一部专门处理家事案件的程序法。

---

[1] 参见张晓茹：《家事裁判制度研究》，中国法制出版社2011年版。
[2] 参见刘敏、陈爱武：《〈中华人民共和国家事诉讼法〉建议稿及立法理由书》，法律出版社2018年版。

二、明确立法目的、基本理念和原则

家事纠纷的基础是身份关系，更多地涉及婚姻、血缘和伦理，具有显著的人身性、伦理性、隐私性、公益性等特征，因此家事诉讼制度与一般民事诉讼制度相比，具有一定的特殊性与偏好性，其追求的不仅仅是案件本身的实体公正和程序正当，更侧重于对家庭和谐和社会秩序的维护，这就决定了家事诉讼的立法目的不同于一般民事诉讼制度。有学者认为家事诉讼法的立法目的是规范家事审判行为，保护案件当事人合法权益，维护公平正义，但这种表述没有体现出家事诉讼立法的特殊性。我们认为，家事诉讼的立法目的应该是公正、高效解决家事纠纷，依法保障家事案件当事人，尤其是未成年人、妇女、老年人的合法权益，维护家庭和睦，保护公共利益，促进社会和谐。

家事审判程序法的司法理念是指导家事审判制度设计和实践运作的基础理论和主导价值观，是对家事审判不同于一般民事审判的特质及规律的理性认识和宏观把握。在构建家事审判程序法时，必须将遵循的基本理念予以明确。家事审判司法理念以家事司法目的上的司法公正理念、家事司法价值上的司法效率理念、家事司法方法上的司法能动理念为基本内涵，具体体现为家事正义理念、全面处理理念和柔性修复理念等。

家事审判程序法的基本原则集中体现了家事诉讼的本质和精神实质，是家事诉讼参与人进行诉讼活动和人民法院进行家事审判活动必须遵循的活动准则。在家事审判程序立法时，必须考虑能代表家事诉讼程序的性质和特点、反映家事诉讼程序的精神实质、统领整个家事诉讼程序制度、具有高度抽象性和概括性的内容，以此确立基本原则。具体而言，应包括酌采职权探知原则、调解优先原则、隐私权保护原则、统合处理原则、亲历性原则等。同时，对于这些基本原则的规制范围，应当囊括所有的家事审判活动，包括已经被《婚姻法》《继承法》《反家庭暴力法》《未成年人保护法》等单行法规范的家事审判活动，以此形成统一的家事审判制度体系。

三、界定家事诉讼模式和案件范围

家事审判程序是一种特殊的民事诉讼程序，其诉讼模式应当是当事人主义下的职权主义，属于诉讼程序非讼化倾向的典型代表，交错适用诉讼法理和非讼法理。这种诉讼既不是对一般民事诉讼当事人主义诉讼模式的完全否定，也不是对职权主义诉讼模式的盲目回归，而是在二者之间寻求合适的"度"，以满足家事审判的特殊需要。如果在家事诉讼程序中过分地追求当事人主义，给当事人以全面的程序保障，则不能体现家事诉讼程序的特殊性；相反，如果给家事诉讼程序过多的职权干预，不仅会造成诉讼拖延，也会丧失解决私权纠纷的本质特征。为了平衡上述矛盾，我们认为立法时必须明确，在家事诉讼程序中法官主动的职权干预必须要有法律的明确规定，即只有在涉及妇女、儿童、老年人等家庭弱势群体的案件中，才能赋予法官积极的职权干预；如果法律没有明确规定，则法官不能主动进行职权干预，以期在充分保障当事人诉权的同时，最大限度实现家事正义。

对于家事诉讼程序的适用范围，不易采取列举式，而应该采用概括＋列举式。即在规定常见的家事纠纷，如世界各国都普遍承认的婚姻关系纠纷、亲子关系纠纷、抚养关系纠纷等必须适用家事诉讼程序，同时采用概况的方式规定其他与家事有关的纠纷可以选择适用家事诉讼程序。这样的立法方式，不仅可以最大限度地满足日益丰富的家事纠纷案件类型的需要，并且体现了当事人的程序选择权，给予当事人处分权以程序保障。[①] 具体而言，可以将家事案件划分为家事诉讼案件和家事非讼案件，其中家事诉讼案件包括婚姻关系、亲子关系、收养关系、继承关系等传统类型案件和其他新类型案件等。

---

① 参见樊崇义：《诉讼法学研究》，中国检察出版社2005年版。

四、完善家事诉讼、非讼、调解程序和特别制度

我国目前的民事诉讼法以及部分婚姻家庭法等法律和相关司法解释对家事案件的管辖、起诉与受理、审判程序等内容作出了规定。家事审判程序立法时应当以此为基础,对已有的法律规定进行整合优化,对尚属空白而确有必要规定的内容进行填补,形成一套独立、完整、系统的法律规范。同时,家事案件的特殊性、复杂性和多元性,要求在程序适用上不但要考虑身份事件,还要考虑以身份事件为基础引发的家事财产型事件及非讼事件;不但要有家事诉讼程序,还要有家事非讼程序、家事调解程序及家事执行程序等。家事审判程序立法应当是兼备综合性和区分性特点,由相互关联的、符合逻辑顺序的各个子程序组成的系统的程序体系。

在完整的家事审判程序立法体系中,特别制度不可或缺。现行的特别制度均是法律在对某一类问题进行规定时增加的特别条款,如家事陪审制度是人民陪审员制度的特殊形式,这些特别制度大部分还没有明确法律条文进行确定,也没有法律规范进行统一。因此,在家事审判程序立法中,有必要对家事调查员制度、家事陪审制度、反家暴人身安全保护令制度、离婚冷静期制度、离婚财产适时强制申报制度、家事公益诉讼制度和心理疏导制度等符合家事审判特点的特别制度在法律层面予以确立。

第二节 我国家事审判部分制度的未来发展展望

世界其他国家或者地区有一些家事审判改革经验,特色鲜明,极具启发意义和价值,但囿于篇幅所限,前文并未对其进行详细介绍。在对我国家事审判制度的发展进行展望时,有必要对这些独具特色的制度进一步深入了解,随着中国家事审判制度的不断改革,未来这些制度也可以被合理地吸纳进来,与我国的基本国情和司法制度特点相结合,成为我国家事审判制度未来的发展完善的方向。

一、程序监理人制度

《儿童权利公约》[①]规定了未成年人利益大化原则,我国作为签约国,在社会经济的发展和人权意识提升的同时,为着力解决我国在家事案件中无诉讼行为能力人权利保护的问题,应借鉴德国和我国台湾地区的经验,在未来的家事诉讼立法中引入程序监理人制度。

为了加强对未成年人权益的保护,特别是对法定代理人侵犯子女权益案件的关注,德国在1997年修正《亲子关系法》的时候,就确立了未成年子女的程序保护人制度,随后在2009年修改《家事事件及非诉事件程序法》时将程序保护人更名为程序监理人,明晰了其职权范围和法律地位。受此影响,也为了保护未成年人的最大利益,我国台湾地区在2011年颁布的"家事事件法"中规定了程序监理人制度。随之也制定了一系列法律法规,对该制度进行了补充,比如"家事事件法施行细则""家事事件审理细则""程序监理人选任及酬金支给办法"等。[②]根据以上法律法规,对程序监理人制度主要作了以下规范:在选任方面,在法定代理人缺失或者不能行使代理权时,法官可以依职权或者根据当事人或利害关系人的请求选任程序监理人。在主体资格方面,具有性别平等意识、尊重多元文化,并有处理家事事件相关知识的人,经社会福利机构(人员)、律师工会、社会工作师公会等推荐,可以成为程序监理人人选,

---

① 《儿童权利公约》(Convention on the Rights of the Child)于1989年11月20日第44届联合国大会第25号决议通过,1990年9月2日生效。该公约是第一部有关保障儿童权利且具有法律约束力的国际性约定,旨为世界各国儿童创建良好的成长环境。

② 张润:《台湾程序监理人制度:规范构造、运行实效及其启示》,载《海峡法学》2017年第2期。

第十三章
我国家事审判程序立法完善构想

但是曾经受有期徒刑以上刑之宣告者、受除名处分之律师、被剥夺公权尚未复权者、曾受保安处分或感训处分之裁判确定者等不能担任程序监理人。在适用范围方面，立法上将程序监理人的适用范围规定为家事事件，但是在实践中一般包括涉及未成年人子女的事件、涉及保护或安置事件和涉及宣告监护事件三类，我国台湾地区无论在立法上还是在实践中都已突破了德国仅适用未成年子女有关事件的范围，还对无诉讼行为能力人有关的家事事件予以适用。在职责方面，程序监理人主要有阅卷权、与受监理人及家属会谈的权利、以自己名义独立上诉、抗告的权利、向法院提出建议的权利等。在监理人的撤销或变更方面，在以下三种情况下，法院在听取当事人、被选任人及其他利害关系人意见的基础上，可以裁定撤销或者变更程序监理人：一是当事人自己可以保护其实体及程序利益，且法院认为适当的；二是受监理人另行委托代理人，且法院认为该代理人可以维护受监理人利益的；三是监理人不适任的。

二、抚养协调制度

在实践中，我国涉及抚养纠纷的案件一般都由离婚纠纷引发，法院也多以判决的方式解决。美国抚养协调机制给家事抚养案件的有效解决提供了一个新的思路，让法院不再局限于法官的判决或者调解，还可以由法院选任的专业人士对当事人予以疏导、协调和裁决，以最小的力量推动化解家事矛盾，修复家庭关系。

抚养协调机制是在以未成年人利益最大化的前提下，法官作出指令，由具有调解经验的心理或者法律专家对父母抚养子女问题进行解决的一种替代性纠纷解决机制。与传统的替代性纠纷解决机制（ADR）不同，它是法院借助专业人士帮助而采取的一种专家介入式、准法律型纠纷机制。与诉讼程序的一次性裁决不同，它是针对出现的抚养问题随时提供帮助。抚养协调机制是一个复合型程序，它由律师、心理学家、社会工作者多方参与，而且需要协调员个人具

备法律、心理健康、冲突解决等多个领域的技能,可以在父母无法解决抚养问题时,为他们提供服务。一般在审理前会进行父母教育、调解、中立评估、住处调查、儿童顾问等工作,促使父母就亲权问题达成协议。如果协商失败,协调员就会作出具有法律拘束力的裁决。2005 年,美国家事与和解法庭协会发布了《抚养协调程序适用指南》,其中对抚养协调机制的性质、协调员资格和权利等问题进行了规定。[①] 抚养协调机制作为一种准法律纠纷解决机制,最核心的人物就是协调员。协调员一般由法院任命,代表司法机关解决此类纠纷。法院对协调员也要进行监管,一方面保障协调员能够胜任工作,另一方面对其任职条件、任职期限、收费标准等进行规范。

三、社工人员陪同制度

社工人员陪同制度的设立,主要是为了解决未成年人、受监护人等陈述意见的困境,体现对未成年人、受监护人等弱势群体的关怀。我国在涉及未成年人的家事案件中,程序保障规定不多,对未成年人的保护不足。基于此,可以借鉴我国台湾地区关于社工人员陪同制度的规定,从诉前、诉中到诉后,由心理咨询师等专业人士陪同未成年人陈述事实以及实施其他维护其合法权益的行为。

我国台湾地区基于未成年人、受监护或辅助宣告人因陈述意见或在保护自己权益方面存在一定的困难和不足,这类弱势群体需要专业人士予以协助,保护其实体和程序利益。我国台湾地区"民法"第一千零五十五条规定,法院为判决离婚而对子女监护为裁判时,应依子女之最佳利益,审酌一切情状,参考社工人员之访视报告。我国台湾地区"儿童及少年福利与权益保障法"第四十条第二项规定,儿童及少年接受访谈、侦询、询问或身体检查,应由社会工作人员陪同。社工人员的陪同可以缓和未成年人、受监护或辅助宣告人的心理

[①] 杨小利:《美国家事法庭解决抚养纠纷的新机制》,载《中国应用法学》2017 年第 5 期。

第十三章
我国家事审判程序立法完善构想

压力,让其能够表达出自己的真实意思。在具体的司法实践中,需要社工陪同的案件,一般包括家庭暴力事件、离婚事件、未成年人监护事件、监护宣告事件、收养事件和保护安置事件等。在具体程序上,未成年人、受监护或辅助宣告人因陈述意见或表达意愿,法院认为有必要,应通知直辖市、县(市)主管机关指派社会工作人员或其他适当人员陪同。同时,法院应为其提供良好的陪同环境,并采取必要措施保护意见陈述者和陪同人员的隐私和安全。

四、家庭保险基金制度

在家事案件执行中,涉及执行子女抚养费的案件难度很大,基于对未成年人健康成长的长远考虑,可以借鉴穆斯林家庭基金制度。尽管穆斯林家庭基金制度有独特的民族背景,但是在实践中的运用依然有其独到之处。在法院判决父母财产分割时,可以采取判决时保留部分家庭基金的模式,让未成年人在成年之前都能够得到充分的物质支持。对于资金不足以支撑未成年人成年的,父(母)又不愿意每月支付的,法院可以裁定从父(母)每月的工资中提取相应比例的资金充入其家庭基金。

在伊斯兰国家或地区,传统的家庭抚育模式依然是父亲或者丈夫作为抚养人,伊斯兰社会强调父母在抚养方面的重要性和父亲的实质性责任。但是,受到世界现代化的影响,伊斯兰社会和家庭的变革也在潜移默化地进行,原先的家庭体系逐步失效,新的抚养体系逐步建立。为了确保离婚女性和孩子能够得到及时的抚养,一些伊斯兰国家开始探索家庭基金体系,帮助法院抚养判决的执行,比如突尼斯、摩洛哥和埃及。在摩洛哥,伊斯兰保险基金的设立的目标是通过消除贫苦家庭日常生活中的物质和经济困难,来维护社会稳定,特别是针对家事离婚案件子女的抚养问题。其中在2010年,摩洛哥通过《财政法》,该法规定,中央银行应在2011年1月之前开设独立账户,并对获得资助的条件和程序进行了规定。针对抚养费判决延迟支付、抚养费不能执行或者被告人失踪或下落不明的情况，在符合申请条件的情形下，个人有权获得财政的拨款。值得一提的是，马来西亚的家庭援助部委员会提出了一个叫作马来西亚家庭穆斯林家庭的新模式，虽然该模式尚未付诸施行，但是却极具有创新性。[①]该基金并非完全的政府出资，而是由州政府、公共信托公司和任何愿意投资的人共同出资成立，并成立基金董事会管理。该基金设立的目的也不仅限于对未成年人和无经济来源离婚女性的资金支持，还在于对家庭成员死亡、身体恶化等予以提供及时的帮助。最具有民族特色的设定是：只有在穆斯林家庭基金注册账户的男女，政府才予以颁发结婚证书。其中对已婚男士要求每月扣除5%的净收入，对女性则不作强制性的要求。

五、离婚后的共同抚养制度

在我国的司法实践中，离婚纠纷涉及子女的一般都会交（判决）给一方抚养，另一方支付抚养费用，很少有其他途径可以选择。澳大利亚的离婚后共同抚养制度给我们提供了一个新的思路，即可以建立一项新的制度，让离婚后的父母基于对子女的长久发展，共同抚育。

1975年，澳大利亚《家庭法》第一次提出了共同抚养的理念，而不管他们实际的婚姻状态如何。不过在该法中并无具体细则，难以在实践中操作。随后在2006年，《家庭法修正（共同抚养责任）法》对其进行了修正，其中特别规定了一个可反驳的推定，该推定要求法院作出有关子女抚养判令时，要优先考虑父母双方平等的共同抚养责任判令。法院在判决子女抚养令时，要求父母双方平等分担共同抚养责任符合子女的最大利益。当然，也有可反驳的理由，即有合理的证据或理由推断父母一方有家庭暴力或虐待子女的情形除外。法院在作出共同抚养令后，父母双方就应当对子女的教育、医疗等方面共同来进

[①] [马]娜吉拜·穆罕默德·辛:《伊斯兰家庭保险基金：为伊斯兰家庭扶养判决的执行制定一个新机制》，载《21世纪家庭法与家事司法：实践与变革》，群众出版社2016年版。

行决策。

六、家事咨询和诉讼家庭服务制度

目前，我国的家事纠纷多元化解机制尚不完善，和较为完备的澳大利亚的家事纠纷解决机制（简称 FDR 机制）相比，依然有着一定的差距，比如缺少家事咨询、家庭服务等，对这些功能如何进行吸纳和合理运用，也是今后家事审判制度改革发展将要努力的方向。

澳大利亚 1975 年《家庭法》规定了"主要纠纷解决机制"（简称 PDR 机制），在 2006 年《家庭法》修正时新增了 FDR 机制，在原先的 PDR 机制的基础上加入了诉讼解决方式。在非诉讼解决机制方面的家事咨询服务和诉讼家庭服务制度极具特色。近年来，澳大利亚政府为了从源头预防和制止家事纠纷的发生和激化，通过了"家庭关系服务计划"，在社区设立了"家庭咨询服务"机构，由家庭咨询员为当事人提供家庭关系的咨询服务。家庭咨询员的任职有两种途径，一个是法院授权制，一个是行政委任制。家庭咨询员的职责主要是为提出离婚的夫妻提供和解帮助的服务，为受离婚影响的子女提供服务等。另外，澳大利亚还建立了家庭顾问制度，又称诉讼家庭服务制度。它与非诉讼家庭服务制度一起构成 FDR 新机制。根据《家庭法》的规定，家庭顾问由法院的首席执行官根据需要配备并任命的官员、聘请的专业从事儿童及家庭事务的心理学家或社区工作人员组成，其职责是为当事人和法院提供诉讼中的建议和家事咨询服务。